▼希腊化文明研究之一◀

碰撞与交融
希腊化时代的历史与文化

Contacts and Fusions:
History and Culture of the Hellenistic Age

杨巨平 著

中国社会科学出版社

图书在版编目(CIP)数据

碰撞与交融:希腊化时代的历史与文化/杨巨平著. —北京:中国社会科学出版社,2018.5(2022.8重印)

ISBN 978-7-5203-1749-8

Ⅰ.①碰⋯ Ⅱ.①杨⋯ Ⅲ.①文化史—古希腊 Ⅳ.①K125

中国版本图书馆CIP数据核字(2017)第314157号

出 版 人	赵剑英
责任编辑	张 湉
责任校对	王佳玉
责任印制	李寡寡

出　　版	中国社会科学出版社
社　　址	北京鼓楼西大街甲158号
邮　　编	100720
网　　址	http://www.csspw.cn
发 行 部	010-84083685
门 市 部	010-84029450
经　　销	新华书店及其他书店
印刷装订	北京君升印刷有限公司
装　　订	廊坊市广阳区广增装订厂
版　　次	2018年5月第1版
印　　次	2022年8月第2次印刷
开　　本	710×1000　1/16
印　　张	26
字　　数	399千字
定　　价	98.00元

凡购买中国社会科学出版社图书,如有质量问题请与本社营销中心联系调换
电话:010-84083683
版权所有　侵权必究

目 录

前言 …………………………………………………………………（1）
绪论　近年国外希腊化研究的特色与发展趋势（1978—2010）……（1）

第一编　历史变迁

第一章　亚历山大帝国的建立与统治 ……………………………（23）
　第一节　马其顿的兴起 …………………………………………（23）
　第二节　亚历山大东征 …………………………………………（33）
　第三节　亚历山大帝国的兴衰 …………………………………（40）

第二章　希腊化王国 ………………………………………………（47）
　第一节　托勒密王国 ……………………………………………（48）
　第二节　塞琉古王国及帕加马、巴克特里亚王国 ……………（54）
　第三节　马其顿王国及其控制下的希腊 ………………………（64）

第三章　希腊化时期的文化 ………………………………………（71）
　第一节　哲学 ……………………………………………………（71）
　第二节　科学 ……………………………………………………（79）
　第三节　文学、史学与艺术 ……………………………………（87）

目 录

第二编 制度重建

第四章 希腊化时期的君主制统治 …………………………（97）
 第一节 王权神化与王朝崇拜 ……………………………（98）
 第二节 王朝统治与君主专权 ……………………………（104）
 第三节 王友集团与官僚政治 ……………………………（113）

第五章 希腊化时期城邦和城邦联盟的民主制残存 ………（119）
 第一节 原希腊城邦民主政制的蜕变 ……………………（120）
 第二节 新建希腊式城市的地方政权性质 ………………（123）
 第三节 城邦联盟政制
   ——希腊城邦民主制的局部延伸 ……………………（126）

第六章 希腊化时期的城市化运动 …………………………（131）
 第一节 城市化的动因 ……………………………………（131）
 第二节 城市化的实现 ……………………………………（133）
 第三节 希腊化城市的特征 ………………………………（139）
 第四节 城市化的意义 ……………………………………（142）

第三编 文化发展

第七章 希腊化文化的产生与演进 …………………………（147）
 第一节 希腊化文化产生的历史必然 ……………………（147）
 第二节 希腊化文化的演进 ………………………………（154）

第八章 希腊化文化的多元与统一 …………………………（170）
 第一节 希腊化文化的多元性 ……………………………（170）
 第二节 希腊化文化的统一性 ……………………………（178）

目 录

第九章 "希腊化文化"的历史定位
　　——人类历史上第一次文化大碰撞、大交流、大汇合 …… (186)

第四编　文明交汇

第十章　希中文明的接触与交汇 ……………………………… (193)
　第一节　亚历山大进军中亚与希中文明相会基础的奠定 …… (193)
　第二节　巴克特里亚希腊人向中国方向的扩张与
　　　　　大月氏的到来 …………………………………………… (195)
　第三节　张骞西行与希中文明信息的双向流动 ……………… (198)
　第四节　印度—希腊人与西汉王朝 ……………………………… (201)
　第五节　希中两大文明交汇的最终实现 ……………………… (202)

第十一章　希印文化关系的渊源与发展 ……………………… (206)
　第一节　亚历山大以前的希印文化接触 ……………………… (206)
　第二节　亚历山大、孔雀王朝时的希印文化交往 …………… (209)
　第三节　印度—希腊人统治时期希印文化的交流与汇合 …… (212)

第十二章　阿伊·哈努姆遗址与东西方诸文明的互动 ………… (219)
　第一节　阿伊·哈努姆遗址
　　　　　——希腊—马其顿人在中亚长期立足的见证 ………… (220)
　第二节　阿伊·哈努姆古城风貌
　　　　　——希腊与东方文明因素的交汇融合 ………………… (223)
　第三节　北方游牧民族的冲击与阿伊·哈努姆的废弃 ……… (230)

第五编　深远影响

第十三章　希腊化文化与西欧文化的发展 …………………… (237)
　第一节　罗马文化对希腊化文化的接受与传递 ……………… (238)

目录

第二节　基督教
　　——希腊化文化通向西欧文化的桥梁 …………（243）

第十四章　希腊化文化的东方遗产 …………………（248）
　第一节　阿拉伯、中亚、印度地区的希腊化文化遗存 …………（248）
　第二节　远东中国：余波所及 ……………………（250）

结语　碰撞与交融
　　——希腊化文明与古代诸文明关系综论 …………（254）

附　录

附录一　公元前 4 世纪以前希中文明有联系吗？ ………（267）
附录二　试析"希腊化"时期君主制的形成及特点 ………（276）
附录三　犬儒派与庄子学派处世观辨析 …………………（286）
附录四　古希腊乌托邦思想的起源与演变 ………………（298）
附录五　奥尔弗斯教及其主要影响 ………………………（312）
附录六　希腊化研究述评（下迄 20 世纪 80 年代） ………（328）

王位世系表 …………………………………………………（344）
大事年表 ……………………………………………………（351）
译名表 ………………………………………………………（358）
征引文献与参考书目 ………………………………………（377）
补记 …………………………………………………………（404）

前　言

　　这本小书的出版酝酿多年了。今日终于付梓，感想颇多。其实，没有什么特殊的原因非出不可，只是自己从事希腊化时代的学习、研究已经三十多年了，一直没有机会出本书把过去的心得体会奉献给老师、同行和学生，心中总有一种愧疚。

　　1985年，我有幸迈进南开大学历史系的殿堂，师从王敦书先生学习古希腊史；1986年，王先生以世界古代史研究会秘书长的身份与四川大学的卢剑波先生联系，决定举办一期古希腊语进修班。我忝列其中，在卢先生的耐心教诲下，总算有了一点古希腊语的基础。回来后，面临论文选题的抉择，我感到古希腊史的其他领域国内都有老一代的学者在做，唯独希腊化时代除了吴于廑先生20世纪50年代发过两篇文章[①]外，国内学者似乎涉猎不多。原因大概是这一时代属于古希腊史的尾声，或许也有资料的原因。但我感到这一时代是一个希腊文化与东方文化大规模接触融合的时代，亚历山大帝国和他开创的希腊化世界涵盖了当时欧亚大陆从地中海到印度的古代各主要文明区域，甚至中国也通过丝绸之路与这个世界发生了直接或间接的联系。而且，罗马帝国是希腊化文明遗产的主要接收者，通过罗马帝国，可以把这一文明遗产的研究延伸到欧洲的中世纪和近代。所以，就选中了"希腊化时期"作为自己论文选题的范围。刚开始，不知天高地厚，雄心勃勃要写《希腊

---

① 吴于廑：《希腊化时期的文化》，《历史教学》1958年2月号；吴于廑：《略论亚历山大》，《历史教学》1956年10月号。

化时代研究》，但在征求了王先生和教研室其他老师的意见后，觉得这样的题目确实太大，不是一个硕士学位论文所能容纳的，而且以自己刚刚入门的那点希腊史知识，根本不可能担当此任。在当时的条件下，我在北京图书馆（现在的国家图书馆）和南开大学图书馆所能找到的英文资料大都是一般性的通史类著作，像布瑞等的《希腊化时代》，塔恩的《希腊化文明》、《亚历山大大帝》，卡里的《希腊世界史》，沃尔班克的《希腊化世界》，罗斯托夫采夫的《希腊化世界的社会与经济史》，新旧版的《剑桥古代史》（1928年版第7卷和1984年版第7卷第1分册），其余再专一点的书就看不到了，那时南开还没有一套罗叶布古典丛书（The Loeb Classical Library），查找原始资料很不方便，而且也自觉没有那种解读古典语言资料的能力，所以在最后确定论文题目时，就把研究的范围缩小到"希腊化文化宏观考察"，以最大限度地利用已知的英文文献。其实这个题目也很大，后来撰写时才醒悟过来，但为时已晚，只得硬着头皮往下做。在王先生的悉心指导下，结局还算完满，答辩顺利通过。

当初选择这一题目时，自己并没有多么明确的、远大的志向要毕生从事"希腊化"这一方向的研究。但后来的学术生涯却恰恰证明一时的选择成了终生的事业。此后的几十年来，不论研究的重点如何变化，都没有越出这个圈子。即使我后来在北师大历史系师从刘家和先生从事中外古史比较方向的研究，撰写的博士学位论文（《古希腊罗马犬儒现象研究》）还是以活跃于希腊化时期的小苏格拉底学派之一的犬儒派作为主要研究对象。从20世纪90年代起，自己试图在原来硕士论文的基础上，做一些专题性的延伸研究，遂有了关于希腊化历史与文化系列成果的发表。平心而论，这些文章在立意上比原来并没有多少新的突破，只是较为系统、较为深入，增加一些新的材料而已。现在本书包括的内容，大多都是来自原来的论文或书稿，也有一些文章是当时写成，但一直没有公开发表的。这些年来，有好几次冲动，想把这些小文章汇集成书，一来自己做个小结，二来接受方家的指教。但之所以迟迟未能付诸实践，只是自己羞于出手，出版这样过时的东西有必要吗？往往这样的疑问一涌上心头，那股热情就倏然冷却如冰，只得作罢。

前 言

是的，别说和国内学术圈的同行相比，就与近年来自己新的研究成果相比，这些文章都属于"初级产品"或"次品"。但那时是阅读有限的纸质文献的时代，是抄写卡片的时代，而非现在信息爆炸的互联网时代，电脑写作的时代。那时，国门还没有像现在这样开放，一般学人还没有出国留学的机会。我们这一代人又都经过十年"文化大革命"，尽管1977年、1978年恢复高考，赶上了上大学的最后一班车，但毕竟青春岁月的荒废是无法弥补的，知识的不系统、不完整一直影响到现在。因此，就自己而言，如果在20世纪八九十年代做出的所谓"成果"在当时还有一点新意，那现在确实有点不堪回首了。不过，毕竟那是一段历史，或许其他学人也会有像我这样的尴尬经历。后人之所以看得比前人远一些，那是因为站在前人的肩膀上，同样，牛顿的这句名言对于我们个人又何尝不是如此呢？我们之所以有愧于过去，不就是因为我们已经从过去走到现在了吗？而且，可以预言，再过若干年，如果还能够回首自己现在的"成果"，谁能保证，同样的感觉不会发生呢？其实，否定之否定，个人的历史，人类的历史不都是这样走过来的吗？我们即使不能给后人，尤其是自己的学生提供多少教益，至少也能让他们从中吸取教训吧。所以，就斗胆将过去的一些积累汇编整理成册，供大家斧正。

本书大体划分为五编十四章。

"绪论"是我2010年应邀为北京大学钱乘旦教授主持的教育部项目《国外高校人文社会科学发展报告2010》写的一节，后来在《世界历史》上发表。此文简要回顾了20世纪80年代以来30年间国际希腊化研究的概况，对其主要的学术成果和特点进行了概括和分析，同时对未来的研究发展前景做了展望。此文还回顾了"希腊化"研究的起源和发展。虽然泛泛而论，但脉络还是大致清楚的。此文的遗憾是没有把国内这些年希腊化研究方面的进展包括在内。但这是项目的要求，现在增加这些内容似乎并不合适，好在网上数据库查找十分方便，点击可得，也就不再画蛇添足，妄加评论了。

第一编"历史变迁"的内容包括三大部分：亚历山大帝国、希腊化王国和希腊化文化，目的是在充分吸收前人研究成果的基础上，概述亚历山大帝国和各希腊化王国的历史兴衰以及这一时期的整体文化成就，为下面各章的专题研究做一个背景性的铺垫。本编初稿于20世纪90年代，当时是应约为另外一套世界大通史而写，没有想到后来出版取消，这次稍加修改奉上，权当对希腊化时代历史和文化的一个整体介绍吧。

第二编是"制度重建"，重点是这一时期政治制度的演变。由于希腊化王国与希腊式的城市在希腊化世界并存，而且希腊本土还有一些城邦基本保持了以前的政治制度，因此，本编专门论述了从亚历山大帝国到各王国的君主制形成及其特点以及希腊城市残存的民主制。"希腊化时期的君主制统治"是一篇论文的扩大。20世纪90年代初，中国社会科学院世界史所施治生先生主持一个项目《古代王权与专制主义》，他看到我的论文（《试析"希腊化"时期君主制的形成及特点》，《山西大学学报》1991年第1期）与他们的项目吻合，邀请我参与，于是就有了这篇加长版的文章。这一编的主要观点是：希腊化时期的君主制是马其顿王权、东方君主专制和希腊城邦制残余三者结合的产物；被称为polis的希腊城市，虽然自治权因地而异，但总体上都在君王的控制之下。这是希腊化时期的polis区别于古风古典时代城邦的根本标志。

第三编"文化发展"是就希腊化文化本身而言。笔者认为，希腊化文化经历了三个发展阶段，基本与亚历山大之后希腊人与当地民族的互动程度相一致。它与希腊古典文化的根本区别在于它是希腊人与被统治民族共存之地的文化，是以希腊人为创造者主体、希腊文化形式为基本载体，同时吸收埃及文明、巴比伦文明、印度文明等文化因素之后形成的混合文化。它可能只是流行于希腊化世界上层社会的精英文化，但它的影响还是会通过钱币、宗教和政治统治的触角伸向广大的社会下层。就欧亚大陆文明间的沟通而言，它承前启后，可谓人类历史上第一次文化大碰撞、大交流、大融合。

第四编"文明交汇"是个案研究，古代印度、中国、中亚到底和希腊文化发生了什么样的关系，影响如何，是本编主要回答的问题。古代希印在亚历山大之前早已相互知晓、接触，但大规模的文化交汇是在亚历山大之后，尤其是在巴克特里亚希腊人和印度—希腊人时期。希中文明接触的实现，是丝绸之路开通的必然结果。阿伊·哈努姆遗址的发现在远东希腊化研究中具有划时代的意义，从此证明了希腊人"千城之国"

在中亚和印度的存在，也证明了希腊文化与东方文化的并存与融合。

第五编"深远影响"采用平行和后延的视角，对希腊化文化对欧洲文化发展方向的影响及其在东方，尤其是向中国方向的传播做了追根溯源式的考察。虽然材料相对滞后（主要部分写于20世纪80年代），线条也比较粗略，但还是突出了希腊化时代在人类文明史上的地位：它不仅是从希腊古典时代到罗马帝国时代的过渡，而且是沟通东西方文化的桥梁，是人类文明由分散到整体进程中的重要一环。

附录部分收录了5篇与前面内容有关的论文和最初的1篇学术综述。它们或是前面部分的基础，或是导论，或是对前文内容从不同角度的综合或发挥。置于正文，明显重复，但让它们缺位，似乎又有所遗漏。所以，作为附录，仅供有兴趣者随便一瞥。

尽管本书不是一本希腊化通史，但为了给读者提供一个基本的历史发展线索，笔者还是依据《剑桥古代史》第7卷第1分册以及其他西方学者的著作，编译了从亚历山大之前的马其顿阿基德王朝到印度—希腊人王国之间各个王朝的王位世系表和大事年表。希望它们能够有助于读者建立一个清晰的时空概念，加深对这段多头并进、错综复杂的历史全貌的了解。

译名的统一是一个十分复杂、令人棘手的问题。现在的译名基本根据约定俗成、自己常用译名和各种译名手册确定，其中可商榷之处甚多，但毕竟在正文（"绪论"之后）中首次出现时附有外文，最后又有中外文译名对照表，因此大概不至于张冠李戴，给读者造成太多混乱。

参考书目以当时的征引书目为主，同时也增加了一些新近搜集的相关史料和研究成果，目的是弥补正文的不足。原来的内容不便更改补充，这些书目或可使读者了解最新的学科前沿动态。虽然亡羊补牢，但犹未为晚。好在本书可能还会有续编出版，如果读者不弃，可从其中看到我在希腊化问题研究上的最新进展。

需要特别说明的一点，本书所包括的文稿和文章完成和发表的时间跨度长达20多年（20世纪80年代到21世纪初）。各章写作时都是独立成篇，因此难免出现材料和观点的重复，甚至研究深度的明显差异。这是没有办法改变的事实，我无意大段地增补删节，只做了局部的改动，

前言

特别是有意识地统一了译名，并按照出版社的要求和国际通行惯例补充了征引书目文献的出版信息。西方古典文献基本依靠罗叶布古典丛书，但核对史料时尽量用新版或重印本。有些外文书或中文书原来的版本一时不易找到，就引用了最新或最近的版本，虽与原文发表时间有先后倒置之嫌，但为了吸收国内外最新研究成果，给读者提供最新的书目信息也就只好如此了。原文中明显的史实或表述错误我都尽量予以改正，但挂一漏万的现象还是难以避免。对于同名多译、年代不一，甚至外文人名、地名拼写不同等现象，我择一而从。我还根据需要增加了一些新的注释说明。对于自己一些后来发表的与本书有关的论文和著作，我在注释中有意识地加注了出处，并在参考书目中将自己的相关论文单独列出，以便于读者查证参考。总之，本书总体上保持了原作的基本内容，各章既自成一体，又先后大致对接。这样做的好处除了保持历史的真实外，还有一点是，如果有读者只对其中的个别篇章感兴趣，就可以在一篇文章中对一个问题得出比较完整的印象。但本书毕竟不是一气呵成，不可能做到首尾相贯。这是敬请读者理解和原谅的。

本书出版酝酿多年，先后得到我的一些学生的热情帮助和鼓励。李模、马红娟同学在20世纪90年代给我多次誊抄文稿，那些年发表的一些文章就是通过他们工整娟秀的字体变成铅字的。这些年我的博士生、硕士生们也为书稿的整理付出了辛勤的劳动。潘立宁、王志超同学帮我输入部分文稿，张琳同学帮我整理了注释和译名表，孟凡青同学帮我补充更新了参考书目，编译了王位世系表和大事年表，金晓芸同学做了前期的文稿汇总。这些工作十分琐碎繁杂，但他们都不厌其烦，全力以赴。其他同学也对我帮助甚多，恕不能一一列举。虽说这是师生友谊的体现，但还是要多多致谢。当然更应该感谢的是我的两位导师王敦书先生和刘家和先生。学生不才，有辱师门，但没有老师，何以今日，"滴水之恩，当涌泉以报"。这份迟交的作业既奉献给我的老师，也奉献给我的家人和学生，没有他们的支持和理解，我是不敢当众献丑的。

2017年春日谨志于南开

杨巨平

绪论　近年国外希腊化研究的特色与发展趋势(1978—2010)

一　"希腊化问题"的由来

"希腊化"（the Hellenistic）是古史研究中经常出现的一个专业术语，是一个时代的名称，一般用于从亚历山大东征（公元前334年）到埃及托勒密王朝最后灭亡之间（公元前30年）约三个世纪的这一特殊历史时期，即通常所说的"希腊化时代"（Hellenistic Age）。"希腊化"一词从词源上看，似乎古而有之。在古希腊语中，动词 Hellenizo（Ἑλληνίζω，不定式是 Hellenizein，Ἑλληνίζειν）的原意就是"模仿希腊人，说希腊语"（to imitate the Greeks, to speak Greek），它的名词形式是 Hellenismos（Ἑλληνισμός），英语中 Hellenism 就是由此而来。由 Hellenizein 衍生的 Hellenistes（Ἑλληνιστής），就是指一个希腊人的模仿者（an imitator of the Greeks，或称 Hellenist）。总之，"希腊化"这个词的本义是指非希腊人说希腊语，接受希腊人的生活方式，也特别用于当时接受了希腊语言和文化的那些犹太人（如将希伯来语《圣经》翻译成希腊文的所谓的"七十子"）。但现在学术界所使用的"希腊化"一词具有特定的含义，来自近代德国学者德罗伊森（Johann Gustav Droysen，1808—1884年）的创意。1836—1843年，他出版了成名之作《希腊化史》（*Geschichte des Hellenismus*，Ham-

绪论　近年国外希腊化研究的特色与发展趋势(1978—2010)

burg)①，首次提出"希腊化"的概念，以此来表示从亚历山大帝国和他的后继者们所建立的这个时代以及这个时代所特有的文化。在德罗伊森看来，这是世界历史上一个最为重要的发展时期。正是由于亚历山大对东方的征服，"希腊的统治和文化扩展到了那些曾经拥有辉煌文化但业已衰落的民族当中"，②从而最终导致革命性的世界宗教——基督教的产生。③他的"Hellenismus"一词，既是指这个时代，更是指这一时期希腊文化的传播及其与东方文化的融合。他还对"Hellenic"和"Hellenistic"这两个概念做了明确的区分，认为后者不论在年代学还是在地理学上都有其特定的范围。④

德罗伊森的这一历史分期及其名称很快得到了西方学术界的广泛认可和采用⑤，但对其具体内涵的理解却见仁见智。以时间而论，关于希

---

① Johann Gustav Droysen, *Geschichte des Hellenismus*, Tübingen, 1952/1953. 其中的第1卷《亚历山大大帝传》(*Geschichte Alexanders des Grossen*, Berlin) 实际上早在1833年就已经出版。1836—1943年，德罗伊森出版两卷本《希腊化史》，第1卷名为《亚历山大继承者的历史》(*Geschichte der Nachfolder Alexanders*)，第2卷名为《希腊化国家体系形成的历史》(*Geschichte der Bildung des Hellenistischen Staatensysemes*)。1877—1878年，出版《希腊化史》第2版三卷本，把原来的《亚历山大大帝传》纳入，作为第1卷，原版的第1卷改为第2卷，更名为《继承者的历史》(*Geschichite der Diadochen*)，原版的第2卷变为第3卷，更名为《延续者的历史》(*Geschichte der Epigonen*)。1885年，新的全书修订版问世。1952—1953年，拜尔 (Erich Bayer) 依据德罗伊森自己改编的第2版将此书重新编辑出版。现在通行的就是这一版本。参见陈致宏《德国史家朵伊森 (J. G. Droysen) 的历史思想与现实意识》，台湾大学出版委员会2002年版，第7—15页。南开大学图书馆现有剑桥大学出版社影印的德文版两卷本《希腊化史》 (Johann Gustav Droysen, *Geschichte des Hellenismus*, Digitally printed version, Cambridge: Cambridge University Press, 2011) 也可资参考。

② Johann Gustav Droysen, *Geschichte des Hellenismus: Geschichte Alexanders des Grossen*, Gotha: Friedrich Andreas Perthes, 1877, p. 3.

③ P. Cartledge, P. Garnsey & E. S. Gruen, eds., *Hellenistic Constructs: Essays in Culture, History, and Historiography*, Berkeley Los Angeles London: University of California Press, 1997, pp. 2 - 3; Johann Gustav Droysen, *History of Alexander the Great*, translated from the German by Flora Kimmich, Philadelphia: American Philosophical Society, 2012, "Preface" by G. W. Bowersock, p. VIII.

④ Johann Gustav Droysen, *History of Alexander the Great*, "Foreword" by A. B. Bosworth, p. XVII.

⑤ 关于19世纪末20世纪初西方学者对"希腊化"一词的认可和对这一时期的研究，可参见G. Shipley, *The Greek World after Alexander 323 - 30 B. C.*, New York and London: Routledge, 2000, p. 1 and notes 1 - 5. 其中提到了下列相关著作：E. R. Bevan, *The House of Seleucus*, London: E. Arnold, 1902; A. Bouche-Leclercq, *Histoire des Lagides*, Paris: E. Leroux, 1903 - 1907; *Histoire des Seleucides (323 - 64 avant J. - C)*, Paris: E. Leroux, 1913 - 1914; J. Kaerst, *Geschichte des hellenistischen Zeitalters*, Leipzig: B. G. Teubner, 1901; K. J. Beloch, *Griechische Geschichte*, Strassburg: K. J. Trübner, 1912 - 1927。

绪论　近年国外希腊化研究的特色与发展趋势(1978—2010)

腊化时代起于何时就有多种说法，有前360年前后希腊化的特征已露端倪说（马其顿国王腓力二世即位之时），前338年喀罗尼亚战役说，前336年亚历山大即位说，前334年亚历山大东征说，前323年亚历山大死后说。① 其中前334年和前323年两说比较流行。笔者倾向于前334年说。因为自亚历山大踏上东方的大地，希腊文化与东方文化的接触交流实际上也就开始了。至于结束的时间，学界意见比较一致，基本都是以公元前31年亚克兴（Actium）之战或前30年托勒密埃及亡于罗马为限，但也有以公元前146年科林斯的陷落作为这一时代的结束②。至于此词的内涵，从目前笔者掌握的学术动态来看，德罗伊森的"文化传播—融合论"在20世纪50年代以前是希腊化研究中的主流观点，除德罗伊森之外，代表人物及其著作主要有罗斯托夫采夫（M. I. Rostovtzeff，1870—1952年）的《希腊化世界的社会与经济史》（1941年）③；塔恩（W. W. Tarn，1869—1957年）的《希腊化文明》（1927年第1版，1930年第2版，1952年第3版），《巴克特里亚和印度的希腊人》（1938年第1版，1951年第2版，1984年第3版④），《亚历山大大帝》（1948年）⑤ 以及1928年版的《剑桥古代史》第7卷（其中塔恩和罗斯托夫采夫分别是希腊化世界历史和社会经济部分的撰写者）。⑥ 各家表述、重点或有差异，但总的看法是：亚历山大及其后继者对东方的征服和统治，使希腊

---

① François Chamoux, *Hellenistic Civilization*, translated by Michel Roussel, Malden: Blackwell Publishers Ltd., 2003, pp. 5 - 6.

② M. Cary, *A History of the Greek World from 323 - 146 B. C.*, second edition, London: Methuen & Co. Ltd., 1951.

③ M. I. Rostovtzeff, *The Social and Economic History of the Hellenistic World*, 3 Vols., Oxford at the Clarendon Press, 1941.

④ W. W. Tarn, *The Greeks in Bactria and India*, Cambridge: The Cambridge University Press, First Edition, 1938; Second Edition, 1951. 第3版由芝加哥阿勒斯出版社1984年出版，美国休斯顿大学教授霍尔特主编（The Third Edition, edited by Frank Lee Holt, Chicago: Ares Publishers Inc., 1984）。他撰写了前言，介绍了过去20多年来的考古研究成果，并附有最新的参考书目，其余仍保留了塔恩第2版的内容。

⑤ W. W. Tarn, *Alexander the Great*, 2 Vols., Cambridge: Cambridge University Press, 1948.

⑥ 琼斯的《希腊城市：从亚历山大到查士丁尼》（A. H. M. Jones, *The Greek City from Alexander to Justinian*, Oxford: Clarendon Press, 1940）也值得一提。此书认为近东的希腊化城市尽管从亚历山大起，归属于不同时期的国王与皇帝，但它们事实上一直存在到了查士丁尼时代。（"前言"，p. v）这实际上是后来希腊城邦制度延续论的先声。

文化传播到东方，并和当地的文化交流融合，形成了一种新的具有统一特色的文化，即以普通希腊语（Koine）、希腊艺术形式、希腊城市为主要载体的希腊化文化（Hellenistic Culture）或希腊化文明（Hellenistic Civilization）。① 这种观点在第二次世界大战后受到强烈质疑。20 世纪 80 年代以后，以沃尔班克（F. W. Walbank）为首，彼得·格林（Peter Green）随后跟进，提出了一种"文化并存论"，即在这个希腊人统治的世界内，希腊人和当地人，希腊文化和当地文化实际上处于相互并立的两个层面，所谓整体上统一的、同质的文化或文明并不存在。② 进入 90 年代以后，随着希腊化研究的深入，一种新的观点开始引起学界的注意，这就是强调希腊化时代是古典时代的继续的"延续论"。有的学者以希腊化时期的希腊城邦（polis）与古典时期相比，发现其基本的自治特征仍然存在，希腊人的新城市也保留了古典城邦的传统。从目前的情况看，"传播—融合说"固然受到质疑，但"并存说"和"延续说"也无力否认与古典时代迥然有别的希腊化时代的存在，无法否认希腊文化这一时期的向外传播，无法否认希腊文化与东方文化的结合，无法否认这一时期的文化碰撞、交流所带来的深远影响和巨大后果。可以毫不夸张地说，现在国际上希腊化时代的研究已经证明，它是介于古典希腊到罗马帝国之间的一个重要历史时期，是沟通东西方文化大交流、大融合的桥梁。没有这一时代及希腊化世界的存在，就不会有今天的欧亚大陆的历史文化格局。"希腊化时代"（Hellenistic Age）这一时空概念的确立不论在人类历史上，还是在学术史上都具有重要的意义。

二 近年希腊化研究的主要成果与特点

近年来国际希腊化研究的队伍异军突起，标志性成果不断出现，表

---

① 罗斯托夫采夫的观点很有代表性。他认为，希腊化时代是人类历史上的一个重要时期。希腊人在政治、社会、经济和文化等方面都有许多创新之举，对其他民族产生了深刻的影响。希腊化世界的经济和社会发展尽管有差异，但可以视为一个统一体来研究。详见 M. I. Rostovtzeff, *The Social and Economic History of the Hellenistic World*, "Preface", pp. v, ix。

② 详见 F. W. Walbank, *The Hellenistic World*, Glasgow: William Collins Son & Co. Ltd., 1981, pp. 60 – 78; Peter Green, *Alexander to Actium: The Historical Evolution of the Hellenistic Age*, Berkeley: University of California Press, 1990, pp. xv, 312 – 315。

绪论　近年国外希腊化研究的特色与发展趋势（1978—2010）

明希腊化研究已经完成了学科自身的转型定位，成为西方古典研究中的一个独立的分支。

2006年，奥斯丁（M. M. Austin）在《从亚历山大到罗马征服的希腊化时代》第2版"前言"中指出："希腊化时代的研究原来处于古典研究的边缘地位，现在都已经得到了与其他时代同样的重视。"① 这样的估价应该是客观的、适当的。自德罗伊森开创希腊化研究以来，已经170多年过去了，但一直到第二次世界大战前后，专门从事希腊化研究的学者可以说是寥若晨星，可以数得上的代表人物也就是那么几位。不过，像德罗伊森、罗斯托夫采夫、塔恩他们这些学者确实是开一代先河的泰斗级人物。他们的著作虽然观点可能被人质疑，资料也或有误读，方法也或有不当，但他们在各自研究领域内所达到的学术高度却是后人难以超越的。他们的著作可以说直至今日仍然是希腊化研究领域内的经典，他们的某些结论或假说仍然是当代研究的起点。即使是20世纪80年代以前，真正终身致力于希腊化历史研究的学者仍然为数寥寥，最为著名的也就是英国的沃尔班克和法国的克莱尔·普雷奥（C. Preaux），后者因用法语写作而不大为世人所知，影响不大。但从90年代开始，希腊化研究的面貌大为改观。参与的学者明显增多，各类成果犹如雨后春笋般地涌现出来。最明显的证据就是不同语种希腊化研究系列丛书的陆续出版。② 其中由美国加州大学出版社出版的系列丛书《希腊化时代的文化与社会》（Hellenistic Culture and Society）最为著名，从1990年到2010年已经出版51部专题性的著作。③ 它标志着希腊化时代研究的深入和扩大，表明这一时代的研究已不再是个别学者的副业或一时的兴趣，而是成了西方古典学研究的一个重要组成部分，成了诸多学者长期的、稳定的，甚至是终

---

① M. M. Austin, *The Hellenistic World from Alexander to the Roman Conquest*, *A Selection of Ancient Sources in Translation*, Second augmented edition, Cambridge University Press, 2006, p. xxv.

② 丹麦奥胡斯大学出版社（Aarhus University Press）1990—2000年推出一套名为《希腊化文明研究》（*Studies in Hellenistic Civilization*）的9卷本丛书。该出版社1889—1995年还出了一套丹麦语版的11卷《希腊化研究》（*Hellenismestudier*）丛书。1984年起，一套意大利语版的《希腊化研究》（*Studi Ellenistici*）丛书开始出版，到2007年已出14卷。有关资料引自 Glenn R. Bugh ed., *The Cambridge Companion to the Hellenistic World*, New York: Cambridge University Press, 2006, p. 325。

③ 到2016年已出版56部。

其学术生涯的研究方向。希腊化时代再也不是过去人们眼中从希腊古典时代到罗马帝国时期之间的一段低谷,而被视为奠定西方文明基础的深刻的变革时代。① 这套系列丛书不是一次推出,而是陆续面世,现已出版的著作中涉及希腊化时期的历史变迁、伟人业绩、社会经济、宗教信仰、哲学流派、文学艺术、民族身份认同、文化传播与融合以及各种考古发现、钱币碑铭资料的解读,等等,可以说包罗万象,涵盖了这一时期在这个以希腊人为主体的世界内的各种社会文化现象。

与此同时,还有几部影响较大的希腊化时代的通史性著作出现。如,沃尔班克的《希腊化世界》(1981 年初版,1992 年再版)②,希普利(G. Shipley)的《亚历山大之后的希腊世界(公元前 323—前 30 年)》(2000 年),沙穆(F. Chamoux)的《希腊化文明》(2003 年),以及涉及希腊化时代内容的《剑桥古代史》第 2 版第 6 卷(1994 年)、第 7 卷(1984 年)、第 8 卷(1989 年)、第 9 卷(1994 年)③。克莱尔·普雷奥的《希腊化世界:从亚历山大去世到罗马征服希腊之间的希腊和东方(公元前 323—前 146 年)》(1978 年)④,威尔(E. Will)的《希腊化世界政治史》(1967 年初版,1979—1982 年第二版)⑤ 也获得了较高的评价。⑥ 另外还有一些多位学者合作的论文集出版,⑦ 如卡特里奇、加恩

---

① Murray C. McClellan, [untitled], *Journal of Field Archaeology*, Vol. 19, No. 2 (Summer, 1992), pp. 239 – 243.

② F. W. Walbank, *The Hellenistic World*, revised edition, London, Fontana, and Cambridge, Massachusetts: Harvard University Press, 1992.

③ D. M. Lewis et al., eds., *Cambridge Ancient History*, Vol. Ⅵ: *The Fourth Century B. C.*, 1994; F. W. Walbank et al., eds., *Cambridge Ancient History*, Vol. Ⅶ, Part Ⅰ: *The Hellenistic World*, 1984; Vol. Ⅶ, Part Ⅱ: *The Rise of Rome to 220 B. C.*, 1990; A. E. Astin et al., eds., *Cambridge Ancient History*, Vol. Ⅷ: *Rome and the Mediterranean to 130 B. C.*, 1989; J. A. Crook, A. Lintott & E. Rawson, eds., *Cambridge Ancient History*, Vol. Ⅸ: *The Last Age of the Roman Republic, 146 – 43 B. C.*, 1994.

④ Claire Préaux, *Le monde hellénistique. La Grèce et l'Orient (323 – 146 avant J. - C.)*, 2vols., Paris: Presses Universitaires de France, 1978.

⑤ E. Will, *Histoire politique du monde hellénistique: 323 – 30 av. J. - C*, .2 Vols., 2nd ed., Nancy: Presses Universitaires de Nancy, 1979 - 1982.

⑥ Glenn R. Bugh, ed., *The Cambridge Companion to the Hellenistic World*, p. 7.

⑦ 以下所列论文集见 Glenn R. Bugh, ed., *The Cambridge Companion to the Hellenistic World*, p. 6。

绪论　近年国外希腊化研究的特色与发展趋势(1978—2010)

赛（P. Garnsey）和格伦（E. S. Gruen）主编的《希腊化的建构：文化、历史和历史编撰学论文集》（1997年）①，奥格登（D. Ogden）主编的《希腊化世界：新的视野》（2002年）②。这些论文集都反映了最新的研究成果。

厄斯金（A. Erskine）主编的《希腊化世界研究指南》（2003年）③实际上也是一部论文集，收录了包括主编在内的数十位专家撰写的29篇专题论文。第1篇"走近希腊化世界"（Approaching Hellenistic World）可视为全书的前言，由主编厄斯金撰写，集中介绍了希腊化研究的概况以及这一时期有关的各种资料：古典作品、纸草文献、碑铭、非希腊语记载，近期出版的一些重要著作，特别是注释类和翻译类、铭文集成类的著作等。以下分为7个部分，每部分包括若干篇论文。每篇论文之后，都有作者推荐的进一步阅读书目（Further Reading），有一定的参考价值。新近出版的格伦·R. 布（Glenn R. Bugh）主编的《剑桥希腊化世界研究指南》（2006年）也是多位专家合作完成，介绍和总结了涉及希腊化世界政治、经济、文学、艺术、哲学、医学、宗教、民族关系等方面最新的研究成果，可以作为希腊化时代研究者的入门教材。

近年来关于这一时期的资料集陆续出版，其中最有名的是由奥斯丁编译的《从亚历山大到罗马征服的希腊化时代》（古代史料译选）。此书1981年初版，2006年新版时增加了47条史料（原来279条，现为326条），钱币图版4类32种，地图2幅。另外还对全书做了再次修正和校订。除此之外，相继出版的还有伯斯坦（S. M. Burstein）编译的《从伊普苏斯之战到克列奥帕特拉七世之死》（1985年）④，罗兹（P. J.

---

① P. Cartledge, P. Garnsey & E. S. Gruen, eds., *Hellenistic Constructs: Essays in Culture, History, and Historiography*, Berkeley: University of California Press, 1997.
② D. Ogden, ed., *The Hellenistic World: New Perspectives*, London: Gerald Duckworth & Co. Ltd. and The Classical Press of Wales, 2002.
③ A. Erskine, ed., *A Companion to the Hellenistic World*, Malden: Blackwell Publishing Ltd., 2005.
④ S. M. Burstein, ed., *The Hellenistic Age: From the Battle of Ipsos to the Death of Kleopatra Ⅶ*, Cambridge: Cambridge University Press, 1985.

绪论 近年国外希腊化研究的特色与发展趋势（1978—2010）

Rhodes）和奥斯本（Robin Osborne）主编的《希腊历史铭文（404—323 B.C.）》（2003年）①，巴格诺尔（Roger S. Bagnall）和德罗（Peter Derow）主编的《希腊化时期历史资料译文》（2004年）②。新近整理翻译出版的楔形文字文献《巴比伦天文日志及其相关文书》也颇有参考价值。它提供了亚历山大与大流士三世在高加米拉战役时准确的开战日期和具体战况、亚历山大进入巴比伦城的时间（公元前331年10月21日）、亚历山大的确切死亡时间（公元前323年6月11日，而非通常所说的6月10日或13日）以及塞琉古王国安条克二世曾有一子取伊朗名字等前所不知的信息。③ 这些资料集为以英语为工作语言的学者提供了极大的便利。到现在为止，由于罗叶布古典丛书的不断补充，可以说几乎所有古典与希腊化时期主要作家的原始文献都有英文的翻译版。近几十年来国际学术界（包括我国）悄然兴起的希腊化时代研究热在很大程度上与可读资料的增多有关。

90年代以来，国际上召开了一系列关于希腊化时代的专题学术研讨会，如英国利物浦的希腊化经济会议，希腊的关于希腊陶器、雅典雕塑和建筑、雅典马其顿人等专题会议，法国里昂的关于安纳托利亚希腊城市的军事和市政制度会议。这些研讨会吸引了希腊化研究的各个方面的专家，推动了希腊化研究向微观化方向发展。这些国际会议的论文集同样具有很高的学术价值。

三 近年希腊化研究的重点和热点

如此大量的研究成果的出现，不仅说明研究领域的扩大和专题研究的深入，而且反映了对过去被推崇为主流观点或权威结论的反思和修正。其中主要涉及对希腊文化与东方文化的"融合论"与希腊化文化或文明的"同质论"的质疑，希腊化时代与古典时代的关系，以及巴

---

① P. J. Rhodes & Robin Osborne, eds., *Greek Historical Inscriptions (404–323BC)*, Oxford University Press, 2003.
② Roger S. Bagnall and Peter Derow, eds., *The Hellenistic Period: Historical Sources in Translation*, New edition, Malden, MA and Oxford: Blackwell Publishing Ltd., 2004.
③ A. Sachs and H. Hunger, *Astronomical Diaries and Related Texts from Babylonia*, Vol. I, Vienna: Verlag der Osterreichischen Akademie der Wissenschaften, 1988.

绪论　近年国外希腊化研究的特色与发展趋势（1978—2010）

克特里亚、印度希腊人的历史定位问题。

1. 关于"融合论"和"同质论"

这两论实际上是同一个问题，因为只有在承认希腊文化和东方文化充分交流融合的前提下，希腊化世界的同质性才会显现出来。既然希腊—马其顿人统治东方之地长达三个世纪，希腊文化和东方文化的接触、碰撞、交流、某种程度上的融合显然不可避免。这可能不是有意而为，但出于统治的需要，客观上也会发生。且不说亚历山大及其后继者继承了波斯、埃及君主制的基本特点：王权神授，君权至上，就是在一些具体的文化内容，如宗教观念、艺术、建筑、天文学等方面也都吸收了一些东方文化的因素。因此，争论的焦点不在于融合的有无，而在程度和范围，从而有可能影响到对希腊化文化的定性问题。沃尔班克在《希腊化世界》一书中，以"希腊化世界：是一个同质文化吗？"为题专门讨论这个问题。在他看来，希腊化世界的同质性或希腊性（Greekness）是存在的，但这只存在于希腊人的主流社会中，当地人是不可能进入这一社会的，除非他被希腊化了。在诸希腊化王国统治的这个世界中，实际上存在着两个社会层面，一个是以希腊人、马其顿人为主体，希腊式城市为聚居地的希腊文化圈，普通希腊语、希腊人的神庙、剧场、体育馆构成了希腊化文化同质性的氛围，那些大大小小的各级统治者以及汲汲于名利、奔走于这些希腊化宫廷和城市的文人、艺术家、工匠、雇佣军等构成了这个希腊人社会的主体。也就是说，在希腊—马其顿人所构成的上层社会中，文化上的"同质"和"统一"是存在的。但在另一个层面，即在不同民族的当地人社会中，在埃及和亚洲的广大乡村，他们的文化与前一样，依然保持着当地的传统。但沃尔班克也承认，由于帕提亚人的崛起，割断了巴克特里亚和印度的希腊人与希腊化生活主流的联系，为了对付来自北方游牧民族的威胁，这些地方的希腊人和当地人建立了较为紧密的合作关系。因此，希腊化世界的同质性值得区别对待和认真思考。①

法国著名希腊化史学者克莱尔·普雷奥也持有类似的观点，认为在

---

① F. W. Walbank, *The Hellenistic World*, 1992, pp. 60–78.

绪论 近年国外希腊化研究的特色与发展趋势(1978—2010)

这个希腊化的世界，存在着由国王主导的希腊人的城市文化和由庙宇、乡村所组成的当地人世界的两极对立。希腊化时代并没有产生一个像德罗伊森等学者所说的新的混合文明。亚历山大征服开创的世界是一个殖民世界，希腊人和非希腊人在这一世界对立并存，平行活动，除了宗教方面，几乎没有什么深入的相互交流，没有二者的融合，只有非希腊人的被同化。统治者与被统治者、征服者和臣民、希腊人和非希腊人的对立决定了希腊人在社会、政治、经济和文化中的优势地位。作者注意到希腊化时期的 polis 作为社会生活和文化的中心的重要性，认为希腊城邦和希腊的自由并未随着喀罗尼亚战役死去。但她更多的是关注新城市和国王的关系。[①] 总之，这是一个修正之作，是对德罗伊森—罗斯托夫采夫—塔恩体系的否定。

奥斯丁虽然高度评价德罗伊森是"希腊化史的近代创始人"，但他坦率否认统一的希腊化世界的存在，认为它的差异性要大于统一性。[②]

就目前的学术总体发展态势而论，沃尔班克和克莱尔·普雷奥的观点获得了较为普遍的认可。但无可否认的是，只要学术界仍然把希腊化时代或希腊化世界这些表示这一时空范围的特性的概念作为古代历史中一个的研究单位，实际上也就承认了希腊化文化的多元性和统一性。希腊化文化或文明的中心不在东方的乡村，而是东方大地上的城市。这些城市主要是希腊人或希腊化了的当地人的聚居地。因此，希腊化文化实则城市文化，城市文明，考虑这一文化或文明的性质时，主要是看这些城市文化或文明的特性以及它们的共性。作为军事征服建立起来的异族统治，他们的文化不可能在短期内渗透到整个统治区域，改变那里已经存在数千年的文化传统。因此，两种文化层面的并存是客观存在的，但出于统治与生存的需要，二者的努力融合、适应也是必然的。这一时期的文化与古典时期希腊文化的最大不同不是成果的多少，而是其中含有

---

① 这里关于克莱尔·普雷奥观点的介绍，主要参考舍尔文—怀特（S. M. Sherwin-White）对《希腊化世界：从亚历山大去世到罗马征服希腊之间的希腊和东方（公元前323—前146年）》一书的评论。见 *The Journal of Hellenic Studies*, Vol. 103 (1983), pp. 212 - 214。

② 参见 M. M. Austin, *The Hellenistic World from Alexander to the Roman Conquest, A Selection of Ancient Sources in Translation*, Second augmented edition, Cambridge University Press, 2006, "Introduction" (pp. 1 - 4)。

绪论　近年国外希腊化研究的特色与发展趋势(1978—2010)

一定的、明显的东方文化因素。① 德罗伊森的"希腊化"一词应该是对那个时代、那个世界文化特性的概括，但如果由此认为那个世界的所有民族都希腊化了，同质化了，这显然也不符合历史事实。

2. 关于"延续论"

这里的"延续"包括两个方面，一是就希腊化时代与希腊古典时代的关系而言，二是就希腊化时代或世界内部的发展而言。

西方学界提出两个时代具有延续性的代表作应该首推希普利的《亚历山大之后的希腊世界（公元前323—前30年）》。此书提出了许多新的修正性观点。其中主要的一点就是强调希腊化时代是一个延续与变革并存的时代，并非独立的创新时代，但也非传统观点所认为的那样是一个衰落的时代，代表了从古典希腊（特别是雅典）巅峰的跌落。希腊化世界在他看来与过去没有任何明显的断裂。它的许多方面都前已有之，创新是例外，而非特点，而且仅仅表现在精英的层面，大众文化基本上依然延续如故。希腊的polis也未在喀罗尼亚战役之后消亡，传统的城邦制度在希腊化时代仍在积极地发挥着作用。但此观点受到评论者的质疑，认为作者不应该忽视这个时代富有特色的文化互动以及它的独创性。②

新版《剑桥古代史》中也有类似的观点。奥斯丁在一篇论文中指出，不论是在希腊还是在东方世界，就希腊化世界的某些方面而言，早期学术界强调其所具有的创造性，而新版《剑桥古代史》则强调它们与过去的延续，向那种认为希腊化世界是一个完全不同的世界的观念发起了挑战。但他也对新版《剑桥古代史》中忽视希腊化世界各种政治、经济现象之间的联系，以及未对历史事实发生的原因做出必要的、合理的解释等也提出了批评。③ 应该说，这样的批评是中肯的。《剑桥古代

---

① 可参见杨巨平《论希腊化文化的多元与统一》，《世界历史》1992年第2期，也见本书第八章。

② 参见 E. S. Gruen, "Into the Limelight", *The Classical Review*, New Series, Vol. 51, No. 1 (2001), pp. 109 – 112。希普利的基本观点见该书"前言"（"Preface", G. Shipley, *The Greek World after Alexander, 323 –30 B. C.*, p. xiii）。有关论述散见全书。

③ M. M. Austin, "Hellenistic Kings, War, and the Economy", *The Classical Quarterly*, New Series, Vol. 36, No. 2 (1986), pp. 450 – 466.

史》将有关希腊化的内容分散在4卷之中，在一定程度上割裂了它们之间的联系，这大概是一部囊括古代世界历史，且由各方专家分头撰写的巨著所难以避免的。

沙穆的《希腊化文明》似乎要对当前希腊化研究中的这一修正倾向予以矫正。该书以希腊—马其顿人的统治和希腊人的贡献为主线，对东方的影响涉及不多。它承认希腊化时代的独特性和对罗马帝国、西方文明的影响，认为希腊人、希腊文化传统是这一时代的主角，东方只不过提供了他们需要适应的新的外部环境。希腊文化与东方文化的结合是存在的，但希腊文化因素是主体。对塔恩所主张的亚历山大建立世界帝国的梦想也有同感。[1] 但同时也强调在希腊化君主制统治的环境中，希腊城市仍长久地保持了古典时代的模式，在本质上没有任何变化。他认为，虽然希腊化时代是个人创造历史的时代，但希腊人的城市日常生活依然如旧。市民社会并非像一般人认为的那样，彻底衰落，仅剩下一个空壳。市民的命运和城市息息相关，城市的机制形式上仍在照常运行，这从许多留下来的铭文中就可看出。但他也承认，这绝不是"希腊城市的黄金时代"。这样的时代早已成为过去。在希腊化时代，城市的完全自治只不过是一种理想，因为即使在古典时代，一般的城邦也要受到雅典与斯巴达、斯巴达与底比斯之间斗争的左右。他对希腊化时代的总体评价是：它既非一个衰落的时代，也非由盛世到乱世、由爱琴海到意大利、由希腊语东方到拉丁语西方、由雅典到罗马的过渡。这个时代不论在任何转折时期，还是在所面临的任何问题上，都是创造与延续并存，坚持传统与乐见新奇并存，怀旧复古与满怀激情面向未来并存。亚历山大和他的马其顿人没有破坏城市的基础，其居民仍然相互知晓，分享各自的关心。在他们建立的王国内，他们仍然尽力坚持着希腊过去的传统。[2] 这里有必要指出的是，作者所说的城市显然主要是指原来古典时代就存在的希腊人城邦，而非希腊化统治者新建的希腊式城市。但不论新老城市，政治上的独立自主事实上均不复存在。这是希腊化时期的

---

[1] François Chamoux, *Hellenistic Civilization*, p. 27.
[2] 详见 François Chamoux, *Hellenistic Civilization*, pp. 67, 166 – 167, 393 – 395。

绪论　近年国外希腊化研究的特色与发展趋势(1978—2010)

所谓城邦或城市与古典时代的"polis"的根本区别之处。作者的"城市模式延续论"似乎有矫枉过正之嫌。

在学界重视希腊化时代与希腊古典时代延续性的同时,格林的《从亚历山大到亚克兴:希腊化时代的历史演进》则更多地注意到了希腊化时代和希腊化世界本身内部政治、经济、文化各自发展的连续性。格林在"前言和鸣谢"中说明了自己写这部书的动机和原则。他首先对德罗伊森等宣扬的希腊文化传播论进行了猛烈的抨击,认为希腊文化对东方的传播作用被过分夸大了。希腊文化、风俗、文学、艺术宗教在征服的土地上的传播是一种有意识的、理想化的、使命般的宣传,这种说法本身就是一个有害的神话,更不要说对亚历山大及其后继者这些征服者的颂扬了。编造这些神话的目的就是要在道德上证明希腊—马其顿人大规模的帝国式的经济剥削压迫的合理性。作者坦率承认自己是一个修正主义者("任何历史家本质上都是修正主义者,当然我也不会例外"),他写作此书的目的之一就是要修正这种亚历山大及其后继者有意识地把希腊文化带给野蛮人的传统说法,就是对这种文化扩散的影响、本质和范围进行一次更为实事求是的描述。

为达此目的,他为本书的写作制定了几项原则:首先,强调希腊化时代在这三个世纪中的直线式、历时性和演进性的发展(the linear, diachronic, evolutionary development)。简言之,要注重这一时期历史发展的连续性,强调变化和演进。而这一点在格林看来,沃尔班克主编的《剑桥古代史》第7卷(第2版)也没有做到,因为它的基调仍然是共时性的(synchronic)、分离性的(separatist)。其次,要重视希腊化时代文化发展的各个重要方面,即从视觉艺术到文学,从数学到医学,从哲学到宗教都要进行考察。要从动态的而非静态的,更非永恒的角度,对它们进行评价,要把它们都看作是持续发展的整体文明史的组成部分。再次,对希腊化世界各个方面要尽量保持叙述的连续性,避免不必要的中断或碎化。他把这个原则特别运用于希腊化时期的政治史上。他认为,在这一领域,任何一个将托勒密(Ptolemies)、塞琉古(Seleucids)、阿塔利(Attalids)、安提柯(Antigonids)诸王朝和希腊城邦等分开并连续叙述的企图,都不仅带来令人绝望的混乱和重复,而且更为

绪论　近年国外希腊化研究的特色与发展趋势（1978—2010）

糟糕的是，严重歪曲了虽然复杂但事实上相互联系依赖的地中海历史原貌。最后，要避免只见树木不见森林，因小失大，以偏概全。这是希腊化研究中的通病，原因在于实证资料的有限。他以托勒密埃及为例。近代以来埃及确实出土了不少反映这一时期埃及历史信息的纸草文献，许多历史家利用这些文献也写出了不少划时代的杰作。但这些纸草文献充其量只能反映埃及一地，不可能涵盖整个希腊化世界。即使是著名的"芝诺纸草文献"（Zenon Archive），虽然具有国家档案的意义，但其大部分也是地方性的、次要的和特定的，不具有反映托勒密王国整个社会历史的价值。一叶知秋或窥一斑而知全豹的原则在这里是不适用的。①为了贯彻他注重"纵向延续和横向联系"的希腊化史观，他把全书按照历史发展序列分为五个部分，每一部分都有对那一时期政治、文学、艺术和哲学的专题论述。这种断代式的整体考察强调的是历时性背景下的宏观统一，在希腊化研究史上还是别开生面，值得借鉴。

3. 关于巴克特里亚、印度—希腊人的历史定位

巴克特里亚与印度西北部都曾是波斯帝国的属地。亚历山大征服这些地区后曾设置总督，留下驻防军。塞琉古王国建立后，将印度西北部割让给了印度的孔雀帝国。不过，从孔雀帝国阿育王发布的希腊语诏令看，当时仍有一部分希腊人留在孔雀帝国的境内（今阿富汗坎大哈地区）。公元前3世纪中期，巴克特里亚总督狄奥多托斯（Diodotus）宣布独立，脱离塞琉古王国。公元前2世纪初，巴克特里亚希腊人侵入印度，曾经控制了远到印度河以东的地区。由于受到北方游牧民族（其中包括来自中国西北的大月氏人）的压迫，巴克特里亚的希腊人在公元前145年（也有约公元前130年之说）前后退入兴都库什山以南的印度西北部。这些希腊人虽然或自相争斗，或受到外来民族，如斯基泰人（《汉书·西域传》中的"塞人"）、帕提亚人、月氏人的挤压，但仍然残存到公元前后。对于这批孤悬远东的所谓的巴克特里亚—希腊人和印度—希腊人的历史如何评价和归属，两种观点营垒分明。塔恩早在1938年《巴克特里亚和印度的希腊人》初版的"前言"中，就明确提

---

① Peter Green, *Alexander to Actium: The Historical Evolution of the Hellenistic Age*, pp. xv – xviii.

绪 论　近年国外希腊化研究的特色与发展趋势(1978—2010)

出：将印度的希腊人作为印度历史的一部分是不幸的，也是毫无意义的。他们的活动区域是希腊化世界的组成部分，他们的历史是塞琉古王国历史的一个分支，他们的国家可以视为第五个希腊化国家。总之，他们的历史应该属于希腊化研究而非印度历史研究的范畴。① 但这一观点遭到了印度本土学者纳拉因（A. K. Narain，曾在英国留学，后在美国威斯康星大学任教）的反对。恰好在塔恩逝世之年的1957年，纳拉因出版了他的《印度—希腊人》（The Indo-Greeks）一书，对塔恩的观点进行了针锋相对的批驳，主张印度—希腊人的历史属于印度而非希腊化国家历史的一部分。② 纳拉因参与了《剑桥古代史》第二版第8卷的编撰，在他执笔的第11章"巴克特里亚和印度的希腊人"中，利用最新的考古资料，再次系统论述了两地希腊人的历史变迁。③ 2003年，纳拉因将原来1957年版的内容和一些最新的研究成果，包括《剑桥古代史》第8卷的第11章一同并入一书，仍以《印度—希腊人》之名出版。尽管几乎半个世纪过去了，纳拉因仍然坚持以前的观点，并继续改造使用罗马凯撒的原话（"我来，我见、我胜"）作为自己的结论：希腊人来了，希腊人看到了，但印度人胜利了。④ 由于塔恩的去世，这一论战无人应战，成了一方的宣示。不过，在笔者看来，这场争论的焦点恐怕不在资料本身，而在历史家的立场。塔恩的观点形成于第二次世界大战以前，难免从西方文明扩张的角度来看待这些希腊人的历史，自然将其归于希腊化文明或世界的一部分。纳拉因的观点形成于第二次世界大战后的印度独立时期，是从民族主义的角度来看待这一段历史，自然把它作为古代印度历史的一部分。但无论如何，这些希腊人的后裔最终都融入了印度人的汪洋大海之中，消失得几乎无影无踪。纳拉因的观点有一定的可取之处。

---

① W. W. Tarn, *The Greeks in Bactria and India*, "Introduction", 1951, pp. xx – xxi.
② A. K. Narain, *The Indo-Greeks*, Oxford: The Clarendon Press, 1957, p. 10.
③ A. E. Astin et al., eds., *Cambridge Ancient History*, Ⅷ, *Rome and the Mediterranean to 130 B. C.*, 1989, pp. 388 – 421.
④ A. K. Narain, *The Indo-Greeks*, p. 11; A. E. Astin et al., eds., *Cambridge Ancient History*, Ⅷ, *Rome and the Mediterranean to 130 B. C.*, 2nd ed., p. 419. 此文被收入 A. K. Narain, *The Indo-Greeks: Revisited and Supplemented*, Delhi: B. R. Pub. Corp., 2003。

四 希腊化研究的未来发展趋势

1. 研究的资料和证据将会更多地依靠考古发掘资料。由于希腊化时期的文献记载保存至今的相对稀少,地下出土的资料对于希腊化研究就显得尤为重要。一个多世纪以来的考古成果,尤其是像埃及托勒密时期的纸草文献、亚历山大里亚古城的水下遗迹,塞琉古王国境内的杜拉—欧罗波斯希腊殖民地遗址、底格里斯河上塞琉西亚城遗址、帕提亚都城尼萨、巴克特里亚阿伊·哈努姆遗址的发掘,以及希印双语币和各种碑刻铭文(如著名的阿育王诏令)的发现,都曾大大深化了希腊化文化统一性和多元性的研究,也使得巴克特里亚—印度希腊人的历史面貌得以大致复原,王朝体系初步确立,塔恩的巴克特里亚和印度的希腊人王国可视为希腊化国家之一的观点得到进一步的证实。同时,这一时期的资料还为后来占据此地的印度—斯基泰人、印度—帕提亚人、月氏—贵霜人、萨珊波斯人的研究提供了重要的依据。所以,新的考古资料,包括城址、碑铭、钱币、纸草文献的新发现,有可能给希腊化的研究带来新的突破。现在,在南亚次大陆、中亚、西亚、埃及等地,与希腊化时代有关的考古发掘仍在进行,相信在欧美学者和本地学者的合作努力下一定会有新的资料重见天日。

2. 古史研究与现实关注的联系将会更加紧密。"一切历史都是现代史",近代以来希腊化研究的学术史也同样如此。因为希腊化研究的主导权从来都是掌握在西方或欧美学者手中。19世纪的世界实际上是殖民主义、帝国主义盛行的时代,西方资本主义国家借助于工业文明的威力,几乎将世界瓜分完毕。西方文明向全世界的强力推进带动了西方学术界对东方的兴趣,但他们是把东方作为他们的参照系——"他者"来进行研究的。因此,近代西方文明向全球,特别是向东方的扩张就类似于亚历山大的东征,既是历史发展的必然,也是古代历史的重演。东西方的对立古而有之,在古希腊的希罗多德看来,可以追溯到特洛伊战争,在现代西方的东方主义学者看来,可以追溯到希波战争和亚历山大时代。"希腊化"一词之所以受到质疑,此词本身所隐含的希腊文化优越论或欧洲文化中心论无疑是原因之一。德罗伊森、罗斯托夫采夫、塔

绪 论　近年国外希腊化研究的特色与发展趋势(1978—2010)

恩等虽然都没有公然否定东方文化的悠久历史和辉煌成果,但都难以摆脱他们所处时代的影响,站在西方的角度来研究这一段历史。即使是第二次世界大战后的所谓"后殖民时代"的那些希腊化的研究者,尽管对前辈们的结论进行了严肃的修正,但对"希腊化"一词的沿用说明他们仍然承认"希腊性"(Greekness)是这一时代的基本特征。但对于东方地区的历史学家,尤其是印度的历史学家,希腊文化的影响固然存在,但早已与当地文化融为一体。其结果不是东方文化的希腊化,而是希腊文化的东方化。上述塔恩与纳拉因的对立实际上是殖民主义和民族主义的对立,是殖民时代和非殖民化时代的对立。① 近年来有学者提出希腊化时代是人类历史上最重要的全球化时代之一,此说不仅言过其实,而且有回归德罗伊森体系之嫌。② 亚历山大东征的历史教训也引起了学者们的注意。美国发动阿富汗战争后不久,休斯敦大学霍尔特教授就著书以亚历山大当年在巴克特里亚、印度西北部地区的艰难征服为例,说明凡是外族入侵阿富汗,最终都难免失败的结局。作者还举了近代以来英属印度、苏联侵入阿富汗均遭惨败的例子来证明自己的推断。③ 他的研究成果不仅受到学术界的重视,而且通过美国电视"历史频道"和英国的 BBC 等媒体广为传播。他关于亚历山大东方战役的研究还受到美国军方的注意,被列为国家阿富汗军事研究所的课程。

希腊化时代既然已经被视为希腊古典时代到罗马帝国之间的一个过渡时代,公认的希腊化世界囊括了从东地中海到现在的中亚、印度的欧亚非三大洲之地,因此,不论从西方文明,还是从欧亚文明,或东方文明的角度来看,它的影响或多或少都是存在的,都是可以感知的。对它的研究将不再是西方学者的专利,而为全世界的学者所关注。这一段历

---

① 参见 Rachel Mairs, "Hellenistic India", *New Voices in Classical Reception Studies*, Issue 1 (2006), pp. 20 – 30。

② 参见 Stanley M. Burstein, *The Hellenistic Period in World History*, Essays on Global and Comparative History, Washington, DC: American Historical Association, 1996。

③ Frank L. Holt, *Into the Land of Bones: Alexander the Great in Afghanistan*, Berkeley: University of California Press, 2005, "Introduction", pp. 1 – 22. 与霍尔特持有相似观点的还有《亚历山大大帝——走向大地终端之旅》一书的作者。他认为美国军队在喀布尔、巴格达及其周边地区遇到了与当年亚历山大同样的山地和气候上的困难。见 Norman F. Cantor with Dee Ranieri, *Alexander the Great: Journey to the End of the Earth*, Toronto: Harper Collins Publishers Ltd., 2005, p. iv。

绪论　近年国外希腊化研究的特色与发展趋势(1978—2010)

史的性质和地位以及具体的属地问题（像印度—希腊人的历史）和文化渊源问题，都会引起学者们对希腊化时代的现实关注。即使我们中国，虽然远离希腊化世界，但通过丝绸之路的间接传送，也在汉代感受到了希腊化文化的信息，只是张骞一代的中国人对此并无明确的意识而已。① 我们现在对希腊化时代的关注，实际上也包含着对中华文明在人类文化交流史上的定位问题的关注。

3. 研究将会进一步深入和细化，地区性研究不平衡的现象将会有所改观。希腊化时代、希腊化世界、希腊化文明作为一个独立的研究单位已经在学术界得到普遍的承认。随着新资料的发现，新的研究手段和方法的运用，新的研究成果将会不断地出现。特别是在全球化、现代化风靡世界的背景之下，具有多元文化特征的希腊化文化或文明受到越来越多的学术关注也是可以理解的，学术上的突破也是可以预期的。而且，随着民族主义的复兴，原来被囊括于希腊化世界范围之内的国家和地区也会对希腊化时代与本地区历史的关系产生兴趣，从而鼓励本土学者加入这一研究，欧美学界垄断希腊化研究话语权的局面可能会有所改变。此外，由于希腊化研究对考古资料的依赖程度较高，每一个重大的考古发现都有可能改写一段历史。如前所述，埃及纸草文献的发现曾经改写了托勒密埃及的社会经济史，中亚和印度等地希腊式钱币的发现使巴克特里亚希腊人和印度—希腊人的王朝体系得以建立（尽管分歧仍然存在）②，阿伊·哈努姆遗址的发现再现了希腊化时期希腊式城市的基本特征。

整体研究的基础是个案研究、微观研究。像希腊化时期各类城市或polis的区别，三大王国在面对不同统治环境和对象时所采取的政策的差异，希腊人和当地人的关系，希腊化时期与希腊古典时期的关系，希腊文化和罗马文化的关系，巴克特里亚希腊人的历史地位，印度—希腊

---

① 参见杨巨平《亚历山大东征与丝绸之路开通》，《历史研究》2007 年第 4 期。
② 国际著名古钱币学家波比拉赫奇（Osmund Bopearachchi）对迄今在该地发现的希腊式钱币进行了全面、系统的整理和分析，提出了新的巴克特里亚、印度—希腊人国王的世系或延续序列，得到学术界的认可。详见 Osmund Bopearachchi, *Monnaies gréco-bactriennes et indo-grecques, Catalogue raisonné*, Paris: Bibliothèque Nationale, 1991。

人的归属,甚至希腊化君主制的要素构成,希腊化时代与基督教诞生的关系,希腊化时期的文学创作(史诗、田园诗)、哲学流派(斯多亚、伊壁鸠鲁学派等)、造型艺术(雕塑与钱币)、自然科学(数学、物理学、天文学、地理学)、工程技术以及人们的物质生活和精神生活(特别是心灵追求和宗教信仰)等问题,还有关于亚历山大及其所谓"民族融合"、"人类皆兄弟"(the brotherhood of man)、"世界国家"理想的评价,希腊化世界与丝绸之路、东西方文化交流的关系等,都是应该而且有望得到进一步探讨的问题。如此诸多层面的深入和问题的逐步解决,就有可能影响到对希腊化时代整体定性的重新评估,同时改变现在对希腊化各王国或地区研究不平衡的局面。

第一编　历史变迁

第一章　亚历山大帝国的建立与统治

古代文明的外延、扩散，局部的或偶尔的经济文化交往自文明诞生之日起即已发生，但古代欧亚大陆诸文明之间的大碰撞、大交流、大汇合则始于亚历山大时代。这位崛起于巴尔干半岛的希腊—马其顿国王，经过十年征战所建立的横跨欧亚非三大洲的帝国，奠定了希腊文明与埃及文明、巴比伦文明、印度文明，甚至中国文明相互接触交流的基础。亚历山大帝国虽然昙花一现，随着他的英年早逝迅即分裂，但其后继者在较长时间里仍维持并巩固了对西起地中海、东至中亚、印度西北部的广袤区域的控制与统治，使希腊文明与东方诸文明的交流能继续并深入下去，从而开启了从上层建筑到意识形态都不同于希腊古典时代的"希腊化时代"，给古代世界增添了一枝新秀——希腊化文明。

第一节　马其顿的兴起

悄然兴起的边陲之邦

马其顿（Macedonia）兴起于希腊北部，在公元前5世纪的希腊人眼中，是个默默无闻、无足轻重的边陲之邦。甚至他们的希腊族性也受到中南部希腊人的怀疑。马其顿国王亚历山大一世（AlexanderⅠ，公元前498—前454年）曾欲参加奥林匹克运动会（Olympian games），开始时主办者因其不是希腊人予以拒绝。只是亚历山大一世想方设法证明他们的祖先源自伯罗奔尼撒半岛的阿尔戈斯（Argos）后，才被认可，且在赛跑中获胜，取得并列第一名。① 希波战争前，马其顿就屈服于波斯，战争中一度与波斯（Persia）合作。国王阿门塔斯一世（Amyntas Ⅰ，约公元前547—前498/7年）曾向波斯人（Persians）贡献水和土，成为波斯的藩属，波斯国王薛西斯一世（Xerxes Ⅰ，公元前486—前465年）入侵希腊的大军中有马其顿人参加。② 但时任马其顿国王的亚历山大一世也给希腊人通风报信，或替波斯人传话。普拉提亚（Plataea）战役前夕，他曾给雅典人暗中传送情报，表示他非常关心他的远祖希腊人的命运。③ 但总的看来，在公元前5世纪以前，马其顿似乎对南部希腊城邦的争斗并不感兴趣，南部城邦对它也不屑一顾，然而，正是在这种貌似超脱、实则冷落的环境中，马其顿悄悄地发展起来了。

马其顿由上、下马其顿两部分组成。西邻色雷斯（Thrace），北面的伊利里亚（Illyria）、西南的伊庇鲁斯（Epirus）与帖撒利（Thessaly），均为与它相差无几的社会发展滞后地区。上马其顿是高原地带，山脉纵横，交通不便，仅有几个关隘与外界相通，其中最有名的是位于奥林帕斯（Olympus）山脉与奥萨（Ossa）山脉之间的腾皮（Tempe）峡谷，由此峡谷沿柏泥阿斯河（Peneus）行进，可达中部希腊。下马其顿三面环山，南濒爱琴海（Aegean Sea），中间是一广阔平原，阿克西乌斯河（Axius）、吕底阿斯河（Lydias）和哈利阿克蒙河（Haliacmon）流经其间，注入塞尔迈湾（the Thermaic Gulf）。这里土地肥沃，适于农业，是马其顿王国的政治、经济、文化中心，也是亚历山大帝国的发祥之地。

马其顿的民族成分比较复杂，起源多样。在青铜时代结束时，希腊部落的一些残余留在了马其顿。可能在公元前7世纪，这些残余中的一

---

① Herodotus, *Histories*, 5.22, with an English translation by A. D. Godley, Cambridge, Mass.: Harvard University Press, 1998. 也可见 Herodotus, *Histories*, 8.137－139（with an English translation by A. D. Godley, Cambridge, Mass.: Harvard University Press, 1997）。其中谈到马其顿王国的建立者帕狄卡斯（Perdiccas）如何从阿尔戈斯流落到马其顿，并征服此地为王的过程。
② Herodotus, *Histories*, 5.17－21; 7.185; 9.31.
③ Herodotus, *Histories*, 7.173; 9.44－45.

第一章　亚历山大帝国的建立与统治

支——马其顿人占领了埃盖（Aegae），扩张到下马其顿的沿海平原，形成了马其顿国家。他们就是古典时代马其顿人的祖先。他们崇拜希腊的神，特别崇拜宙斯（Zeus）和赫拉克勒斯（Heracles）。其他的希腊人部落则在上马其顿与伊利里亚人（Illyrians）、派奥尼亚（Paeonia）人、色雷斯人相混合。从整体上看，马其顿人不是纯粹的希腊人，但与希腊人有渊源关系。

马其顿在文明的发展道路上，比南部的希腊人大大迟了一步。在希腊城邦进入政治、经济、文化空前繁荣的公元前5世纪时，马其顿王国虽已建立，上、下马其顿也在国王亚历山大一世时得到统一，但其社会制度仍保持着荷马时代的痕迹。国王有一定的特权，他的名字在外交文件中代表国家。他是全国土地的主人，战争中的最高统帅。他同时又是祭司、法官和司库。但他的统治是受限制的、松散的。国王辖下的各部落仍保持一定的独立性。它们有自己的王室和部落王，战时作为国王名义上的藩属出兵打仗。王位世袭，但须经过人民的选举批准。人民还有权废黜国王，国王若涉及叛国案，要由人民审判。这时的人民实则上马即兵、下马即农或牧的战士和贵族。国王在部落贵族中选择他的"战友"。战友要完全忠于国王，平时参与宫廷事务，战时随国王出征，从这些战友中，国王选拔组成了他的"议事会"。

公元前5世纪的马其顿已跨入文明社会的门槛，开始与希腊城邦发生接触。国王阿刻劳斯一世（Archelaus Ⅰ，公元前413—前399年）在位时，将首都从内陆山区的埃盖城迁到了近海的培拉（Pella）城。[①] 此举有利于与沿海希腊城邦的接触，吸收其先进文化。他出面举办希腊式的体育竞技会，聘请希腊的军官训练军队、希腊的工程师修筑道路与城堡。他附庸风雅，对希腊的文学艺术尤为推崇，邀请许多著名的艺术家、诗人到他的宫廷做客。雅典悲剧家幼里披底斯（Euripides，公元前480—前406年）还写了一部悲剧《阿刻劳斯》（*Archelaus*，公元前410年）献给这位国王。尽管马其顿在阿刻劳斯时逐渐强大，但这时它仍

---

① 一说在他的父亲帕狄卡斯二世（Perdiccas Ⅱ，约公元前454/448—前413年）在位时，就把 Pella 作为都城。Quintus Curtius Rufus, *History of Alexander*, "Introduction", xxiv, with an English translation by John C. Rolfe, Cambridge, Mass.: Harvard University Press, 1998.

是与希腊城邦和平共处的邻居,而非虎视眈眈的强敌。

腓力二世的改革与扩张

进入公元前4世纪以后,马其顿一跃而起成为希腊城邦不得不回首北望、刮目相看的威胁力量。马其顿以前的兵种主要是重装骑兵。可能在亚历山大二世(Alexander Ⅱ,公元前370—前368年)时,组建了正规的重装步兵,称为"步兵王友",其荣誉地位仅次于以骑兵为主体的"王之战友"。军事力量的增强自然助长了马其顿对外扩张的欲望。马其顿的社会面貌也发生了明显变化,君主制统治得到加强,不少村庄变成了城镇,培拉成了马其顿最大的城市。

然而,马其顿的真正强大是在腓力二世(Philip Ⅱ,公元前359—前336年)在位之时。公元前359年初夏,马其顿人选举前国王的幼子为王,腓力以新王叔父的身份任摄政,那时他才22岁。腓力早年曾在底比斯(Thebes)为人质,与底比斯名将伊帕米浓达(Epaminondas)和伯罗庇达斯(Pelopidas)结识为友,他耳濡目染,细心研习了当代的外交方式与战争方法。这次经历大大有助于他以后对希腊城邦的控制。他受命于危难之际。其时,马其顿的一些地方丧失,一些属地独立,腓力的另外三个同父异母兄弟伺机争夺王位。腓力先内后外,很快稳定了局势。他声威并起,大权在握。可能就在这时,马其顿人废掉了幼王,推举腓力正式为王,即腓力二世。

腓力大刀阔斧地进行改革,使马其顿的国势蒸蒸日上。腓力首先加强了王权。他通过征服、联姻、挑选战友、分封等手段,把各部落的王公贵族控制在他的周围,削弱了他们的军事力量和政治权力。对于边远之地,吞并的机会还不成熟,他让当地维持旧制。他把征服来的土地并入马其顿,创造了新的马其顿公民,给他们每人一份家业。他的国家是民族领土国家,公民权开放,份地有时给当地人,有时给希腊人,只要他们愿意做他的顺民。他借助传统抬高了自己的地位,腓力自称是希腊神话中的英雄赫拉克勒斯的后裔,把其头像打压在他最早的钱币上,把他建的城市命名为赫拉克里亚(Heraclea)。既然赫拉克勒斯是宙斯之子,腓力也拜宙斯为祖,为奥林匹亚(Olympia)

的宙斯大庙慷慨献金。

军队是腓力征服与统治的最重要工具,为了提高军队的机动能力与战斗技术,他在部落兵制的基础上,创建了国王直接指挥的常备军,这支军队既有以贵族组成的重装骑兵,也有从富裕农民中招募的重装步兵,还有一些雇佣军。腓力吸收底比斯军队编制的特点,组成了更为密集、纵深的马其顿方阵。方阵的中央是多达16—20排的重装步兵,他们使用加长的矛,进攻时矛头前指,以排山倒海之势压来。方阵两翼是轻装步兵和骑兵,起掩杀作用。他还给军队配备了攻城机,并建立了强大的舰队。总之,腓力的军事改革使马其顿现有各兵种能发挥各自的优势,很好地协同作战,腓力平定希腊、亚历山大远征东方,主要依靠的就是这支军队。

经济是立国的基础,腓力绝不甘心被排除于海上贸易之外。为此,他建立新城市,打开出海口,开采潘革翁(Pangaeum)金矿和银矿(每年产1000塔兰特)。尤为重要的是进行了币制改革。他放弃了以前的波斯币制,银币采取色雷斯制,金币采取阿提卡制(Attica standard)。这样,马其顿就可在色雷斯和雅典(Athens)货币流通的范围内自由贸易,特别是能同南部近邻希腊人的卡尔西狄斯同盟(Chalcidian League)贸易。腓力的钱币很快就广泛流通起来。

改革使马其顿成为巴尔干半岛的军事强国。公元前358年夏,腓力率军侵入北方的派奥尼亚,使其屈顺于他的权威之下。北方既定,他转向西方的伊利里亚。腓力用从底比斯学来的斜形进攻战术,将伊利里亚人打得大败,7000多人丧生战场,国王巴底利斯(Bardylis)被迫割地求和。不久还将公主嫁给腓力,这显然是表示忠顺与友好的政治联姻。伊利里亚的战败缓解了邻邦伊庇鲁斯的压力。伊庇鲁斯的摩洛斯王室(the Molossian royal house)对腓力感恩不尽,也将其公主嫁给腓力,她就是成为腓力王后的奥林匹娅斯(Olympias,约公元前375—前316年),即将震撼世界的亚历山大的母亲。东边的色雷斯早已臣服,北方与西方已无后顾之忧。但腓力并不满足于在巴尔干(Balkan)内陆称霸,在王权强化、国土扩大、实力增强,既无内乱又无外患的有利形势下,南部内争犹酣的希腊城邦就成了他下一步征

第一编 历史变迁

服的目标。

希腊城邦的对立反应

马其顿的崛起,早就引起了希腊城邦有识之士的注意。腓力为打开出海口,夺取沿海一带,也早已与希腊城邦发生了冲突,卡尔西狄斯同盟首当其冲。而对咄咄逼人的腓力,希腊城邦内部,特别是雅典,出现了态度截然不同的两派:亲马其顿派和反马其顿派。

反马其顿派的中坚力量是工商业阶层。他们的首领德谟斯提尼(Demosthenes,公元前384—前322年)就是一个武器经营者,工商业主,与爱琴海北部、黑海地区有着传统的贸易关系。他们不愿意自己的利益范围被马其顿人抢走。大部分的一般公民也追随反马其顿派,他们既为城邦的现状担忧,又不愿意接受马其顿君主的控制,他们更多地希望恢复城邦过去的辉煌,保存雅典的民主宪法。德谟斯提尼充分发挥了他的雄辩天才,发表了一连串激动人心的演讲,他号召雅典的公民们振作精神,团结起来,不仅为自己而战,而且要像在希波战争中那样,为希腊的自由而战。① 他借一位知情人之口,对腓力进行了无情的攻击,说他荒淫放荡、沉湎于酒色歌舞、好大喜功,他的宫廷充斥着强盗和马屁精,这些人也都是些酒色之徒。② 德谟斯提尼一针见血地指出,腓力的最终目的是劫掠希腊、控制希腊。他向雅典人呼吁,一艘船无论大小,当它还是安全的时候,不论是水手还是舵手,还是其他任何人,都要积极行动起来,关注它的安危,否则,等到船只被大海倾覆,再有热情也无济于事了。③

尽管德谟斯提尼慷慨陈词,富有号召力,但这样的呼吁在亲马其

---

① 参见 Demosthenes, *Olynthiac*, 2.24, *Philippic*, 3.36, with an English translation by J. H. Vince, Cambridge, Mass.: Harvard University Press, 1989。德谟斯提尼 *Olynthiac*, 2.24 原文可译为:"我甚至为雅典人感到震惊,你们曾经为捍卫希腊人的权利抗击斯巴达人,你们多次放弃了自我扩张的机会,你们为使其他希腊人能够享受他们的权利,不惜大量投入财力,不顾生命危险,奔赴战场,但现在你们却畏缩不前,不愿为你们的家园做出奉献。我也为此感到震惊,你们曾经拯救了其他的城邦,或集体,或单个,但现在竟然面对自己利益的失去而袖手旁观,无动于衷。"

② Demosthenes, *Olynthiac*, 2.18–19.

③ Demosthenes, *Philippic*, 3.69.

第一章　亚历山大帝国的建立与统治

顿派看来，只不过是白费力气的空洞叫喊。"如果你自己不能持有武器，那末，就应该与持有武器的人为友"①。雅典的亲马其顿派对此深有同感。他们主要由奴隶主上层组成。城邦内部奴隶的反抗，贫民的抗争，都危及他们的利益。他们对危机四伏、动荡不安的社会局面忧心忡忡，但自己又无力改变现状。于是，就把寻求希望的目光转向了希腊城邦之外。马其顿在腓力二世之下的兴盛，使他们看到了强人统治的优越，波斯的富庶与腐朽又使他们找到了转移矛盾与掠夺财富的对象。亲马其顿派的基本主张就是让腓力二世领导希腊，进攻波斯。这一派的首领、雄辩术教师伊索克拉底（Isocrates，约公元前436—前338年）请求腓力"不仅要捍卫希腊内部的和谐统一大业，而且要领导一场征服波斯人的战争"。要把战争带给亚洲，把波斯人的利益、土地、人民夺为己有。征服波斯的目的显然不是去报什么希波战争之仇，而是要解决现存的城邦危机，掠夺东方的财富。②伊索克拉底还对腓力未来的征服献计献策，"如果你实在不能征服整个波斯帝国，那至少应该尽可能多地吞并它的土地，从它的手中夺取一部分，用现在的话来说，就是'从西里西亚（Cilicia）到西诺普（Sinope）的亚洲之地'；如果你在这个地区建立城市，为那些衣食无着、四处流荡、为非作歹，危害无辜的游民提供永久的住所；我们可以想到，如果你确实做了这些事情，世人会怎么对你刮目相看，赞誉有加。"③伊索克拉底企图借腓力领导的东方掠夺来解脱城邦内部的危机，其结果只能是搬起石头砸了自己的脚。帝国大厦建立之日也就是城邦沦为城市之时。反马其顿派企图通过希腊内部的团结来遏制马其顿扩张的步伐，也是不切合实际的空想。当年万众一心，抵抗波斯的时代已经过去。

---

① ［苏］塞尔格叶夫：《古希腊史》，缪灵珠译，高等教育出版社1955年版，第402页。埃斯奇尼斯（Aeschines，公元前389—前314年）在《论出使》（On the Embassy）中曾经表达过这样的意思，他建议雅典人与腓力签订和约，保持和平。这在德谟斯提尼看来是一种耻辱，但他自己从来没有拿起武器进行战斗。在埃斯奇尼斯看来，倡导和平要比宣战更为光荣。Aeschines, *On the Embassy*, 79, with an English translation by Charles Darwin Adams, Cambridge, Mass.: Harvard University Press, 1988.

② Isocrates, Discourse Ⅴ: *To Philip*, 16, 9; Discourse Ⅳ: *Panegyricus*, 17; with an English Translation by George Norlin, Cambridge, Mass.: Harvard University Press, 1991.

③ Isocrates, Discourse Ⅴ: *To Philip*, 120.

而且马其顿毕竟不是波斯,它对南部希腊的强兵压境很难说是异族征服的来临。

主要立场上的分歧,使反马其顿派与亲马其顿派的斗争逐步升级。可能在腓力未公开敌意的约公元前350年,德谟斯提尼就发表了"反腓力"的演讲,他要求雅典先发制人,进攻腓力。① 公元前349年,奥林图斯(Olynthus)城亲马其顿派占了上风,卡尔西狄斯同盟受到腓力威胁。德谟斯提尼连续三次就此事发表讲演,催促雅典马上派兵救援,他的主张遭到亲马其顿派的反对。雅典失去了卡尔西狄斯同盟、优卑亚(Euboea)之后,无力再战,与腓力议和。和约签订后,曾为议和代表团成员的德谟斯提尼却对主持签约的埃斯奇尼斯提出控告。他在审判会上歪曲事实,频频攻击,审判员甚至不得不打断了他的讲话。埃斯奇尼斯仅以三十票之差逃过了死刑。公元前344年秋,腓力臣服帖撒利。德谟斯提尼认为帖撒利人被腓力背信弃义地奴役了,而伊索克拉底则对腓力大唱赞歌,认为是正义施善之举。②

公元前341年,腓力提出愿意就与雅典在色雷斯、赫勒斯滂海峡地区的纠纷接受仲裁。德谟斯提尼发表措辞强烈的演讲,把腓力贬为一个无恶不作的"无赖、恶棍"③,将雅典与马其顿之争视为一场关乎雅典,乃至全希腊城邦的民主和自由的"生死斗争",是一场反侵略战争,鼓动人民向腓力开战,并要求民众在消除外患前,先清除内奸,用棍棒打死他们。④ 两派的斗争达到了势不两立的地步,然而,不管他们是怎么吵闹,腓力的马其顿最终还是要控制希腊的。

---

① 他催促雅典人丢掉幻想,赶快行动。"雅典人啊!你们到底什么时候采取必要的行动呢?你们还等什么?我猜测,你们是想等到万不得已的那一天。那对于现在正在发生的事情,我们应该怎样看待呢?就我而言,我认为,对于一个自由人,还有什么比自取其辱的压力更大呢?或者,请告诉我,你们是否满足于每天四处转悠,相互打探,'今天又有什么消息'?难道还会有什么比马其顿正在战胜雅典人,正在决定希腊的命运这样的消息更令人吃惊的吗?"在他看来,每天醉心于腓力死了吗、病了吗这类小道消息毫无意义。因为即使如此,还有第二个腓力再现。出现这种情况的原因与其说是腓力的个人能力,不如说是雅典人的视而不见。Demosthenes, *Philippic*, 1.10 – 11.

② Demosthenes, *Philippic*, 2.22;3.26. Isocrates, Letter 2;*To Philip* I.20, with an English translation by Larue Van Hook, Cambridge, Mass.: Harvard University Press, 1998.

③ Demosthenes, *Philippic*, 3.31.

④ Demosthenes, *On the Chersonese*, 7.40 – 43, 61.

第一章 亚历山大帝国的建立与统治

马其顿控制希腊

爆发于公元前355年的"神圣战争"（Sacred War）给腓力插手希腊城邦事务以天赐良机。这场战争是因争夺对德尔斐（Delphi）大庙的控制权而引起的。底比斯早在称霸中部希腊时，就从佛西斯人（Phocians）手中夺取了这种控制权。佛西斯人不堪忍受底比斯的高压讹诈政策，就在菲罗麦鲁斯（Philomelus）、奥诺马科斯（Onomarchus）的先后领导下，占取德尔斐大庙的金库，并利用这些钱招募了一支庞大的雇佣军，带头与底比斯人为敌，并袭击保卫大庙的邻近城邦。夺取金库的做法使佛西斯人陷于孤立，以底比斯为首的希腊中部城邦组织同盟与其为敌，马其顿也以他正染指的帖撒利受到侵犯为由跻身其列。腓力把佛西斯人赶出帖撒利后，就把注意力转向了卡尔西狄斯半岛（Chalcidic Peninsula）。公元前348年，阻碍腓力南下的希腊城邦奥林图斯城被毁，半岛上的其他希腊城邦被迫拆掉城防工事。爱琴海北部一带完全陷入马其顿的统治之下。公元前346年，"神圣战争"在腓力的干预之下以佛西斯人的失败而告终。它被开除出德尔斐的安菲克替翁同盟（Amphictyonic League，或译"近邻同盟"）。它在同盟议会上的两票转给了腓力，腓力控制了同盟议会，当选为即将到来的皮提亚大节（Pythian festival）的主席。腓力的两脚已深深地插入了中部希腊。

腓力的南进使反马其顿力量最大的雅典极为不安。它虽与马其顿在公元前346年结盟缔约，但双方显然都没有守约的诚意。"神圣战争"结束后，腓力从色雷斯（Thrace）地区夺取了一些城镇，引起雅典不满。雅典的反马其顿派占了上风，急匆匆派出使团到各地游说，以组织反马其顿同盟。在帖撒利他们失望了，在伯罗奔尼撒（Peloponnese），他们成功了。科林斯（Corinth）以及它的殖民地、阿卡亚同盟（Achaean League）、美塞尼亚（Messenia）都与雅典结盟。科法伦尼亚（Cephallenia）、阿尔戈斯和阿卡狄亚（Arcadia）的大部分地区都与雅典修好。雅典凭借同盟力量壮胆，公元前342年，纵容它的雇佣军进攻腓力的盟国卡尔狄亚（Cardia）。腓力提出仲裁，被雅典拒绝。公元前340年，以雅典为首的反马其顿同盟开会，原则上同意提供兵力和金钱与腓力作战。同盟甚至接受了波斯的金钱支援。然而，这一切都是徒劳。约公元前339年末，腓力借口驻防军被底比斯人赶走，再次进入中部希腊，到达埃拉提亚（Elatea）。此地离雅典仅两天路程，形势紧急，雅典只得与底比斯结盟。公元前338年8月2日，以雅典和底比斯人为主力的希腊联军在彼奥提亚（Boeotia）的喀罗尼亚（Chaeronea）与马其顿军队决战。双方投入兵力大致相等，总共约7万人参加了厮杀，腓力之子、亚历山大亲率马其顿骑兵冲锋陷阵，结果联军大败。这是一次决定希腊城邦命运的战役。从此后，希腊城邦实际上失去了政治的独立，反马其顿派彻底失败了，后来腓力遇刺、亚历山大病死都曾使他们高兴一时，但终究掀不起什么轩然大波了。

腓力开始尽情地享受胜利的成果。公元前337年春，腓力在科林斯城召开全希腊会议，成立了"希腊同盟"［又称"科林斯同盟"（Corinthian League）］。奥林帕斯山以南的所有城邦（斯巴达除外）和许多岛国都成了联盟的成员。各成员国承担如下义务：保持和平；尊重各邦现存宪法；禁止死刑、土地财产再分配以及一切与当前法律相抵触的行为；镇压抢劫者与海盗。联盟的常务机构是"希腊人议事会"。议员数目根据军事力量的比例决定并选出，议事会通过的决议对所有成员国都有约束力。议事会在希腊的德尔斐（Delphi）、奥林匹亚、尼米亚（Nemea）、地峡（Isthmia）四个宗教中心开会。每次会议的五个主席通过抽签从议员中选出。在联盟的第一次正式会议上，联盟与马其顿（"腓力与他的后代"）签订了永久性攻守同盟条约，然后共同向波斯宣战，报复薛西斯对希腊神庙的亵渎。大会一致选举腓力为同盟的最高领袖，全权统率军队，对波斯作战。

宣战后，腓力立即开始召集各邦军队。公元前336年春，至少有一万人的先头部队受腓力派遣，渡过了赫勒斯滂（Hellespont，今达达尼尔，Dardanelles）海峡，大军将在秋天随腓力出发。一场震动欧亚非大陆的战争帷幕拉开了，希腊—马其顿联军的统帅腓力在紧锣密鼓中正踌躇满志地准备登台，然而，天有不测风云，谁也没有料到这位不可一世的人物会在女儿的婚礼上突然遇刺身亡。

腓力突然倒下了，但他的霸业后继有人，他的王国依然存在。在他的统治下，马其顿成了当时欧洲最强大的国家。过去被南部希腊人视为蛮夷的马其顿现在成了全希腊的统治者、领导者，这种令世人瞩目的巨大变化，固然与腓力的个人军事才能、政治谋略分不开，但在很大程度上依赖于有利的历史机遇。希腊城邦的衰落标志着城邦制度走入了死胡同。马其顿的兴起使一部分失望迷惘的希腊奴隶主看到了希望。在缺乏爱国热情的公民兵与为钱而来的雇佣兵面前，由得到份地的农牧民组织起来的马其顿常备兵显示了不可战胜的威力。希腊城邦受制于马其顿的轭下，是历史的必然。

希腊城邦的失败，并不等于希腊历史的结束，希腊城邦制度的衰落，并不等于希腊文明的衰落。以腓力的接班人亚历山大为起点，古希腊的历史进入了走向世界的新时期，希腊文明跨入了与东方文明大交流、大汇合的新阶段。

第二节 亚历山大东征

临危受命

腓力猝然而死，在马其顿和希腊城邦引起了强烈反应。马其顿的版图本来就是靠征服扩大起来的，现在那些被征服、被并吞的北方部族开始骚动，一部分军队投到背离者一边。希腊的反马其顿派又活跃起来。德谟斯提尼为此高兴万分，给自己戴上了花环。雅典的公民大会则投票决定给谋杀者一顶花冠。底比斯首先打出了起义的旗帜，伯罗奔尼撒的一些城市也闻风而动。雅典积极备战，波斯不惜以重金相助，一时间似乎腓力建立的秩序就要崩溃了。然而，马其顿能够力挽危局的人物早已出现，他就是腓力与奥林匹娅斯的儿子亚历山大（Alexander，公元前356—前323年）。

亚历山大在古希腊历史上是个富有传奇色彩的人物。他出生于公元前356年，其父母虽因性格、志趣不同而早有不和，但儿子的出生还是给腓力带来了莫大的喜悦。据说同一天他三喜临门。除奥林匹娅斯为他生了儿子外，他还获悉，他的部将帕门尼奥（Parmenio，约公元前

400—前330年）打败了伊利里亚人（Illyrians）；他的马在奥林匹克运动会上比赛获胜。作为一位马其顿王子，亚历山大从小就接受了良好的文化教育与严格的军事训练。腓力先后为他请了几位各有所长的家庭教师，目的是把他培养成体格、学识、思想都出类超群的希腊人。著名哲学家亚里士多德（Aristotle，公元前384—前322年）就欣然应邀。他与亚历山大亦师亦友，教他荷马史诗，并赠送他《伊里亚特》一书，此书终身与亚历山大为伴。荷马史诗中的英雄俄底修斯（Odysseus）则成为他崇拜并力求效仿的人物。亚历山大还从亚里士多德那里学过哲学、数学、动植物学、医学。从后来的经历来看，亚里士多德的哲学思想对他影响并不大，相反倒培育了他对自然研究的兴趣。不管怎样，亚里士多德等为亚历山大开启了知识之门，使他有志于过一种高尚而光荣的生活。他对亚里士多德感情尤深，东征期间还派人为亚里士多德搜集动植物标本，供他研究之用。少年的文化学习只是为未来的从政打基础，王子毕竟不是学者。亚历山大从16岁后就结束了文化启蒙教育，开始进入宫廷，参与政务，腓力出征时，他在国内担任摄政，18岁时，亚历山大作为一名重要指挥官参加了喀罗尼亚战役，率骑兵全歼敌方右翼主力"圣团"，对此役的胜利起了关键作用。早年的良好教育，以及日常的宫廷生活，亲身参与军事外交斗争，都使他不仅树立了远大恢宏的志向，养成了坚忍不拔、追求无限的性格，而且积累了丰富的军政经验。腓力被刺，群龙无首，尽管由于宫闱矛盾，亚历山大地位已降，但在战场上崭露头角、深孚众望的他还是成了马其顿瞩目的王位继承人。在以其父亲的老战友安提帕特（Antipater，约公元前397—前319年）为首的军人拥护下，亚历山大于公元前336年即位，年仅20岁。

面对国内外的险恶环境，亚历山大首先清除宫廷政敌，笼络率重兵在外的将领，如先期出发去小亚的远征军统帅帕门尼奥，然后迅速出兵平定外患。亚历山大亲率大军南下，制服出尔反尔、伺机再起的希腊城邦。他在科林斯召开全希腊大会，恢复了腓力缔结的条约，宣布他仍继续父亲的政策，迫使希腊城邦承认了他的盟主地位。他旋而北上，征服了北部的山地部族特里巴利人（Triballians），他跨过了多瑙河流域（Danube），击败了盖特人（Getae），这一系列胜利在下多

第一章 亚历山大帝国的建立与统治

瑙河一线确立了马其顿的统治权。克尔特人（Celts）也遣使求好。他继而向西北摧毁了伊利里亚部落的反抗。北方的局势基本稳定，南部的希腊城邦又因亚历山大阵亡的谣言而活跃起来。德谟斯提尼奔走呼吁对马其顿进行战争，底比斯人积极响应，雅典也派兵协助。亚历山大闻讯，二次率军南下。底比斯城除诗人品达（Pindar）的住处及庙宇外，全被亚历山大夷为平地。城中大多数人被杀，其余卖为奴隶。但他对雅典仍表示了宽容与尊敬，他的目的是杀一儆百。远征波斯，希腊大陆毕竟是他的后方。他不能在此深深地埋下复仇的不安定种子。内忧外患既除，原定目标犹在，下一步就是继续腓力的事业，向亚洲的波斯帝国进军了。

十年征战的光荣与艰辛

当时的波斯帝国已失去希波战争前的勃勃生机。公元前401—前400年，色诺芬（Xenophon，约公元前430—前354年）等参与波斯王位之争的万人希腊雇佣军能从波斯帝国腹地返回希腊，足以说明波斯帝国已经徒有形式，老大腐朽。无休无止的宫廷内斗、王位之争，各地总督的尾大不掉，边远之地的鞭长莫及，从小亚到埃及（Egypt）东地中海（Mediterranean Sea）沿岸一线的骚动起义，均表明波斯帝国已陷入重重危机。因此，亚历山大征服的是一个庞大但绝非强大的帝国。

出师不可无名，亚历山大除了继续打着报波斯入侵希腊之仇，解放正在受奴役的小亚沿岸希腊城邦的旗号，还加上了一条，即波斯参与了刺杀他父亲腓力的阴谋。其实，根据一些传闻，腓力之死可能与亚历山大的母亲有关，甚至亚历山大本人也摆脱不了干系。

出师前，亚历山大尽其所有赏赐部下，有人问他给自己留下了什么，他回答说"希望"，[①] 亚历山大就这样带着强烈的必胜希望踏上了征程。公元前334年春，亚历山大率军渡过赫勒斯滂海峡，进入小亚。

---

① Plutarch, *Alexander*, 15. 2, with an English translation by Bernadotte Perrin, Cambridge, Mass.: Harvard University Press, 1999.

他的军队总数在 4 万人左右,其中步兵 30000 多人(一说 43000 人),骑兵 5000 多人(一说 4000 多人),另有 160 艘战船游弋海上。① 随行人员中有哲学家、历史家、医生、工程师、地理学家、测量师、动植物研究者,这似乎给东征又增加了几分远行文化考察探险的色彩。他只带了一个月给养,手头也只有 70 塔兰特现金。② 他只有靠快速的取胜、掠夺,才能保证军队的供应。

亚历山大与波斯的军队先在小亚格拉尼库斯河(Granicus River)附近交锋。波斯军队一触即溃。亚历山大乘胜进军,直逼小亚重要城市撒尔狄斯(Sardis)。该城不战而降,小亚的诸希腊城市获得名义上的自由。亚历山大马不停蹄沿海岸向叙利亚(Syria)推进。公元前 333 年,在伊苏斯城(Issus),碰到了大流士三世(Darius Ⅲ,约公元前 336—前 330 年)亲率的大军,双方展开会战。亚历山大直攻波斯军的左翼和大流士亲督的中军。大流士三世怯阵脱逃,致使波斯军全线动摇。大流士只顾自己逃命,连妻子、女儿、母亲都扔下不管,成了亚历山大的俘虏。

公元前 332 年,亚历山大在腓尼基(Phoenicia)的推罗(Tyre)遇到了出师以来最顽强的抵抗。推罗人本来愿意归顺亚历山大,只是不让马其顿人进城。亚历山大大怒,从海陆两面进攻,围城七个月,才攻陷推罗。三万生存者被卖为奴。

围攻推罗期间,大流士三世再次求和。此前,他曾向亚历山大请求放回他的家眷,但亚历山大回信,提出要以承认他是亚洲的最高霸主为条件。这次大流士三世表示愿意割让幼发拉底河(Euphrates)以西的土地,赔款 1 万塔兰特,请求归还家属,并允诺亚历山大与他女儿结婚,双方签订友好结盟条约。当大流士三世的建议在将领会议上宣读后,军中主将帕门尼奥表示,如果自己是亚历山大,就会接受。但亚历

---

① 关于亚历山大出发时的军队数量,古典作家说法不一。据阿里安,他带去的步兵有 3 万多人,骑兵 5000 多人,还有 160 艘战船。(Arrian, *Anabasis of Alexander*, 1.11.3—6, with an English translation by P. A. Brunt, Cambridge, Mass.: Harvard University Press, 1996)据普鲁塔克,他的军队至少有步兵 3 万人,骑兵 4000 人,至多有步兵 43000 人,骑兵 5000 人。(Plutarch, *Alexander*, 15.1.)

② Plutarch, *Alexander*, 15.1.

第一章　亚历山大帝国的建立与统治

山大却对此嗤之以鼻。他说，如果他是帕门尼奥，当然会接受，可他是亚历山大。他傲慢地对波斯使者说，只有把整个波斯帝国都给他，他才会接受求和。① 紧接着，亚历山大夺取了由腓尼基通往埃及沙漠边缘的最后一座城市——加沙（Gaza）。此年11月，亚历山大不费一兵一卒，以解放者的身份进入早就不堪波斯统治的埃及，受到当地祭司的倾心欢迎，称亚历山大为"埃及的统治者"、"阿蒙（Ammon）之子"。亚历山大在尼罗（Nile）河口亲自选勘了以他名字命名的亚历山大里亚城（Alexandria）的位置，并详细规划该城的布局。这是他在东方建立的第一座希腊式城市，后来成为希腊化世界的文化中心。亚历山大还不辞辛苦，深入利比亚（Libya）沙漠的西瓦绿洲（Siwa Oasis），去访问那里的阿蒙神庙。据说他从神那里得到了他想要的回答。② 阿蒙神是埃及人最崇拜的太阳神，亚历山大此行无非是想给自己头上套上神圣的光圈，使埃及人对他更为心悦诚服。

公元前331年，亚历山大返回推罗，东渡幼发拉底河。10月1日，在尼尼微河（the River of Nineveh）附近高加米拉村（Gaugamela）与大流士三世的军队再次决战。大流士对此役做了充分准备，他使用带长刀的战车横扫猛冲，试图突破亚历山大的方阵。亚历山大采取让开大道，攻其两翼，右翼领先，左翼稍后的战术，大败波斯军。大流士故伎重演，带头逃跑。

高加米拉战役是亚历山大东征的决定性战役。大流士此后无力组织抵抗，只有仓皇逃命，亚历山大则紧追不舍。波斯大势已去，都城巴比伦（Babylon）、苏萨（Susa）、波斯波里斯（Persepolis）、埃克巴坦那（Ecbatana）相继落入亚历山大之手。为了追上大流士，亚历山大率军进入帕提亚（Parthia）与巴克特里亚（Bactria）。大流士在逃亡中被他的巴克特里亚总督比索斯（Bessus）劫杀。亚历山大抓获僭称波斯国王的比索斯后，以弑君罪之名将其处死。公元前330年大流士三世的死去宣告了波斯阿黑门尼德王朝（the Achaemenid Dynasty）的灭亡，这时的

---

① Arrian, *Anabasis of Alexander*, 2.25.1-3.
② Arrian, *Anabasis of Alexander*, 3.4.5.

亚历山大已自认为是波斯帝国当然的继承人了。但亚历山大征服的步伐并未停止，而是转战于中亚锡尔河（Syr Darya）与阿姆河（Oxus/Amu Darya）地区。此地部落顽强反抗，特别是其诱敌深入、灵活机动的游击战术使一向喜欢速战速决的亚历山大穷于应付。他灭亡波斯仅4年，却在中亚转战3年，足见他在此地难以自拔的困境。他虽用残酷镇压与绥靖怀柔政策最终基本征服了当地，但马其顿人的损失也是惨重的。公元前327年，他从中亚翻过兴都库什山（Hindu Kush），进入印度（India）西北部。这里曾是波斯帝国的一部分，由于此地缺乏统一强大的国家，各土邦相互敌对，亚历山大软硬兼施，进展较为顺利。但在他还要继续向恒河（Ganges River）流域东进时，遭到部下的坚决反对。炎热的天气，无尽头的征服，传言前方强国的出现，印度象兵的威力，使伤痕累累、疲惫不堪、思家心切的马其顿老兵再也不愿前进一步。尽管亚历山大以荣誉财富相利诱，以即将抵达世界尽头相号召，以三天不见人相胁迫，也无济于事。[①] 只好于公元前326年11月率军沿印度河南下，分海陆两路西归。陆路经过荒无人烟、灼热无比的沙漠地带，因缺水短粮、干热、行走不便而损失大半，生还者仅1万多人。海路则因失去陆路给养的支持备受困苦。两路最后在波斯湾会师。公元前324年到达苏萨，次年回到巴比伦。十年东征终于结束。

东征：文明碰撞的先声

对亚历山大东征如何评说，国内外学者见仁见智。我们既不能否定东征即东侵的根本性质，也不能无视东征对东方古代文明所产生的冲击效果。它是后来长达数世纪东方文明碰撞、交流、融汇的先导。

亚历山大东征前，是马其顿的国王、希腊联军的统帅，充其量只是巴尔干半岛的小霸主。但仅仅十年时间，他的统治区域就从东地中海扩展到了印度河流域，继波斯帝国之后，建立了世界历史上第二个横跨欧、亚、非三大洲的大帝国。他的东征是非正义的，但却是成功的。

东征给东方人民带来了深重的灾难，他们饱尝战争之苦。亚历山大

[①] Arrian, *Anabasis of Alexander*, 5.25–29.

第一章 亚历山大帝国的建立与统治

虽然以解除波斯的奴役为号召,从小亚到埃及一线赢得了当地人的支持和拥护,但一旦遇到抵抗时,他不惜大动屠刀。城市被摧毁,生还者被卖为奴隶,财富被劫掠一空,甚至辉煌壮丽的波斯王宫也被付之一炬。亚历山大代替大流士三世成了亚洲的主人,东方人民只不过换了统治者而已。

东征也给马其顿民族带来了严重的后果。许多马其顿人丧生战场,致使人力缺乏,马其顿本身并未因东征的胜利而繁荣昌盛。

然而,东征在客观上却使希腊文明与埃及、巴比伦、印度等古代文明首次大规模接触。亚历山大之前,欧亚大陆各主要文明虽然独立发展,但相互之间零散的、局部的,甚至间接的交往还是时有发生。波斯帝国时期,从希腊、埃及到印度的文明地区之间的交往事实上已经开始,但波斯帝国注重的是政治上的臣属,而非文化上的统一,因此,各文明地区基本保留了原来的文化特征。但亚历山大帝国的建立,改变了各文明独立共存的局面。首先,希腊—马其顿人在亚历山大的率领下,首次深入埃及、巴比伦、印度这些古老文明之地。作为征服者、统治者,他们所到之处必然把自己的文化强加于被征服、被统治的民族之上。亚历山大一路上建立了大约20座以他名字命名的希腊式城市,绝大多数在底格里斯河(Tigris River)以东,最远的位于锡尔河流域和印度河流域。这些城市是希腊文明的象征,也是希腊文明与当地文明接触的前哨。他在远征中不时举办体育、文艺、祭祀等形式的文化活动,这些对他军队中招募的当地人不能不产生影响。他还派人对当地的三万名男孩进行马其顿式军事训练,教他们希腊语。[①] 当地人要跻身于希腊—马其顿人的统治主体之列,必先使自己希腊化,这在亚历山大时仅仅是开始。其次,希腊—马其顿人也同样受到东方文明的感染。亚历山大可以说是"东方化"的先行者。他接受利用了东方的宗教崇拜和王权神化思想,俨然以法老、阿蒙之子、波斯大王自居。他对东方的哲学也深感兴趣。在埃及,他聆听过哲学家萨孟(Psammon)论道;[②] 在印度,

---

① Arrian, *Anabasis of Alexander*, 7.6.1; Plutarch, *Alexander*, 47.3.
② Plutarch, *Alexander*, 27.6.

他访问、礼遇当地的智者。① 更为重要的是,东征及帝国的建立,奠定了希腊文明与东方文明长期碰撞、交流、融汇的基础。他曾到达锡尔河东北方向,几乎叩响中国的大门;他在印度也是匆匆过客,但后来希腊文明与印度文明的结晶——犍陀罗艺术却通过丝绸之路把希、印、中三地文明联系到了一起。

第三节　亚历山大帝国的兴衰

帝国统治的建立与亚历山大的猝逝

帝国是征服的产物。亚历山大东征的过程即帝国建立的过程,也是其统治管理机制确立的过程。而对日益迅速扩大的帝国,亚历山大来不及对各地的统治体制做认真的改造,基本上是在原来的基础上,加上马其顿—希腊的因素,因此,他的帝国统治呈现出东方君主制、马其顿王权、希腊城邦制三种因素的混合现象。

亚历山大把受战士会议一定约束的马其顿王权与东方的专制君主制相结合,实行分而治之,但旨在强化个人权力的统治体制。对于马其顿人,他是他们的国王,至少在表面上应当尊重他们的传统权利;对于当地人,他就以原统治者的正统继承人面目出现,他在埃及是法老、阿蒙之子,在巴比伦是阿胡拉·马兹达(Ahura Mazda)所喜悦的国王,在波斯本土是大流士的当然继承人。而且,随着统治区域的扩大,个人威望的增高,东方影响的加深,亚历山大越来越像一位专制君主。他崇尚东方威严赫赫、尊卑高下分明的宫廷礼仪,穿波斯、米底(Media)的服装,要求马其顿将领像波斯贵族那样向他行敬拜礼(proskynesis),要希腊人像对待神一样对待他。② 实际上,当他东征结束定都巴比伦时,他已把发祥之地马其顿、希腊仅仅看作帝国的一部分,把马其顿

---

① Arrian, *Anabasis of Alexander*, 7.1.5 – 6, 7.2.1; Plutarch, *Alexander*, 64 – 65.
② 亚历山大对波斯宫廷礼仪和服饰的模仿,要求得到神一样的崇拜和尊敬,遭到马其顿将士的普遍反感。详见 Arrian, *Anabasis of Alexander*, 4.9.9 – 12.7, 7.6.2 – 3;当他返回巴比伦后,希腊城邦使者头戴花环,宛若神使,向他敬献金冠。Arrian, *Anabasis of Alexander*, 7.23.2.

国王、希腊联军统帅这样的称号抛之脑后，自命为帝国的至高无上的主人了。

亚历山大基本沿袭了波斯帝国的行省旧制，但采取军事、财政、民政三权分离的政策。各地的总督辖区大致上维持旧日规模，总督中既有马其顿人、希腊人①，也有当地人，而且为数不少。在埃及任命的六个总督中，就有两个埃及人，两个希腊人，两个马其顿人。巴比伦、苏萨的总督都是波斯人，据统计，他在伊朗人（Iranians）中共委任了十八位总督。亚历山大利用当地人，但并不十分重用当地人，他削弱了总督的权力。当地人总督一般只管民政，军队和财政另由马其顿人或希腊人掌握。在一个行省内，有三种平行权力在同时发挥作用，它们各自向国王负责。② 在一些重要地区，还驻有军队，以防不测。波斯统治时各行省有权铸钱币，这个权力现在被取消了（只有巴比伦除外，这是因贸易之故）。地方权力在一定程度上的削弱，有利于王权的加强。

为了使被征服地区忠心归顺，亚历山大采取宗教宽容政策。他在埃及不仅拜谒阿蒙神庙，还在亚历山大里亚城为女神伊西斯（Isis）建庙。③ 在巴比伦向当地的主神马尔都克（Marduk）献祭，下令重建被薛西斯毁掉的马尔都克神庙。④ 这使他获得了当地人民的好感，特别是取得了有一定影响的当地祭司的拥护。他们的拥戴扩大了亚历山大统治的社会基础。

为了收买人心笼络当地的贵族，也为了解决兵力来源的不足，亚历山大不顾马其顿将士的反对，除任用当地人为总督外，还与当地人联姻，招募当地人加入军队。他在中亚时与巴克特里亚一贵族女子罗克珊娜（Roxana）结婚。回到苏萨后，亚历山大主持举行了盛况空前的集体婚礼。他和他的80个战友都用波斯礼仪与当地贵族的女子结婚。大

---

① 这里的"希腊人"指来自希腊城邦，跟随亚历山大东征的希腊人。广义上，不论马其顿人，还是各城邦的希腊人，他们都属于希腊人，学界一般将他们统称为希腊—马其顿人。
② 高加米拉战役后亚历山大对巴比伦的安排就是如此，他任命波斯人马扎亚斯（Mazaeus）为巴比伦总督，但同时任命一位希腊人（Apollodorus of Amphipolis）和一位马其顿人（Asclepiodorus）分别统领当地的驻军和负责税收。Arrian, *Anabasis of Alexander*, 3.16.4–5.
③ Arrian, *Anabasis of Alexander*, 3.1.5, 3.3–4.
④ Arrian, *Anabasis of Alexander*, 3.16.4–5.

流士的女儿成了亚历山大的第二个妻子。在亚历山大的带动下，与亚洲女子结婚的有万人之多，亚历山大向新郎、新娘赠送礼品以示祝贺。① 亚历山大这样做，主要目的是打破民族界限，表明他不只是马其顿人的国王，而且是所有臣民的国王。他的帐幕里有当地的贵族效忠服务，他的军队里有经过马其顿式军事训练的波斯人步兵，有执马其顿长矛的波斯人骑兵。他们与马其顿人混合编队，但小队长由马其顿人担任。

对帝国境内的希腊城邦，亚历山大名义上恢复它们的自由，尊重它们的自治，保留其民主政体，但实际上往往干预内政，向它们发号施令，禁止它们争斗，禁止它们扩大城市的领土，并要求它们接纳流亡者回去。他在希腊与马其顿的驻军，实际上起着监视、威慑、镇压的作用，对诸如小亚的内陆高原和印度等边远地区，他仅要求当地的王公贵族承认他的统治权和征税权。

征服的扩大和帝国的维持都离不开雄厚的物质资源。亚历山大一方面通过掠夺补充军用，他在苏萨、波斯波里斯、埃克巴坦那等城市抢劫的金银，估计在18万—20万塔兰特左右。② 另一方面通过税收获取财富。亚历山大设置财政监察官，他们和下属财务官组成了庞大的税收网络。亚历山大独掌铸币大权，采用阿提卡标准铸银币。正面是赫拉克勒斯（Heracles）头像，反面是宙斯头像。金币则自创式样，正面是雅典娜神像，反面是胜利女神。从波斯金库中获得的金银块被铸成货币投入流通领域，这就使原波斯帝国的经济与爱琴海经济紧紧联系在一起，促进了商业经济的发展。除此之外，他到处建立城市，他在中亚建立的所谓的"最远的亚历山大里亚"（Alexandria Eschate）就位于索格底亚那（Sogdiana，中国古代史书后称"粟特"）的锡尔河畔。这些城市的外

---

① Arrian, *Anabasis of Alexander*, 7.4.4-8.
② 根据霍尔特教授的归纳估算，亚历山大除了向被征服的波斯地区继续征收贡金之外，在波斯的四大都城抢劫金银数目分别是：苏萨，40000—50000塔兰特；波斯波里斯，120000塔兰特；埃克巴坦纳，21000—26000塔兰特；加上在曾是居鲁士（Cyrus，公元前559—前530年在位）都城的帕萨尔加德（Pasargadae）抢劫的6000塔兰特，总数高达18万—20万塔兰特。Frank L. Holt, *The Treasures of Alexander the Great*, New York: Oxford University Press, 2016, p. 182 & n. 29, 31, 32, 35 (p. 250).

第一章 亚历山大帝国的建立与统治

形与市政制度是希腊式的,但政治上无独立自主权,它只是国王统治下的一个单位。这些城市有的很快繁荣起来,成了政治、经济、文化中心,如尼罗河的亚历山大里亚,大部分都保留了下来。它们不仅是军事重地或老弱病残士兵的安置地,而且是马其顿人、希腊人与当地人混合杂居之地,他们对当时和后来的经济发展与文化交流都起了巨大的作用。

忙忙碌碌的征服,使亚历山大来不及在文化上有所建树,但他建立的帝国已使希腊文化与东方文化的接触、交流不可避免。远征军中的学者文人,沿途搜集资料,绘制地图,与当地哲人交往,实际上已经开始了文化的交流。亚历山大回到巴比伦后,并不满足现有的征服成果。他派人考察阿拉伯半岛(Arabia),在巴比伦建立码头,改造幼发拉底河灌溉系统,计划沟通里海(Caspian Sea)与大洋。他还想西征北非、意大利和西班牙,实现他征服世界的梦想。然而,天不假年,公元前323年6月,一场恶性疟疾突然夺去了他的生命。

亚历山大是这个新帝国的缔造者,他在帝国的建立与统治中最为成功的一点,是他抛弃了恩师亚里士多德"视异邦人为奴隶"的种族偏见,不失时机地调整对被征服民族,特别是对当地上层统治者的政策。他对大流士三世穷追不舍,不置其于死地誓不罢休,然而当大流士三世被部下背叛致死后,他却一反常态,对其以国王之礼厚葬,对叛将则以弑君罪处死。[1] 他以被征服地国王自居,他的宗教宽容认同政策,他对东方君王礼仪服饰的采用,他对当地贵族的利用、联姻,甚至他招募训练当地人为自己打仗,无不受到大部分马其顿将士的反对、责难,但他力排众议,甚至在激起兵变后也不妥协。双方的差距在于马其顿将士只把他视为他们的国王,亚历山大却把整个帝国及其臣民视为他的个人财产。他面临的最大问题是如何保证这个帝国长治久安,帝国的臣民能和谐地生活在一起。公元前324年,他在欧皮斯(Opis)"为帝国内部的马其顿人和波斯人之间的和谐和友谊祈祷"。[2]

---

[1] Arrian, *Anabasis of Alexander*, 3.22, 3.30.3–5.

[2] Arrian, *Anabasis of Alexander*, 7.11.8–9.

他的这种"帝国之内,不分种族,皆应和谐相处"的观念和实践有助于希腊化时期超越城邦、民族、国家的"世界城邦"意识的形成,他建立的统治制度成为后来的罗马帝国,甚至中世纪、近代欧洲君主制的基础。

亚历山大是伟大的征服者,他野心勃勃,才智过人,崇尚光荣,追求无限,他短暂而辉煌的一生充满传奇色彩,但我们毋宁把他看作一个实实在在、由时代与个人性格孕育出来的著名历史人物。他的光荣与耻辱、伟大与渺小都源于他的十年东征、大帝国的建立。

帝国的分裂

亚历山大的突然病逝,决定了他的帝国的迅速崩溃。由于帝国是个人征服的产物,而英年早夭的亚历山大又未能留下可直接继位的后裔。他与罗克珊娜的孩子尚在腹中,且是男是女尚难断定。他临死前又未在部将中明确指定摄政者或继承者。据载,有的战友问他打算把王国留给谁?他回答说:"最好的人"(或"最强者")①。可谁又是最好的人和最强者呢?所以,他的遗体还陈放在巴比伦的宫殿未及安葬,他的部将就先为继承人问题吵得不可开交。这些部将都是身经百战、立下汗马功劳、拥兵自重的悍将武夫,他们都出身贵族,生来就想指挥别人,而不愿受人指挥,都认为自己是"最强者"。骑兵统帅帕狄卡斯提出等待亚历山大与罗克珊娜的孩子出生。如果是男孩,就立他为王。但步兵统帅米利格(Meleager)却提出让腓力二世的庶出子、低能儿阿里戴乌斯(Arrhidaeus)为王,他们不愿让东方女人之子继承马其顿王位。双方争执不下,几乎动武。最后在亚历山大的秘书攸麦尼斯(Eumenes)的调停下达成折中协议:将阿里代奥斯先立为国王,若亚历山大的儿子降

---

① Arrian, *Anabasis of Alexander*, 7.26.3 ("to the best"); Diodorus Siculus, *Library of History*, 17.117.4 ("to the strongest"), with an English Traslation by C. Bradford Welles, Cambridge, Mass.: Harvard University Press, 1997; c. f. Diodorus Siculus, *Library of History*, 18.1.4 ("to the best man"), with an English Traslation by Russel M. Geer, Cambridge, Mass.: Harvard University Press, 1984; Quintus Curtius Rufus, *History of Alexander*, 10.5.5 ("to him who was the best man"), with an English translation by John C. Rolfe, Cambridge, Mass.: Harvard University Press, 1998.

第一章 亚历山大帝国的建立与统治

生,则共同分享王位。① 这年 8 月,罗克珊娜生下一子,双王制确立,分别称为腓力三世和亚历山大四世。这样的王位继承人,显然只能成为诸将手中的玩物。庞大的帝国及其管理权很快被瓜分完毕。帕狄卡斯(Perdiccas,约公元前 355—前 321/320 年)在亚历山大病重期间,侍奉左右,且被亚历山大授予象征国王权力的指环,因此,作为善后会议的主持人,他取得了主要行政权力和军队的最高指挥权,直接统率亚洲的军队,实则为摄政王。另一主将克拉特鲁斯(Craterus,约公元前 370—前 321 年)当时另有使命不在巴比伦,被任命为腓力三世的顾问、监护人以及王室金库的掌管者。老将安提帕特仍镇守马其顿、监督希腊城邦。其余将领也将驻地变为辖地,成为割据一方的地方势力。托勒密(Ptolemy,约公元前 367—前 283/282 年)得到埃及,不久就千方百计把亚历山大的灵柩也弄到了埃及,巩固了他的地位。安提柯(Antigonus,公元前 382—前 301 年)得到整个小亚西部,吕西马库斯(Lysimachus,约公元前 360—前 281 年)接受了色雷斯,暂时的瓜分根本不能保证永久的和平,从公元前 323 年起,亚历山大后继者的混战一直持续了 20 年。

公元前 323—前 320 年为第一阶段。帕狄卡斯玩弄手段想一举两得,既能掌握权力,又能使其合法。他遗弃了安提帕特的女儿,欲与亚历山大的妹妹克列奥帕特拉(Cleopatra)结婚。安提帕特受辱大怒,联合克拉特鲁斯、安提柯、吕西马库斯、托勒密起兵。公元前 321 年或前 320 年,帕狄卡斯在埃及被谋杀。

公元前 320—前 301 年为第二阶段。这一阶段的主角是安提柯。帕狄卡斯死后,胜利者开会推举安提帕特为国王监护人(因克拉特鲁斯已死),把宫廷移往马其顿,安提柯被宣布为亚洲的将军,参与谋杀帕狄卡斯的塞琉古分得巴比伦尼亚。马其顿、亚洲、埃及处在不同统治者的控制之下,帝国的裂痕加深了。公元前 319 年,安提帕特因年迈死去,安提柯乘机想把整个帝国或尽可能多的地区置于他的手中,因此遭

---

① Diodorus Siculus, *Library of History*, 18.2 & n.2. 关于亚历山大死后部将们的权力之争,详见 Quintus Curtius Rufus, *History of Alexander*, 10.6 – 10; Diodorus Siculus, *Library of History*, 18.2; Plutarch, *Eumenes*, 3.1, with an English translation by Bernadotte Perrin, Cambridge, Mass.: Harvard University Press, 1989。

到其他竞争对手的忌恨，但反对他的同盟者之间也相互拆台，战火从亚洲蔓延到欧洲，最后又烧回亚洲。腓力三世和亚历山大四世先后在残酷的王位争斗中被处死。公元前306年，安提柯（Antigonus I，公元前306—前301年）称王。不久，托勒密、塞琉古也相继称王。亚历山大帝国不仅从实际上，而且从名义上都不复存在。公元前301年，安提柯与塞琉古（Seleucus，约公元前358—前281年）、吕西马库斯、安提帕特之子卡桑德（Cassander，约公元前350—前297年）组成的联盟在弗吕吉亚（Phrygia）的伊浦索斯（Ipsus）展开了一场大血战。安提柯兵败阵亡，他的领土被胜利者瓜分。伊浦索斯之战标志着大帝国统一之梦的彻底破产。从此，虽然各地主人有所变化，但马其顿、亚洲、埃及三足鼎立的大局已定，它们走上了基本相同但各有特色的发展道路。

第二章　希腊化王国

希腊化王国主要指亚历山大后继者们经过激烈斗争之后建立的三个大国及其他若干小国。主要包括埃及的托勒密王国、亚洲的塞琉古王国、希腊本土的马其顿王国，以及从塞琉古王国中分离出来的帕加马王国（Kingdom of Pergamon）、巴克特里亚王国（Greco-Bactrian Kingdom），这些王国虽然由于统治环境的差异而在统治方式、制度上有所不同，但作为亚历山大帝国统治的继续，它们仍具有一些共同的特征：（1）三大王国建立之初，均抛弃了亚历山大的东方化政策，主要依靠希腊—马其顿人进行统治，执掌军事、财政等大权。他们对当地的王公贵族、僧侣集团并非全部排斥，而是限制利用。（2）各希腊化王国大多热衷于王权神化、个人崇拜，地处东方的托勒密王国、塞琉古王国尤为突出。这是亚历山大政策的延续，其目的是像东方君主一样，使自己的统治神圣化。（3）各王国出现了辅佐国王进行统治的新贵——王友集团；"王友"与昔日的"战友"有别，他们凭能力而入选，依国王而升迁。双方既是君臣关系，又是合伙关系，最终目的是双方受益。"王友"初为临时人才，后成为固定的官僚阶层。（4）各王国对地方的统治基本维持旧制，但通过设立总督、派遣驻防军、建立希腊人城市、派遣移民地等方式加强控制。（5）各国君主对文化事业均比较重视，尊重知识，延揽人才，奖掖学术艺术成为时尚，古代世界最大的图书馆、最高的灯塔、最大的铜像、最美的人体雕塑，都在这一时期出现。这些文化成就与国王们的支持是分不开的。

第一节 托勒密王国

中央集权制统治的确立

托勒密王国的建立者托勒密一世（Ptolemy Ⅰ，约公元前305—前283年）是亚历山大的老战友，亚历山大死后，他争得了统治埃及、利比亚以及与埃及接壤的那部分阿拉伯土地的权力。原来被亚历山大任命为埃及总督的克利奥米尼（Cleomenes）成为他的副手，但不久即被托勒密一世除掉。依靠较为安定的周边环境和富庶的尼罗河流域提供的经济实力，托勒密一世卷入了对帝国的争夺。他似乎没有夺取整个帝国的打算，只是尽可能地巩固自己在埃及的统治，并扩大在埃及之外的领地。公元前321年帕狄卡斯死后，马其顿将士会议曾拥护他接任，但他坚辞不就。伊浦索斯之战后，他夺得了科伊勒—叙利亚省（Coele Syria）的南半部。他是亚历山大后继者中唯一得到地盘且能一直保住地盘的成功者。他所开创的王国也在希腊化王国中存在的时间最久。托勒密王朝最盛时，领土除埃及本土（最远达第二瀑布）外，还包括昔列尼（Cyrene）、塞浦路斯（Cyprus）、巴勒斯坦（Palestine）、南叙利亚、小亚西部与南部的部分地区、南爱琴海的一些岛屿。在公元前3—前2世纪，托勒密埃及为了与塞琉古王国争夺巴勒斯坦与南叙利亚一带，先后发生了六次战争[①]，史称"叙利亚战争"，这场战争以塞琉古王国的胜利告终。长期的战争消耗了托勒密埃及的国力，加之内部民族矛盾与阶级矛盾的激化，从公元前3世纪末叶起，它就开始进入衰落时期。

托勒密王朝深受埃及法老专制统治的影响，建立了以国王为首的中央集权制。国王把埃及视为他个人用长矛打出的天下，他即是国家的人格化：政治、军事、财务，甚至宗教大权都掌握在他一人手中。国王的权力因王权神化、国王崇拜而加强。国王不仅死后被追认为神，而且尚

---

① 这六次战争分别发生于公元前274—前271年，公元前260—前253年，公元前246—前241年，公元前219—前217年，公元前202—前195年，公元前170—前168年。

第二章 希腊化王国

在世时,也被奉为神在寺庙中崇拜。托勒密二世(Ptolemy Ⅱ Philadelphus,公元前283—前246年)首开先例,把对他和王后的崇拜附加在对亚历山大的崇拜上,称为"姐弟神"(theoi adelphoi,因他二人是姐弟通婚)。国王的高级官员都由他的王亲、国戚、王友来充任。他们或担任财务官,或担任将军。财务大臣位同宰相,是仅次于国王的最有实权的人物,除一般事务外,他的主要职责就是控制全国的经济生产活动,裁决所有与财政税收有关的案件。由此可见,搜刮财富对于托勒密王朝的重要。

马其顿的武夫对于地方民政的管理往往不大得心应手,所以有马其顿军事贵族与当地大奴隶主贵族的合流。托勒密王朝保持了过去的地方区划,上、下埃及大约分为40个诺姆(州,nome),诺姆之下分为县(topoi),县下为村(komai)。每一级都有专门的官员管理,诺姆的总督或州长是当地人可以觊觎的职位,但已失去了许多重要权力。军队驻扎在全国各地。诺姆的真正首长是希腊—马其顿籍的将军,他负责维持地方秩序,保证尼罗河与沙漠商路的安全,也许还主管刑事案的审判,对于民事诉讼,他可以接受诉状,然后委人仲裁,或交由法庭处理,但他却不得插手财务。财务权归另一财务官。

僧侣阶层力量的强大,是古埃及历史的特点,但在托勒密王朝统治时,祭司集团的地位下降。国王是神的全权代理人,寺庙土地被收归王有,即使是留给或赐给神庙的土地,也要按常规纳税。祭司就位时要交纳授职费,祭司们每年还要到亚历山大里亚谒见国王。总之,寺庙的一切活动都必须在国王及其行政官员的监督下进行。王权神化的目的是加强王权,绝非抬高祭司。

国王是法律之源、最高立法者,但面对两种不同的民族存在的国家,国内实行两种法律。一种适用于希腊人,另一种适用于当地人。若案件涉及双方时,则组成混合法庭,王室法官拥有对两个民族的审判权,他们巡回各地判案。

托勒密诸王不大鼓励建城,可能是为了不让城市的自治削弱君主的中央集权。埃及的希腊式城市有三个,除亚历山大里亚和古老的希腊殖民地瑙克拉替斯(Naucratis)外,仅托勒迈斯城(Ptolemais)是托勒密一世所建。

虽然国王的宫廷表面上有返归马其顿传统的迹象,讲希腊语,穿希腊—马其顿式服装,不与当地人结婚。他们不要求臣民行匍匐礼,对希腊人城市以礼相待。但君主的权力超过了以前所有的马其顿国王。亚历山大在推行波斯礼仪时,在要继续东进时,还能受到马其顿战友以及士兵们的反对,这样的情况在托勒密朝已不可能出现了。

国家对经济活动的控制与垄断

一般而言,政治上的中央集权会伴以对经济活动的严密控制,托勒密王朝在这方面可谓典型一例,其控制手段之严厉、方法之精密、范围之广泛、效果之显著,不仅在古代世界,就是在近代也是罕见的。

尼罗河流域素有地中海的粮仓之称,作为托勒密王朝经济基础的农业自然成为首控对象。普天之下,莫非王土。托勒密王朝像以前的法老一样,把全部土地都视为己有,以当然地主的身份将这些土地以不同的名义分授不同的使用者或管理者。他们把一部分土地收归王室直接经营,称为"王田"(royal land, *ge basilike*),其余的统称为"授田",或以赠予的方式给予神庙(神田),或赐给私人(赐田),或分配给军人作为份地。留在国王手中的土地由王田农夫(royal cultivators, *basilikoi georgoi*)耕种。他们主要采取短期租借的方式取得一块土地,田地种什么由国王决定,并记录在册。种子和必要的农具由国王提供,收割后的产量必须按一定的比例上交国王。上交的数量根据土地的质量与泛滥程度而定。王田农夫是佃农,不是奴隶,但他们不经许可不许离开村庄,除耕种土地外,还要提供必要的苦役,如修堤坝、开运河。但不需要时,也可随时被撵走。王田农夫还需交纳名目繁多的苛捐杂税,连租带税,一年多达收成的50%以上,他们命运悲惨,不堪忍受时,就采取传统的方法——逃亡,通常是集体出走,到寺庙去避难。神田和赐田上的耕种者,可能也是类似于王田农夫的农民。神田的数目开始时减少,原来神庙的一大部分土地转归国王直接管理。但在公元前2世纪,祭司们乘王权削弱之机又扩大了神田。赐田的数目因人而异,托勒密二世的财务大臣阿波罗尼乌斯(Apollonius)在法雍(Fayyûm)一地就有近

7000英亩的土地。军人份地数量不等，一般在3.5英亩到70英亩之间，分布于全国各地。军人平时种地，战时服役，以服役代租，但仍需纳税。军人的境况比王田农夫好一些。最初，他个人对份地只有使用权，后来份地接近于私产，亲属可以继承。到公元前2世纪末，埃及人开始作为军人领有份地。在埃及，私有地的存在是肯定的，如住宅用地、园圃以及偏远的贫瘠工地，但它们无一能逃脱国王税吏的监督。

税收和垄断是托勒密王朝的经济控制手段，也是国王所有制的重申与体现。托勒密王朝的税收用多如牛毛、无孔不入来形容一点也不夸张。土地、房屋、园圃、家禽牲畜、奴隶、人头、继承，所有动产与不动产，各种手工业和商业经营活动的自始至终，各种货物的进出口流通，包括州与州之间的交易，都在纳税之列，埃及的税收种类在200种以上。这些税除土地交实物外，大部分以货币形式交纳。各州均设两个税务官，一个收实物，另一个收现金。国王有时为了简便，就把税包出去。包税制度是希腊—马其顿人的首创。开始时，包税人获利甚丰，许多有钱人竞相承包，后来由于劳动人民日益贫困，税源枯竭，包税成为一种负担沉重的社会义务而无人承担，包税商也就逐渐成了政府的税收官吏。托勒密王朝的垄断是多方面的，但最主要的是对油料的垄断。政府对油料作物从种到售的每一阶段都实行完全的控制，油料必须在当地政府监督下在国家油坊里加工，然后以固定价格出售。除油料外，纺织、皮革、矿井、盐业、钱庄，甚至印染、皮毛、香料、化妆品、玻璃、陶器、酿酒等行业也都由国家垄断或控制。这种制度也同样被运用于托勒密朝国外的属地。严密的税收制度与严格的垄断经营，使托勒密朝搜刮了尽可能多的财富。仅垄断专利一项每年就达约15000塔兰特。

经济文化繁荣与内外政治危机

严密的经济控制与经济的发展，特别是与文化的繁荣似乎并不矛盾。既然国王的收益源于经济的发展，国王的名声需要文化的虚饰点缀。因此，托勒密王朝在注重经济的同时，对文化事业也给予了高度的重视。

托勒密王朝利用政府力量推动经济的繁荣。为扩大土地资源，托勒密二世在法雍州进行了大规模的土地开发利用，使原来的沼泽地区变成

第一编　历史变迁

了沟渠纵横的肥沃农田。葡萄、橄榄也大面积地引入种植。尼罗河是埃及的赠礼，水利是埃及农业的命脉。托勒密王朝专门设立一中央机构统一负责整个尼罗河的灌溉系统。浇灌技术也有了进步，新型的以畜力为动力的扬水车出现，但古老的人力桔槔仍在使用。埃及的手工业、商业这一时期达到前所未有的水平。生产技术在纺织业、制陶业、玻璃制造业、制革业，特别在造船业，均有明显的提高。为托勒密四世建造的40 桨座战船，能容纳 4000 个桨手、400 个水手、约 3000 名海军以及大量的粮食①，可见其技术的难度。商业的发达主要表现在进出口贸易种类、范围、数量的扩大。埃及主要出口粮食、纺织物、草纸、玻璃等，销往地中海各国与东方。埃及进口多为奢侈品，如印度的香料、象牙、珍珠，阿拉伯的宝石。地中海的金属、木材、大理石也是埃及所需之物。为了扩大对外贸易、保证商路的畅通，托勒密王朝建立了当时最大的商船队和最强大的海上军事力量，修通了连接尼罗河与红海的运河，在远达索马里（Somalia）的红海沿岸建立军事据点，派人探明了利用季风直航印度的路线，使印度与埃及的贸易直接建立起来。当时的亚历山大里亚是地中海最活跃的港口，从东方海陆两路来的商品都汇聚于此，然后再转输地中海各国。法罗斯岛上新建的灯塔足以表明海港的繁荣。托勒密王朝从商业贸易中获取了巨大利益，也博取了殷实富有的名声，从而也招致雄心勃勃东扩的罗马人的垂涎。

国王们把通过税收、垄断、贸易获得的财富，除主要用于维持庞大的政府官僚机构和军队、供应宫廷消耗之外，也将一部分用来扶植发展文化事业，托勒密王朝虽以武力开国，对文学艺术、科学研究抱有浓厚的兴趣。为了吸引希腊化世界各地的文人学士，托勒密一世与托勒密二世不惜重金在亚历山大里亚建立了当时最大的也是世界上第一家国立研究院"缪斯神宫"与图书馆。其中设有讲堂、花园、天文台、餐厅。图书馆中藏书达 50 万—70 万卷。学者们在这里享受免费食宿，领取薪金，无衣食之虞，可专心从事研究。凭借这种优裕的研究条件，以及对

---

① Plutarch, *Demetrius*, 43.4; Athenaeus, *The Deipnosophists*, 5.203E – 204B, with an English translation by Charles Burton Gulick, Cambridge, Mass.: Harvard University Press, 1999.

第二章 希腊化王国

东方文化成果的接近，亚历山大里亚的学者们在天文、地理、物理、数学、医学、文学等学科都取得了辉煌的成就，形成了著名的"亚历山大里亚学派"，对后世产生了深远影响。亚历山大里亚也因此享有盛誉，取代雅典成为地中海世界最大的文化都会。

托勒密王朝是外族统治，希腊—马其顿人拥有绝对的统治地位和优越的社会地位，他们是经济发展、文化繁荣的直接受益者。尽管当地的贵族也有可能跻身于统治阶级之列，但毕竟为数很少。因此，托勒密王朝所面临的不仅有当地劳动人民的反抗，也有来自以祭司阶层为代表的当地社会中上层的潜在不满，这种反抗和不满一有机会就会有所表露。王田农夫不是奴隶，但类似于隶农、农奴的地位。奴隶在农村中可能为数不多，大部分集中于城市，亚历山大里亚也许有20万。奴隶主要用于矿山和手工业作坊、家庭。从整体上来看，托勒密埃及的奴隶制是不发达的，国内的阶级矛盾主要以民族矛盾的形式表现出来。王田农夫通常采取的反抗形式就是逃亡。这种情况在托勒密二世时已有发生，后来更为普遍。还不到公元前2世纪，就有很大一部分土地因农夫逃亡而荒废。土地荒废意味着统治阶级土地收入的减少，这也削弱了托勒密王朝的经济实力，而且农夫的集体逃亡很可能导致大规模的武装起义。公元前2世纪起，埃及从南到北、从首都到地方爆发了几次当地人民反抗托勒密王朝统治的起义，其中有的起义就有大批的王田农夫参加。被托勒密王朝限制利用的埃及祭司阶层从未放弃他们恢复过去的政治、经济特权的努力，随着希腊—马其顿人统治基础的削弱，埃及的祭司阶层逐渐取得了宗教领导地位，收回了以前被托勒密国王夺去的土地与特权。公元前196年托勒密五世（Ptolemy V Epiphanes，约公元前204—前180年）的加冕典礼，几乎完全依照埃及的形式。[①] 祭司阶层势力的崛起使托勒密王朝的统治出现了新的分离因素。宫廷斗争也加剧了王朝的危机。托勒密七世与他的哥哥——托勒密六世（Ptolemy VI Philometor，约公元前180—前145年）争夺王位，导致罗马插手，使埃及分属不同的国王。罗马自

---

① 详见著名的罗塞塔石碑铭文。M. M. Austin, *The Hellenistic World from Alexander to the Roman Conquest: A Selection of Ancient Sources in Translation*, 1981, No. 227 (pp. 374 – 378).

公元前2世纪向东地中海的挺进,已威胁到托勒密埃及的生存。内部王位之争求助于罗马的介入,加快了托勒密王朝灭亡的步伐。自托勒密十一世(Ptolemy XI,公元前80年在位)起,埃及国王实际变成了罗马的傀儡。末代女王克列奥帕特拉七世(Cleopatra VII,公元前51—前30年)机关算尽,想利用罗马将帅凯撒(Gaius Julius Caesar,公元前100—前44年)、安东尼(Marcus Antonius,公元前83—前30年)的力量苟延残喘,也难免一死。公元前30年,托勒密王朝为罗马灭亡。

第二节 塞琉古王国及帕加马、巴克特里亚王国

塞琉古王国的兴衰

塞琉古王国是所有希腊化王国中领土最大的国家,全盛时从赫勒斯滂海峡到兴都库什山,与大流士一世时波斯帝国的亚洲属土大致相当,亚历山大帝国的大部分都被它所得。王国的建立者是塞琉古一世(Seleucus I Nicator,公元前305—前281年)。他也是追随亚历山大东征的老战友,亚历山大死后得到了巴比伦尼亚行省。以此为基础(不久失而复得),他逐渐扩大地盘,最后与埃及托勒密王朝、马其顿安提柯王朝成为鼎足之势。王国的首都是奥伦特河畔的安条克城(Antioch on the Orontes),中心地区是叙利亚,故又称叙利亚王国。中国史书称为"条支",是首都安条克的转音。在如此庞大的王国内,民族众多,文化传统、风俗习惯各异,社会发展的阶段也不一致。小亚沿海地区是自古以来东西方各种文明的汇聚之地,早在公元前8世纪,希腊人就在这一带建立了许多城邦。米利都(Miletus)等地一度成为希腊科学、哲学、史诗的摇篮。王国的中心地区巴勒斯坦、叙利亚、巴比伦、亚述(Assyria)等地是数千年西亚文明活动的舞台。东部是伊朗高原和中亚草原,部分地区还处于落后的游牧部落阶段。如何在这样庞大、复杂的国度内强有力地保持希腊—马其顿人的外族统治,是塞琉古王国面临的首要难题。也正是由于这一特殊的统治环境,塞琉古王朝走上了一条与托勒密埃及有所不同的统治道路。

第二章 希腊化王国

与其他希腊化国王一样,塞琉古国王把王国视为自己打出的天下,朕即国家。他们也推行国王崇拜,神化王权。安条克一世(Antiochus I Soter,公元前281—前261年)将他死去的父亲塞琉古一世宣布为神,称为"征服者宙斯",安条克三世(Antiochus Ⅲ,公元前222—前187年)为他本人、王后及祖先建立了正式的国家崇拜。宫廷设有宰相、议事会、秘书处,高级官吏由王亲、朋友们充任。非希腊人参政受到严格限制。叙利亚人(Syrians)、犹太人(Jews)、波斯人和其他的伊朗人被完全排除在官僚阶层之外达两代之久,甚至后来,他们也从未超过整个统治阶层的2.5%。[①] 塞琉古王朝接受了波斯的行省制,但它对行省控制比托勒密王朝对诺姆的控制较为松弛。全国大致分为25个省(Satrapy),72个府(Eparchy),其下还有若干县(Hyparchy)。行省设总督,财政归财务使,他直接向安条克的财务大臣负责,但地方有一定的自治权,负担非常规的军事义务和纳贡。这种地方分权制削弱了国王对地方的控制,所以,一有时机,边远地区的省份就尾大不掉,宣告独立,帕提亚[②]、巴克特里亚就是这样分离出去的。

塞琉古王朝试图以遍布各地的希腊—马其顿人城市或移民地(总数达200个左右)来达到各民族政治、经济、文化上的统一,从而保证对各地的控制。前三任国王(塞琉古一世、安条克一世、安条克二世)堪称伟大的建城者。安条克一世就建了9个塞琉西亚(Seleucia)、16个安条克、5个劳狄西亚(Laodicea)、3个阿帕米亚(Apamea)、1个斯特拉东尼西亚(Stratonicea)。另有25个城市或用马其顿和希腊本土地区、城市来命名,或用亚历山大、本朝国王和王后的名字命名。[③] 城

---

① F. W. Walbank, *The Hellenistic World*, Glasgow: William Collins Sons & Co. Ltd., 1981, pp. 65, 125. 这种说法已经受到挑战。有学者认为,这个2.5%的数据在统计学上是没有什么价值的,因为有关的证据直到现在不论从地理学还是从年代学的角度来看,仍然是不全面的、混乱的。事实上,新的研究结果表明,不仅塞琉古朝,就是托勒密朝也吸收了许多非希腊人加入各级官僚管理队伍。当然以担任中下级官吏为主。最高地位的官僚还是主要由马其顿人和来自希腊城市的希腊人担任。参见 Amelie Kuhrt, Susan Sherwin-White, eds., *Hellenism in the East: The Interaction of Greek and Non-Greek Civilizations from Syria to Central Asia after Alexander*, London: Duckworth, 1987, p. 6.

② 即我国史书中的安息。

③ 参见 Appian, *Roman History*, 11.57, with an English translation by Horace White, Cambridge, Mass.: Harvard University Press, 1999。

市一般保持了希腊城市的外在特征,有公民大会、议事会、选举产生的行政官员,有城市法令与财务规定,有体育馆、剧场、市场等公共设施。城市拥有国王给予的土地。城市虽为希腊—马其顿人所建,但往往包括一些当地居民。他们或杂居,或住在专门的街区。有的城市由于地理条件优越,发展很快,像首都安条克就有居民50万,底格里斯河畔的塞琉西亚有居民60万。这些城市有一定的自治权。那些移民地是军事殖民地而非希腊城市"polis"。它们被设于当地村庄的附近,由服役期满的军人屯驻,他们从国王那里接受必需的土地和安置费。这种移民地从属于国王,但也是一个自治单位,有自己的官员,对内部事务有一定的权力。小亚沿岸的希腊人城市,自治性较大。国王致他们的信彬彬有礼,保持着友好和严格的法律关系。但归根到底,新老希腊人城市、移民地都处在国王的控制之下,只是附属的程度不同而已。希腊式城市或军事移民地的存在,一方面加强了希腊—马其顿人对当地的控制与影响,但也从内部削弱了国王权力的集中。这些城市在历史上所起的作用与其说是政治的,毋宁说是文化上的。它们是希腊文化的辐射中心,是与当地文化的交汇之地,希腊文化的多元性实际上就是从这些城市的多元人文环境中产生出来的。

塞琉古王朝的土地制度也不像托勒密王朝那样严厉控制。全国的土地名义上都是"王田",都归国王所有,但土地的所有、占有、使用并不能统一。国王的租税也较轻,大部分土地税仅十分之一,王室土地由王田农夫(king's peasants, *basilikoi Laoi*)耕种,他们以实物或货币形式纳税。其余的王田以"让予"的形式来分配,有些"让予"是对既定事实的承认。高官显贵们接受赐田,新建城市由国王划给土地,军事殖民地的军人领取份地,当地神庙城市原有的土地也因国王旨意而增减。旧希腊城市的土地归城市全体公民占有。这些让予的土地主要由王田农夫耕种,也有的由自己耕种(如军事份地、城市一般公民公有地),或由佃农、奴隶来耕种(如神庙土地)。王田农夫的处境与埃及的农民没有差别,他们被束缚在土地上,随土地的转移而更换主人,即使有的农民移居到别处,也不能割断与原居住地的联系,不能放弃应负的义务与责任。奴隶主

第二章 希腊化王国

要集中在城市和神庙,有的神庙的庙奴达好几千人,个别的大奴隶主就有上千名奴隶。

塞琉古王朝的商业和手工业发达。贯通东西的海陆商路、遍布各地的新旧城市、移民地、统一的货币(阿提卡制)、统一的语言(通用希腊语),都给工商业发展提供了重要的保证。当时的商路主要有北、中、南三条,北路从巴克特里亚经帕提亚到里海、黑海,最后到拜占庭(Byzantium),中路从印度西北部经阿富汗、伊朗进入美索不达米亚平原(Mesopotamia),南路从印度沿海路入波斯湾。中、南两路在底格里斯河上的塞琉西亚相会,然后向西到达地中海东岸,或由此越过陶鲁斯山脉(Taurus Mountains),直达小亚。北路发挥的作用较小,塞琉古王朝主要从中、南两路进行转手贸易,获取利益。东方的丝绸、香料,叙利亚、两河流域、希腊精巧的手工艺品都经他们之手而转运东西。王国的都城安条克与地中海港口城市塞琉西亚都是发达的商业中心。商业是王国的生命线,它与托勒密埃及的战争往往由争夺商路的控制权而引起,商业的发达刺激了手工业的繁荣。吕底亚(Lydia)的撒尔狄斯城就是华美地毯的制造中心,其他诸如金属冶炼、酿酒、玻璃制造、纺织印染等行业的产品,也享有盛名。

公元前3世纪,托勒密埃及是塞琉古王国的主要对手。双方在公元前3世纪到前2世纪之间先后进行了六次战争。就最后结果看,塞琉古王国似乎取得了胜利,占领了该地区,但得不偿失。战争不仅消耗了大量国力财力,而且使帕提亚、巴克特里亚乘它无暇东顾时独立。塞琉古王国的直辖版图大大缩小了。公元前3世纪初,塞琉古王朝遇到另一强大对手罗马的挑战。马革尼西亚(Magnesia)一役(公元前190年),塞琉古军队大败,小亚的领土随即丧失。此后,塞琉古王国每况愈下。公元前168年因安条克四世的勒索和推行希腊化,犹太(Judea)爆发了马卡比起义(the Maccabean revolt),犹太人坚持斗争二十余年,争得了独立。随着帕提亚西进,罗马的东征,内部矛盾重重、中央政府近于瘫痪、辖土日渐缩小的塞琉古王国再也维持不下去了。公元前64年,被罗马大将庞培(Pompey,公元前106—前48年)所灭,叙利亚成为罗马的一个行省。

第一编 历史变迁

帕加马王国的短祚与辉煌

帕加马王国属希腊化王国中的后起之辈,公元前3世纪下半期才从塞琉古王国彻底分离出来,公元前133年便归属于罗马。虽然它作为一个独立国家存在时间不长,仅一个多世纪,但它在希腊化时期的历史上,特别是在对希腊化文化的贡献上,却具有重要的地位。

帕加马王国位于小亚西北部,濒临普洛彭提斯海[Propontis,今马尔马拉海(Sea of Marmara)]与爱琴海,因首都帕加马(Pergamum)而得名。帕加马原属亚历山大的部将吕西马库斯,这是伊浦索斯之战后他分到的战果。公元前281年,吕西马库斯在与塞琉古的战争中兵败身亡,他派驻帕加马城的部属菲勒泰洛斯(Philetaerus)乘机起义,向塞琉古王朝表示归顺。公元前3世纪下半叶,塞琉古王国发生内乱,帕加马统治者阿塔卢斯一世(Attalus Ⅰ,公元前241—前197年)利用这一有利形势摆脱了该王国的控制。公元前230年,阿塔卢斯成功地打败了游牧民族加拉太人(Galatians)①的进犯,获得了"国王"、"救主"(Soter)的称号。在他的统治下,帕加马成了一个独立的国家,塞琉古王国的小亚属地也尽归于帕加马之手。然而,为了在塞琉古、马其顿和托勒密的争夺中求得生存,为了在贫富分化剧烈的社会矛盾中维持统治,他不得不在外界寻求保护伞,这时挺兵东进的罗马就成了帕加马王朝投靠的对象。最后一个国王阿塔卢斯三世(Attalus Ⅲ,公元前138—前133年)竟然立下遗嘱,将国家拱手送给了罗马。虽然这种做法引起帕加马人的不满,并引起了一场旨在建立"太阳城"的社会革命,但这场革命很快被罗马人镇压下去。罗马人以"合法继承人"的身份成了帕加马的主人。

帕加马的政治制度、土地制度与塞琉古朝无多大差异。国王与王后生前受到崇拜、死后被敬为神,行省由将军们治理。全国的土地法理上归国王所有,但由国王、贵族、军人分割占有。国王和贵族的土地也由王田农夫耕种,他们随土地而转移。军事移民地的土地为军人份地,可

---

① 克尔特(Celts)或高卢人(Gauls)的一支,公元前278年从北方进入小亚。

第二章 希腊化王国

能由自己耕种。

帕加马王朝几乎没有建立新城。原来的希腊人城市,一些享有自由,一些臣属国王,负有纳税的义务。首都帕加马是一重建城市,城中希腊公民分属不同的部落和德莫(deme),有公民大会、议事会和行政官员。但事实上国王掌握城市大权,他任命了五位将军,只有他们有权主持公民大会,根据国王的旨意提出动议,并对城市的管理进行监督。

帕加马王国虽小,却十分富足,被认为是希腊化世界的暴发户。吕西马库斯原委任菲勒泰洛斯代管 9000 塔兰特巨款,这笔意外之财无疑大大充实了帕加马的国库。帕加马土地肥沃,出产丰富,拥有银矿,谷物出口仅次于埃及。东部有良好的牧场,促进了羊毛纺织业、羊皮纸制造业的发展。这两项产品成为帕加马最著名的特产。帕加马还生产大量的沥青、染料,这些产品大多销往国外。由于国王对大部分商业实行专利垄断,因此从生产到销售,国王都是最大的受益者。帕加马地处与爱琴海、黑海地区海陆商贸要道,进出口关税也是一重要收入。

帕加马诸王国把经济繁荣所带来的巨大收益主要用于文化事业的建设上,他们一心要把帕加马城建成堪与埃及亚历山大里亚相媲美的城市。公元前 190 年,攸麦尼斯二世(Eumenes Ⅱ,公元前 197—前 159 年在位)建立了藏书达 20 万卷的国家图书馆,并像托勒密王朝那样,邀请著名的希腊学者前来进行研究。经过几代国王与学者的努力,帕加马后来竟成为希腊散文修辞学的中心。由于这些学者的热心工作,纯正的希腊散文才得以传世。除图书馆外,帕加马城还建有富丽堂皇的宫殿、剧场、希腊化各国中最大的体育馆。城中还集中了一批杰出的希腊雕塑艺术家,他们自成一派,像宙斯祭坛上的浮雕《巨人之战》,被后人名为《垂死的高卢人》、《杀妻后自杀的高卢人》的铜像等这些艺术珍品都出自他们之手。帕加马人在文化上的另一贡献是羊皮纸的改进发明,它不仅打破了托勒密朝时对草纸的垄断,而且为世人提供了另外一种经久耐用、可以长期保存的文字工具,从而使许多古代文化经典由于书写于羊皮纸而保留下来,在文艺复兴时重放光明。

第一编 历史变迁

巴克特里亚王国——希、印、中文明的相逢之地

巴克特里亚地处亚洲腹地,原为塞琉古王国的一个行省,大约从公元前3世纪中叶起,开始脱离塞琉古王国的控制。塞琉古二世曾把妹妹嫁予巴克特里亚—索格底亚那的总督狄奥多托斯(Diodotus),但婚姻纽带并不能束缚住他的脱离之心。[①] 约公元前256年或前246年,他乘塞琉古王国内部陷于王位之争,外部忙于与托勒密王国争夺科伊勒—叙利亚地区,无暇东顾之时,宣布独立,但仍在表面上保持了与塞琉古王朝的联系,一度以安条克一世(公元前281—前261年)的名义发行钱币,但头像换成了自己。他是巴克特里亚希腊人王国的建立者,也是远东希腊化文明的奠基者之一。正是由于这个王国在中亚和印度长达两个世纪之久的存在,使得希腊文化和东方文化的交流、融合得以延续,从而留下了影响深远的希腊化文明遗产。但令人遗憾的是,关于这个王国的文献资料极其缺乏,仅有的零星记载难以完整复原这一段历史,幸运的是近代以来的考古发掘,尤其是巴克特里亚诸王钱币的大量发现,在一定程度上弥补了材料的不足。

就整个巴克特里亚希腊人王国的历史来看,可以分为两个大的阶段和区域。第一阶段是巴克特里亚希腊人时期,先后经历了三个家族的更替与统治。王国的统治重心在巴克特里亚,都城是巴克特拉(Bactra)和阿伊·哈努姆遗址(古代地名不详,可能是阿姆河上的亚历山大里亚),第二阶段是印度—希腊人时期。这一阶段与前一阶段有所重叠。因为,巴克特里亚王国在公元前200年先后侵入印度,一度地跨中亚和印度。这些进入印度的希腊人,也可称为印度—希腊人。尽管巴克特里亚的中央王朝试图控制印度,曾几度出兵南下,但结果却以兴都库什山为界,形成了日渐衰落缩小的巴克特里亚本土和日益尾大不掉、分裂割据的印度西北部的南北并立,直至巴克特里亚的希腊人全部撤入印度。这些希腊人分属于不同的家族,他们纷纷独立建国,发行自己的钱币。仅在印度称王的希腊人就有三十多位。他们发行希印双语币,采用印度

[①] W. W. Tarn, *The Greeks in Bactria and India*, 1951, pp. 72–73, 447–448.

第二章 希腊化王国

的文化符号（印度的神、大象、瘤牛、佛教的法轮等形象），表明他们在保持民族统治的同时，开始主动接受印度文化的影响。到公元前后，他们不仅在文化上，而且在民族特性上都与印度融为一体。印度—希腊人消失了，巴克特里亚王国及其余绪的历史也就结束了。

狄奥多托斯家族经历了两位国王的统治。狄奥多托斯大约于公元前239年去世，他的儿子狄奥多托斯二世（Diodotus Ⅱ）继位。他与西邻帕提亚王国订立和约，友好相待，进一步巩固了王国的稳定。但公元前230年被一个名叫欧泰德姆斯（Euthydemus Ⅰ，公元前230—前200年）的篡位者谋杀。新的欧泰德姆斯王朝建立。公元前208年，安条克三世远征东方，想迫使巴克特里亚重新归服，但欧泰德姆斯以阻挡北方游牧民族的侵入威胁为由，说服安条克三世承认他的王位合法，与他结盟联姻。

在欧泰德姆斯和他的儿子德米特里（Demetrius Ⅰ，约公元前200—前190年）在位时，巴克特里亚的版图迅速扩大。帕提亚、塞琉古王国的东部省份、帕米尔以东、印度都成为他们扩张的对象。公元前208年后不久，欧泰德姆斯向西越过阿姆河，从帕提亚人那里夺得了一块土地。东面，他向赛里斯（Seres）和弗里尼（Phryni）扩张[①]，打开了通往中国西域的道路。

德米特里在位时，吞并了塞琉古王国的三个行省：阿瑞亚（Aria）、阿拉科西亚（Arachosia）、塞斯坦（Seistan）[②]，从而控制了印度到西方的商路。他控制了兴都库什山南的帕拉帕米苏斯（Paropamisus, Paropamisadae），并由此侵入印度河流域。这时孔雀帝国（Mauryan Empire）已经衰落，德米特里进展顺利。他沿印度河而下，一直征服到印度河口

[①] 见 Strabo, *Geography*, 11.11.1, with an English translation by Horace Leonard Jones, Cambridge, Mass.: Harvard University Press, 1988. 斯特拉波的这段记载来自公元前1世纪前期的希腊历史家阿波罗多鲁斯。他是希腊人第二个提到赛里斯（Seres）的作家。他的 Seres 可能还是指模糊朦胧的丝绸东来之地。关于弗里尼（Phryni），过去有匈奴说。据《史记·匈奴列传》，匈奴"夷灭月氏，……定楼兰、乌孙、呼揭及其旁二十六国"，是在汉文帝前元四年（公元前176年）。此前，巴克特里亚希腊人不可能越过月氏远至匈奴。因此，他的扩张方向只能是巴克特里亚、索格底亚那以东的今中国新疆地区。

[②] 参见 Justin, *Epitome of the Philippic History of Pompeius Trogus*, 41.6.3, translated by J. C. Yardley, Atlanta Ga: Scholar's Press, 1994。

及其以东的沿岸行省和港口城市巴利加沙（Barygaza，也译"婆卢羯车"），他还在印度河口建立了一座以自己名字命名的城市——德米特里亚斯（Demetrias）。他发行的钱币上仿效亚历山大，给自己戴上了象头皮盔，表明他是印度的第二位征服者。根据古典作家的记载和印度的文献资料，印度的希腊人在米南德（Menander，约公元前155—前130年）统治时期，可能还东扩至恒河流域，抵达印度古都华氏城（Pātaliputra）。① 至此，自亚历山大以来的希腊人在东方的征服达到了极限。这一次，希腊人也真正在印度西北部站稳了脚跟，持续了长达一个多世纪的统治。

然而，欧泰德姆斯家族的地位并不稳定，约公元前171年或前170年，一位名为欧克拉提德（Eucratides）的人物登上了巴克特里亚王国的历史舞台。夺取王位之后，欧克拉提德进军印度，可能由于米南德所阻，加之西邻帕提亚人的威胁加剧，只好退回。但在回来的路上被儿子弑杀（约公元前145年）。② 欧克拉提德远征的结果使希腊人势力在巴克特里亚，最终在印度大大削弱。但米南德在印度的统治比较成功，直到他死以前，希腊人可能仍统治着兴都库什山以南到印度河口的广大区域。米南德王国的都城萨加拉（Sagala，也译"舍竭"或"沙竭"）位于印度河支流的五河地区。他的帝国实质上是印度人的帝国，希腊人为数很少。统治阶层中希腊人居于主要地位，但吸收印度人参加。据《那先比丘经》，他的宫廷议事会由500名希腊人（Yonakas）组成，但此说不足为凭，似乎实际上并不能排除印度社会上层人士的参与。正是由于他对地方贵族的拉拢和对佛教的尊重，才导致了他后来皈依佛教的传说。现存的佛典《那先比丘经》就是关于米南德与印度僧人讨论佛教经义的唯一记载③。

米南德王国的对外贸易主要在海上，巴利加沙是与西方贸易的最大

---

① 关于这次征服的极限，可参见杨巨平《希腊化还是印度化——"Yavanas"考》，《历史研究》2011年第6期。
② Justin, *Epitome of the Philippic History of Pompeius Trogus*, 41.6.1–5.
③ 《大正新修大藏经》第32卷《论集部全》，《那先比丘经》（No. 1670A，B），台北市佛陀教育基金会1990年版。

第二章 希腊化王国

港口。乌木、孔雀、香料、象牙、宝石、胡椒等都是印度的出口品，中国的"邛竹杖、蜀布"①也经由印度转输巴克特里亚。米南德王国自他之后开始崩溃，但印度—希腊人的统治则一直延续到公元10年左右。欧克拉提德的儿子可能是在巴克特里亚东部山区进行统治的最后一位希腊人国王。在北方游牧民族的冲击下，希腊人在巴克特里亚的统治至少在公元前130年前就已经结束，取而代之是来自中国西北部的大月氏人。

巴克特里亚希腊人在中亚及印度长达两个多世纪的活动使得希腊、印度，甚至中国的文明得以较深入地交流相汇，这确是人类文明史上的奇迹。巴克特里亚王国虽然远离希腊化世界的中心——东地中海地区，但它仍保持了希腊化国家的基本特色。王国被分成若干个行省，总督由将军担任。巴克特里亚本是富饶肥沃之地，波斯时期就城镇众多，亚历山大和塞琉古时期也在此地多处建城。在巴克特里亚希腊人统治时期，此地的定居和城镇化进程加快，故有"千城之国"②之称。成千上万的希腊人住在新建的希腊式城市或移民地，他们仍坚持希腊城市的生活传统。在今阿富汗北境阿姆河畔发掘的阿伊·哈努姆（Ai Khanum）遗址表明，这座城市有希腊式的体育馆、剧场，柱头是科林斯式的，希腊文石刻铭文来自希腊本土的德尔斐神庙。③巴克特里亚地处中国、印度、西亚之间，是沟通三地商路的必经之地。物产的交往必然伴随文明信息的传递。汉代使者张骞曾在月氏人占据巴克特里亚后不久来到该地，把有关城市、钱币、羊皮纸、"蒲陶酒"等具有希腊化文明因素的信息带回了中国。④ 中国丝绸也经由巴克特里亚远销东地中海。公元前1世纪，印度西北部的印度—希腊人王国——罽宾可能还与中国的汉朝发生

---

① 张骞在大夏（巴克特里亚）见到这些来自印度的出产于中国西南地区的特产。见（西汉）司马迁《史记·大宛列传》，中华书局1982年版，第3166页。
② Strabo, *Geography*, 15.1.3; Justin, *Epitome of the Philippic History of Pompeius Trogus*, 41.4.5.
③ 详见第十二章《阿伊·哈努姆遗址与东西方诸文明的互动》，原载《西域研究》2007年第1期。
④ 详见（西汉）司马迁《史记·大宛列传》，中华书局1982年版，第3160—3165、3172—3174页；参见杨巨平《亚历山大东征与丝绸之路开通》，《历史研究》2007年第4期。

了政治外交关系。① 由于希腊人在印度与佛教的长期接触,导致了以希腊艺术之形表达印度佛教之"神"的犍陀罗艺术的诞生。后来它随佛教东传,从而使希、印、中文明首先在塔里木相逢。

第三节 马其顿王国及其控制下的希腊

安提柯王朝统治的确立与消亡

马其顿是亚历山大帝国的发祥地、马其顿人的故乡,对它的掌握对于亚历山大的后继者们来说,似乎有着更为特殊的意义。所以,他们对马其顿的争夺在伊浦索斯之战后远未停止。

马其顿原为卡桑德占有。公元前298年他死后,国内发生分裂内乱。从伊浦索斯战场上逃亡的安提柯之子、"围城者"德米特里(Demetrius I Poliorcetes,公元前337—前283年)乘机介入,夺取了马其顿,结束了从安提帕特以来该家族对马其顿的控制。但德米特里的统治并不长,公元前288年,他就被吕西马库斯和伊庇鲁斯(Epirus)国王庇洛士(Pyrrhus,约公元前318/319—前272年)的联军从马其顿赶走,两个胜利者先是瓜分,后来由吕西马库斯一人独占了战利品。吕西马库斯还未及巩固他的统治就战死于小亚。马其顿王位转归于以前因埃及王位之争投奔于他的托勒密·克劳努斯(Ptolemy Ceraunus,公元前281—前279年)。两年之后,马其顿遭到克尔特人的蹂躏;克劳努斯仓促出战,被俘而死。马其顿的混乱与统治者的软弱给德米特里之子安提柯·贡那特(Antigonus II Gonatas,公元前283—前239年)提供了机会。他从希腊南部出兵北上,因打退一支克尔特人而名声大震。公元前277年,茫然无主的马其顿人拥戴他为王。② 从此后,他使祖父独眼安

---

① W. W. Tarn, *The Greeks in Bactria and India*, 1951, pp. 469 – 473, 418, 341 – 348. 也可参见杨巨平《两汉中印关系考——兼论丝路南道的开通》,《西域研究》2013年第4期。
② 他对马其顿的统治,分为两个时期。公元前277—前274年,他被拥立为国王。此后,伊庇鲁斯的庇洛士入侵,他被逐出马其顿。公元前272—前239年,他恢复了对马其顿本土的统治,在位直到80岁去世。

第二章 希腊化王国

提柯创立的王朝不仅得以重建延续，而且有了长久的统治之地——马其顿及南部希腊。安提柯王朝成为与托勒密、塞琉古并立的三大希腊化王朝之一，马其顿进入了比较稳定的发展时期。

与东方的希腊化王朝相比，安提柯王朝面临的是对本土本民族的统治，没有文化上的冲突，但传统的影响较强，这一点构成了安提柯王朝统治的基本特色。

马其顿王国的政治制度与公元前4世纪大体一致，但君王个人的权力加强了。统治阶层的成分发生了变化。以外来人为主，具有国王私属性质的"王友"集团在国家事务中发挥着重要作用。人民权利尚存，但很少受到重视。安提柯三世的即位就没有召开公民大会，只有少数"马其顿要人"的决定。马其顿从未出现过国王崇拜，但常常把国王与神等同。实际上，安提柯王朝就是马其顿国家。

城市的增加是马其顿的一大变化。公元前316年，卡桑德沿海建立了两座重要的港口城市：帖撒罗尼卡（Thessalonica）和卡桑德雷亚（Cassandreia）。公元前298年，德米特里在帖撒利建立了德米特里亚斯城。这些城市与原有的都城培拉等，不仅成为马其顿内外贸易的商业中心，而且提高了马其顿的文化层次，使其接近于南部希腊的水平。它们在外表上保持了希腊城市的基本结构、制度，一般都有部落、德莫这样的基层组织，有公民大会、议事会及将军、执政官、祭司、司库等市政机构与管理人员。城市有自治权，可把本地的公民权赠送给从其他城市来的希腊人，也可与其他的希腊人城市交换使者、委托代理人。但这种自治权是非常有限的，各城驻有国王的总督（epistates）和法官。总督有财务官做副手，这些官员保证了国王旨意在城市的贯彻执行。腓力五世曾明确表示，没有王室总督和法官的同意，市政当局不应动用神庙的收入。

尽管城市发展较快，但许多马其顿人仍然生活在农村。他们或是自耕农，或是耕种国王或贵族土地的佃农。除了城市中某些家庭使用奴隶外，奴隶制在马其顿并不广泛存在。公元前3世纪中期以后，马其顿的社会经济得到一定程度的恢复与发展，但与埃及、叙利亚相比，差距明显拉大。这是因为亚历山大东征给马其顿带来的人力枯竭等方面后果一时难以消除。亚历山大之后,马其顿又有五十年成为后继者争夺厮杀的战场,同时还遭受到克尔特人的侵扰。安提柯王朝既想与其他希腊化王朝在军事上一争高下,又想在泛希腊活动中,如对各地神庙中心的赞助上不落人后,这样就使本来不富足的马其顿更觉囊中羞涩。腓力五世为了摆脱困境,采取加大征税、开发矿山、鼓励生育、允许地方铸币等措施,但收效不大。每年的土地税仅200塔兰特多一点。

南部希腊城邦是马其顿的心腹之患,安提柯王朝力求加强对它们的控制。最通常方法是在希腊的战略要地,如科林斯地峡、雅典的庇里优斯港(Piraeus)屯驻卫戍部队,随时准备镇压各种方式的反马其顿活动。同时以宣布希腊城邦自由、独立,以它为首继续组织同盟等手段,来分化反马其顿力量。由于其他希腊化王国竞争对手,特别是托勒密埃及的暗中插手,加之后来罗马人的介入,安提柯王朝的这些做法并未奏效,控制南部希腊的希望最终成为泡影。马其顿还在爱琴海地区与埃及、叙利亚争霸,然而霸主的地位尚未得到,罗马军队的号角已隐隐有闻。公元前168年,马其顿本土首先亡于罗马。它被划分为四个共和国向罗马纳贡。后来一位自称末王柏修斯(Perseus)之子的马其顿人发动了反罗马起义,遭到失败,马其顿成为罗马的一个行省。公元前146年,整个希腊都落入罗马统治之下。

城邦联盟(Sympolity)——走向联邦制的尝试

虽然亚历山大东征缓解了希腊城邦的矛盾,给希腊人开拓了广阔的个人发展天地,而且经过公元前4世纪城邦制的危机和腓力、亚历山大及其后继者对希腊城邦的摧残,城邦的独立自由意识已不再那么强烈,但对于有悠久城邦传统的希腊人来说,马其顿人的统治仍是难以忍受的现实。所以,从亚历山大以来,南部希腊城邦的反马其顿势力一直存在,伺机活动。亚历山大死后,雅典很快联合其他希腊城邦发起反马其顿战争(又称拉米亚战争,Lamian War,公元前323—前322年),但以失败告终。在后继者的争夺中,希腊城邦成为他们利用的砝码,竞相以恢复城邦自由、独立为口号拉拢希腊城邦站在自己一边。安提柯王朝重建后,希腊长期处于它的支配之下。面对马其顿人的高压政策,昔日希

第二章 希腊化王国

腊城邦的领袖雅典、斯巴达、底比斯等已无力领导反抗。而在这时，向来被视为落后、偏远之地的阿卡亚（Achaea）和埃托利亚（Aetolia）兴起了两个重要的城邦联盟。它们既联合反抗马其顿，又相互斗争。虽然它们推翻马其顿统治的目的没有达到，但它们的联盟组织制度反映了希腊内部超越城邦、走向统一的愿望和发展趋势。

阿卡亚位于伯罗奔尼撒西北部，该地区早有联盟。公元前284—前281年，联盟重建。初只有4个城入盟，后逐渐扩大。公元前3世纪中期以后，在杰出的统帅、西息温（Sicyon）人阿拉图斯（Aratus，公元前271—前213年）领导下，联盟迅速发展，伯罗奔尼撒的大部分地区都成为它的盟邦。

联盟的政治体制是随着联盟本身的发展而发展起来的。联盟即联邦，加盟各邦一律平等，在同盟内部享有同等权利，各盟邦同时保有自治权，但军队、外交、财政权归联盟。联盟没有类似于城邦的民主管理机制，有将军、公民大会、议事会等。将军是联盟的最高首脑，初设两位，后设一位，不得连选连任。公民大会对联盟所有成年男性公民开放，一年召开四次。由于联盟经常处于战争状态，军人大会实际起着公民大会的作用。议事会由年满30岁的男性公民组成。此外还有一种称为synkletoi的特别会议。不论何种会议，表决时均以城为单位投票。盟邦的公民具有本城和联盟的双重公民权，可在全盟范围内自由居住、参加社会政治活动。联盟在经济上也力求联合，如使用统一的度量衡、货币。

埃托利亚地处希腊中西部，公元前3世纪，联盟成立，后在与马其顿人的斗争中发展壮大。公元前3世纪初，埃托利亚人因打败入侵的克尔特人，保护了德尔斐神庙，在希腊人中声誉鹊起。到公元前3世纪后期，联盟势力达到全盛，控制了整个希腊中部，并和伯罗奔尼撒、克里特（Crete）、爱琴海、赫勒斯滂地区的一些城邦建立了联盟关系。

埃托利亚联盟亦属联邦型的城市联合体。一地加入联盟，该地的公民即成为联盟的公民。联盟中所有能服兵役的男性公民均可参加全盟公民大会，大会一年两次，春秋各一，决定军事、外交政策等。联盟议事会由各盟邦代表组成，可能负责公民大会休会期间的政府日常工作。联盟的首脑是将军,任期一年,不得连选连任。联盟的大权事实上掌握在埃托利亚人手中,因为遥远的加盟者只有可望而难以实现的联盟公民权。

虽然这两个城邦联盟有这样那样的不足,如富人政治、贵族专权,也未能在代议制、联邦制的道路上走得更远就夭折了,但它的出现在希腊城邦发展史上具有重要意义。它不仅标志着城邦主体意识的淡化,也标志着以盟主与盟邦主从关系为特征的城邦军事同盟(symmachia)时代的结束。公元前3世纪的希腊人已经认识到面对强大的外部敌人不联合不行,不平等联合也不行。但他们认识得太迟了。不管阿卡亚同盟和埃托利亚同盟如何在马其顿人、罗马人之间纵横捭阖,寻求生存,在公元前2世纪都难免被罗马人解散的厄运。

斯巴达的社会改革

希腊化的原希腊各邦,除了来自马其顿君王的控制之外,还像以前一样,仍受到社会危机的困扰。亚历山大及其后继者在东方统治的扩大与确立,也没有给希腊大陆带来什么好处,相反,使城邦经济萧条、人口减少,贫富分化程度加剧,阶级斗争、社会革命不断发生。斗争的焦点仍然是土地和债务。一份名为"论雅典与亚历山大的条约"的讲演词中指出,条约禁止没收财产、重分土地、取消债务和解放奴隶。公元前302年安提柯一世建立的希腊同盟的文件中也包含了类似的内容。克里特的一位新公民必须宣誓保证他的加入"不会引起土地分配或债务的取消"[①]。由此可见,重分土地、取消债务已成为各城邦社会下层的普遍要求。这一要求在素以农业立国的斯巴达表现得更为强烈。到公元前3世纪,斯巴达原来的土地国有制度遭到破坏,有权势的人开始大量积聚财富,土地转入少数人之手。斯巴达原有的公民所剩不及700户,其中拥有土地者,也就约百户而已。失去土地者或者出外自谋生路,如当雇佣军,或者从事所谓低贱的行业,或者无所事事,伺机而动,参与革命。古代斯巴达人公社传统丧失的后果就是国力衰弱、兵源枯竭,甚

---

① F. W. Walbank, *The Hellenistic World*, 1981, pp. 167–168.

第二章 希腊化王国

至在伯罗奔尼撒,由于阿卡亚同盟的兴起,斯巴达也降为二等城邦了。面对危机四伏、动荡不安的局面,不少有识之士认为,唯有恢复莱库古(Lycurgus)的宪法,使所有斯巴达人成为平等公民,才能重振斯巴达的国威。国王阿吉斯四世(Agis Ⅳ,公元前245—前241年)和克利奥米尼三世(Cleomenes Ⅲ,公元前235—前221年)就是其中的两位。

恢复莱库古的宪法,意味着要回到土地国有,公民平等占有的时代。因此,重分土地、取消债务就成为两位国王矢志解决的中心任务。

阿吉斯即位后,先在年轻人和亲朋好友中宣告改革,获得了理解和支持。公元前243年,他推举得力的支持者吕山德(Lysander)担任了监察官,让他在元老院提出改革法案。主要内容为:债务人应免除债务,土地应当重分,其中4500份土地分给斯巴达人,15000份土地分给服兵役的边区居民和外来人。但遭到反对。吕山德转而将议案交给公民大会讨论。阿吉斯在会上发表了简短而诚恳的讲话,表示为了他所追求的制度,他和他的亲人愿意把自己的巨大地产和钱财交归国有。阿吉斯的主张遭到富人的反对,在以另一国王李奥尼达(Leonidas Ⅱ,公元前254—前235年)为首的反对派的阻挠下,法案在元老院(the gerousia)未能通过。吕山德利用监察官身份,以非法继承王位名义向李奥尼达提出控告,迫使其退位。但这时吕山德任期届满,形势对阿吉斯不利。温和手段难以进行改革,阿吉斯只好采取果断措施。他把原来的监察官撤职,打开欠债案牢狱,集中焚烧了土地抵押单,废除了债务。他还未来得及重分土地,埃托利亚人侵入伯罗奔尼撒,阿吉斯匆匆出征。反对派趁机活动,利用公民对未重分土地的不满,说服他们,取消改革,并使李奥尼达复位。阿吉斯回国后,即被判处死刑,罪名是图谋建立僭主政权。一场改革还未展开就夭折了。但阿吉斯之死,并不能解决斯巴达的社会危机。六年后,新的改革运动又开始了。

这次改革的领导人是斯巴达新王克利奥米尼(Cleomenes)。富有戏剧性的是,他是上次阻挠改革的国王李奥尼达之子,而且娶了阿吉斯的遗孀为妻。克利奥米尼从阿吉斯改革汲取了教训,认为只有用武力才能扫除改革的阻力。他利用对阿卡亚同盟作战之机,提高了自己的威信和实力。带着雇佣兵队伍,他返回斯巴达,驱逐了86名寡头党人,取消了监察官和元老院，首先完成了一次政治革命。接着他召开公民大会，说明改革意图，并着手废除债务、重分土地。土地的重分，大大增加了公民的人数，扩充了兵源，提高了军队战斗力。斯巴达军队在与阿卡亚同盟的作战中连连得胜，整个伯罗奔尼撒为之震动，许多人把克利奥米尼视为救星。阿卡亚同盟内部出现骚动，有的城市试图起义，一般平民希望重分土地、取消债务。同盟领导人阿拉图斯惊恐万分，唯恐斯巴达的革命影响导致阿卡亚同盟的崩溃。为了保全联盟，也为了保证以他为代表的大奴隶主的既得利益，他竟然一反常态，引狼入室，与希腊的共同敌人马其顿国王安提柯三世（Antigonus III Doson，公元前229—前221年）握手言欢。安提柯三世率大军4万入侵伯罗奔尼撒，援助阿拉图斯，克利奥米尼四面受敌，形势万分危急。他号召希洛人（Helots）以少量金钱（五个阿提卡米那）赎取自由民身份参战，但无济于事。公元前222年，他在塞拉西亚（Sellasia）城遭到惨败，斯巴达军几乎全军覆没，克利奥米尼只身逃往埃及。斯巴达又回到了改革前的状态，莱库古宪法被取消，债务不再废除，重分土地停止，但王权被废弃。从阿吉斯到克利奥米尼利用王权自上而下所进行的社会改革均告失败，这说明靠统治阶级的自救已不足以解决社会内部的巨大矛盾。

但斯巴达社会贫富对立现象不仅依然存在，而且由于财产日益集中于少数人之手，对现实不满的人渐渐增多。贫穷的自由民与已赎身的奴隶（半自由民）、奴隶形成了一股势不可当的社会异己力量。而少数当权的富人又不愿作出丝毫退让，于是自下而上的暴力斗争就不可避免，以那比斯（Nabis）为首的僭主统治随之出现。从公元前207年起，他执掌斯巴达整整15年。他主要依靠社会下层的支持进行统治，而不论其是自由民还是奴隶。他把没收来的土地分给他的拥护者，从而获得普遍的同情与好感，被下层群众视为解放者。那比斯的力量最后在与阿卡亚人、马其顿人、罗马人的战争中消耗殆尽，公元前192年，他遭谋杀，斯巴达归入了阿卡亚同盟。

第三章 希腊化时期的文化

希腊化时期的文化是指亚历山大东征以来到最后一个希腊化王国灭亡之时在希腊—马其顿人控制与影响之地出现的文化现象。与这一时期的政治、经济和其他方面相比，文化上一元主导、多元融汇的特征更为明显。

第一节 哲学

希腊化时期，希腊本土，特别是雅典仍保持了"哲学王国"的地位。除了原来的学园派与逍遥学派外，新兴起的学派有斯多亚学派（the School of Stoicism，一译"斯多葛学派"）、伊壁鸠鲁学派（the School of Epicureanism）、怀疑主义学派（the School of Skepticism）和犬儒派（the School of Cynicism）。这些学派虽然影响大小不一，但都吸引了不少追随者。他们从希腊化世界各地风尘仆仆地赶来，带着寻求真理、智慧的理想，尤其是带着对现实生活的困惑而择师问道。亚里士多德的传人提奥弗拉斯图（Theophrastus，约公元前371—前287年）的一次授课，竟有2000多名听众；麦加拉（Megara）哲学家斯提尔波（Stilpo，约公元前360—前280年）访问雅典时，万人空巷，争相一睹他的风采。哲学家们不仅活跃在雅典及各地的城市，而且有的还应邀出入于希腊化国王的宫廷，用其哲学思想去影响君王。马其顿的安提柯·贡那特二世就成了第一位服膺斯多亚哲学的国王。

哲学受到如此普通的欢迎，反映了时代的需求。帝国取代了城邦，公民变成了臣民。亚历山大及其后继者对东方广袤之地的征服统治,给希腊人展示出了一个新奇而又充满风险的新世界。城邦的希腊人要么勇敢地投身于其中,用个人的才干去追求荣誉、地位、财富;要么超然出世,冷眼静观,随遇而安;要么茫然不知所措,进退两难。但内心的满足与宁静是以对生命意义、生活原则、人类使命的深刻洞察感悟为前提。城邦时期强烈的政治责任感和公民集体意识不复存在,新的道德观、人生观、社会观必然围绕着个人与世界、理想与现实的矛盾而出现。哲学成了生活的艺术,伦理道德升为哲学的主题,个人幸福即哲学的目的。亚里士多德学派恪守传统,虽存在但无发展;柏拉图学派由于转向怀疑主义而获得转机;关注现实人生的斯多亚等四个新兴学派成了希腊化时期哲学舞台的主角。哲学与科学开始分离。虽然有的哲学家对自然科学情有所钟,但亚里士多德的时代已经过去,哲学终将成为一个独立的专门学科。

斯多亚学派

斯多亚哲学是希腊化时期最主要的思想成果。该学派创始人是来自塞浦路斯西提昂姆城(Citium)的芝诺(Zeno,公元前335—前263年)。同代人认为他是腓尼基人,其父曾到雅典经商,给他带回不少苏格拉底派的书籍。因此,他早年即对哲学产生兴趣,并深受苏格拉底(Socrates,公元前470/469—前399年)的影响。他因经商致富,却在一次海难中倾家荡产。大约于公元前313年,一贫如洗的他来到雅典,从此与希腊哲学结下不解之缘。他聆听过学园派色诺克拉底(Xenocrates,公元前396/395—前314/313年)、波莱蒙(Plemon,?—前270/269年)、辩证术派斯提尔波的教诲,研究过赫拉克利特(Heraclitus,约公元前535—前475年)、亚里士多德等人的著作,但对他影响最深的是犬儒派的克拉底(Crates,约公元前365—前285年)。他的第一部著作《共和国》就与犬儒派观点近似。约公元前300年,他在雅典创立了自己的学派。由于他长期在雅典市场的画廊(Stoa Poikile)讲学,他的学派因而得名。芝诺之后,杰出弟子辈出。克吕西普(Chrysippus,约公元前280—前207年)担任学派首脑时,充实、发挥了先师的学说

第三章　希腊化时期的文化

（据说他著书达 705 部），使之成为一系统的理论体系，被誉为该派的第二奠基人。由于早期斯多亚派的大师多来自东方，因此，他们很可能带来了东方的宗教哲学思想，提供了"当时世界所感到需要的、而又为希腊人所似乎不能提供的那些宗教成份"①。

斯多亚学派把哲学分为伦理学、逻辑学、物理学（自然哲学）三个组成部分。但在他们看来，伦理学是核心，其余二者都是为它服务的。

斯多亚学派的伦理学围绕人的本源、本性、道德、责任、命运而展开。提倡顺从自然、接受必然、服从理性。他们接受了赫拉克利特的火是宇宙本源的学说，认为人本身就是其中的一个火花或火星，因此人的本性就是宇宙普遍本性的一部分。本性即自然，顺从自然就是顺从宇宙的普遍本性，也即人的本性——理性。按照自然生活，就是"正确地按照理性而生活"，"按照德行而生活"。只有这样，才能使人生达到至德至善的幸福之境。斯多亚学派把宇宙理性与"宙斯、万物的主宰与主管"联系起来，认为顺从理性也就是服从上帝、天命。因为世界上的一切都是由上帝的意志安排的，个人有义务有责任服从它。斯多亚派强调道德的责任、义务，否认其功利性。一个人行德，是因为它应该而且必须这样做，这是人所具本性的必然要求。把这种宿命论应用于社会现实，就是要人们服从命运，断绝激情，"不做人类的共同法律惯常禁止的事情"②。

既然理性是人类共同的本质属性；所有的人，不管是奴隶还是外邦人，都是同一宇宙理性的支配，都有同样的起源，同是上帝的儿女；因此人和人之间都应是平等的、互相友爱的兄弟关系。这种相互的友谊也是人生最大的快乐之所在。人类皆为兄弟，就不应该再有国家、阶级、贫富之分，人类应该和谐地生活在一个具有普遍性的社团，即"国际城邦"（cosmopolis）或"世界国家"内。人人都是这个国家的公民，都服

---

① [英]罗素：《西方哲学史》（上卷），何兆武、李约瑟译，商务印书馆 1963 年版，第 320 页。

② Diogenes Laertius, *Lives of Eminent Philosophers*, 7.87–88, with an English translation by R. D. Hicks, Cambridge, Mass.: Harvard University Press, 1958；译文据北京大学哲学系外国哲学史教研室编译《古希腊罗马哲学》，生活·读书·新知三联书店 1957 年版，第 375 页。

从一种源于世界理性的法律、秩序与准则。显然，斯多亚学派所要建立的是一个乌托邦式的大同理想社会，这是他们对扩大了的人类居住之世界（oecumene）的一种政治期盼。这些说明斯多亚学派虽有宿命论、禁欲主义的倾向，但并不远离社会，并不在符合德行的前提下放弃快乐。他们不是积极进取的入世者，但也不是消极退让的遁世者。当然，他们也知道，真正的平等事实上也不可能实现，正如克吕西普所比喻的："剧场是公共的，但每个人所占据的特殊座位就属于他自己"①，言外之意，剧场里总有一些座位比其他的要好，占有决定一切，不平等不可避免。但他们对理想与现实的矛盾作了调和，提出如果人们希望或能在灵魂上平等，那他们就是平等的。在这个王国内，乞丐可能是国王。用心灵的平等安慰现实的不平等，结果还是陷入了唯心主义的泥淖。

斯多亚学派在逻辑学和自然哲学上也有一定建树。他们把认识论作为逻辑学的一个重要内容，坚持认为知识源于直接感觉，客观事物是检验真理的标准。自然哲学方面，他们承认世界的物质性；世界本源于火；一切物体都是有形的存在。但他们又混淆了唯物论与唯心论的界限，认为上帝、灵魂也是有形的真实存在。他们的火与赫拉克利特的物质性火也有所不同，而是能思想的火，"有着匠心的智慧的火"，"最圆满的理性"。宇宙从火中诞生，又复归于火，周而复始，无限循环，连微小的细节也都相同。他们的火实际就是神。神创万物，天人相通，一切皆由前定，命运不可抗拒，个人只能根据自然、理性来生活。斯多亚哲学的全部意义就在于给迷惘彷徨的人指明了进退之道，进也理性，退也神意，关键在于个人对命运的理解与把握了。

斯多亚学派一直存在到罗马帝国时期。公元前146年以后随着时代的变化走向折中主义。

伊壁鸠鲁学派

伊壁鸠鲁（Epicurus，约公元前341—前270年）是希腊化时期杰

---

① Cicero, *De Finibus Bonorum et Malorum*, 3.67, with an English translation by H. Rackham, Cambridge, Mass.: Harvard University Press, 1999.

第三章 希腊化时期的文化

出的唯物主义哲学家,他所创立的学派虽然当时不及斯多亚学派流行,他所提出的快乐主义也时常遭到曲解,甚至诋毁。但他们坚持、继承并发展了自泰勒斯(Thales)、德谟克利特(Democritus)以来的古典唯物主义传统,在古希腊哲学史上具有重要的承上启下作用。

伊壁鸠鲁原籍雅典,生于萨摩斯(Samos)。少时学习哲学,18 岁时来到雅典,曾在柏拉图学院度过一年,但他并不太喜欢柏拉图、亚里士多德的哲学,却对德谟克利特的学说尤感兴趣。此外,他还从苏格拉底、昔列尼学派(Cyrenaic Sect)、怀疑主义者皮浪(Pyrrho)那里获得了关于智慧、快乐、宁静(ataraxia)的启示。后来,他迁居小亚,先后在科洛丰(Colophon)、密提林(Mytilene)和兰普萨古(Lampsacus)传授哲学。公元前 306 年,伊壁鸠鲁重返雅典,在市郊的一所花园开办学校,创立了以他命名的哲学流派。他对学生"有教无类",不论贫富贵贱,男女主奴,一律接纳,平等对待。他个人生活简单,交朋结友,对国事不闻不问。据说他在教学之余,著书 300 部,可惜留传下来的仅有少数残篇、警语和书信。

伊壁鸠鲁坚持德谟克利特的"原子论"的基本观点,认为万物的本源是原子和虚空。原子是不可分的有形体,其数目无限、不断运动。虚空是原子"运动的场所"。原子和虚空都是永恒的,世界万物是原子在虚空中运动的结果。但伊壁鸠鲁并非简单地重复德谟克利特的学说,而是对其作了进一步的补充修正。德谟克利特只承认原子有形状、大小之别,而伊壁鸠鲁则明确指出,除此之外,原子之间还有重量之别。原子重量概念的提出,为原子运动说提供了根据。伊壁鸠鲁在解释原子运动方式时,提出了偏斜学说。原子由于重量在虚空中运动时,"有的直线下落,有的离开正路,还有的由于冲撞而向后退"。[①] 正是由于这种偏斜运动,原子与原子之间才产生碰撞、结合,万物由此形成。偏斜学说肯定了偶然性的作用,为伊壁鸠鲁学派反对宿命论提供了理论依据。

在认识论方面,伊壁鸠鲁接受了德谟克利特的影像论,认为认识是

---

① Diogenes Laertius, *Lives of Eminent Philosophers*, 10.42;引文据北京大学哲学系外国哲学史教研室编译《古希腊罗马哲学》,生活·读书·新知三联书店 1957 年版,第 351 页。

由于事物发出的"影像"造成的,但他强调感觉在认识中的决定作用。他说:"如果你排开一切感觉,你就连你所能指称的标准也不会剩下。这样,你就会没有可以用来判定你所责斥的错误判断的东西了。"① 在他看来,感觉不仅是认识的起源和基础,也是检验认识结果的标准。

像斯多亚哲学一样,伊壁鸠鲁哲学的核心也是以人为目的的伦理学。"原子论"有力地否定了灵魂不朽论、宿命论。既然任何事物都由原子构成,那人也不能例外,由原子组成的人和人的灵魂也会分化和毁灭。既然原子可由于内部原子发生偏斜运动,那一切事物都非命中注定。人具有自由意志,否则我们会成为人生舞台上毫无意义的傀儡。认识论中的感觉主义也有利于清除对死亡的恐惧,因为"死亡对于生者和死者都不相干;对于生者来说,死是不存在的,而死者本身根本就不存在了。"对于不能感觉的东西恐惧,实在是荒谬至极。就是诸神,也不足畏,他们生活在遥远的太空,对人也毫无兴趣。因此,现世人生的意义就在于追求快乐和避免痛苦。伊壁鸠鲁认为:快乐、幸福,是人生的出发点和目的,是人本性的要求,是最高的善。伊壁鸠鲁花园门口就刻有这样的题词:"客人!您将在此得到快乐,因为快乐在此被视为最高的美德。"在伊壁鸠鲁这里,道德是手段,身心快乐才是目的。

那么,什么是快乐、幸福的标志呢?这就是"肉体的康健和灵魂的平静"。要达到这个目标,首先要掌握一定的自然科学知识,对周围宇宙万物的真正性质有所了解,实际上就是要了解伊壁鸠鲁的原子论、反映论,否则"就不能享受无疵的欢乐。"其次要弄清楚"快乐"的真正含义。第一,伊壁鸠鲁的快乐虽不排除一定的维持生命与健康的物质条件之满足,但绝不是沉溺于肉体感官之乐。因为"不断地饮酒取乐,享受童子与妇人的欢乐,或享用有鱼的盛宴,以及其他的珍馐美馔,都不能使生活愉快;使生活愉快的乃是清醒的静观,它找出了一切取舍的理由,清除了那些在灵魂中造成的纷扰的空洞意见。"② 第二,知足者常乐,这"不是因为我们在任何时候都只能有很少的东西享用,而是

---

① Diogenes Laertius, *Lives of Eminent Philosophers*, 10.146;引文据北京大学哲学系外国哲学史教研室编译《古希腊罗马哲学》,生活·读书·新知三联书店1957年版,第345—346页。
② Ibid., 10.131-132;引文同上书,第368—369页。

因为如果我们没有很多的东西，我们可以满足于很少的东西。"① 第三，对眼前的苦乐要进行选择，不能因一时之乐而招致更大的痛苦，为了以后更大的欢乐，不妨以当前的苦为乐。最后，快乐与美德相连。一个人只要"审慎地、光明正大地、正当地活着"，自然就会愉快地活着。

伊壁鸠鲁虽然对现实社会政治不关心、不介入，但他从伦理观出发，在政治学上第一次提出了社会契约论思想。他认为，"公正没有独立的存在，而是由相互约定而来。"② 社会、国家都是人们在互利的原则上相互约定的产物，如果这一原则不存在，则约定就失去公正，也就应解除了。这里显然表露出对社会不公正、不平等现象及马其顿统治的不满。

伊壁鸠鲁在其花园中教授生徒36年，最后在痛苦的疾病折磨中愉快地死去。他的一些后继者将他的快乐主义哲学庸俗化，败坏了这个学派的名声。但它的基本思想由于罗马哲学家卢克莱修（Titus Lucretius Carus，约公元前99—前55年）的继承，对后世产生了积极而又深远的影响。

怀疑主义学派与犬儒派

怀疑主义学派的创始人是埃利斯（Elis）的皮浪（Pyrrho，约公元前360—前270年）。在他之前，具有怀疑主义性质的哲学观点在古希腊已经出现。皮浪接受了这种当时"最好的哲学思想"，③ 但皮浪的怀疑主义"比他的前辈更彻底、更显著"，④ 所以才有皮浪派之称。

皮浪先当过画家，后转入研究哲学。他参加过亚历山大远征，与印度的裸体智者和波斯的僧侣有过交往，或许从他们那里获得了怀疑论。返回到埃利斯后，他收授门徒，生活清贫。他的学说主要靠学生蒂孟（Timon）传承下来。

---

① Diogenes Laertius, *Lives of Eminent Philosophers*, 10.130；引文据北京大学哲学系外国哲学史教研室编译《古希腊罗马哲学》，生活·读书·新知三联书店1957年版，第368页。
② Ibid., 10.150；引文同上书，第347页。
③ Ibid., 9.61；引文同上书，第341页。
④ Sextus Empiricus, *The Sceptic Way: Sextus Empiricus's Outlines of Pyrronism*, 1.3 (7), Translated with Introduction and Commentary by Benson Mates, New York: Oxford University Press, 1996；北京大学哲学系外国哲学史教研室编译：《古希腊罗马哲学》，生活·读书·新知三联书店1957年版，第339页。

第一编　历史变迁

皮浪怀疑主义的核心思想是：感觉不可靠，事物无真假，一切不可知，所以智者不作判断，不求真理，只求宁静。感觉不能使我们对事物有确实的认识。因为对事物的任何一个判断都具有"独断"性，都可能会有另外一个"独断"（或"命题"）与之对立，同一座塔，远观是圆的，近看是方的，事物仅一，感觉有二，可见感觉不可靠。"万物一致而不可分别。"事物的美丑、正当与否都是相对而言。因此，对事物的真正认识是不可能的。最好的办法就是"毫不动摇地坚持不发表任何意见，不作任何判断。"[①] 对任何事物都是悬而不决，不置可否，这样就会达到最高的善，得到灵魂的安宁。

皮浪的怀疑主义是对当时社会的消极反应。它给那些对生活不求进取、无所适从的人提供了一条精神解脱之路。既然一切不可知，真理求不得，那就不如清心寡欲、与世无争。据说，一次皮浪坐在船上，一阵风浪使同船的人惊慌失措，而一只猪却不为所动，仍然在那里继续吃东西。于是皮浪指着猪说，哲人也应当像这样不动心。皮浪身体力行自己的主张。"他不避免任何事物，也不注意任何事物，面对着一切危险，不管是撞车、摔倒、被狗咬，总之根本不相信他的感观的任何武断"，[②]以致他的朋友总要伴随他，以防他出事。但也有人说，他在日常生活中谨慎行事，谦虚地遵从埃利斯的风俗与信仰。不管怎样，他以哲人的高尚赢得了家乡的尊敬，以致免除了他的纳税义务。

皮浪的怀疑主义对柏拉图学园派产生了直接影响。当公元前3世纪中期阿塞西劳斯（Arcesilaus，约公元前315—前241/240年）主持学园时，柏拉图学派转向怀疑主义。他接受了皮浪的不可知论，反对所有的教条。据说因此而从未发表过任何著作。但他的怀疑主义与皮浪有所不同，是建立在苏格拉底、柏拉图的学说及对斯多亚哲学持反对立场的基础之上的。他不刻意追求心灵的宁静，而希望在实际生活中发现行动的真正原因，因此具有积极探讨的精神。

[①] 北京大学哲学系外国哲学史教研室编译：《古希腊罗马哲学》，生活·读书·新知三联书店1957年版，第341—342页；Diogenes Laertius, *Lives of Eminent Philosophers*, 9.61.

[②] Diogenes Laertius, *Lives of Eminent Philosophers*, 9.62；引文据北京大学哲学系外国哲学史教研室编译《古希腊罗马哲学》，生活·读书·新知三联书店1957年版，第341页。

第三章　希腊化时期的文化

犬儒主义在公元前3世纪风行一时，但起源于亚历山大以前。犬儒派的创始人是苏格拉底的门徒安提斯梯尼（Antisthenes，约公元前445—前365年）和来自黑海城市西诺普的第欧根尼（Diogenes，公元前412/404—前323年）。第欧根尼藐视一切社会风俗，决心像狗一样地活着，因此获得了"犬儒"绰号。他及追随者遂被称为"犬儒学派"。

犬儒主义严格说只是一种生活方式。因为犬儒派没有像其他学派那样，设立专门的学校组织，也没有创立一套自圆其说的哲学理论体系。第欧根尼对无实用价值的研究不屑一顾，但他倡导并身体力行的愤世嫉俗、特立独行的生活方式及态度反映了他们的伦理学思想。他们提倡的"根据自然生活"与斯多亚哲学的同一提法差别甚远。他们的"自然"实指返归人的"自然状态"，即脱离社会，在大自然中独立自处，生活极其简单，一个旅行袋、一支木杖、一件破外套足矣。他们坚持个人自由，对社会、国家持批判态度，对财富、地位、荣誉毫无所求。据说，当亚历山大问正钻在木桶里的第欧根尼有什么需求时，他只回答说，"请不要挡住我的阳光。"[①] 他们鄙视一切物质肉体之乐，只求心灵的满足与德行的崇高。安提斯梯尼就说过，他宁愿发疯也不愿使自己享乐。

但犬儒派并非毫无知识。第欧根尼写过一篇《共和国》，发挥了柏拉图的学说。他可能提出了建立"世界城邦"的理想。他的学生克拉底的哲学曾使斯多亚学派创始人芝诺大受感悟。

犬儒主义虽然也是对社会现实的否定，但它只是一种消极的否定。虽能满足一部分悲观厌世、无所作为的遁世愿望，但无力，也绝不会对社会的整体改造有所推动。[②]

第二节　科学

希腊化时期的科学取得前所未有的巨大成就。它在许多领域达到的水平在近代以前的西方一直保持着领先地位。公元前3—前2世纪，是

[①] Plutarch, *Alexander*, 14; Diogenes Laertius, *Lives of Eminent Philosophies*, 6.38.
[②] 关于犬儒派，详见杨巨平《古希腊罗马犬儒现象研究》，人民出版社2002年版。

人类科学智慧的一次迸发，其根本原因不是一批批科学天才的突然降临，而是促使科学巨人涌现的各种客观条件的具备。其中最重要的是希腊化世界的建立，使希腊人能够充分吸收、综合利用巴比伦、埃及等地东方人长期积累的自然科学研究成果。此外，统治阶级对科学事业的支持、尊重、理解；经济发展与战争需要对应用科学技术的刺激；科学与哲学分离及科学内部学科的分类与专门化等也都推动了科学的突飞猛进。当然，科学的进步并未带来整个社会生产力的变革。这不能归于科学本身，而在于将这种科学知识转化为生产力的社会、物质及其他科技领域的相应条件还远不成熟。

天文、地理

天文学、地理学是世界扩大的直接产物。没有巴比伦天文学的基础，没有对已知世界较为确切的了解，就不会有天文学、地理学方面的成就。

这一时期最主要的天文学研究成果是"太阳中心说"的提出和对日月星辰运行规律的探索。萨摩斯人阿里斯塔克（Aristarchus，约公元前310—前230年）是日心说的首创者。他曾就学于亚里士多德创立的学院（Lykeion，Lyceum），后到亚历山大里亚缪斯神宫（Museum）工作。他在吸收前人地球自转、个别行星绕日转动的观点的基础上，形成了自己的学说。根据阿基米德（Archimedes，约公元前287—前212年）的记载，阿里斯塔克认为：恒星与太阳皆固定不动；地球循圆周路线绕太阳旋转；太阳位于此一轨道的中央。这种观点在当时的条件下得不到证明，势必遭到许多人的反对。另一天文学家希帕库斯（Hipparchus，公元前160—前125年）甚至用几何推理反对他，并提出"地心说"与他对立。阿里斯塔克或许对自己的学说也信心不足。在仅存的一篇关于日月大小及距离的论文中，他虽认为太阳比地球大得多，但却假定日月均绕地球运行。然而他的日心说却得到底格里斯河上塞琉西亚城天文学家塞琉古（鼎盛于约公元前150年）的支持，可惜空谷足音，曲高和寡，科学的日心说难以立足，谬误的地心说却流传了十几个世纪，直到哥白尼（Copernicus，1473—1543年）再次

第三章 希腊化时期的文化

点燃日心说真理的火炬。

希帕库斯虽在地心说上有误,但他成功地利用早期希腊与巴比伦的天文研究成果,在天体及其运行规律方面做出了重要贡献。他改进并制成了当时主要的天文仪器:观象仪及象限仪。他相当准确地计算出了太阳年、太阴月的长度。他的太阳年误差仅为 6 分 14 秒,太阴月比实际长度只差 1 秒。他还以与现代极为接近的数值算出了诸星会合的时间、黄道及白道的倾斜度、太阳的最远点、月球的水平视差。他算出的地球与月球的距离只差百分之五。大约于公元前 129 年,他编成一种天体目录,一幅天象图,制出一架浑天仪,确定了 850 颗或更多的恒星(另有 1080 颗、1020 颗之说)的位置。并由此发现了岁差①,即春分点与秋分点逐年提前的时间约为 36 秒,而现在的计算是 50 秒。②

希帕库斯之后,由于占星学的泛滥,天文学开始衰落。但这一时期的天文学成果被公元 2 世纪的科学家托勒密(Claudius Ptolemy,约公元 100—170 年)在《天文学大成》一书中所总结,并经过阿拉伯学者传回西方,成为近代天文学研究的起点。

这一时期地理学取得了实质性的进展,作为一门独立学科的理论体系基本建立,地理学家们力图正确地、全面地观测、分析、描述他们所生活的地球及他们的已知世界。昔列尼人埃拉托斯特尼(Eratosthenes,约公元前 275—前 194 年)堪称这一学科最伟大的代表。他曾出任亚历山大里亚图书馆馆长,是科学地理学的奠基人。他的《地理学》创立了普通地理学的完整体系。他首次提出了"地理学"(Geographica)这个科学的概念。他摒弃了以前地理学方面的神话传说,用自然地理学的成分代替了历史成分,并主张在地理学研究中运用数学、物理的原理。他指出地球呈球状,但地势有高有低。由于水、火、震动、蒸发及其他因素的影响,地球表面会发生变化,甚至水陆变迁。他根据大西洋和印度洋海潮涨落的相似,推测它们之间相通,因而可出地中海绕道非洲到

---

① 希帕库斯证明岁差时是否利用了巴比伦天文学家基德那斯(Kidynas,活跃于公元前 4 世纪末)的研究成果,仍为悬案,此处采取一般说法。
② [美]威尔·杜兰:《世界文明史》,《希腊的生活》,幼狮文化公司译,东方出版社 1998 年版,第 469 页。

达印度。他根据地圆说,相信一个人只要沿着同一纬度从伊比利亚(Iberia,西班牙)向西航行,也可到达印度。他还提出了五带的划分,南、北极圈为两个寒带,极圈与回归线之间是两个温带,南北回归线之间是热带。这是后来五带划分的基础。

埃拉托斯特尼利用当时所积累的地理测量资料及前人的研究成果,绘制了一幅已知世界的地图。在他之前,麦散那(Messana)人第凯尔库斯(Dicaearchus,约公元前350—前285年)已经绘制了一幅以中纬线与子午线为基准的世界地图。但埃拉托斯特尼认为此图不足以准确反映世界各地的位置,需要改进。他绘制的世界地图在第凯尔库斯的基础上增加了六条子午线,分别于已知世界的东西边缘之间,另外从南到北增加六条平行线。这种方法有利于相对地理位置的确定,但由于纬线间距不等,仍不太科学精确。他的不足由前面提到的天文学家希帕库斯在理论上予以补充。他发明了以经纬线确定地面位置的分度法,第一个提出经度可以通过日食发生时不同点的观察而决定。这种编制地区经纬网格的设想在当时不可能实现,但却为后来的投影绘制地图做了准备。

埃拉托斯特尼的另一地理学贡献是地球周长的计算。他曾通过观察太阳高度在冬至和夏至日之间的差别,最早测得黄道倾角为 $23°51'19.5''$,比当时的真值只差 $7'$。他用这种方法测定地球的大小。他假定西恩内[Syene,今阿斯旺(Aswan)]和亚历山大里亚处于同一条子午线上,根据两地夏至日在日圭上投影度数之差及两地的实际距离,从而计算出地球的周长是252000斯达地(stades),约合今日的39690公里,与实际长度40120公里相差甚微。①

希腊化时期最后一位在地理学上有成就的学者波昔东尼厄斯(Posidonius,公元前135—前51年),他提出了结构地理学思想,将地理现象纳入整个自然体系中加以研究。据此,他把地理现象归因于星体与地球的合力作用,把潮汐之因归于月之盈亏及太阳的影响。

---

① 参见乔治·萨顿《希腊化时代的科学与文化》,鲁旭东译,大象出版社2012年版,第131—134页;F. W. Walbank, and A. E. Astin, *The Cambridge Ancient History*, second edition, Vol. Ⅶ, Part Ⅰ, Cambridge: Cambridge University Press, 1984, p. 338。

第三章 希腊化时期的文化

数学、物理

数学是自然科学的基础。许多其他学科的大师往往同时又是数学家,像地理学家埃拉托斯特尼就发明了"筛法",创造了素数表,使素数从此后成为数学研究中长久不衰的课题。天文学家希帕库斯首次列出正弦表、创立了三角学并将其运用于天文地理研究。公元前3世纪是数学的黄金时代,巨擘涌现,英才济济,其中最为著名者是欧几里德(Euclid,鼎盛于约公元前300年)、阿波罗尼乌斯(Apollonius,公元前262—前190年)和阿基米德。

欧几里德早年曾就学于雅典的柏拉图学园,约公元前300年应托勒密一世之邀,来到亚历山大里亚城从事数学研究。他办过一所学校,创立了以几何学研究为主的亚历山大里亚数学学派。他视学术研究为最高的事业,反对急功近利。有位学生问他,学了几何能得到什么好处,他吩咐仆人给那个学生几个钱,既然他想从所学中得到实惠。欧几里德数学上最大的成就是他的几何学集大成之作《几何原本》。他第一次全面系统地总结了以前希腊人的几何学知识,以简洁明了的方式进行逻辑推理论证。《几何原本》共13卷,涉及平面几何与立体几何、数论等方面。此书是最早用公理法建立起来的数学演绎体系的典范,是一部具有教科书性质的科学著作,因此在19世纪以前一直是西方公认的几何学教本,即使是现代世界各国的几何课本,也是在《几何原本》的基础上改编而成。这本名著早在元朝时就传入我国,译名为《兀忽烈的四擘算法段数十五部》,但后来失传,直到明末(1607年)经徐光启和意大利传教士利玛窦合作努力,中文版的《几何原本》前6卷才得以在中国刊行。

阿波罗尼乌斯也是一位几何学大师。他是欧几里德的再传弟子,他的数学贡献主要体现于他的名著《圆锥曲线论》。全书共8卷,系统地探讨了圆锥曲线的性质。他为其中的三种曲线确定了沿用至今的名称——抛物线、椭圆和双曲线。虽然他的研究具有纯理论的性质,但却推动了机械学、航海术及天文学的进步。他还著过一本相当于速算手册的《速算法》(现已失传),在这本书中提出了比阿基米德更

为精确的 π 值——3.1416。

阿基米德是古代世界最伟大的科学天才，他在数学和物理学上的巨大贡献使他在这两个领域都享有盛名。他是西西里（Sicily）的希腊殖民城市叙拉古（Syracuse）人，从小受到良好的教育，11 岁时到亚历山大里亚学习，拜欧几里德的学生埃拉托斯特尼等为师。他在此时对数学产生了浓厚的兴趣，回到叙拉古后，他潜心研究各派数学，追求新的理论突破。他一生最满意的成就是证明了计算球形面积与体积的公式，以致留下遗愿让后人在他的墓碑上刻上圆柱与内切球体的图形。他最后悲壮地将生命献给了数学：为了完成一条几何定理的求证，被野蛮无知的罗马士兵一剑刺死。

阿基米德数学方面其他成就包括 π 值的计算、大数的引入及对"穷竭法"的利用发展，他求出的 π 值介于 $3\frac{1}{7}$ 与 $3\frac{10}{71}$ 之间，与现在求出的精确到 5 位有效数字的 π = 3.14159 相比，绝对值只差 0.00069。古希腊计数单位只到万，阿基米德想计算整个宇宙到底能容纳多少沙粒，用万来表示显然不行。他以一万为一大单位，将这个数值增万倍，即 10 的 8 次方为第一级数，10 的 8 次方再增万倍即为第二级数，依次计算下去，再大的数也可表示。在并未认识到宇宙无限的当时，他这样计算的结果当然不会有什么意义，但这种采用大数、按级重复计算的原理却很有价值。所谓"穷竭法"，就是把要求面积（或体积）的曲线形分割成若干直线形，无限加多这些直线形的数目，则这些直线形面积（或体积）的总和，就是所求的曲线形的面积（或体积）。阿基米德利用、发展了这种方法，推导出计算圆周率、圆锥体、圆柱体、球体、椭圆体以及其他各种复杂截面或物体表面积与体积的公式。这种方法具有现代微积分的雏形，所以阿基米德被认为是首开微积分计算之先河。

阿基米德并不像欧几里德那样纯粹地研究数学，而是将数学与力学、机械学等物理学分支联系在一起进行研究，解决实际问题。他发现了杠杆原理、比重原理、斜面定律、浮力定律，是力学、流体静力学的奠基人。利用杠杆原理，他发明了螺旋提水器、滑轮组。他对自己的发现极为自豪，不止一次地说过："给我一个支点，我将撬动整个地球！"

利用比重原理，他不仅为叙拉古国王解决了王冠是否掺假的疑案，而且还由此得出了新的发现——浮力定律。此外，阿基米德在天文学、光学及军事防守机械方面都有不少贡献。据说他制造的聚光镜、起重机、投石机使围攻叙拉古的罗马人闻风丧胆。

阿基米德影响巨大，功盖千秋。近代以来凡是以数学、物理为基础的科学技术进步发明都难以否认阿基米德的影响。他在科学史上享有"数学之神"的尊称，具有与牛顿（Isaac Newton，1643—1727 年）齐名的划时代作用。

除阿基米德外，当时还有一些科学家致力于机械发明创造。亚历山大里亚人克泰西比乌斯（Ctesibius）制作了压力泵、水风琴、水钟。希罗（Hero）利用蒸汽推动空心球转动、利用热气压力制成了自动泵油装置。但这些发明同古代其他的发明创造一样，其潜在的科学原理只有到了近代才能变成改造世界的力量。

生物、医学

希腊化时期的生物学、医学研究都继承了古典时期的成果，取得了令人注目的进步。

生物学的代表人物是亚里士多德最忠诚的学生提奥弗拉斯图。亚里士多德于公元前 323—前 322 年间离开雅典后，学院工作由他主持。他主要研究植物学，著有《植物史》和《植物的本原》，是古代世界对植物进行系统研究的第一人。他记述了近 500 种植物，其中包括许多希腊以外的植物标本。这些都是亚历山大东征之后才为希腊人所认识的。他首次将所知植物分类，对其进行详细的描述，他把植物分为乔木、矮树、灌木及草木，并将植物本体再区分为根、茎、极、枝、叶、花及果。这种区分法一直沿用到 16 世纪才予以修正，而他在植物学上的某些名称概念则传至今日。

古代医学离不开对药物的研究。提奥弗拉斯图就论及过植物的药性，并暗示出某些植物具有麻醉作用，以菲力努斯（Philinus，鼎盛于约公元前 250 年）为首的医学经验主义学派注重药物知识，留下了专门论述毒药与解毒剂的文献。帕加马国王阿塔卢斯三世和本都（Pontus）国王米特里达提四世（Mithridates Ⅳ，约公元前170—前150年）对此尤感兴趣，帕加马有一花园，专种奇花异草，为药物研究服务。但这一时期医学的发展主要依赖于人体的解剖实验，从而使人类对自身内部的认识有了突破性的进展。托勒密王朝诸王对此大力支持，他们不仅准许解剖动物和人的尸体，而且将已判处死刑的囚犯交给医生进行活体解剖。

卡尔西顿（Chalcedon）人希罗菲勒（Herophilus，约公元前335—前280年）是古代最伟大的解剖学家。公元前3世纪初活动于亚历山大里亚，通过对人体的解剖研究，他提出了关于眼睛视网膜及视神经的报告；描述了大脑、小脑及脑膜，脑膜上的窦汇即以他命名（torcular Herophili），从而恢复了脑的思维器官的地位；区分出感觉神经与运动神经的不同，并将脑神经与脊髓神经分开；分辨出静脉与动脉的差异，指出动脉的功能是将血液从心脏输往全身，实际上早于哈维（William Harvey，1578—1657年）[1]之前19个世纪发现了血液循环。他还对卵巢、子宫、精囊及前列腺、肝脏、胰脏做了研究和说明，他所确定的十二指肠的名称沿用至今。希罗菲勒将健康置于人生的首要位置，他说："若无健康，则科学与艺术将一无表现，长处将无从施展，财富将毫无用处，辩才将虚弱无力。"[2]

西奥斯（Ceos）人厄拉西斯托拉图（Erasistratus，约公元前304—前250年）堪称古代最伟大的生理学家。公元前3世纪中期在亚历山大里亚行医。他对大脑及其活动作了更深入的研究，解释了会厌软骨、肠系膜的乳糜管、心脏主动脉瓣及肺动脉瓣等组织的功能。他指出，每一器官皆由三种路线——动脉、静脉、神经与其他组织相通。他用自然原因去解释一切生理现象，不承认与任何神秘的意志有什么关系。他认为医学的目的是借卫生以防预，而非借疗法以医治，所以他反对经常吃药和放血，主张依靠规定的饮食、沐浴、运动进行生理治疗。

---

[1] 英国17世纪著名生理学家和医生，被誉为近代发现心脏跳动引起血液循环规律的第一人。

[2] ［美］威尔·杜兰：《世界文明史》，《希腊的生活》，幼狮文化公司译，东方出版社1998年版，第471页。

第三章 希腊化时期的文化

第三节 文学、史学与艺术

希腊化时期的文学、史学与艺术从总体上看，比古典时期无重大突破，但旧瓶装新酒，不论在形式，还是内容上都有了较大的变化，显示了这个时代的特征。

文　学

这一时期文学的主要贡献不在于创作，而在于整理。大图书馆提供的便利条件和希腊语读者面的扩大，推动了古典作家作品的校定、注释。帕加马和亚历山大里亚的图书馆都收藏有不同版本的古代作品，使学者们能够经过比较鉴别，推出最标准的读本。荷马史诗的第一个校定本出自芝诺多托斯（Zenodotus，活跃于公元前275年前后），第二个校定本出自萨摩色雷斯人阿里斯塔克（Aristarchus，约公元前220—前143年），这是荷马史诗最后也是最权威的定本。学者兼诗人卡利马库斯（Callimachus，公元前310/305—前240年）编写了120卷的《希腊图书总目》，列有多位作者的所有著作及生平简介。这三人都曾担任亚历山大里亚图书馆馆长之职。希腊语《圣经》（即"七十贤士本"）据说也是这时在亚历山大里亚译出的。出于整理古典文本的需要，亚历山大里亚和帕加马的学者系统地研究语言和语法，但两家在语法的分类上有分歧，并由此展开一场论战。他们的研究成果最后由阿里斯塔克的学生狄奥尼修斯（Dionysius，公元前170—前90年）在一本语法入门书中加以总结，成为今日语法术语的来源。希腊化时期对古典作品的整理意义深远，我们今天能看到这些定本，与古代作家对话，实赖于图书馆中那些学者经年累月的辛勤工作。

文学创作仍在进行，而且作家、作品的数量都大大超过了古典时期，仅留传下来名字的作家就达1100多位，其中不少人可谓是"高产作家"，一生著述多达几百部，但这些作品保存下来的很少。

文学创作的主要形式是诗歌与剧作，前者以亚历山大里亚为中心，后者则仍集中在它的传统发源地——雅典。但在其他地方也不乏诗人、剧作家出现。

诗歌的特点主要是：各种诗体有了明确的形式和内容，二者皆为诗人所重视；诗歌的教育作用得到强调。除了一般的诗体，如田园诗、讽刺短诗、赞美诗、史诗之外，还出现了一种科普诗（instructive poetry），即用诗的语言来介绍科学研究的成果。索里（Soli）的阿拉图斯（Aratus，约公元前315—前240/239年）是这种诗体的创始人，他用1154行六步韵诗改写了公元前4世纪天文学家欧多克修斯关于星座的论文，名为《天空万象》（Phaenomena），受到广泛的欢迎与赞扬。这种形式也很快流行起来，阿拉图斯的同代人、科洛丰（Colophon）的尼坎德（Nicander，活跃于公元前2世纪）就用诗体改写了前人关于毒药和解毒剂的论文，还写了关于农业和养蜂的著作。田园诗的创始人是西西里的提奥克里图斯（Theocritus，约公元前310—前250年）。他是叙拉古人，在科斯（Kos）住过12年，公元前276年来到亚历山大里亚。都市的喧嚣拥挤使他对故乡宁静的自然美景无限怀念，创作的灵感油然而生。他留下的田园诗虽只有10首，但足以反映他浪漫理想的情怀。他的田园诗以爱情为主题，主人翁常常是放牧牛羊的少男和少女，他们在西西里的乡村美景中坠入爱河，又因一方的移情而痛不欲生。这种诗体熔抒情、写景、叙事于一炉，优美动人，富有魅力，赢得了同代及后人的钦佩与模仿。讽刺短诗早已有之，只是在这时的亚历山大里亚诗人之手，才使它成为特别适于对周围生活发表评论的形式。史诗得到改造，形式上是仿古之体，内容却是传奇诗与史诗的结合。阿波罗尼乌斯（Apollonius，活跃于公元前3世纪）的《阿耳戈号航海记》（*Argonautica*）为代表作之一，这部诗长达4卷，约6000行，描述雅宋和阿耳戈号船员的冒险故事。阿波罗尼乌斯的老师卡利马库斯也是史诗的创作者，但他反对长诗。他的史诗《赫卡勒》（*Hekale*）才约1000行，体现了他以史诗叙事的理想。

戏剧仍是希腊化时期大众喜爱的观赏形式。希腊人所到之处，建城必建剧场，以弗所（Ephesus）的剧场能容纳2万多名观众，阿伊·哈努姆遗址的剧场可容纳观众5000人以上，都足以证明戏剧的流行。悲剧除古典时期的剧目继续上演不衰外，新作也在问世，公元前3世纪的

第三章　希腊化时期的文化

亚历山大里亚就活跃着被称为"七名人"(the pleaiad)的悲剧作家。另外有大约60位的悲剧作家名字留传下来,但他们的作品无一幸存。这一时期大获成功的是以米南德(Menander,公元前342—前291年)和菲力门(Philemon,公元前361—前262年)为代表的新喜剧。独立城邦时代的过去,标志着阿里斯多芬政治喜剧时代的结束。但城市生活需要喜剧,有闲阶层需要消闲、取乐、幽默,新喜剧满足了这种世俗需求。新喜剧也以爱情为主题,主要反映社会中上层家庭个人感情纠葛。男主角通常出身富贵,但陷入与妓女的情网,妓女出淤泥而不染,最后证明是富有邻居家早已丢失的女儿,两人可能结婚,结果皆大欢喜。剧中角色个性明确,流于俗套,如顽固的父亲、仁慈的老人、放浪的儿子、聪明的奴隶、吹牛的军人、并不真正坏的妓女等。米南德写过100多本喜剧,其中8本得到头奖,现发现《恨世者》和《萨摩斯女子》两个全本,尚有残篇约4000行留存下来。米南德寓道德教育于喜剧表演之中,作品中的某些语言风趣幽默,比喻形象,富有哲理性,成了警世格言,如"神所爱者不寿"、"滥交败坏善行"、"良心使勇敢的人变成懦夫"、"一切死亡皆由于本身的腐败,所有的伤害皆起自内部"。[①] 菲力门可能是叙拉古人,后来获得雅典公民权,他一生写作97部喜剧,但无一尚存,只有200个以上的残篇留传下来。有两篇特别反映了他对新思想的关注。其一,他将兽性与人性作了比较,认为每种动物只有一种性格,狮子倔强、兔子怯懦、狐狸厚颜无耻,而人却性格各异。其二,他谈到正人君子的含义:正人君子能为不义之事,但却不为不义之事。此中劝善规过、道德感化的含义显而易见。新喜剧一方面反映了对社会政治的冷淡,但另一方面表示了对人生伦理道德的关心,它与当时的哲学倾向是一致的。

拟剧(Mimes)是流行于希腊化时期的类似另外一种喜剧形式。它

---

① 见[美]威尔·杜兰《世界文明史》第七卷《希腊的衰落》,台北幼狮翻译中心编译,(台北)幼狮文化事业公司1978年版,第217—218页。《世界文明史》1998年由东方出版社根据英文原版和台湾中文译本(共38册)修订再版,恢复为英文原版的11卷。《希腊的衰落》一册的内容归入第二卷《希腊的生活》。为保留原译文,本书部分引文出处仍然采用台湾幼狮文化事业公司译本。

以反映社会下层生活为主题，语言粗鄙，格调轻快，是对生活好坏方面的模仿。拟剧表演简单，亦说亦唱，演说队一般仅三四人即可。公元前3世纪时，拟剧成为运动会、节日的正式节目。当时最有名的拟剧作家是前面提到的田园诗人提奥克里图斯。他的故乡西西里是拟剧的发源地，他将拟剧提升到了具有文学价值的高度，为后世留下了《叙拉古妇女》等多部作品。另一杰出的拟剧作家是赫罗达斯，他同提奥克里图斯一样，仔细地观察下层社会，忠实地再现同时代的世态人情，他有7部完整的作品传世，第8部也保留了大部分内容。

史　学

史学相对于古典时期有了新的发展，其标志就是历史研究的扩大，历史体裁的增多及世界史思想的产生。

由于战争、探险、外交出使，特别是希腊—马其顿人统治影响之世界的形成，希腊化时期的历史家能够对各民族、各地区的历史进行直接的了解，系统地整理和接近于真实的描述，从西地中海的西西里、迦太基（Carthage）、罗马，到埃及、巴比伦，再到巴克特里亚、印度，几乎都在历史描述的范围之内。塔罗明尼昂（Tauromenium）人蒂迈欧斯（Timaeus，约公元前356—前260年）曾广游西班牙、高卢（Gaul），然后定居雅典，写成一部关于西西里的《历史》（*Histories*）。此书长达38卷，其中包括在意大利和迦太基发生的历史大事件，他是把罗马包括进希腊历史中的第一人。埃及当地的祭司曼涅托（Manetho，生活于公元前3世纪）用希腊语写了一部3卷本的《埃及史》（*Aegyptiaca*），献给托勒密二世。此书根据埃及象形文字记载，将古埃及到亚历山大征服为止的历史定为30个或31个王朝，奠定了后人编写古埃及史的基本时代序列。巴比伦人贝罗苏斯（Berossus，活跃于公元前3世纪初）也是一位祭司，他用希腊语写了一部《巴比伦史》献给安条克一世，它显然是依据巴比伦当地的楔形文字材料编纂而成，是希腊人了解古代两河流域史的重要资料。阿特米塔城（Artemita）的阿波罗多鲁斯（Apollodorus，约公元前130—前87年）写了一部《帕提亚史》（*Parthika*），至少有4卷，其中涉及巴克特里亚王国及希腊人对印度的征服。阿特米塔城

第三章 希腊化时期的文化

位于底格里斯河以东,阿波罗多鲁斯可能游历过东方,与帕提亚宫廷有过交往。塞琉古王国的麦加斯梯尼(Megasthenes,约公元前350—前290年)于公元前302—前298年受命出使印度的孔雀王朝,著有《印度志》(*Indica*)一书,对印度北部的地理物产、社会政治、风俗民情作了详细的记载。这些史著大多亡佚,但在其后的希腊、罗马作家的著作中仍保留了一些片段和转述。

历史研究对象与范围的扩大,撰史目的的不同,带来了历史著述体例的多样化。除了国别史、地区史和以某一事件为主题的专史外,还出现了城市编年史或年代记、个人回忆录、人物传记、世界性通史,以及区别于政治史的文明史。城市史作为一种体例在希罗多德时即已出现,但只是在这一时期才普遍流行。几乎希腊世界的任何一个较古老地方都有自己的编年史家,甚至拉哥尼亚在公元前3世纪初也产生了博古学家。雅典人菲洛克鲁斯(Philochorus,约公元前340—前261年)编撰的城市史最为著名,成为通行的标准本。回忆录及人物传记的大量出现表明了伟人在历史活动中的关键作用得到重视。亚历山大被同代人视为最伟大、最富传奇色彩的人物,以他的东征为主题的一批回忆录、传记相继问世。最早为亚历山大作传的是随他出征的历史家卡利斯梯尼(Callisthenes,约公元前360—前327年),他因批评亚历山大的东方化政策被迫害致死。他的《亚历山大的功绩》(*Deeds of Alexander*)写到高加米拉战役,其中含有关于人种志、古物及地理学方面的内容。亚历山大死后,其他一些参加过东征的将领纷纷撰写回忆录,甚至托勒密一世也利用亚历山大的行军日志撰写了一部《历史》。这些回忆录虽缺少文采,但却提供了亲身经历的第一手资料。罗马帝国时期的历史家阿里安(Arrian,约公元86/89—146/160年)正是依据这些著作才完成了他的《亚历山大远征记》(*Anabasis of Alexander*)。此外,阿卡亚同盟的首领阿拉图斯、伊庇鲁斯的庇洛士也都写了战争回忆录,这种自我辩解式表功的体例在罗马的凯撒那里达到顶峰。文明史或文化史的创始人是前面提到的麦散那人第凯尔库斯,他的《希腊生活》试图全面介绍从"黄金时代"以来的希腊文化史,这说明史家的注意力开始从单纯的政治史、军事史转向对整体社会史的思考。断代史以一个重要的历史时段作为写作的范围。波里比乌斯（Polybius，约公元前200—前118年）的《历史》（*Histories*）就从第二次布匿战争开始到第三次布匿战争结束，他认为这一时段是罗马征服地中海、"世界"归为一统之时。

波里比乌斯是希腊化时期唯一可与古典时期的希罗多德（Herodotus，约公元前484—前425年）和修昔底德（Thucydides，约公元前460—前400年）鼎足而立的伟大历史家。他出身名门，担任过阿卡亚同盟的骑兵指挥官，后来到罗马做人质16年。曾受命考察过西班牙和非洲，并亲眼见证了迦太基的毁灭。公元前151年获得自由后又亲身经历了祖国的沦亡。阅历丰富、饱经沧桑的一生，使他对历史与现实、命运与机遇感悟尤深。他的《历史》的重要性不仅仅在于40卷的篇幅所包含的史实（现只有5卷完整保存，其余仅剩片段），更重要的是在于它所表达的世界通史思想。他认为必须把世界看作一个有联系的整体，只有把个别地区、民族发生的历史事件放到世界通史中来考察，才能得到正确的结论。因此，他所记述的历史就不仅是罗马的历史，而是他所知道的那个"世界"的历史。

艺　术

艺术是文明内在精神的外在表现。希腊化时期的艺术虽没有发生骤然的变革，基本遵循了古典时期的传统，但艺术的整体面貌还是在潜移默化地发生着变化。

首先，艺术中心逐渐东移且各有特色。帕加马、罗德斯（Rhodes）因纪念性雕塑而著名，亚历山大里亚的艺术家则长于风俗性雕塑，甚至巴克特里亚和印度的希腊人艺术创作热情也丝毫不减，犍陀罗艺术之所以产生，希腊人艺术活动的东移是一决定性的原因。其次，艺术的世俗化、商业化加强。古典时期，宗教是艺术的主题，只有神或半人半神的英雄、获奖的运动员才可成为艺术家创作的对象。而今艺术脱离宗教，艺术创作的范围扩大到社会生活的各个层面。威严的国王与市场老妇同样走进了艺术家的视野，甚至连"命运"、"斗争"、"诽谤"、"正当其时"之类抽象概念也被艺术家赋予了人格形象。过去艺术家的创作动力来自对城邦的热爱和虔诚的宗教感情，现在他们发现自己被有钱有权

第三章 希腊化时期的文化

的国王、大臣和其他统治者所雇用、所左右,创作的政治宗教热情自然让位于对名誉利益的考虑。公元前2世纪以后,由于罗马的需求,希腊艺术的商业化加快了进程。最后,东方艺术因素的注入及二者的结合使希腊化艺术展露出新的生机,但二者的差异是如此之大,以致难以改变希腊化艺术中希腊传统的主流。

雕塑艺术是希腊化艺术的集中体现,可分为纪念性雕塑、风俗性雕塑和人体雕塑三个方面。纪念性雕塑既有群体,如《拉奥孔》(Laocoon)、《帕加马大祭坛》(Great Altar),也有单体,如《萨摩色雷斯的胜利女神》(Victoire de Samothrace)、罗德斯岛的《太阳神巨像》(Colossus of Rhodes),以及给国王等大大小小统治者制作的个人雕像。纪念性雕像大都作为城市建筑的组成部分,起装饰或烘托气氛的作用。纪念性雕塑往往以其规模之大、气势非凡而著名。《太阳神巨像》为铜制,高达34米,其手指一人不能合抱。公元前3世纪前后,艺术家们用12年时间才完成,它被视为古代世界七大奇观之一。《拉奥孔》也是罗德斯岛的艺术杰作,约完成于公元前1世纪中叶。它取材于一个神话故事。特洛伊(Troy)祭司拉奥孔因识破希腊人的木马计而获罪于神,结果他和两个儿子被海神派来的巨蛇缠死。这座雕像表现拉奥孔父子与巨蛇搏斗、痛苦挣扎的情景。这组雕像在16世纪初被发现,对近代西方的艺术产生了直接的影响。帕加马《垂死的高卢人》(Dying Gaul)、《杀妻后自杀的高卢人》(Gaul and His Wife)也是纪念性雕塑的名作,它们生动形象地表现了高卢人临危不惧、慷慨赴死的英雄气概。风俗性雕塑反映了艺术家对社会下层的关注。侏儒、黑人、演员、奴隶、渔人、工匠、士兵、小贩、时髦的男女青年,生活中存在的每一类人、每一个可能想到的人,都会被艺术家赋予艺术生命。其中《市场老妇》(或译《老妇》)堪称现实主义的佳作,它真实地再现了生活中贫苦老人的无奈与凄凉。人体雕塑重在体现人体的力与美,《继业者》(Diadochoi,又称《希腊化时期的统治者》)和《米洛斯的阿芙洛狄特》[Aphrodite of Melos,又称《断臂的维纳斯》(Venus de Milo)]可谓这一时期男女人体美的典型代表。《继业者》的制作是雕塑大师吕西普斯(Lysippus,活动于公元前360—前315年),他一反传统,强调人体的力量、重量和动态、头部形象逼真，充分显示了人物的个性特征，开启了人体雕塑从理想型向个体型的过渡。《米洛斯的阿芙洛狄特》的制作者不详，1820年在米洛斯岛发现。阿芙洛狄特是希腊的美神，关于她的雕像不少，但是这一雕像被公认为是最佳之作。女神像的左、右手臂大多失落，但头部与身躯保持完好，半裸的人体恰到好处地显示了女性的温柔优雅和曲线美，唯表情有点冷漠。近人曾多次试图恢复其手臂，皆因效果不理想而作罢。

希腊化时期的建筑艺术以严肃、实用、谐调、美观为特征。城市有了总体规划，一般呈棋盘状（Hippodamian plan），街道纵横。市场、法庭、会议厅、图书馆、剧场、体育馆、浴室皆有序安排。神庙仍是城市的重要建筑，但失去显赫的地位。建筑风格也起了变化。希腊的柱廊、檐饰传到亚洲，东方的拱门、圆顶、圆顶阁及埃及式或波斯式的柱头则被希腊人采用。多利亚式柱头也因过于单调大有被科林斯式柱头取代之势。建筑物比过去注重外表装饰，但并不像埃及、巴比伦人那样追求形式的宏大。这时最宏伟的建筑应是亚历山大里亚港的法罗斯灯塔（约公元前279年建成），塔高120米，其上有金属镜反射火光，远在60公里以外的船只都可以看到，它也是古代七大奇观之一。

绘画艺术由于装饰的需要而得到发展，画家们已知道透视、远近、光线、构图等绘画要素。像他们同代的雕塑家一样，他们也乐于对平凡的人、平凡的生活不惜笔墨。由于岁月的冲刷，他们的原作已难以见到，但从维苏威火山灰下所发现的罗马时代仿制品，也足以看出当时绘画艺术的特色。希腊神话传奇仍是绘画的主题之一（如尚存的仿制品《阿尔多布兰地尼的婚礼》，*Aldobrandini Wedding*），而表现大流士与亚历山大战场相逢的《伊苏斯之战》则反映了画师对现实题材的敏感。这是我们今天能看到的唯一有关亚历山大的绘画，尽管它已是原作的镶嵌画摹本。

第二编 制度重建

第四章　希腊化时期的君主制统治

公元前4世纪后期，以马其顿国王亚历山大率领希腊联军东侵波斯为起点（公元前334年），古希腊的历史进入了一个新阶段，即对外扩张征服的新阶段。短短10年间，亚历山大就在东起印度河，西到尼罗河、巴尔干的欧、亚、非三洲之地建起了希腊—马其顿人的帝国统治。尽管他的帝国昙花一现，他死之后（公元前323年）即告分裂，但他的后继者在此基础上建立起来的各个王国却继续了这种统治。它们是占据埃及的托勒密王国，以叙利亚为统治重心的塞琉古王国，以马其顿本土为中心的马其顿王国，还有随后从塞琉古王国中分离出来的小亚帕加马王国、中亚巴克特里亚王国等。这些王国存在的时间或长或短，大都延续到公元前2世纪到公元前1世纪。存在时间最长的是托勒密王国，直到公元前30年才落入罗马之手。这就是近代史家所称的"希腊化时期"和"希腊化国家"。

希腊化时期的帝国和王国是亚历山大及其继承者在个人征服、争夺的基础上建立起来的，无疑属于一人为王的君主制，但是这种君主制与出征前的马其顿王权和东方的君主制传统毕竟有着明显的不同。首先，这种君主制主要建立在对异族的统治之上。它们的统治基础是为数很少的希腊—马其顿人，它们的统治对象是被征服地的民族和人民。特殊的统治环境决定了特殊的统治方式。

其次，这种君主制是多元因素的产物。具有军事民主制遗风的马其顿王权，精神虽亡、躯壳犹在的希腊城邦政制，较为完善的、积有两千年传统的东方君主制,这三种因素不可避免地碰撞交汇在一起。诚然,就具体的统治政策、统治形式而言,亚历山大帝国与各后继者的王国由于统治对象、范围、地域的不同,会呈现各自的特色,但从整体上看,它们都具有共同的特征,都属于希腊化时期的君主制这个范畴。本文试图通过对这一时期君主制统治的几个方面和特征的分析,来揭示其发展演变之概貌。

第一节 王权神化与王朝崇拜

王权神化和王朝崇拜是希腊化时期君主制的一大特色。它的出现有其深刻的历史根源。

王权神化的观念在埃及、波斯、巴比伦早已有之。在埃及,法老通常被视为神的化身、神的后裔[如太阳神"拉之子"(Son of Ra or Re)、"阿蒙之子"]。波斯国王大流士一世在贝希斯顿铭文(Behistun Inscription)中称他的即位是伊朗主神阿胡拉·马兹达的意旨。[①] 古巴比伦国王汉谟拉比(Hammurabi,公元前1792—前1750年)在其法典中把自己的统治说成是马尔都克、恩利尔(Enlil)诸神的安排,宣称自己是"众王之神"[②]。他们都认为自己的权力来源于神,自己的统治秉承神的意旨。这种观念在东方已根深蒂固,有助于国王个人权力的增强与王朝世袭统治的延续。亚历山大及其继承者在这些地区建国为王后,接受、利用这种观念和种种对国王的崇拜形式是必然的,也是统治异族,特别是统治具有这种传统的民族所必需的。

但是,希腊—马其顿人对这种观念与形式并非猝然临之,而是有思想基础的。按照希腊人的观点,人和神非常接近。神人同形同性,神除了永生不死之外与人没有太大的区别,实际上是最完善的"人"。因此,在古典时代就出现了给伟人以"神"的荣誉或称号的现象。斯巴达

---

① 周一良、吴于廑主编:《世界通史资料选辑》(上古部分),商务印书馆1974年版,第117页。

② 同上书,第59—62页。

第四章　希腊化时期的君主制统治

的统帅吕山德，①马其顿国王腓力二世，②叙拉古的僭主狄奥尼修斯和狄昂（Dion，公元前 357—前 354 年），③都曾被给予神的光荣。这种思想在公元前 4 世纪希腊哲学家的笔下也有所反映。亚里士多德就认为：如果一个人的美德和政治能力出类拔萃，那这个人就可以理所当然地被看作"人中之神"④。活动于希腊化初期的一位哲学家的观点更为明确：诸神实际上是过去的统治者。他们是由于在人间的功绩而成为神。言外之意就是，如果诸神起初不过是强有力的国王或征服者，那么把自己时代的伟大统治者承认为神也是应该的。⑤ 这些观念与思想为王权神化、王朝崇拜的建立铺平了道路。

马其顿虽无国王崇拜的先例，但也有向此发展的趋向。亚历山大及其父亲腓力二世都认为他们的祖先"来自宙斯"，他们是赫拉克勒斯的后代。⑥ 公元前 336 年在女儿的婚宴上，腓力要人们像崇拜奥林帕斯山上的十二位神那样崇拜他。⑦

由此看来，王权神化、王朝崇拜不仅仅是受了东方的影响，希腊的神人同形同性观念，马其顿的王族神裔传统也起了重要的作用。

这一时期的国王神化与崇拜始于亚历山大。亚历山大自以为超凡脱俗，坚信自己是神的后裔。在埃及，他坚持要到西瓦绿州（Siwa Oasis）拜访那里的阿蒙神庙，要从当地祭司那里得到他期望的那种回答，即宣

---

① Plutarch, *Lysander*, 18, with an English translation by Bernadotte Perrin, Cambridge, Mass.: Harvard University Press, 1986.

② N. G. L. Hammond, *A History of Greece to 322 BC*, 2nd ed., Oxford: Oxford University Press, 1984, p. 560.

③ Plutarch, *Dion*, 29; S. A. Cook, F. E. Adcock, and M. P. Charlesworth, eds., *The Cambridge Ancient History*, Vol. Ⅶ: *The Hellenistic Monarchies and the Rise of Rome*, Cambridge: The University Press, 1928, p. 13.

④ Aristotle, *Politics*, 1284a, with an English translation by H. Rackham, Cambridge: Harvard University Press, 1959.

⑤ M. M. Austin, *The Hellenistic World from Alexander to the Roman Conquest: A Selection of Ancient Sources in Translation*, 1st ed., No. 38, Cambridge/New York: Cambridge University Press, 1981；（此书是关于希腊化时期的重要史料选［英译］，所辑史料以序号排列。引文所注为序号，非页码。）N. G. L. Hammond and Scullard eds., *The Oxford Classical Dictionary*, 2nd edition, Oxford: Clarendon Press, 1964, "Euhemerus" 词条。

⑥ N. G. L. Hammond, *A History of Greece to 322 B. C.*, p. 576.

⑦ R. L. Fox, *Alexander the Great*, London: Futura Publications Limited, 1975, p. 20.

第二编 制度重建

布他是阿蒙之子，或宙斯之子，结果他如愿以偿。① 既然是神，就要享受神的尊严，所以在公元前330年灭亡波斯后，亚历山大就迫不及待地要求人们向他行匍匐礼，对他顶礼膜拜，"因为他认为他的父亲不再是腓力，而是阿蒙了"②。这种要求遭到多数马其顿人的反对，但也有人迎合他的心意。阿那克萨卡斯就认为马其顿人把自己的国王当作神崇拜天经地义，并主张与其死后奉他为神，还不如趁他活着时照此行之。他的主张不几年就变成了现实。公元前324年春，亚历山大给希腊各邦下令，要求它们给他以神的荣誉。希腊城邦无可奈何，第二年就派使者"像拜见神一样"戴着花冠去见亚历山大。③

国王崇拜的第二步是希腊城市迈出的。希腊城市通常都给城市的建立者以"神"或半人半神的"英雄"的称号，并为其设立崇拜（包括场所、仪式、雕像等）。当亚历山大作为"解放者"踏上亚洲大地时，当后来各个王国为拉拢希腊人城邦而竞相宣布恢复其自治与自由时，当大批的新城市由国王出资募人建立时，诸国王自然就被城市视为"施恩者"，作为报答，就依惯例为这些国王建立崇拜，此为城市崇拜（city-cult）。除亚历山大外，后继者中最早受到城市崇拜的是安提柯一世（约公元前311年）。④ 其后，托勒密一世、安提柯之子德米特里都分别从罗德斯（公元前305年）、雅典（公元前307年）得到了"救主"的称号，雅典甚至把德米特里看作"既非木雕，也非石刻，而是真正的随处可见的神"⑤。

既然国王崇拜在当地人中，在希腊—马其顿人的城市中，有如此深厚的土壤，统治者何乐而不利用呢？公元前3世纪初，由国王出面倡导推行的国王崇拜（ruler cult）与王朝崇拜（dynasty cult）出现了。这方面托勒密王朝发展最快。它首先为亚历山大建立正式的崇拜。亚历山大死后，托勒密一世将他的灵柩设法弄到埃及，先置于孟斐斯（Memphis），后移到亚历山大里亚。大约于公元前290—前285年间，在此为

---

① 参见 Arrian, *Anabasis of Alexander*, 3.3–4. Strabo, *Geography*, 17.1.43。
② Arrian, *Anabasis of Alexander*, 4.9.
③ Arrian, *Anabasis of Alexander*, 4.10, 7.23.
④ M. Cary, *A History of the Greek World from 323–146 B.C.*, p.309.
⑤ M. M. Austin, *The Hellenistic World from Alexander to the Roman Conquest*, 1981, No.35.

第四章 希腊化时期的君主制统治

亚历山大设立官方崇拜，有专门的祭所与祭司，其意图显然是要借崇拜亚历山大证明自己比其他后继者更有资格继承整个帝国，同时也为后代崇拜自己开创了先例。公元前283年，托勒密一世死，其子托勒密二世马上宣布他的父亲是一位神。其母死后（公元前279年），他就为双亲建一神庙，尊他们为保护神，并设立四年一度的"托勒密亚大节"（the Ptolemaieia）以示纪念。埃及等地有把国王与其他传统神放在同一神庙供奉的惯例，这也影响了托勒密王朝。托勒密二世对死后为神仍不满足，于是在公元前272—前271年宣布自己和姐姐、王后阿尔西诺（Arsinoe II，约公元前305—前248年）为"姐弟神"，并把对他们二人的崇拜加到亚历山大的庙中①。这是对活着的君主崇拜的开始。塞琉古王国的王朝崇拜始于安条克一世，他宣布死去的父亲塞琉古为神，称其为"征服者宙斯"，并为其建立神庙，但此仅为私人崇拜，真正为他本人及祖先建立国家崇拜的是安条克三世。可能在公元前193——前192年，他在全国补加了对王后劳狄西（Laodice III，约公元前222—前191年）的崇拜，要求各行省各城市像对他一样，为王后的崇拜设立女祭司。② 帕加马的情况有所不同，阿塔利朝（Attalid dynasty）的国王生前也受崇拜，但只有死后才能称为神。值得注意的是阿塔卢斯一世的王后生前被尊为"虔诚者"，泰俄斯（Teos）城甚至为她建立神庙，设立专门的祭司。③ 马其顿王国受东方影响较少。马其顿人虽未把国王当作神来崇拜，但也把国王与神联系起来，在他们的钱币上，潘神（Pan）的头像具有安提柯二世的特征。④ 而且在马其顿统治下的卡桑德雷亚城，仍出现了对国王的崇拜，尽管在马其顿，国王还并没有被当作神来看待。⑤ 至于远在东方的巴克特里亚，我们对其了解不多，但从现今发现

---

① F. W. Walbank, A. E. Astin, M. W. Frederiksen & R. M. Ogilvie, eds., *The Cambridge Ancient History*, Vol. VII, Part I: *The Hellenistic World*, 1984, p. 97.

② M. M. Austin, *The Hellenistic World from Alexander to the Roman Conquest*, 1981, No. 158.

③ F. W. Walbank, *The Hellenistic World*, p. 217.

④ F. W. Walbank, A. E. Astin, M. W. Frederiksen & R. M. Ogilvie, eds., *The Cambridge Ancient History*, Vol. VII, Part I: *The Hellenistic World*, 1984, p. 86.

⑤ S. A. Cook, F. E. Adcock, and M. P. Charlesworth, eds., *The Cambridge Ancient History*, Vol. VII: *The Hellenistic Monarchies and the Rise of Rome*, 1928, p. 202.

的钱币图案上也能看出国王神化的倾向。这个王朝把宙斯看作他们的保护神，有些钱币的正面是国王的头像，反面就是宙斯。与托勒密朝和塞琉古朝一样，国王们也在自己的名字上缀以各种名号，如"救主"、"征服者"等。①

王权神化、王朝崇拜各地不一，主要表现如下。

（1）建立神庙，设立专职祭司，举行庆典。除了在当地的神庙或传统的希腊神（如酒神狄奥尼苏斯）庙中分享供奉外，不少国王为先王、为自己及王后在首都或全国建立神庙。神庙中奉有国王的雕像，有祭坛，有专门或兼职的男女祭司分别主管对国王与王后的祭拜事宜。祭拜的时间因地因人而异，有月祭、年祭，还有四年一祭的；祭拜有时与酒神大节一起举行，有的还同时举行音乐、诗歌竞赛或运动会，有时还举行盛大的游行。② 祭司的社会地位很高，一般由国王任命。塞琉古王国的男、女高级祭司由国王的亲属担任。安条克三世的女儿劳狄西就被任命为几个行省的女祭司长。③ 这些祭司还具有名年官的性质。他们的名字出现在神庙公告和商业契约中，④ 用以标明时间或以示庄重。

（2）给崇拜对象各种崇拜名号。这些名号或由崇拜者根据国王或王后的恩典、功绩赠予，或由国王自封。一般常见的尊号有：征服者（Nicator）、救主（Soter）、恩人（Euergetes）、神显者（Epiphanes）、伟大者（Megas）、神（Theos）。有些名称表达了与家庭成员的关系，如爱父者（Philopator）、爱母者（Philometor）、爱姐者（Philadelphus，托勒密二世专用）、姐弟神（Theoi Adelphoi）等。有些表明国王具有传统神的身份，如塞琉古·宙斯（Seleucus Zeus）、安条克·阿波罗（Antiochus Apollo）、新酒神（New Dionysus）。还有个别的只能算作绰号，如"Tryphon"可能是"贪吃者"。安提柯二世的名字"贡那特"（Gonatas），可能是"膝内弯的或八字脚的（knock-kneed）"或"首先出生

---

① A. K. Narain, *The Indo-Greeks*, pp. 17–18, plates I–V.
② M. M. Austin, *The Hellenistic World from Alexander to the Roman Conquest*, 1981, No. 219.
③ Ibid., No. 158.
④ Ibid., No. 227, 158.

第四章　希腊化时期的君主制统治

的"意思。① 这些名称的创造与接受都取决于国王的意愿。较长一段时间内，官方文件中只对死去的国王使用名号，但后来到托勒密八世（Ptolemy Ⅷ Euergetes Ⅱ，约公元前182—前116年）和安条克四世时，打破了这一惯例，名号与名字同时使用，实则成了名字的一部分。②

（3）以国王或王后的名字命名城市。此举也是亚历山大为始。他在东征路上，建立了约20个以他名字命名的亚历山大里亚，③ 此后各国王仿而效之。托勒密朝建城不多，只在上埃及建立了托勒迈斯城（托勒密一世建）。塞琉古王朝建城最多，其王国中最主要的城市也就是以王朝命名的城市，如其首都安条克（塞琉古一世建，以其父命名），具有东都地位的塞琉西亚（塞琉古一世建，以己命名）和以塞琉古一世母后与王后名字命名的城市劳狄西亚、阿帕米亚。④ 曾在马其顿称王的卡桑德也建了同名城市卡桑德雷亚。同名城市的建立可使国王或王后作为建城的英雄或神受到习惯上的崇拜，从而推动了王朝崇拜的普及深入。

（4）王权神化是王朝崇拜的前提，只有王的神化，才能谈到对他的崇拜。因此希腊化时期的君主们总是要将自己、家族与某些希腊神祇联系在一起。像亚历山大一样，托勒密王朝诸王主要把自己看作是赫拉克勒斯、狄奥尼苏斯的后裔。⑤ 此外，他们还把20个可以肯定的神和15个不确定的神与己等同。⑥ 塞琉古朝将阿波罗神奉为保护神、祖先。⑦ 安提柯王朝强调和原马其顿王族的亲缘关系，也把赫拉克勒斯作为祖先。帕加马王朝把狄奥尼苏斯作为他们的保护神。既然国王是神，那就

---

① "Gonatas"一词意义不明，塔恩提供了两种可能的解释，一是首先出生的，"first born"，二是膝内弯的，八字脚，"knock-kneed"。详见 W. W. Tarn, *Antigonos Gonatas*, Oxford: Clarendon Press, 1913, p. 13。

② 参见 V. Ehrenberg, *The Greek State*, Oxford: Blackwell, 1960, pp. 174—175。

③ 关于亚历山大建城数目，说法各异。此取沃尔班克和塔恩的观点。见 F. W. Walbank, *The Hellenistic World*, 1981, p. 43; W. W. Tarn, *Alexander the Great*, Vol. 1, p. 133。

④ M. M. Austin, *The Hellenistic World from Alexander to the Roman Conquest: A Selection of Ancient Sources in Translation*, 1981, No. 174。

⑤ Ibid., No. 221。

⑥ F. W. Walbank, A. E. Astin, M. W. Frederiksen & R. M. Ogilvie, eds., *The Cambridge Ancient History*, Vol. Ⅶ, Part Ⅰ: *The Hellenistic World*, 1984, p. 86。

⑦ 据说塞琉古是阿波罗之子。他的大腿上有一块胎记，形状像阿波罗的标志"锚"。见 F. W. Walbank, *The Hellenistic World*, 1981, p. 221。

要与神同列或取代神的位置。根据古希腊城邦传统，只有神像才铸于钱币，而今，王像与神像正反各占一面，或取代了神像。钱币是流通之物，这就促使人们自然而然地把神与王联系起来，从而潜移默化地宣传了王的神性。

王权神化、王朝崇拜给亚历山大及其后继者的统治披上了合法的外衣和神圣的光圈。他们不仅自称是神的后裔，而且把自己看作埃及法老和波斯、巴比伦国王的当然继承人。既然原来的法老、国王是地方神的化身，那作为继承者的他们也就会获得当地神的神性。亚历山大被宣布为阿蒙之子，托勒密朝的国王与王后以"共居者"的身份出现在埃及人的神庙①，托勒密五世到埃及人神庙行法老式的加冕礼②，都表明王权神化、国王崇拜适应了统治环境的需要，从而缩短了征服者与被征服者的距离，促进了当地上层祭司的归顺与合流。

王权神化、王朝崇拜加强了城市与国王的联系。王朝崇拜源于城市崇拜。尽管这种崇拜有的是自发的，有的是被迫的，有的是按惯例而行之，但它毕竟在国王与城市间增添了联系的纽带，从而当王朝崇拜从宫廷自上而下发起后，各地各类城市都能程度不同地接受，也必须接受，这就加深了城市对国王的附属程度。

王朝崇拜的建立也有助于希腊—马其顿人的稳定。一方面，国王的神化、崇拜的设立，增强了他们对国王的向心力与凝聚力，尽管传统观念使他们只把国王视为"像神的"人，而不会将其看作永生不死的神。另一方面，神庙、崇拜需要管理，需要祭司，这就可使国王的一部分亲属、"朋友"（第三节将详细讨论）得到尊贵的荣誉与职位，这也有利于统治基础的巩固与扩大。

第二节 王朝统治与君主专权

希腊化时期君主制统治的第二个特点是，亚历山大及其后继者以异

---

① V. Ehrenberg, *The Greek State*, p. 173.
② M. M. Austin, *The Hellenistic World from Alexander to the Roman Conquest: A Selection of Ancient Sources in Translation*, 1981, No. 227.

第四章　希腊化时期的君主制统治

族统治者的身份君临征服之地。他们表面上保持了马其顿王权的遗风，尊重希腊城邦制度的某些形式，但实际上却在吸收、利用原有统治机制因素的基础上，竭力加强王权，维持王朝统治。

在亚历山大及其后继者看来，他们对征服之地的统治理所当然，因为这是他们用长矛打出的天下。亚历山大与埃及、波斯、巴比伦的古老王朝绝无关系，但他每到一地，都自称是当地王朝的当然继承人。托勒密、塞琉古、安提柯等所谓亚历山大的继承者，与亚历山大也无直接的血缘关系，但都认为自己最有资格接收、继承他的帝国。在亚历山大的遗腹子被杀后，也都认为自己最有权力据地称王。征服即是一切，打下天下坐天下，这就是亚历山大及其继承者的逻辑。后来拜占庭（Byzantium）学者编纂的"苏达辞书"在阐释"君主制"（Monarchy）一词时，就以亚历山大之子失位，其部将称王为例说明：君主制既非王裔也非正统，而是由指挥军队和处理国事的能力决定。[①]托勒密等骄兵悍将，就是凭自己的能力与实力，以"最强者"[②]自居，夺得一块地盘，建立起王朝统治（建于公元前306—前304年）。当然，这些王朝的建立与维持并非一帆风顺，在公元前280年前后，三足鼎立局面才最后形成。

这些王朝的统治对象主要是异族人（安提柯王朝也有统治非马其顿人的问题）。在如此广袤的国度里，在如此民族众多、社会发展不平衡的环境内，在当地人与当地传统的汪洋大海内如何进行有效的统治，是诸希腊化王朝面临的首要难题。在这样的国家内，他们所能依靠的只能是武力的征服、强制的统治，而这样的征服、统治又只能依靠为数不多的希腊—马其顿人进行，因为亚历山大利用当地人的民族混合政策已被目光短浅的部将们抛弃了。统治基础薄弱是各王朝的最大症结所在。

然而，统治基础的薄弱并不意味着统治的放松。相反，各王朝都根

[①] M. M. Austin, *The Hellenistic World from Alexander to the Roman Conquest: A Selection of Ancient Sources in Translation*, 1981, No. 37.

[②] 据说，亚历山大临死时有人问，将把王国留给谁，他回答："给最强者"。Arrian, *Anabasis of Alexander*, 7.26.3. Diodorus Siculus, *Library of History*, 17.117.4（"to the strongest"），c. f. 18.1.4（"to the best man"）. 参见 R. L. Fox, *Alexander the Great*, p.471。

第二编 制度重建

据特殊的统治环境,强化了王权。第一节中论及的王权神化、王朝崇拜即是手段之一。

诚然,与亚历山大东征时相比,各希腊化王朝确有一种返璞归真的表象。他们放弃了亚历山大采用波斯礼仪、服饰等做法,宫廷生活简朴,盛行马其顿式服装。国王的标志是王冠(头带)、紫袍、继自马其顿阿基德王朝的权杖、戒指印章。宫廷礼仪较前简单,诸国王都不要求臣民行匍匐礼,也不要求他们唯唯诺诺地讲话。国王发布命令的口气较和缓,对希腊人城市尤以礼相待。但实际上,他们在千方百计地加强个人的权力。按照马其顿的传统,王的权力受战士议会的限制,王位继承要经过战士会议的选举批准,涉及叛逆罪的案件要由战士会议审判。在亚历山大东征时,还能看到"战友"(Companions)对他的某些行动的反对和马其顿军队对他的制约。① 但这样的例子在这几个王朝中几乎见不到了。即使在人民权力尚存,战士会议仍能发挥一点作用的马其顿王国,安提柯王朝即是国家也得到了承认。不刻意于形式上的顺从,追求实际的统治,是希腊化诸王朝的一大特点。

具体来说,国王们主要在这几方面加强了控制。

(1)行政立法权。国王是国家的人格化,国王的意旨就是法律,这是诸希腊化王国的臣民必须接受的现实。塞琉古一世就直截了当地告诉他治下的马其顿人,"国王不论决定了什么都永远正确"②。国王的旨意转变为法律主要通过王室法令与国王信件两条途径。王室法令以各种名目的文件下达,通常用第三人称。这些文件中最常见的形式是 Diagramma 和 Prostagma。Diagramma 似乎是由国王或其他某些中央机关发布的法令。Prostagma 是托勒密王朝最普通的立法形式,但也用于管理措施和审判决定。信件(epistole)一般在处理与希腊城市的关系时使用,用第一人称,有发信者与接收者,口气礼貌、委婉,有时也写给总督。这是比较随便的一种立法形式。Prostagma 通常也用书信方式发出。③ 以王室文件形式公布的法律对全国各地都具有效力,而以信件形

---

① 参见 Arrian, *Anabasis of Alexander*, 3.26; 6.10-12; 5.25-29。
② V. Ehrenberg, *The Greek State*, pp.177-178.
③ Ibid., p.165.

第四章 希腊化时期的君主制统治

式表达的指示可能只适应于具体的接受者。不管用哪一种方式，表达的都是国王的意愿，都是必须遵守的法律。

由于东方的希腊化王国至少存在着两个以上的民族，各民族原来都有自己的成文法律和习惯法，托勒密王朝与塞琉古王朝允许不同法律存在，但监督其实施，即保证任何民族的法律都服从国王的法律。以埃及为例，当地埃及人、希腊—马其顿人、犹太人都可根据本民族的法律在自己的法庭解决他们内部的纠纷，但王室法官拥有对两个民族的审判权，他们巡回各地判案。国王既是国家行政首脑，又掌最高司法权，对他来说，行政、司法实则为一。因此行政命令既成为法律，也侵犯法律，一切为了国王的利益。托勒密二世认为一些法律辩护人在承办一财务案时损害了自己的利益，就指示财务大臣阿波罗尼乌斯对那些辩护人处以双倍罚款，禁止他们以后再参与这类案子的辩护。①

（2）军队统率权。军队是任何王朝得以建立并维持其统治的主要工具。靠军队起家的诸国王深知军队的向背与其政权存亡的关系，因此从建国之日起，就从未放松对军队的控制。而且诸王国的争斗，被征服地人民的起义，地方王公的叛离，以及外来游牧民族的压力，都迫使诸国王采取措施，保持一支听命于他的、召之能战的军队。第一，希腊—马其顿人仍是军队的主力，他们组成王室卫队、方阵兵、骑兵和轻装步兵、海军以及警察部队。为使他们既保持军队建制，又减轻国家负担，还能防范地方，就采取军屯的方法，给屯防兵每人一份土地，作为服役的报酬。份地可以世袭，但以服役为条件。在埃及，屯防兵单独经营份地。在塞琉古和帕加马，则建立军事移民地。第二，为了弥补兵员不足，或许也为了拉拢当地人，公元前3世纪以后，当地人也加入军队。公元前217年拉菲亚战役（Battle of Raphia）时，托勒密朝军队中的1/3是埃及人与利比亚人。塞琉古军队中几乎一半是亚洲人。② 第三，利用雇佣军。这是诸王国军队的重要补充力量。雇佣兵耗费虽大，但战斗力

---

① F. W. Walbank, *The Hellenistic World*, 1981, p. 114.

② V. Ehrenberg, *The Greek State*, p. 225.

强，机动性大，边境要塞、重要城市、国外领地主要由雇佣兵驻守。就是在王室卫队中，也可能包括雇佣军。第四，提高军队将领的地位。托勒密王朝各州的将军起初可能只管军事，但后来权力扩及行政、司法，取代了以前的州长。塞琉古的将军也兼管司法，[①] 马其顿的将军被任命为总督，控制希腊的城市。国王们试图通过这些手段，将军队牢牢地掌握在自己手中。

（3）经济剥夺权。经济是庞大的国家官僚机器正常运转的保证。既然国家是国王的私产，所有臣民也就是他的奴仆。虽然各王朝对经济的控制手段、程度不一，但"普天之下，莫非王土；率土之滨，莫非王臣"，的确也是它们，尤其是托勒密王朝的真实反映。全国土地法理上都归国王所有，一般分为王室领地和转让地两大类。王室领土，也叫王田，由国王直接经营，由称为"劳伊"的王田农夫耕种。他们被固着在土地上，不能随便离开。在埃及，王田的一切生产过程，从种植到收获、加工，都受国王官吏的安排与监督。王田农夫要交纳一定的租税。埃及是定量交纳，连租带税达收成的50%以上。[②] 塞琉古王国是按收成的十分之一交纳。[③] 转让地的最终所有权仍归国王，只是暂时让他人使用，主要有庙田（也叫神田）、赐田、军人份地三类。

国王对经济的控制主要通过税收的形式进行。在埃及，除土地税与人头税外，还有牲畜税、园圃税、产品加工税、出售税、城市过境税、手工制造税、渔猎税，还有建筑堤坝、桥梁、道路和运河等捐税。税收多如牛毛，无孔不入，种类达200种以上。甚至一人想去捕鱼，在得到允许后，还须一官员监督，以保证25%的鱼转到国王手中。[④] 由于税收复杂繁重，托勒密王朝创立了包税制度，让包税商代替国王收税。国王是全国最大的地主，也是最大的商人和手工业主。他们利用国家权力实行严格的整断制度。油料、纺织、纸草、矿井、

---

① V. Ehrenberg, *The Greek State*, p. 219.
② F. W. Walbank, *The Hellenistic World*, 1981, p. 110.
③ G. W. Botsford and C. A. Robinson, *Hellenic History*, New York: The Macmillan Company, 1947, p. 330.
④ Ibid., pp. 324, 317.

第四章 希腊化时期的君主制统治

盐、钱庄等都由国王垄断。染料、皮毛、化妆品、玻璃、陶器、酿酒等行业都得由国王发特许证，或由国王直接经营。国王还控制了对外贸易与海关，关税率达 50%。① 商品的进出口都以国王的需要而定，如为保持自己对油料的垄断，油料的进口就受到禁止。塞琉古朝的税收相对轻一些，其税收来源除土地税外，主要包括商业税、港口税、矿山开采税。城市也要交纳税或贡金。各王朝还掌握造币权，这无形中加强了对经济活动的控制。总之，希腊化王朝，特别是托勒密王朝，对经济的控制与剥夺几乎达到无以复加的地步。托勒密王朝的一个财务官在对其下属的指示中就明确说："无人被允许为所欲为，一切都安排得最好。"② 这种经济严控政策的目的显然不是刺激、鼓励生产，而是最大限度地剥夺占有。

（4）神庙监督权。在素有王权神化传统的埃及与西亚，神庙祭司阶层、神庙经济在社会生活中具有重要的地位。如何利用它们，是从亚历山大开始的诸希腊—马其顿君主面临的又一问题。从总体上看，他们都采取了拉拢、控制、利用的手段。亚历山大拜访阿蒙神庙，在规划亚历山大里亚城时不忘给埃及女神埃西斯建庙，他的部将称王以后对当地神庙尊重，甚至为地方神建庙，创立对地方神的崇拜，如托勒密朝创立的萨拉皮斯（Sarapis）崇拜，都是对地方宗教势力的拉拢。但这种笼络是有限度的，而且笼络是为了更好地控制。诸国王一般都限制当地神庙祭司的特权，剥夺或限制神庙的土地。埃及把神庙土地全部收归国有，即使是留给或赐给神庙的土地，也要按常规纳税。祭司就位时要交纳授职费。祭司们每年还要到亚历山大里亚觐见国王，可能要献厚礼。③ 塞琉古朝"对待神庙的土地就像对待他自己的一样"④，除留给神庙足以供养自己的土地外，其余皆归于国王。⑤ 埃及国王们还以神的全权代理人身

---

① V. Ehrenberg, *The Greek State*, p. 233.
② M. M. Austin, *The Hellenistic World from Alexander to the Roman Conquest: A Selection of Ancient Sources in Translation*, 1981, No. 256.
③ Ibid., No. 227 & n. 13.
④ F. W. Walbank, *The Hellenistic World*, 1981, p. 130.
⑤ W. W. Tarn, *Hellenistic Civilisation*, 3rd ed., revised by the author and G. T. Griffith, London: Edward Arnold (Publishers) Ltd., 1952, p. 140.

第二编 制度重建

份直接插手宗教事务，参加宗教活动，决定宗教会议召开的时间、地点及议程，并委托行政机关对会议进行监视。同时在神庙中派驻官员（称 epistatai），监督神庙的管理。至于由国王自己设立的王朝崇拜，其祭司由国王任命，更是在国王的掌握之下。当然，这是王朝强盛时的情况。一旦王朝衰落，神庙就设法恢复失去的特权，这从罗塞塔石碑上反映得最清楚。[①]

（5）城市制约权。城市是希腊—马其顿人的居住地，也是诸希腊化王朝政治、经济、文化中心。它们对异族、对各地的统治主要是通过这些城市的辐射作用而进行的。因此，控制、利用它们对王朝统治尤为重要。当时各王朝控制下的希腊式城市有三类：一类是希腊大陆及爱琴海的原希腊城邦；另一类是小亚沿岸被亚历山大"解放"的城市；还有一类是希腊化国王新建或扩建的城市。这些城市一般都保持城邦制度的外壳，有议事会、行政官吏和公民大会。城市有自己的土地，国王有时还赠予土地。它们仍被称为"polis"，但实际上已失去独立城邦的意义。第一，不管新老城市，都必须向国王纳税或纳贡，有时还要提供兵员。第二，为了保证城市的俯首听命，保证王朝政令的贯彻执行，国王往往在城市派驻卫戍部队和国王代表或总督。这些王室官员干涉城市事务，有的甚至就是城市名副其实的首脑。像帕加马城就有国王任命的五位将军。他们掌握城市的最高权力，有权对城市官员施以法律制裁和罚款。[②] 在马其顿的帖撒罗尼卡城，未经总督同意，不能动用萨拉皮斯神庙的收入。[③] 在萨摩色雷斯（Samothrace），只有国王及总督才有权决定小麦的进口，总督对城市土地分配有最后决定权。[④] 第三，国王直接或通过总督向城市发号施令，视其为统治下的一个行政单位。虽然国王对城市的指令用信件发出，比较客气，但国王的命令必须执行。城市的法令常依国王信件指示而定，国王信件要在公民

---

① M. M. Austin, *The Hellenistic World from Alexander to the Roman Conquest: A Selection of Ancient Sources in Translation*, 1981, No. 231, 227.

② Ibid., No. 216.

③ F. W. Walbank, *The Hellenistic World*, 1981, p. 86.

④ S. A. Cook, F. E. Adcock, and M. P. Charlesworth, eds., *The Cambridge Ancient History*, Vol. Ⅶ: *The Hellenistic Monarchies and the Rise of Rome*, 1928, p. 128.

第四章 希腊化时期的君主制统治

大会上宣读或刻石公布。即便是城市自己制定的法律也要经国王同意后方可执行。① 国王的宫廷官员也时常干预城邦内部事务,在卡瑞亚(Caria)的卡林达(Calynda)城,有两人直接或间接向埃及财务大臣求助,请他向地方当局施加压力,解决个人诉求。② 第四,国王还介入城市之间与城市内部之纠纷。当两城市发生纠纷时,国王任命第三个城市去仲裁;当一城市内部发生纠纷时,国王派另一城市的审判团去仲裁。塞琉古王朝可能还在城市派有王室法庭。③ 国王法庭是最高的上诉机构,特殊情况由国王亲自裁决。这种外来法官的引入,既保证了城市间和城市内部的和谐,又维持了王朝内部的统治秩序。最后,国王剥夺了城市的外交权。虽然有的城市之间仍交换使者,委托代理人,或把公民权给予他人,但它已非独立城邦,它的外交权已被凌驾于其上的王朝代替了。虽然各个王朝对城市的控制程度不同,而且新老城市之间对国王的顺从关系也有差别,但在王权的高压之下,希腊式的城邦完成了向希腊化城市的过渡。

国王权力的强化还体现在对贵族势力的削弱与地方控制网络的建立。由于长期的战争,马其顿强有力的贵族大多葬身沙场,个别获胜者也就成了国王。老一代的贵族势力不可能对新一代的国王构成威胁。埃及的贵族在法老时代就已摧毁,曾受到亚历山大重用的波斯贵族,到他死时也所剩无几,而且亚历山大的继承者们都放弃了重用东方人的政策。东方的地方贵族、小王公即使存在,也只能成为新王朝的藩属或封臣。他们在封地可能行使着绝对的权力,但他们平时要纳贡,战时要出征,要听命于国王。在这种情况下,这批新国王就可以摆脱传统的贵族势力的制约,强化个人的权力。就是在古风犹存的马其顿王国,国王的专制权力也在不断膨胀。诸希腊化国王对地方的控制基本沿袭着旧王朝的传统。埃及仍被分为40个州。塞琉古王国实行波斯行省制,实行地

---

① M. M. Austin, *The Hellenistic World from Alexander to the Roman Conquest: A Selection of Ancient Sources in Translation*, 1981, No. 60, 158, 209.

② V. Ehrenberg, *The Greek State*, p. 203; S. A. Cook, F. E. Adcock, and M. P. Charlesworth, eds., *The Cambridge Ancient History*, Vol. Ⅶ: *The Hellenistic Monarchies and the Rise of Rome*, 1928, p. 128.

③ V. Ehrenberg, *The Greek State*, p. 197.

第二编 制度重建

方分权的制度。各个州、省都由希腊—马其顿人将军或总督管理，并有专门的财务官员负责税收。遍布各地的城市、军事移民地，大大小小的各级官吏把王国有效地组织在一起，国王就是通过这种网络进行遥控。对地方的控制，托勒密王朝最为成功，它的税收制度和垄断制度都是依靠这一庞大而严密的国家机器完成的。塞琉古王朝的地方分权政策是统治众多民族、广大地区所必需的，鞭长莫及，只好如此。公元前3世纪，帕加马、帕提亚、巴克特里亚的相继脱离可资说明。马其顿王国对南面的希腊大陆辖地，一般采取在战略要地驻扎军队的方式控制之。总之，尽管各王朝对地方的控制方式有所差异，但都力图加强控制。

为保证王朝的顺利延续与长治久安，希腊化时期的君主继承马其顿与东方的传统，王位世袭，实行长子继承制。如果长子尚幼，则设一摄政代行王权，寡后与次子们无权继承王位。如国王无嗣，由最近的男性亲属继任。女性无权继承，但妇女在实际执政中和宫廷斗争中，经常起很大作用。托勒密朝尤其如此，从托勒密二世的王后阿尔西诺到最后一个王后克列奥帕特拉，不少王后都曾是王朝政治舞台上的重要角色。塞琉古王朝的王后有时也左右朝政。王后往往与丈夫一同被神化、被崇拜。为使王位继承人能够真正得到王位，为使未来的国王有能力、有经验执政，也为更有效地统治庞大的帝国，希腊化王朝创立了"二王共治"制，即将继承人定为"共治者"。父子、夫妻同时都是国王。有的可能是名义上的共治，如王子年幼时。也有的确实是共同执政，如安提柯一世和其子德米特里，或者把王国的一部分交给继位者管理。底格里斯河畔的塞琉西亚就是塞琉古王朝王位继承人的官邸所在地，他由此照管东部省。共治者也有权造币，有的还享受正式崇拜。为纯洁王朝血统，除塞琉古一世外，其余的开国君王都解除了亚历山大时与东方女子的婚姻。他们及后代一般都和本族人通婚，或在王室内部通婚。在埃及甚至发展为兄妹婚或姐弟婚。这种婚姻形式在埃及、波斯、小亚都有传统。[①] 从材料看，只有托勒密朝继承了这种传统，从托勒密二世与其妹

---

① 关于埃及，见 Herodotus, *Histories*, 2.100；关于波斯，参见 Herodotus, *Histories*, 3.88；关于小亚，见 W. W. Tarn, *Hellenistic Civilisation*, p.138。

开始，兄妹婚、夫妻共治屡屡出现，成为此朝的惯例。① 王位世袭、长子继承、内部通婚、二王共治，有利于王朝的延续，但不可能消除王室内部的斗争，更不能保证王朝的永不覆灭。

第三节 王友集团与官僚政治

王友集团是希腊—马其顿诸王国君主制统治机器中既奇特而又非常关键的部件，与各王朝的命运相始终。王友，顾名思义，是国王的朋友。但在这些王朝中，王友实际上就是国王的官僚，王友集团与官僚政治紧密相连，只不过前期这个集团的成员构成比较松散，不太稳定，后期衍化成固定的官僚阶层而已。

王友集团源于马其顿英雄时代国王的"战友"（或译"伙友"）。战友是国王从各部落的贵族中挑选出来的。他们平日参与宫廷事务，战时随王出征，充任重装骑兵或担任军官。他们对国王要绝对忠诚，国王则视其为亲属。从这些战友中，国王选拔若干人组成他的议事会。战友在社交场合与国王没有明显的尊卑之分，他们都穿同样的服装。他们之间是伙友关系，而非严格的君臣关系。到公元前4世纪，国王从富裕农民中组织了"步兵战友"。他们的荣誉地位仅在"骑兵战友"之下。这些战友在腓力二世及亚历山大时代的内争外战中发挥了巨大的作用。没有他们，腓力称霸巴尔干，亚历山大征服波斯都是不可想象的。三大王朝的创建者托勒密、塞琉古、安提柯都曾是跟随亚历山大征战多年的战友。然而，当他们自立为王后，却感到人才的缺乏，因为他们对当地人排斥不用。他们所带的军队，经过几十年的征战，早已不是那种以部落为单位的组织了，从马其顿部落中选拔战友实际上已不可能。他们的统治是个人的而非民族的。面对庞大而又陌生的异族之地，他们急需各种各样的人才辅佐他们进行统治。在这种特殊情况下，他们所能瞩目的主要来源只能是希腊城邦。当时的希腊城邦内部，由于本身制度的危机，

---

① 塞琉古王朝也视王后为姐妹，但这仅是荣誉称号，而非实际上的兄妹婚。见 M. M. Austin, *The Hellenistic World from Alexander to the Roman Conquest: A Selection of Ancient Sources in Translation*, 1981, No. 139 & n. 6; No. 158 & n. 4.

第二编 制度重建

正涌动着一股到城邦之外去寻求生存和成功机会的潮流。亚历山大的远征在希腊人面前打开了令人神往的世界,他的后继者对人才的需求与竞争又使他们看到了希望。一方寻求人才,另一方寻求机遇,"王友"集团便应运而生。

"王友"虽与"战友"有渊源关系,但二者在性质、作用、构成和与国王的关系上却大有区别。

"王友"不是"战友",这在古希腊语中显而易见。战友是"hetairoi",王友是"Philoi"。英译也不同,前为"Companions",后为"Friends"。王友与国王不是平等关系,而是君臣关系。王友的尊荣升迁系于国王。但国王与王友之间又不是简单的雇佣与被雇佣、利用与被利用的关系,而是相互利用,共同受益。国王依靠王友进行统治,治理国家;王友靠国王名利双收,飞黄腾达。共同的利益将他们紧紧地连在一起。

王友几乎是清一色的希腊—马其顿人。既然国王们是在天下既定后搜罗人才,那他们需要的就不只是只会冲锋陷阵的老一代战友,而是多才多艺、一才多用的新一代朋友。因此,他们在挑选王友时,一般只考虑能力、人品,而不计较家庭出身,来自何邦何城。王友此前可能是艺术家、作家、哲学家、医生、学者,一旦被国王选中,成为王友,就可能去担当某一方面的重任。他们是国王的人才库、智囊团。公元前3世纪,王友作为一个集团或阶层是存在的,社会地位也是很高的。文献中常把王友与国王、军队并列,而且列于军队之前。[1] 但就王友个人的地位及相应的职务来说,却是不固定的。王友这时还不是国家的正式官吏,而是临时的录用人才。这种国王的朋友并非必然被他的后继者赏识重用。国王与王友之间就像我国战国时代的国君与"士"一样,前者招贤纳士,择而用之,后者追名逐利,奔走于途。但到公元前2世纪前后,王友就变成了比较稳定的官僚阶层。第一,王友间出现了明显的等级差别。原来一名统之的"王友",在托勒密朝有了"王亲"(Kinsman)、"第一王友"(First Friends)、"卫队长"(Chief-Body-

---

[1] M. M. Austin, *The Hellenistic World from Alexander to the Roman Conquest: A Selection of Ancient Sources in Translation*, 1981, No. 139, 151.

第四章 希腊化时期的君主制统治

guard)、"朋友"(Friends)、"随从"(Followers)、"卫士"(Bodyguards)的区分。随后还出现了"同一品荣誉王友"(Those of Equal Honor to First Friends)的官级。① 塞琉古朝和帕加马王朝的王友也有类似的名分与级别。② 王友的服饰上可能也有变化。李维(Livy,公元前64/59—公元17年)的《罗马史》在记述马其顿人议事会在公元前167年给罗马选送人质时,就提到了国王的朋友和穿紫袍的人。紫袍是国王的服装,穿紫袍的人可能是一种地位高的"朋友"。③ 这些变化反映了官阶与地位的高下尊卑。第二,王友成了国王的正式官吏。在属于公元前2世纪的资料中,朋友与职务常常并提。④ 这表明,"朋友"成为一种名义或荣誉,官衔才是实职。荣誉名分与实际任职分离,是官僚政治深化的必然结果。不能说当时从中央到地方的各级高官显贵都享有国王的"朋友"的殊荣,但可以肯定,他们一定占了不小的比例。从史料看,他们有的是宫廷议事会的成员,有的担任城市祭司长、行省的将军、总督、财务官,甚至当朝的宰相。⑤ 第三,王友的成分有了一些变化。以前,王友只从希腊—马其顿人中选择。但在公元前2世纪中期,有一个埃及人或希腊—埃及人不仅成为国王的朋友,而且是"宫廷中最有影响的人物"⑥。他的具体官职不详,但他能趁国王年幼,企图制造宫廷内乱,就说明他在朝中大权在握。这显然是个罕见的例外,但表明王友集团开始向外族人开放。当然,前提是他必须"希腊化",而且是国王急需的人才。托勒密二世的宠臣、财务大臣阿波罗尼乌斯及其管家芝诺就是希腊化的小亚卡瑞亚人。

王友从公元前3世纪的流动与个人才能为特征转化为公元前2世纪的稳定与等级为特征,是与国家统治机制的完善、王权的巩固、王朝的

---

① F. W. Walbank, *The Hellenistic World*, 1981, p. 77.
② F. W. Walbank, A. E. Astin, Frederiksen, M. W. & Ogilvie, R. M., eds., *The Cambridge Ancient History*, Volume Ⅶ, Part Ⅰ: *The Hellenistic World*, 1984, pp. 69 – 71; V. Ehrenberg, *The Greek State*, p. 163.
③ M. M. Austin, *The Hellenistic World from Alexander to the Roman Conquest: A Selection of Ancient Sources in Translation*, 1981, No. 79 & n. 8.
④ Ibid., No. 167, 257, 259.
⑤ Ibid., No. 147, 164, 167, 175, 208, 228, 257, 259.
⑥ Ibid., No. 228.

第二编　制度重建

延续相适应的。经过几代君主的努力，原来不具合法继承性的王朝已经"合理"地存在了100多年。不论是其他希腊化国家，还是国内的臣民都接受了这一事实。据波里比乌斯（Polybius）记载，塞琉古王国的一个反叛者不敢白天与安条克三世开战，唯恐士兵见到国王而哗变。当不得不如此时，左翼的士兵一见国王就全跑过去了。① 国王的统治基础扩大了、巩固了，以国王为核心、以王友为中坚的从中央到地方的官僚政治也就形成了。

中央的官僚机构主要有宫廷议事会、办公厅及各主管衙门。宫廷议事会即王友议事会，它是最高咨询机关，由在中央担任各种重要职务、具有不同名号的王友组成。国王常就内政外交大事征求议事会成员的意见。会议由国王主持，会上各抒己见，最后由国王决定。办公厅或秘书处是国王处理日常政务的机构。国王的法令、信件和官方的邸报（The Official Journal）都由这里起草、发出。这里的长官（或译秘书长）属朝中最重要的官员之一。中央的各部主管衙门中，财务部门的权力最大，地位最高。在埃及，财务大臣的地位仅次于国王。芝诺纸草中反映出阿波罗尼乌斯位同宰相。他和国王一起被并列提名（如"国王和阿波罗尼乌斯已经命令"），大概除了军事与外交事务外，国家的一切他都有权管辖。② 在塞琉古和帕加马（至少在公元前2世纪），有类似于"首相"或"总理大臣"的官员，他们由国王任命，临时掌管朝政。马其顿也同样，国家危机时或国王年幼时，一个将军就被选出辅政。虽然各部长官有时被称为大臣，但无内阁，都单独向国王负责。除这些行政机构外，各王朝还有一些具有各种名号的宫廷官员，他们或任实职，或只获取虚名，其中最尊贵的是"王亲"。王亲并非必定与王族有亲缘关系，他们可能是王友的最上层，甚至被托勒密朝王称为"兄弟"，或者"父亲和兄弟"。在其他地方还经常被称为"表兄弟"（cousin，或译表亲）。其次还有卫队长、卫士、家庭教师、医师、管事或司膳官、雕刻师、侍从等。这些宫廷人员都是国王的朋友，只是地位有所差别。虚衔

---

① Polybius, *The Histories*, with an English translation by W. R. Paton, Cambridge, Mass.: Harvard University Press, 1993, 5. 52. 9 – 54. 2.

② V. Ehrenberg, *The Greek State*, p. 183.

第四章 希腊化时期的君主制统治

的"王亲"、"朋友"与虚实俱有的重要军政官员构成了希腊化时期的官僚贵族。但他们的称号与地位不能世袭,[①] 个人的荣辱依赖于国王的好恶。

地方的官僚机构是根据地方的行政区而设立的。从州、行省到县、村庄,各级都设立相应的官吏。其中州、行省一级最重要。国王对各地的统治主要是通过这一级官僚进行的。一批批王友从京城出发,成为各地的实权人物。虽然各王朝的地方官僚设置不同,但有两点是共同的。一是将军权力的扩大。将军是国王在地方的主要代理人,他的职能除军事外,还兼管民政、司法,他们的地位优于其他同类地方官员。在埃及,将军逐渐取代了州长。在塞琉古王国,行省只设将军或将军、总督各一人。[②] 但总督的称号在逐渐消失。马其顿、埃及的外部领地也由将军统辖。这些地方的将军大权独揽,因此,有时可能被称为"独裁者"(autocrator)[③]。二是行省和州一级的官员各司其职,互不统属,都直接向国王和中央主管大臣负责。将军权力很大,但不能干涉财政,财务官直属中央。

王友之所以在各王朝的官僚政治中发挥了如此重大的作用,如前所提,是与国王重名、重利诱惑分不开的。他们除了给王友各种荣誉和官职外,还给予诸如金钱、土地之类的实物赏赐。被称为古代世界七大奇观之一的法罗斯(Pharos)灯塔是埃及国王的一位朋友"奉献"的。[④] 托勒密二世的财务大臣阿波罗尼乌斯在法雍地区就有 7000 英亩的赐田。[⑤] 王友之富,富比国王;王友之荣,荣似王亲。在这样的高官厚赏之下,不用说各地的希腊—马其顿人,就是那些希腊化的本地人又何不趋之若鹜,要跻身于王友官僚之列呢? 公元前 2 世纪后,当地人开始担任高级官职,就是这种趋向的反映。

综上对希腊化时期君主制的三个主要方面及特征的粗略分析,可以

[①] M. Cary, *A History of the Greek World from 323 – 146 B.C.*, pp. 248 – 249.

[②] W. W. Tarn, *Hellenistic Civilisation*, p. 132.

[③] V. Ehrenberg, *The Greek State*, p. 185.

[④] M. M. Austin, *The Hellenistic World from Alexander to the Roman Conquest: A Selection of Ancient Sources in Translation*, 1981, No. 217, 213, 232.

[⑤] F. W. Walbank, *The Hellenistic World*, 1981, p. 108.

第二编 制度重建

清楚地看出，希腊化君主制既非东方君主制的照搬因袭，也非马其顿王权的发展延续，更非希腊城邦的扩大，恰恰相反，它是这三种因素相互交汇的产物。王权神化、王朝崇拜在马其顿前所未有，但希腊—马其顿的神人合一，王族神裔观念却是接受东方君权神授观念的思想土壤。君主制在马其顿虽有基础，但它从具有荷马时代遗风的马其顿王权发展为既有国王的君临天下又有城市自治形式存在的王朝统治，不能不归于东方君主制与希腊城邦制的影响。王友集团虽可溯至马其顿的英雄时代，但国王们承继下来的帝国管理体制却造就了由临时录用人才通向以国王为核心的官僚政治体系的阶梯。三流合一是希腊化君主制最基本的特征，三流合一的过程也就是君主制形成的过程。

由于统治环境的不同，在三流合一的总趋向中，各个王国的君主制呈现了发展的多样性与不平衡性。托勒密王朝可以说是绝对君主制。它受东方影响最深。王权神化、王朝崇拜以它为最。国王权力之大，国家控制之严，也以它为最。"尽可能多地获取，尽可能少地付出"，[①] 既是它的经济剥夺原则，也是它的王朝统治原则。塞琉古王朝地盘最大，大到无法像托勒密朝那样控制，只好给地方分权，给城市有限的自治，目的在于更好地统治，但事与愿违。马其顿的君主制基本上是对本民族的统治，因此较多地保持了自己的传统，较少地受到东方的影响，人民权力尚存是它的一大特色。但它一直紧步其他希腊化王朝的后尘，向着君主专制的方向迈进。

（原载施治生、刘欣如主编《古代王权与专制主义》，中国社会科学出版社 1993 年版）

---

① V. Ehrenberg, *The Greek State*, p. 278.

第五章 希腊化时期城邦和城邦联盟的民主制残存

希腊化时期是古希腊历史的最后阶段,也是其城邦政制的尾声。曾令古希腊人自豪的城邦民主制度,经历了古典时期的辉煌,到此时已日暮途穷。帝国取代城邦,君主制取代城邦制,成为这一时期政治舞台上的基本特征。但由于传统的影响、现实的需要或历史的机遇,希腊城邦民主制在走向消亡的总趋势下,仍以这种或那种方式在希腊化世界留存,并在局部地区有所扩展。概括起来,大致有四种类型的政治实体在不同程度上仍具有城邦民主制的表征。

其一是徒有虚名的属邦型民主政体,遗存于像雅典、米利都、厄基那(Aegina)这样的原希腊人城邦。它们内部原有的民主政制形式一如既往,但城邦之上出现了强大而不可抗拒的异己力量——王权的控制。虽然这种异己力量因时因地而异,但此类城邦实质上已失去了独立城邦的意义,其民主制的运行也就大大打了折扣。其二是有形无实的属城型"民主自治",存在于各希腊化王国新建的希腊式城市。它们号称"城邦"(Polis),实则国王治下的地方单位,仅具有一些内部自治机构,含有一定的民主因素而已。其三是移植放大的城邦联盟型联邦政体,以阿卡亚同盟和埃托利亚同盟为代表。这些联盟将城邦民主制的形式和原则推广运用于联盟内部且有所创新发展。城邦联盟政制可以说是古希腊城邦民主制发展史上的最后一道光辉,但生不逢时,在希腊化君主国与罗马人的强大外力干预下不可避免地解体了。其四是势单力孤、竭力自保的独立城邦型民主政体。希腊化时期堪称独立的城邦为

第二编 制度重建

数不多，伯罗奔尼撒半岛的斯巴达可为典型一例。它们在君主国相互争夺的夹缝中周旋，以求生存。由于仍保持独立地位，原有的城邦政体也得以延续。由于最后一种基本是古典时期城邦政制的延续，故不赘述。以下将把重点放到前三种类型上，看看它们在新的历史条件下是如何残存和演变的。

第一节　原希腊城邦民主政制的蜕变

原希腊城邦指亚历山大东侵前就已存在，而今处于希腊化君主国控制与影响之下的那些希腊人城邦。它们主要分布在希腊大陆本土、爱琴海诸岛、小亚沿岸。面对庞大的帝国、强大的王权，这些城邦本身的存在及其奉行的政治制度都受到了严峻的挑战，其蜕变是大势所趋，不可逆转。当然，古希腊一些城邦民主制的蜕变在伯罗奔尼撒战争后即已显出征兆。小农破产，贫富分化，富人专权，贵族、寡头当政，是战后各城邦的普遍现象。但各城邦的民主制度仍在延续，甚至还在完善和发展，像雅典的观剧津贴的发放、城邦法令对于民主制的誓死捍卫[①]，都可略见一斑。然而，极端民主制的抬头，波斯的介入，面对马其顿的威胁城邦内部党争的加剧都证明城邦民主制的黄金时代已经过去。不过，真正的突变还是发生在希腊化时期。因为这时的大部分城邦与前相比，最大的变化是失去了独立地位，成为亚历山大及其后继者的附庸。独立自主是希腊城邦的固有特性，也是城邦民主政制存在的基础。城邦成为附庸，内部的民主形式即使存在也只能成为屈服于外力的工具。所谓的"民主"也就成为"他主"了。

原希腊城邦失去独立地位，始于亚历山大之时。作为科林斯同盟的盟主，作为横跨欧亚非三大洲帝国的主人，亚历山大的个人权力自然凌驾于诸城邦之上。他在进军小亚时大唱恢复希腊人"自由、自治"的高调，可实际上从他手下获得"解放"的希腊人城邦从来也从未恢复

---

① 笔者2009年在雅典的市场博物馆就发现了一块公元前337/336年的所谓"民主制石碑"（the Stele of Democracy）。内容是雅典公民大会通过的一项法令，规定凡试图推翻民主政体，建立僭主政治者，任何人都有权将其处死。

第五章　希腊化时期城邦和城邦联盟的民主制残存

到它们应有的地位。他的后继者仿而效之，在瓜分其遗产的争斗中，也常常打出类似的招牌，目的只是暂时获得某些城邦的支持。一旦稳操胜券，统治巩固，马上置原城邦于附属地位。① 这样的做法安提柯一世可谓典型。公元前314年，他在推罗郑重其事地宣布："所有希腊人应自由、不受外来驻军管制、自治"，② 有几年还真把城市当作自由城邦看待。但他后来就露出本来面目，开始介入城邦事务，如给泰俄斯人发出详细指示，规划泰俄斯和勒比都斯（Lebedus）的合并③，还给一些城邦派去了驻军。进入公元前3世纪后，尽管这些城邦的主人时有更换，它们对主人的附属也程度不一，有时甚至会暂时摆脱控制，但只要处于附属地位，城邦的民主政制就会受到严重的侵蚀。

各王国对城邦政制的干预主要有两种方式。一是国王直接插手城邦事务，或用信件，或派代表，或本人亲自出马。大量的材料足以表明国王们如何通过信件将自己的意愿传达给城邦，后者又是如何以"人民"和议事会的名义贯彻执行的。从信件内容上看，国王对城邦的自治表示了应有的重视，语言彬彬有礼，体现了双方的友谊和严格的法律关系。但对于城邦，国王的愿望就是必须服从的命令。帖撒利亚的拉利萨（Larissa）城接到马其顿国王腓力五世要它给予某些外邦人以公民权的信件，即召开公民大会，通过决议照办，不敢有任何异议④。国王的代表称为 epistates，是国王派驻城邦的最高王室官员，负责传达国王的指令，监督城邦的动向。他经常与城邦当局共同执政，特别在公民大会上提出议案。国王代表的设立有力地保证了国王对城邦的控制。国王还积极扶持亲王党上台或直接任命城邦官员。托勒密一世甚至给昔列尼制定了一部宪法，其中授予他终身将军职位⑤。二是国王以间接手段威慑、

---

① 同代史家波里比乌斯对此深有感触。他说："所有的国王在其统治之初都大谈自由，如同谈论一件他们奉献给人们的礼物，把那些忠诚的追随者称为朋友和同盟。但他们一旦确立了自己的治权，马上就把以前信任他们的人当作奴仆而非作为同盟者看待。" Polybius, *Histories*, 15.24.4.

② Diodorus Siculus, *Library of History*, 19.61.3.

③ M. M. Austin, *The Hellenistic World from Alexander to the Roman Conquest, A Selection of Ancient Sources in Translation*, 1981, No. 40.

④ Ibid., No. 60.

⑤ Ibid., No. 264.

制约城邦。如向城邦收取贡赋，派驻军队，给予避难权，干涉城邦司法审判，委任第三者调解两个城邦的纠纷等。厄立特里亚城（Erythrae）是在给安条克一世或安条克二世送去厚礼，表明忠心后才被恩准"保持自治，免除贡赋"的①。虽然有的城邦在强权干预下利用矛盾，或凭实力，力求维护它的政治独立性，但总的来看，城邦政制的根基已经动摇，民主决策机构的运作也只是机械运作而已，难以体现出古典时代城邦政治的精魂了。

原希腊城邦民主制发生蜕变不仅表现在对外力的屈从，而且表现在城邦政治功能的淡化和政治氛围的消散。公民本是城邦政治生活的主体，这时却由于城邦的命运不掌握在自己手中而对城邦政治活动普遍不感兴趣。人们有时可能也去参加公民大会，但在大会上听到的不是自由的辩论，而是国王信件的宣读或国王意愿的传达。公民意识的下降还可从城邦界限的模糊看出。雅典在公元前155年派赴罗马的使者不是本城的公民，而是来自昔列尼和塞琉西亚的两位外邦人。② 这种情况在伯里克利时代是不可想象的。民主制、贵族制、寡头制本是城邦政治斗争的主题，这时则因失去意义而趋于沉寂。代之而起的可能是亲塞琉古与亲托勒密之分，或是王党分子与城邦爱国者之分，但更多的则是贫富对立。公民大会本是民主政体中的最高权力机关，这时因公民无心无力参加而失去社会基础。城邦权力转入议事会之手，而且经常被少数行政官员所掌握。值得注意的是，与城邦社会生活密切相关的两类官员的地位大大提高，一是负责粮食供应的市场官员（agoranomos），一是负责教育的体育馆馆长（gymnasiarchos）。在亚洲的某些城邦，祭司也成了主要行政官员，祭司就是名年官。③ 城邦官职本为公民平等参与、轮流担任，现在则被富人垄断。因为有的官职如体育馆馆长、市场官员等可能要个人出资，给公民提供福利，只有富人才可担任。出卖官职的现象也

---

① M. M. Austin, *The Hellenistic World from Alexander to the Roman Conquest: A Selection of Ancient Sources in Translation*, 1981, No. 183.

② F. W. Walbank, A. E. Astin, M. W. Frederiksen & R. M. Ogilvie, eds., *The Cambridge Ancient History*, Vol. Ⅶ, Part Ⅰ: *The Hellenistic World*, 1984, p. 309.

③ W. W. Tarn, *Hellenistic Civilisation*, pp. 66–67.

第五章　希腊化时期城邦和城邦联盟的民主制残存

出现了。小亚城邦普里尼（Priene）就以法律形式规定了某一祭司职位的出卖条件①。这种变化的后果就是贫民的参政权不复存在，所谓的民主政治成了富豪政治。人们在城邦政治生活中找不到依托，只好转而自助。这时民间社团组织的盛行反映了这种倾向②。但令人感兴趣的是这些社团也采取了城邦政治组织形式。跨地区、跨城邦的狄奥尼苏斯艺术家联合会就设有类似于行政官员的 magistrates 和全体大会。大会通过决议，派遣与接受使者，与外交往时俨然以国家身份出现。但这些表面现象同样掩盖不了它被国王控制和利用的实质③。

外部的干预破坏了城邦的独立自治，内部的蜕变表明城邦政制缺乏自我更新的能力，处于王权之下的城邦也就只剩下一条路，去完成"从自由城邦向罗马自治城市的过渡"。④

第二节　新建希腊式城市的地方政权性质

新建城市指亚历山大及其后继者在其征服与统治之地依希腊城邦模式建立的城市。虽然各统治者建城的热情不一，但在从东地中海到印度河的广阔区域里，先后有300个之多的希腊式城市（包括移民地）拔地而起。⑤

仅以其形式而言，这些城市仿佛希腊城邦在异地的重建。首先，城市的主体是希腊—马其顿人。城市不排除其他民族的存在和移入，因为有些新城市就是在当地人城镇的基础上改建的。但即使当地人超过希腊—马其顿人，他们也不可能进入城市的政治生活中去。其次，城邦

---

① M. M. Austin, *The Hellenistic World from Alexander to the Roman Conquest: A Selection of Ancient Sources in Translation*, 1981, No. 129.

② 如类似于互助会的借贷组织 eronoi，崇拜某一神祇的宗教团体 thiasoi。F. W. Walbank, *The Hellenistic World*, 1981, p. 64.

③ 参见 M. M. Austin, *The Hellenistic World from Alexander to the Roman Conquest: A Selection of Ancient Sources in Translation*, 1981, No. 123。

④ W. W. Tarn, *Hellenistic Civilisation*, p. 64.

⑤ 参见 M. Cary, *A History of the Greek World from 323 – 146 B. C.*, p. 245。

第二编 制度重建

应有的政治机制一般都予以建立。希腊—马其顿移民即该城的公民,享有平等的政治权利。他们可能分属不同的德莫、部落,参加公民大会,选举或被选举为议事会成员、行政官员、法官等。最后,体现原城邦政治生活特征的神庙、剧场、体育馆、市场也能有尽有。城市的土地由国王拨给,或作为服役份地平均分配。一个远离祖国的希腊人生活在这样的环境内,一定会有重返家园故邦之感。

然而,这种城市与古典时代的城邦在本质上相去甚远。城邦是独立的公民集体、主权国家,而新建的城市充其量是自治城市。它们位于国王辖地之内,由国王出面组织兴建,在国王眼里,它们就是自己的私产,是自己统治网络的组成部分。新建城市受国王直接而严密的控制,是其不具城邦真正资格的原因之所在。

由于亚历山大及其后继者的建城动机、统治环境不同,因之对新建城市的控制程度有所差异,所属城市的政治体制也就呈现出了不同的表现形式。

亚历山大是希腊式新城市的始建者。其主要目的是保卫战略要地,监视被征服的地区。城市的主体是希腊雇佣军,不适合服役的马其顿人。城市的外观、市政制度皆仿照希腊。这些城市起初多为移民地。它们统被命名为亚历山大里亚就足以表明它们的附属性。随着亚历山大帝国的瓦解,它们也就分属于不同的主人了。

托勒密王朝建城最少。它新建的只有托勒迈斯城(Ptolemais)一处。托勒迈斯城具有纯粹的城邦形式。一块铭文显示,该城有公民大会、议事会、行政官员(prytaneis)、法庭、制定的法律。行政官员由7人组成。官员通过选举产生。由于供职官员治理城市有方,运用法律手段保证了城市的稳定,所以城市议事会和人民通过决议给予他们荣誉。[①] 这说明至少在托勒密二世或托勒密三世时,该城仍保持了内部的民主自治。亚历山大里亚的情况比较复杂。它既是都城,又是各族共居之地,因此并非一个完整的城邦。其自治非常有限,议事会似乎早已不

---

① M. M. Austin, *The Hellenistic World from Alexander to the Roman Conquest: A Selection of Ancient Sources in Translation*, 1981, No. 233.

第五章　希腊化时期城邦和城邦联盟的民主制残存

存在，一个名为"格鲁西亚"（Gerusia）的机构取代了它。实际上该城受一位王室官员监控。①

塞琉古王国建城最多，达200个左右。② 相对于其他希腊化王国，它新建的城市自由度较大。因为该王国幅员辽阔，民族众多，发展程度参差不齐，要对其进行有效的统治，非依赖这些散布各地的城市不可。这些城市多从军事移民地发展而来。它们一般都保持了希腊城邦的自治形式，有自己的议事会、公民大会。本城的希腊人分属若干个部落，行政官员通过选举产生。首都安条克的希腊人就分属若干个部落和18个德莫。③ 国王对城市的自治比较尊重，写信的口气是商量的、礼貌的，常用表示同盟友好、利益与共的"我们"、"我们的"，而很少用以示区别的"朕"。安条克三世就曾写信给各城市表示：如果他的命令违反法律，它们尽可置之不理，而只是假定那是由于他无知而做的处置，④ 安条克四世想在塞琉西亚城安放一位"荣誉王友"的雕像，也给全城致信，客气地说明理由。当然，虚假的尊重之后仍是冷冰冰的现实：国王的意愿必须不折不扣地贯彻执行。塞琉西亚城"人民"不仅接受这位王友的雕像，而且授予其公民权。⑤

马其顿王国新建城市不多。它们除具有一般的城邦政制形式外，还与其他希腊人城市交换使者，互赠荣誉代理人（proxenia），好像是独立的城邦，但实则全在国王的股掌之中。各城市都驻有王室代表，国王的旨意通过他们实现。腓力五世曾写信给他在帖撒罗尼卡的代表指示：市政当局如没有得到王室代表和法官的允许，不能动用萨拉皮斯神庙的收入。⑥

帕加马王国也严厉限制和随意撤销城市的自治。都城帕加马是一座

---

① V. Ehrenberg, *The Greek State*, p. 201.
② M. Cary, *A History of the Greek World from 323 – 146 B. C.*, p. 245.
③ G. W. Botsford and C. A. Robinson, *Hellenic History*, 1947, p. 329.
④ [美] 威尔·杜兰：《希腊的衰落》，幼狮翻译中心编译，（台北）幼狮文化事业公司1978年版，第169页。
⑤ M. M. Austin, *The Hellenistic World from Alexander to the Roman Conquest: A Selection of Ancient Sources in Translation*, 1981, No. 176.
⑥ F. W. Walbank, *The Hellenistic World*, 1981, p. 86.

重建的城市,有公民大会、议事会和五位将军。但这五人由国王直接任命,从国王处领取指示,只有他们才能把议案交给议事会和公民大会,并对城市的管理享有广泛的监督权。①

总之,不论在控制严密的托勒密埃及、马其顿、帕加马,还是在相对宽松的塞琉古王国,新建城市的命运从本质上都是一致的。它们的内部民主自治只有在不与国王意愿相抵触的情况下才能发挥作用,因而是十分有限的。

第三节 城邦联盟政制
——希腊城邦民主制的局部延伸

如前所述,城邦民主制在原希腊城邦和新建城市都形存实亡。但与此同时,它的基本形式和原则却在这一时期的城邦联盟中得以扩展和再现。若干个城邦出于共同的利益而结合成同盟或联盟在古希腊历史上早已有之,但将希腊城邦政制引入城邦联盟,并使之成为具有代表制特征的联邦政制,则是希腊化时代城邦联盟的创举。虽然这里既有自然发展的趋势:凡城邦联盟均有可能采取代表制的形式,其议事会由各邦派代表参加;② 也有历史的机遇:处于希腊大陆较为偏僻、落后的地区正好是君主国势力薄弱或一时无力伸及之地,天时地利给了联盟发展壮大的机会。然而更主要的是在强敌压境、虎视眈眈的险恶形势下,弱小城邦唯有联合起来和在内部实行民主,加强团结,才能自保生存,而过去那种松散的、不平等的且往往成为盟主争霸工具的军事同盟早已被希腊人所厌恶,雅典第二次海上同盟被迫改变与盟邦的关系就是明证。因此,新的城邦联盟形式(sympolity)应运而生。它既体现了各邦及其公民的独立身份,又保持了全盟的平等联合。城邦联盟既为城邦联合体,城邦制度也就有可能超越城邦的范畴而被引入其中并有所变革了。

---

① 参见 M. M. Austin, *The Hellenistic World from Alexander to the Roman Conquest: A Selection of Ancient Sources in Translation*, 1981, No. 195, 211, 216。

② E. Barker, *From Alexander to Constantine: Passages and Documents Illustrating the History of Social and Political Ideas, 336 B. C.-A. D. 337*, Lanham, MD: University Press of America, 1985, p. 65.

第五章　希腊化时期城邦和城邦联盟的民主制残存

由于古代作家对阿卡亚同盟的论述较多，以下主要以它为例说明城邦民主政制如何在城邦联盟中再现，并对埃托利亚同盟政制作适当介绍。

阿卡亚位于伯罗奔尼撒半岛北部。该地区组成联盟由来已久，具体时间不详。公元前284—前281年，阿卡亚同盟重建。最初只有4个城邦入盟，后逐渐扩大，到公元前3世纪末，联盟包括了伯罗奔尼撒的大部分地区，并在最后成功地将马其顿王国的影响逐出了伯罗奔尼撒。公元前192年，甚至连宿敌斯巴达也被迫入盟。公元前146年，联盟被罗马人解散。

阿卡亚同盟的政治体制是随着联盟本身的发展而发展起来的，基本体现了城邦民主制的形式和原则。

如同民主制城邦中公民团体的一员，加盟各邦一律平等，无先后、主次之分。任何盟邦一经加入，即与联盟成为一体，与先前加盟诸城享有同等权利。各盟邦仍保持其内部自治权，包括公民权、宪法、法庭、铸币权，但外交、军队、财政、税收归联盟统管。

加入联盟事实上扩大了公民的权利。凡加盟各城公民均具有双重公民权，即本城和联盟的公民权。联盟公民权保证了公民在全盟范围内自由居住，拥有财产、婚姻和参加政治活动的权利。

联盟设立了类似于城邦的民主管理机制，有以将军为首的军政官员、公民大会、议事会等。将军是联盟的最高首脑，初设两位。公元前255—前244年，联盟宪法改变，每年选一位将军，且不能连选连任。这可能是防止个人长期专权。联盟的其他官员，如副将军（hypostrategos）等也是一年任期，离任时要进行述职审查。关于联盟的公民大会、议事会的作用及构成，解释颇多。一般的说法是：联盟设有公民大会、议事会，二者可合称为Sunodos。公民大会一年召开四次，其中一次的主要议程是选举下年的官员。除普通的公民大会外，还出现了一种称为Synkletoi的特别会议，[1] 通常由所有服兵役的男子（一说由年满30岁以上公民[2]）参加。这种特别会议主要讨论决定有关战争、和平、结盟、签约等大事。由于联盟经常参与战争，军人大会实际起着公民大会

---

[1] 可能是出现于公元前2世纪初类似于公民大会的特殊会议，具有临时召集的性质。参见 E. Barker, *From Alexander to Constantine*, pp. 66–67。

[2] W. W. Tarn, *Hellenistic Civilisation*, p. 74.

的作用。联盟大会地点先在爱吉昂（Aegium），公元前188年后，改为在各城轮换召开。不论何种大会，均以入盟城邦为单位集体投票。这两项措施都是为防止会议所在地操纵、左右联盟事务，保证加盟各邦的平等参政权。为使联盟会议的表决反映所有加盟城市的意愿，据塔恩估计，每个城邦可能须有一定的人数与会。这些法定人数实际上就是各城邦的代表。它们组成议事会，但此议事会仅仅是Sunodos的一部分。在与会人数不足的情况下，法定代表的投票可以作为该城邦的最终决定。这些代表很可能是抽签产生并享有津贴。①

对于阿卡亚同盟的政治制度如何评价，值得探讨。身为联盟高官的波里比乌斯对其赞叹不已，把它誉为平等的、自由的、真正民主的政治制度，认为这种制度在当时绝无仅有。② 他把联盟视为城邦的扩大，声称全联盟"具有同样的法律、度量衡、币制及同样的行政官员、议员和法官。整个伯罗奔尼撒完全如同一座城市，只是它的居民未被圈进同一道城墙之内而已"。③ 波里比乌斯的评价肯定言过其实，但阿卡亚同盟让所有盟邦享有平等的参政权利，这一点比起古典时代那种名曰各邦平等、实则盟主专政的军事同盟无疑大大前进了一步。城邦民主制不仅在阿卡亚联盟中再现且得到一定发展。代表制（以城邦为单位投票和至少有法定代表参加议事会）与盟邦公民大会的出现即是证明。它在某种程度上解决了城邦民主制引入城邦联盟政制时面临的两难境地：在城邦联合体中，实行直接民主制事实上不大可能，而平等参与、民主决策的原则又必须坚持。当然我们在肯定其移植放大城邦民主制的同时，不应忽视联盟所实际具有的贵族政治特征。它的宪法似有利于富人与职业政治家。④ 它的官员似乎来自几个城邦的狭小家族集团。⑤ 它的大权

---

① 参见 W. W. Tarn, *Hellenistic Civilisation*, pp. 74 - 75。据波里比乌斯（*The Histories*, 22. 7. 1 - 8. 8），帕加马国王曾表示愿向阿卡亚联盟赠送120塔兰特金钱，以此利息作为联盟议事会议员的津贴，但遭拒绝，这说明津贴问题在当时已引起重视。这是贫民参政的必要经济条件，否则，像议事会成员等公职只能由富人担任。

② Polybius, *The Histories*, 2. 38. 5 - 9.

③ Polybius, *The Histories*, 2. 37. 10 - 11.

④ W. W. Tarn, *Hellenistic Civilisation*, p. 75.

⑤ F. W. Walbank, *The Hellenistic World*, 1981, p. 157.

第五章 希腊化时期城邦和城邦联盟的民主制残存

实际掌握在以将军为首的少数富人手里。贫穷的公民也不可能一年四次长途跋涉去参加联盟大会，除非他们作为法定代表享有津贴。它对会议参加者年龄的限制，也排除了一部分公民的参政权利。民主的本质是主权在民，是人民的权力，而阿卡亚同盟只有其民主制形式，缺乏其实质内容，权力错位，少数富人掌权，与民主制的根本要求显然相悖。

埃托利亚同盟政制与阿卡亚同盟相似，同样引入并扩大了城邦民主制的形式。

埃托利亚地处希腊中西部，城镇极少，社会发展滞后。最迟于公元前367年，联盟成立。联盟无首府，中心设在德尔斐的阿波罗神庙。从公元前4世纪后期起，开始迅速扩展。到公元前3世纪后期，势力达到全盛，控制了整个中部希腊，并和伯罗奔尼撒、克里特、爱琴海、赫勒斯滂地区的一些城邦建立了联盟关系。公元前2世纪初，联盟被迫附属于罗马。

埃托利亚同盟亦属 Sympolity 型的城邦联合体，一城或一地加入联盟，此城此地的公民即成为联盟的公民——埃托利亚人。对于那些因隔离而无法将其领土包括进联盟的加盟者，则采用 isopolity 的方式，即他们可与埃托利亚人相互交换公民权。只要他们移居埃托利亚，就可享受与埃托利亚公民同等的权利。

联盟的首脑是将军，任期一年，不得连选连任。其他官员有骑兵长官、财务官等。公民大会对所有能服兵役的男性公民开放。大会一年两次，春秋各一，决定军事、外交政策等。联盟议事会由各盟邦代表组成，代表人数按各邦人口比例决定（一说依提供军队人数决定[①]），议事会成员多达数百人[②]，还有一说达1000人[③]。议事会权力不大，可能参与公民大会休会期间的政府工作。其主要事务是由30—40人组成的小型委员会（apokletoi）负责处理。将军主持小型委员会的召开，与其共同执掌联盟的行政职权。

[①] G. W. Botsford and C. A. Robinson, *Hellenic History*, 1947, p.301; W. W. Tarn, *Hellenistic Civilisation*, p.72.

[②] F. W. Walbank, *The Hellenistic World*, 1981, p.153.

[③] Michael Grant, *The Hellenistic Greeks*, London: Weidenfeld and Nicolson, 1990, p.117.

第二编 制度重建

埃托利亚同盟同样以民主制之形行贵族政治之实。它的大权事实上掌握在埃托利亚人手中，因为遥远的加盟者只有可望而难以企及的联盟公民权，特别是将军及少数人垄断了行政职权。无怪乎有的史家甚至认为："在公元前280到公元前220年间，埃托利亚从希腊最民主的国家过渡到了大约是最少民主的国家。"[①]

尽管阿卡亚同盟和埃托利亚同盟的实际运作均有贵族政治的特征，但从其整体管理机制上看，无疑是城邦民主制度的延伸。它们力图用城邦的民主、平等原则处理、协调内部各种利益关系，在代表制、联邦制方面做出了有益的尝试，并取得了积极效果。联盟的扩大及最后均毁于外力就是其颇具生命力的证明。

城邦联盟制的解体宣告了古希腊城邦民主制的终结。作为一种体现"人民的权力"的民主政体，它曾经对希腊古典时期政治、经济、文化的发展与繁荣起了巨大的推进作用。尤其是被誉为"全希腊学校"的雅典的民主制，到伯里克利时代达到了古代世界的最高水平。但是，任何上层建筑都与一定的经济基础相联系，古希腊的民主制在它如日中天时就已埋下了衰落的伏笔。古典民主制是以公民小生产所有制为基础，城邦的独立自由为前提，而前者在伯罗奔尼撒战争后即遭破坏，后者在希腊化时期基本不复存在。在此情况下，古希腊城邦民主制的衰落是历史的必然。虽然城邦联盟对城邦民主制的采用使人看到其昔日风采的再现，但毕竟是回光返照，很快便淹没于君主制与帝制的洪流之中。

（原载施治生、郭方主编《古代民主与共和制度》，中国社会科学出版社1998年版。有部分改动）

[①] W. W. Tarn, *Hellenistic Civilisation*, p. 72.

第六章　希腊化时期的城市化运动

一般认为，公元前334年开始的亚历山大东侵揭开了西方古典文明史上希腊化时期的序幕。这个时期前后延续约三百年，结束于公元前30年最后一个希腊—马其顿人王国托勒密埃及沦入罗马之手。这一时期，特别是这一时期的前期，即从公元前4世纪末到公元前3世纪约一百年间，在希腊—马其顿人控制和占领过的地区，出现了一场前所未有的城市化运动。这场运动波及面极广，从东地中海到锡尔河、印度河流域，数以百计的希腊式城镇犹如雨后春笋般地涌现出来。这场运动影响非常深远，人类历史上东西方文化的第一次大交流、大汇合就是以这些城市为中心进行的，并由此形成了熔希腊文化与东方文化为一炉的"希腊化"文化。这一文化是从希腊古典文化到罗马文化，进而到西方近代文化的桥梁，它的重要历史地位已经得到古史学界的普遍承认。从这个意义上说，希腊化时期的城市化运动不仅奠定了希腊化文化的基础，而且与近代西方文化有着必然的、不可分割的联系。

第一节　城市化的动因

推动这场城市化运动的原因是多方面的，总括起来有两点：一是传统的余波；二是现实的需要。

在古典时期的希腊，像我们今天所理解的"城市"概念是不存在的。古希腊语中表示"城市"的"polis"一词严格来说，只能译为"城邦"不能译为"城市"。因为"polis"虽然一般是以城为中心，但

第二编 制度重建

就其本质而言，不是地理概念，而是政治概念、国家概念。组成"polis"的居民不是一般的市民，而是具有特定政治身份、享有一定政治权利与义务的公民。公民的权利与义务又靠特殊的政治制度与经济制度来保证。

"polis"是古希腊独特的地理环境与历史条件下的产物。它产生于古风时代，鼎盛于古典时期的公元前5世纪，衰落于伯罗奔尼撒战争后的公元前4世纪。公元前338年的喀罗尼亚战役标志着独立城邦时代的结束，它们的命运从此受到来自希腊大陆北陲的马其顿王国的摆布。城邦开始了向帝国或王国统辖下的城市的转化，然而城邦的传统不会倏然失去，历史的余波仍在亚历山大新开辟的天地中泛动着浪花。亚历山大的东侵使陷于城邦危机中的希腊人看到了新的希望，他们跟随这位伟大的征服者及其后继者的铁骑，踏入了一个全新的世界。在这个世界中，他们是统治民族。他们虽然听命于国主的旨意，而不是自己到公民大会上投票讨论，但他们只要生活在一起，昔日的传统就会记忆犹新，发挥作用，城邦的外壳就会重新披在他们身上。他们集居的地方尽管仍被称为polis，但显然已经不是主权国家，而是国王治下的城市了。

希腊人素有海外殖民的传统，公元前8—前6世纪的古风时代也是大殖民时代。当时殖民的主要方向是爱琴海对面的小亚沿岸。这些殖民者每到一地，就按照母邦的模式，建立城市，平分土地，组成新的城邦管理机构。这些城邦从建立之日起，就是希腊城邦的一部分。希波战争前与伯罗奔尼撒战争后不久，它们两度处于波斯帝国的统治之下。亚历山大东征之后，这些希腊城邦摆脱了异族君主的压迫，却又套上了亚历山大的枷锁。亚历山大以"解放者"自居，表面上免除了各邦的赋税，让它们自治，但干涉城邦的内政，禁止相互争斗。这些城邦实际上已失去独立地位，但城邦旧有的制度仍然保留，公民大会、议事会等城邦机构仍然存在。希腊人的殖民传统和殖民城邦的客观存在，也影响了新建的希腊—马其顿人移民地的组成形式，即按照旧的殖民传统组建新的移民城市。城邦与城市的最大区别就在于有无独立的国家主权。既然老一代城邦都正在向城市转化，由国王组织新建的移民地也

第六章 "希腊化"时期的城市化运动

就只能是城市了。

这场建城运动的领导者和组织者是马其顿国王亚历山大及其后继者。马其顿是希腊民族的后起之辈,当希腊城邦鼎盛之时,它还处于氏族部落社会的末期。城邦生活对于他们来说太陌生了,但为什么这些长期处于城邦之外的半开化君主会对希腊式的城市感兴趣呢?更何况这种城市的自治性与正在加强的王权似乎有所冲突。究其原因是特定环境下统治的需要。首先,在横跨欧、亚、非三大洲的统治区域里,征服者只有依靠强大的军事力量,才能维持自己的征服成果,而亚历山大之后,各马其顿国王首先放弃了先王利用东方人的政策,唯一可依赖的就只有自己的同胞希腊—马其顿人了。要吸引希腊人,就得给他们创造一定的生存环境。对于一直生活在城邦中的希腊人,建立有一定程度自治权力的城市当然是最具吸引力的了。其次,希腊—马其顿人与当地人相比,处于绝对的少数,只有集中力量,才能有效地进行威慑和统治,因此,在战略要地和商路津渡建立城市,就成为征服者刻不容缓的、十分必要的一步。再次,新帝国或王国建立后,由于统治区域、重心与对象的变化,统治者需要新的都城或商业、文化中心,这也促进了新城市的建立。最后,希腊—马其顿人统治者还有一种文化优越感,想通过希腊文化的传播对当地人产生影响。因此,建立希腊式城市就不仅是出于军事统治的考虑,也是文化征服的需要。

尽管亚历山大及其后继者对建立城市的热心程度以及对城市自治权的让予程度因地因时因人有所差异,但出于共同的统治需要,都参与和推动了城市化运动的发展。

第二节 城市化的实现

希腊化时期的城市化是由城市的建立与城市的发展来实现的。

亚历山大是这场运动的发起人,"是所有时代最伟大的城市建立者之一"。① 他在征服的道路上到底建了多少城市,后人一直争论不休。

---

① W. W. Tarn, *Alexander the Great*, Vol. I, p. 133.

第二编 制度重建

罗马帝国初期的传记作家普鲁塔克认为他建立了70个以上以他名字命名的亚历山大里亚城。① 但今人一般认为，这样的数字太夸张了，20个左右是可能的，而且主要在底格里斯河以东。其中影响最大的公元前331年建于埃及尼罗河三角洲，最远的公元前329年建于索格底亚那，这是亚历山大向东北方向征服的极限。公元前325年，他在印度河上游还建了一座同名城市。② 亚历山大在匆匆征程中建立这些城市的目的很显然是为了保卫战略要地，监视被征服的广大地区，但也可能是为了促使他的希腊人与东方人和谐共处之理想的实现。③ 他所建城市的外观、市政制度都是希腊式的，但也考虑到当地人的因素，他在为埃及亚历山大里亚拟定的城市规划中，就特别给埃及神伊西斯安排了神庙。④ 他的城市居民中，主体是希腊雇佣军、不适合服役的马其顿人，还有当地人。他们一起构成了城市的第一批定居者。

亚历山大所建城市的命运不一，有的蓬勃发展，有的萎缩消失，但亚历山大开创的城市化运动却显示了强大的生命力，他的后继者在建国之初对建立城市都表示了很大的热忱。

诸王国中建城最突出的是统治亚洲的塞琉古王国。这个王朝统治的范围因时而变，依赖于对外战争的结果，最大时是从赫勒斯滂海到兴都库什山。统治这样一个帝国困难重重：民族众多、文化各异、社会发展悬殊、各地的独立性极强。塞琉古王朝无力实行严厉的中央控制，又不满足于只拥有宗主权，只好紧步亚历山大的后尘，希望通过建立城市，加强对各地的控制，促进经济联系，从而使整个统治区域统一起来。塞琉古王国前三个国王在位之时（公元前312—前246年）建城最多。据古代作家阿庇安记载，塞琉古一世建立了34个以王朝命名的城市，其中包括16个安条克，5个劳狄西亚，9个塞琉西亚，3个阿帕米亚，1

---

① Plutarch: "*On the Fortune or the Virtue of Alexander*", *Moralia*, 328E, with an English translation by Frank Cole Babbitt, Cambridge, Mass.: Harvard University Press, 1993.

② Arrian, *Anabasis of Alexander*, 6.15.2.

③ 亚历山大曾在欧皮斯为马其顿人和波斯人之间的友谊与和谐祈祷。见 Arrian, *Anabasis of Alexander*, 7.11。

④ Arrian, *Anabasis of Alexander*, 3.1.

第六章 "希腊化"时期的城市化运动

个斯特拉东尼西亚。① 此外他还建立或重建了 25 个城市，分别以希腊、马其顿地名命名，或为纪念他自己和亚历山大而命名，主要分布在叙利亚和上亚细亚地区（the regions of upper Asia）、帕提亚本土，甚至远到印度、斯基泰地区。② 安条克一世继承父业，进一步在伊朗诸行省和小亚殖民建城。他在东部行省建立了安条克—波西斯（Antioch - Persis），重建了安条克—马尔基亚纳（Antioch - Margiana），在阿里亚（Aria），他建立了索特拉（Soteira），在斯基泰，他建立了另外一个安条克。此外，现在已经发掘出来的阿伊·哈努姆（Ai Khanum）古城遗址也可能是这一时期所建。③ 这些城市可分为两类，一类是军事移民地，另一类是所谓的 "Polis"。这二者在内部组织上区别不大，都是以希腊城邦为模式。主要区别在自治权上，军事移民地从属性强，土地由国王支配，"Polis" 的自治性较大，有自己支配的土地。二者的地位不是一成不变

---

① Appian, *Roman History*, with an English translated by Horace White, Cambridge, Mass.: Harvard University Press, 1999, 11.57. 参见谢德风译《罗马史》（上卷），商务印书馆 1979 年版，第 396—397 页。但有的学者认为此数字有所夸大，把后来其他国王建立的几乎所有的 Antiochs 和 Laodiceas 同名城市都归于塞琉古一世名下了。明确应属于他建立的城市有：卡吕卡德努斯河畔（Calycadnus River）的塞琉西亚（位于 Cilicia）；叙利亚的皮埃里亚的塞琉西亚（Seleucia - Pieria）、奥伦特河的安条克（Antioch - Orontes）、奥伦特河中游的阿帕米亚、滨海的劳狄西亚（Laodicea - on - the Sea）等四城；位于幼发拉底河渡口的塞琉西亚—宙格玛（Seleucia - Zeugma）、东岸的阿帕米亚、阿瑞图萨（Arethusa）、幼发拉底河中游的杜拉—欧罗普（Dura - Europus）要塞、贝罗伊亚（Beroea，古代的 Halab，现代的 Aleppo）；在肥沃新月形地区，建有底格里斯河畔的塞琉西亚（Seleucia - Tigris），也许还有埃德萨 [Edessa，后来的奥斯洛尼（Osroene）的 Antioch - Fairflowing，现代的 Urfa，古代的 Harran]；到公元前 3 世纪之末，在巴比伦尼亚建立了阿帕米亚—希尔胡（Apamea - Silhu, Mesene），在苏西亚那（Susiana），苏萨的塞琉西亚—欧莱乌斯（Seleucia - Eulaeus）和塞琉西亚—赫底封（Seleucia - Hedyphon）也已建立。正如从命名法上来看，红海的塞琉西亚（Seleucia-on-the Red Sea）可能属于塞琉古一世的红海地区总督所建，上述中的所有城市都可以归于塞琉古一世的主要殖民阶段，或归于他的儿子安条克一世。在伊朗，塞琉古一世还重建了拉盖（Rhagae，现在的德黑兰附近）。详见 Susan Sherwin-White & Amelie Kuhrt, *From Samarkhand to Sardis*, Berkeley Los Angeles: University of California Press, 1993, p.20。

② 这 25 个城市是：Berrhoea, Edessa, Perinthus, Maronea, Callipolis, Achaia, Pella, Orophus, Amphipolis, Arethusa, Astacus, Tegea, Chalcis, Larissa, Heræa, Apollonia (in Syria and upper Asia); Sotera, Calliope, Charis, Hecatompylos, Achaia (in Parthia); Alexandropolis (in India); Alexandreschata (in Scythia); Nicephorium (in Mesopotamia) and Nicopolis (in Armenia). Appian, *Roman History*, 11.57. 其中有的城市如印度的 Alexandropolis 显然非他所建。参见 Cohen, G. M., *The Hellenistic Settlements in the East from Armenia and Mesopotamia to Bactria and India*, Berkeley and Los Angeles: University of California Press, 2013, p.301。

③ Susan Sherwin-White & Amelie Kuhrt, *From Samarkhand to Sardis*, pp.20 - 21.

的,大部分军事移民地后来可能都发展成了"Polis"。"军事移民地向'Polis'的演化是塞琉古王朝的伟大成就之一。"① 塞琉古王朝的城市主要集中于从两河流域到东地中海沿岸地区,特别是塞琉古王朝统治重心的北叙利亚。"许多希腊人马其顿人定居于此,以致那儿成了第二个希腊。"② 塞琉古王朝建城(包括移民地)数目不详,但希腊化时期希腊人的殖民地绝大部分都在塞琉古王国的统治范围之内却是事实。③

统治埃及的托勒密王朝一度热心建城,但不久就冷却了下来,原因是它的统治对象基本是单一的埃及民族。它几乎全部接受了法老时期的统治机制,并辅以无孔不入的税收制度及遍布各地的屯防军。它向往的是法老那样的绝对君主专制,具有自治性的希腊式城市显然与此目的相悖。因此,在上下埃及,除了亚历山大里亚以及古老的希腊人殖民地瑙克拉替斯以外,托勒密朝只建立了一座命名为托勒迈斯的希腊城市,这还是托勒密一世建立的。托勒密朝建城较多的地方是在红海沿岸南达索马里一线,这儿有一连串的以王朝命名的城市和移民地,是为通商和猎象而建立的。④

控制希腊本地的马其顿王国也经历了城市化的冲击。在腓力二世与亚历山大时,下马其顿几乎没有马其顿人自己的城市。但此后,城市成倍增加。公元前316年,卡桑德建立了两个重要城市卡桑德雷亚和帖撒罗尼卡。⑤ 公元前292年,德米特里在帖撒利亚建了德米特里亚城。⑥ 安提柯控制马其顿后,建了4座城市。⑦ 总的看来,安提柯王朝从未像塞琉古朝那样大力推行城市化,原因在于它主要是对本民族的统治,比塞琉古王朝面临的统治对象要简单得多。

---

① G. A. Botsford and C. A. Robinson, *Hellenic History*, 1947, p. 327.
② Ibid., p. 326.
③ 据 M. 卡里考证,希腊人的移民地主要集中在地中海沿岸。建在幼发拉底河中下游、伊朗、巴克特里亚以及印度的城市也为数不少。见 M. Cary, *A History of the Greek World from 323－146 B. C.*, pp. 244－245。
④ F. W. Walbank, *The Hellenistic World*, p. 202.
⑤ Ibid., p. 86.
⑥ Ibid., p. 89.
⑦ S. A. Cook, F. E. Adcock, and M. P. Charlesworth, eds., *The Cambridge Ancient History*, Vol. Ⅶ: *The Hellenistic Monarchies and the Rise of Rome*, 1928, p. 220.

第六章 "希腊化"时期的城市化运动

尽管如此，经过亚历山大及其后继者几代人的努力，希腊式的城市已遍布于以东地中海为中心的欧、亚、非大地上了。现在已知的移民地名字虽然只有275个，其实际数目至少要超过300个。① 公元前3世纪中期以后，大规模移民逐渐停止，建城活动接近尾声，但城市的发展仍在继续，其明显的标志是：

1. 国际性的大都市出现，希腊化世界新的政治、经济、文化中心形成。其中最引人注目的是埃及的亚历山大里亚、奥伦特河畔的安条克、底格里斯河中游的塞琉西亚和小亚的帕加马。亚历山大里亚是托勒密王朝的都城，托勒密诸王为显示自己统治的伟大，竭尽全力，将此城建成了希腊化世界中最美、最繁荣的城市。斯特拉波描写该城有5.25公里（约30 stades）长、1.25—1.4公里（约7或8 stades）宽。城区的形状像一个斗篷（a cloak，*Chlamys*），但有街道纵横交错，东西、南北两方向有宽约100英尺的两条主干大道。城中有辉煌壮观的王宫、博物馆、藏书70万册的图书馆，有保存完好、宏大精美的亚历山大陵墓、托勒密历代国王的陵寝、希腊神与埃及神为一体的萨拉皮斯神庙，有供人娱乐消遣的动物园、花园、体育馆、跑马场、竞技场和圆形剧场等。城外法罗斯岛上有被誉为古代世界七大奇观之一的灯塔。② 由于托勒密诸王慷慨赞助，附庸风雅，各地的文人学士纷纷慕名逐利而来。亚历山大里亚英才荟萃，孕育了当时世界上最先进、最丰富的科学文化。城中除希腊人、马其顿人外，还有犹太人、波斯人、叙利亚人、阿拉伯人和来自撒哈拉以南的非洲黑人以及埃及本地人，总人口达40万—50万。③ 还有人估计高达100万。④ 亚历山大里亚是东西方贸易的中心，阿拉伯的香料、塞浦路斯的铜、埃塞俄比亚和印度的金、不列颠的锡、努比亚的象和象牙、北爱琴海与西班牙的

---

① M. Cary, *A History of the Greek World from 323 – 146 B. C.*, pp. 244 – 245.
② 关于亚历山大里亚的地理位置、城市布局和设施等，详见 Strabo, *Geography*, 17.1.6 – 10。也可参见［美］威尔·杜兰《希腊的衰落》，幼狮翻译中心编译，（台北）幼狮文化事业公司1978年版，第196页。
③ ［美］威尔·杜兰：《希腊的衰落》，幼狮翻译中心编译，（台北）幼狮文化事业公司1978年版，第197页。
④ D. W. Darst, *Western Civilization to 1648*, New York: McGraw-Hill, 1990, p.104.

银、小亚的地毯、中国的丝绸,① 甚至印度的胡椒,② 都从四面八方汇集而来。

安条克是塞琉古王国新建的首都,城中约有50万居民,其中包括许多犹太人、叙利亚人和其他民族人。与亚历山大里亚相比,它主要是政治、商业和娱乐中心。塞琉西亚是塞琉古王国的东都,王位继承人常驻跸这里。此城发展很快,在建城不到50年的时间内,城中居民就达60万。③ 由于它地处东西方商路交会之处,因而商业中转贸易十分繁荣,故有学者认为它是塞琉古王国的"第二,或者甚至是第一商业都市"。④

帕加马是一个重建的希腊人城市,先属塞琉古王国,后脱离成为帕加马王国的都城。这个城市以其宙斯大祭坛、奢华的宫殿、藏书20万卷的图书馆、希腊化世界最大的体育馆,以及特产羊皮纸等著称于世。正是由于藏书丰富的图书馆和帕加马国王对纯正希腊风格的爱好,这个城市在希腊化时代末期竟成了希腊散文修辞学的中心。一位当代史家情不自禁地称赞道:"在半个世纪中,帕加马曾是希腊文明中的最美之花"。⑤

2. 边远地区的希腊人城市仍充满着勃勃生机。当然,它们中有的不久就消失了,但有的仍在发展,最为典型的一个位于阿姆河畔的今阿伊·哈努姆村附近。在这座远离地中海3000英里的城市遗址上,考古学家发现了许多希腊化城市的特征:卫城、体育馆、大剧场、宫殿群、图书馆等。建城者基尼亚斯(Cineas)祭所石柱的底座上刻写着从希腊德尔斐神庙抄录而来的铭文,在明显是图书馆的废址上发现了似乎是亚里士多德学派的一页哲学纸草文献,其所

---

① E. M. Burns, *World Civilization from Ancient to Contemporary*, New York: W. W. Norton & Co., 1982, p.215. 中国的丝绸此时是否到达亚历山大里亚,待考。

② W. W. Tarn, *Hellenistic Civilisation*, p.248.

③ G. W. Botsford and C. A. Robinson, *Hellenic History*, 1947, p.329.

④ S. A. Cook, F. E. Adcock, and M. P. Charlesworth, eds., *The Cambridge Ancient History*, Vol. Ⅶ: *The Hellenistic Monarchies and the Rise of Rome*, 1928, p.187.

⑤ [美] 威尔·杜兰:《希腊的衰落》,幼狮翻译中心编译,(台北)幼狮文化事业公司1978年版,第177页。

用语言是纯正的希腊语。考古证明，尽管与东地中海的希腊人阻隔，这座城市仍繁盛了近200年，直到公元前2世纪后半期才毁于草原游牧民族之手。①

3. 城市化并不仅指新城市的建立与发展，同时也包括旧城市的复兴与繁荣。在东地中海特别在小亚一带，旧的希腊人城市虽然政治上失去了独立，但经济上仍出现了较大的发展。罗德斯岛（Rhodes）是地中海上最大的贸易中转站、希腊化世界的金融中心。以弗所地处东西方陆地商路一端终点，是小亚沿岸最大的城市。米利都毛织业发达，至少有10万居民。这些老城市还为新城市输送人员、提供示范，从另一方面推动了城市化的进展。塞琉古王国中被称为"polis"的许多新城市就是由小亚的希腊人旧城市帮助建立的。②

城市的普遍建立与发展标志着希腊化时期城市化的实现。从整体上看，这次城市化是希腊化世界之内希腊—马其顿人的城市化，当地人中只有很少一部分加入了这一行列。然而，正因为如此，在城市化运动中新建与兴起的城市才具有了共同的鲜明特征。

第三节　希腊化城市的特征

这些特征主要表现在三个方面。

一是政治地位的从属与自治。这些城市既非拥有国家主权，也不是由国家一统到底，而是在国王统辖之下具有一定处理内部事务权力的自治城市。它们与国王的关系视国王力量的消长而变化。一般来说，新建城市比旧城市与国王的关系较为紧密、直接。因为国王是城市的建立者，城市的自治权、土地，甚至建城费用以及一定时期的免税都是国王提供的。新建城市对国王的依赖性削弱了本身的自治性。城市每年要向国王交纳一定数目的贡金，要接受国王代表的监督，有的可能还要接受国王派来的驻防军。城市有自己的议事会和市政官员，城市的首脑

---

① F. W. Walbank, *The Hellenistic World*, 1981, pp. 60–61. 此城的详细布局见 Richard J. A. Talbert, *Atlas of Classical History*, p. 69。

② G. W. Botsford and C. A. Robinson, *Hellenic History*, 1947, p. 327.

(strategos) 或者选举产生, 或者由国王任命。① 国王一般不干涉城市内部的事务, 对城市并不发布强制性的政策。② 塞琉古王国的安条克三世曾写信给各城市表示, 如果他的命令违反法律, 它们尽可置之不理, 而只假定那是由于他无知而做的处置。③ 国王是法律之源, 他的决定作为法律通令全国, 但给城市的命令不用文件而用书信的形式, 用第一人称而不用第三人称, 并且设法使自己的命令与城市的法律相一致,④ 这也许是为了搞好关系, 但也因为城市对内部事务有一定的权力。

城市在形式上设有希腊"城邦"的机构与制度, 一般有公民大会、议事会。公民由希腊人与马其顿人组成, 其他民族人无权参与城市事务, 他们是居民而非公民。希腊—马其顿人分为德莫、部落, 并由此来选举市政官员、议员。城市有属于自己的土地。在马其顿, 城市甚至可以把公民权赠给其他城市的马其顿人, 还可与希腊世界的其他城市交换使者, 委托荣誉代理人 (Proxenia), 俨然以独立主权国家的面貌出现。⑤ 这种情况也发生在对城市控制最严的托勒密埃及。在公元前3世纪的托勒迈斯城, 竟然出现了"国王的大使", 这意味着在国王的眼里, 此城的自治政府似乎还有点主权国家的影子。⑥

但是, 不管这些城市拥有多大的自治权力, 它们本身的性质决定了其政治从属地位。城市既是国王统治下的基层单位, 也是维持、巩固国王统治的一种工具。

二是外观形式的沿袭与创新。这些城市一般都具有希腊"polis"的基本建筑, 但在布局与风格上有所创新。凡是重建或新建的城市, 建立

---

① S. A. Cook, F. E. Adcock, and M. P. Charlesworth, eds., *The Cambridge Ancient History*, Vol. VII: *The Hellenistic Monarchies and the Rise of Rome*, 1928, p. 186.

② John Boardman, Jasper Griffin, Oswyn Murray, eds., *The Oxford History of Classical World*, Oxford: Oxford University Press, 1986, p. 330.

③ [美] 威尔·杜兰:《希腊的衰落》, 幼狮翻译中心编译, (台北) 幼狮文化事业公司1978年版, 第169页。

④ F. W. Walbank, A. E. Astin, M. W. Frederiksen & R. M. Ogilvie, eds., *The Cambridge Ancient History*, Volume VII, Part I: *The Hellenistic World*, Cambridge: Cambridge University Press, 1984, p. 71.

⑤ F. W. Walbank, *The Hellenistic World*, 1981, p. 87.

⑥ S. A. Cook, F. E. Adcock, and M. P. Charlesworth, eds., *The Cambridge Ancient History*, Vol. VII: *The Hellenistic Monarchies and the Rise of Rome*, 1928, p. 122.

第六章 "希腊化"时期的城市化运动

之前都有总体规划。城市一般呈棋盘状，街道纵横交错。有的城市街道上不仅铺了路面，两旁还有柱廊连接，以遮阳避雨，夜间街上总有路灯。有的城市建有供水、排水系统。城市的主要建筑是神庙、议事厅、图书馆、体育馆、剧院、市场（又称人民大会广场）、纪念性雕塑等。各大都城还有王宫建筑。神庙失去了显赫地位，到这一时期只不过是整个中心建筑群的一部分。这些建筑物基本上是希腊式的，但也吸收了东方的拱形、[①] 平面屋顶[②]等建筑风格，华丽的科林斯柱头、科林斯与爱奥尼亚式的混合型柱头取代了单调凝重的多利亚式。

三是城市政治职能的退化。由于城市不是城邦，城市的生活失去了城邦时代的政治激情，人们的注意力转向了个人生活的追求。人们可能还去参加公民大会，但大会的议题已不可能是关于和战、签约等有关城市前途命运的讨论，而是听取国王信件的宣读；人们仍然去剧院观剧，但从舞台上已听不到政治风云的呼唤，看到的只是由发生在自己身边的生活琐闻编成的通俗喜剧。他们要去参加各种庆典或崇拜活动，但他们顶礼膜拜的已是可与东方神等同化一的希腊神或混合神，或者纯粹就是东方的神。他们的儿子仍去体育馆学习锻炼，但其目的已不是把自己造就成为国捐躯的战士，而是要成为一个熟谙希腊文、多才多艺的人才。适应这种社会心态的新哲学也出现了，主张修身克己的斯多亚学派，宣扬回归自然的犬儒派，倡导快乐主义的伊壁鸠鲁学派，还有各种各样对人生持怀疑态度的东方哲学，在这些城市受到广泛的欢迎。人们由相信理性转而相信命运，"命运"这种抽象之神也成了崇拜的对象。城市生活职能的加强与民间组织的出现，是城市政治职能退化的标志。城市官员的主要任务转为市政管理、举办公益事业。帕加马城官员的职责之一就是负责水的供应与公共厕所。[③] 许多城市有市立的医务组织，个别城市还有大的医务学校，医生的薪水由城市支付，他们对病人不分贫富、一视同仁。[④] 民间组织以互助为特征，

[①] John Boardman, Jasper Griffin, Oswyn Murray, eds., *The Oxford History of Classical World*, p. 500.
[②] C. B. Welles, *Alexander and the Hellenistic World*, Toronto: A. M. Hakkert, p. 218.
[③] F. W. Walbank, *The Hellenistic World*, 1992, p. 133.
[④] ［美］威尔·杜兰：《希腊的衰落》，幼狮翻译中心编译，（台北）幼狮文化事业公司1978年版，第265页。

这是城市失去政治凝聚力的必然结果。在新城市里，由于人口的混杂和传统的缺乏，这些组织在协调社会成员关系方面起了特别重要的作用。有的组织与崇拜某一神有关，如波塞冬尼公会（Poseidoniatai）即把海神波塞冬看作他们的保护神。从一个铭文中可以看出这种组织好像具有公餐会与殡葬会的作用。这些组织的结构和运行程序似乎是对城市制度的模仿，但它远非排外和纯希腊的，它们的成员既包括希腊人，也包括当地人；既有自由人，也有奴隶；既有男人，也有女人。[①]

希腊化时期的城市确实披着希腊城邦的外衣，但旧瓶装上了新酒，新的时代精神已注入其中。这一切表明，不论在政治地位上，还是在建筑格局与生活方式上，希腊化时期的移民地已远非昔日的"城邦"，它们已经具备了城市的基本特征。

第四节　城市化的意义

这次城市化运动在公元前 2 世纪以后随着希腊—马其顿人统治的逐渐结束而结束，但城市化运动中建立并兴盛起来的城市却不会从地平线上骤然消失。亚历山大里亚仍以其雄姿屹立于尼罗河口，亚洲的希腊式城市有的存在到 14 世纪。[②] 这次城市化运动的重要意义并不在于它给考古学家、历史学家留下了多少可待发掘、考证的遗迹，而在于它给当时及其以后的历史文化画卷中增添了不少新的篇章。

希腊化时期的君主们在建国之初热心于城市的建立，目的主要是通过它们来维持自己的征服成果。以此而论，他们的目的在一定程度上达到了。第一，城市享有一定的自治权，但真正自己起来反叛国王的并不多。已知的例子是帕加马城，但此后的帕加马城一直是帕加马国王的都城。第二，这些城市对被征服的当地民族起到了一定的震慑作用，因为最后灭掉塞琉古和托勒密两大希腊化王国的主要力量不是来自它们所统治的民族，而是东渡地中海、远道而来的罗马军团。第三，这些城市中

---

① F. W. Walbank, *The Hellenistic World*, 1992, pp. 64–65.
② I. M. Cooks, *The Greeks till Alexander*, London: Thames and Hudson, 1961, p. 208.

第六章 "希腊化"时期的城市化运动

的希腊—马其顿人给国王们提供了取之不竭的人才之库、兵力之源。国王统治集团的王友、一般官吏、雇佣军以及所需的各种专门人才有相当一部分是从这些城市招募而来，或更确切地说是从这些城市的体育馆培养出来的。

希腊化君主建立城市的另一个目的是扩大商业，加强各地联系。由于这些城市大多建在商路要道、海港河口，不少城市发展成了希腊化世界的商业中心。像前面提到的亚历山大里亚、安条克、塞琉西亚等都具有国际商业城市的性质。东西方贸易扩大了，商路的安全有了保证。从印度到地中海，以这些城市为连接点的海陆商路逐渐形成。城市的建立有助于商路的开通，商路的开通促进了城市的繁荣。如果没有亚洲内陆的那些希腊人城市，很难设想安条克、亚历山大里亚等沿海城市能成为国际性商业城市，也很难设想公元前2世纪以后会出现把中国与地中海联系起来的丝绸之路。

然而，这次城市化运动的最大意义在于它促进了希腊化文化，即区别于古典城邦文化的希腊化城市文化的形成。首先，城市是新文化产生的基地。这些城市尽管是"沙漠"中的"绿洲"，但它们肯定会对周围地区以及混居在一起的当地人产生影响，就连宗教传统极为保守的犹太地区也都一度受到希腊文化的冲击。[①] 有些东方人学习希腊语，并以此来撰写本国的历史;[②] 希伯来语《圣经》在亚历山大里亚城被译为希腊语；这些都证明了希腊文化的渗透力之强。但是，希腊人在传播自己文化的同时，也不可避免地受到东方当地文化的影响。他们力图保持自己的"希腊性"，却难以冲破东方文化的氛围。于是东西方文化的碰撞交流、汇合首先在城市中开始，新的希腊化文化在城市中形成了。东方的君权神授观念、君主制的一些统治方式，亚历山大及其后继者首先继承并发扬光大。巴比伦的天文学与希腊的天文学结合了，东方的神与希腊的神混而为一了。来自塞浦路斯岛的芝诺在雅典创立了风行于这一时期的斯多亚派哲学，他的杰出弟子都来自亚洲的希腊式城市。从城市本身

---

① [美]威尔·杜兰：《希腊的衰落》，幼狮翻译中心编译，（台北）幼狮文化事业公司1978年版，第179—180页。

② 著名的有二人：巴比伦人贝罗苏斯写了《巴比伦史》，埃及人曼涅托写了《埃及史》。

第二编 制度重建

而言，东方的一些建筑形式与希腊式的庙堂浑然一体。东方文化与希腊文化的交流汇合构成了希腊化文化的两个基本特征：多元与统一。其次，城市是培养新文化人才的学校。许多著名文化人士就出自这些新建城市，如出自亚历山大里亚城的高产作家狄戴姆斯（Didymus Chalcenterus，约公元前63—公元10年）、几何学大师欧几里德，塞琉西亚城的天文学家塞琉古（Seleucus，活跃于公元前150年），帕加马城的数学家阿波罗尼乌斯，底格里斯河以东阿特米塔城的历史家阿波罗多鲁斯。他们都促进了希腊化文化的形成。最后，这一时期的主要文化中心也在新城市形成，最有名的是亚历山大里亚，它取代了雅典成了希腊化世界中最大的文化都会。远东的希腊人城市也对希腊化文化作出了贡献。在它们影响之下形成的、以希腊艺术之形表达佛教精神之实的犍陀罗艺术，就是希腊化文化中的一枝奇葩。它通过丝绸之路传到了中国。[①] 我们的祖先对希腊造型艺术的了解首先来自印度的佛教艺术。

城市孕育了文化，文化使城市不朽。由这些城市所产生的希腊化文化经由罗马人、拜占庭人、阿拉伯人，文艺复兴时代的西方人传到了今天，"人们已经对希腊化时代作出了这样的评论，认为它在许多方面比古典时代的希腊人离今日之世界更为接近"。[②] 如果西方历史学家的这段话反映了历史的真实，那正是希腊化时期的城市化运动缩短了昨天与今天的距离。

（原载《城市史研究》1992年第7辑，有部分改动）

[①] 法国学者 R. 格鲁塞（R. Grousset）写过一本书：《从希腊到中国》（常任侠译，浙江人民美术出版社1985年版），简略论述了这一过程。

[②] J. B. Bury et al., *The Hellenistic Age*, Cambridge University Press, 1923, p. 32.

第三编　文化发展

第七章　希腊化文化的产生与演进

希腊化文化是亚历山大开创之世界的文化，随着帝国的建立和各个王国之间的竞争逐步发展而来。就其本体而言，它无疑是希腊化世界上层社会的文化，是希腊化城市的文化，表面上看似乎与当地的社会下层无关，但实际上，由于其内涵的文化认同，还是在当地人中引起了共鸣，他们或积极参与，或被动接受，从而使得这一文化遗产的影响在希腊—马其顿人的王朝统治结束之后仍然余音袅袅，延绵不绝。

第一节　希腊化文化产生的历史必然

一定的文化是一定的社会政治经济在意识形态领域里的反映，是一定时代、一定地域人类心灵的表象化。因此，在形式上类似于古典文化但精神上、内容上又明显不同的希腊化文化只能是希腊化时代、希腊化世界的产物。希腊化时代是以亚历山大东征为起点的。亚历山大帝国的建立，固然与波斯帝国的腐朽有关，但从根本上说，是希腊古典城邦制度衰落，无力解决自身矛盾，从而促使马其顿迅速完成由王国向帝国过渡的结果。因此，城邦文化让位于世界性的帝国文化也就成为历史的必然。

亚历山大东征开辟了希腊化文化产生的沃野。虽然他征战十年所开创的帝国在他死后就分崩离析，但他的继承者们建立的希腊化王国却构成了希腊人统治和影响之世界的主体。这个世界从地域上看，可以说是从西地中海到印度河，从黑海—里海—咸海一线到印度洋。在这样一个

第三编 文化发展

世界里，我们看到的是一幅文化传统不同、发展程度迥异的图景。埃及、西亚、印度已是有两三千年悠久历史的文明古国，它们在文学、艺术、数学、天文、医学等方面都取得了惊人的成就。其他地区和中亚、中非、阿拉伯、南俄等地基本上还处于低层次的文化发展阶段。罗马文明起步较晚，它在文化上还没有什么建树。而希腊人刚刚经历了城邦文化的辉煌繁荣，他们所负荷的就是古典文化的传统。希腊人是这个世界的开创者与主宰者，希腊文化随着他们扩张的步伐而传播，借助于他们的政治统治而凌驾于当地文化之上，甚至在希腊人留足不前时，希腊文化还会通过其他途径影响到更加深远的地区。因此，希腊文化所到之处，就不可避免要与当地的文化撞击、交流，从而产生文化上的汇合，这就是希腊化文化的前奏。

我们说希腊人控制之世界的建立，推进了希腊化文化的产生，并不意味着希腊与周围地区，特别与东方的文化交流只始于亚历山大。① 其实，这种交流早在新石器时代就开始了。克里特文化的创造者就很可能来自西亚，迈锡尼（Mycenae）人曾与小亚的赫梯争夺过对特洛伊的控制。② 到古风、古典时代，这种交往就更为密切。③ 据希罗多德，

---

① 约翰·博德曼（John Boardman）就认为希腊人"向东方和南方学习，在西方和北方教育别人，……两个方面同时并进。"（John Boardman, *The Greeks Overseas*, "Preface", p. 8, London: Thames and Hudson, 1980.）美国学者马丁·波纳尔则认为希腊古典文化根源于亚非。他的观点比较偏激，在学界一度引起轩然大波。详见 Martin Bernal, *Black Athena: The Afroasiatic Roots of Classical Civilization*, Volume I: *The Fabrication of Ancient Greece 1785—1985*, London: Free Association Books, 1987。

② 关于赫梯人和迈锡尼人的关系，争论颇多。H. G. Guterbock 发表于《美国考古杂志》上的"The Hittites and the Aegean World: The Ahhiyawa Problems Reconsidered" [*American Journal of Archaeology*, Vol. 87, No. 2 (1983), pp. 133 - 138] 一文，对半个多世纪的研究作了总结，认为曾与赫梯发生外交关系的 Ahhiyawa 有可能就是当时在希腊大陆称雄的迈锡尼人，而以后者为代表的希腊人在《荷马史诗》中被称为阿卡亚人（Achaeans）。参见王敦书《荷马史诗和特洛伊战争》，载朱庭光主编《外国历史大事集》古代部分第一分册，重庆出版社 1986 年版，第 215—231 页；王敦书《贻书堂史集》，中华书局 2003 年版，第 426—444 页。

③ 有学者甚至提出了在古风时期存在一个"东方化时期"或"东方化革命时代"。首次提出"东方化时期"的是牛津大学教授奥斯温·莫里。他在《早期希腊》（Oswyn Murray, *Early Greece*, Glasgow: Fontana Press, 1993）中专设"东方化时期"（"The Orientalizing Period"）一章，论述公元前 750—前 650 年之间希腊与近东的接触及其对希腊社会带来的诸多变化。"东方化革命"的提出者是沃尔特·伯克特，详见 Walter Burkert, *The Orientalization Revolution: Near Eastern Influence on Greek Culture in the Early Archaic Age*, Cambridge, Mass.: Harvard University Press, 1992。

第七章 希腊化文化的产生与演进

希腊人从埃及、巴比伦、腓尼基人那里学来了宗教、天文、文字等方面的知识①。希腊的一些政治家、哲学家、科学家,包括希罗多德在内,都到过这些地区游历访问。②然而,这种文化上的交流、接触是局部的、表面的,甚至是单向的。真正的、大规模的希腊文化与其他文化的交流汇合始于亚历山大时代。

亚历山大开创的世界只是提供了希腊文化与各地文化融汇的舞台。在这个舞台上最后能否演出一部别具韵味的剧目,还仰赖于其他因素的配合。

1. 政治的支持

希腊—马其顿人是希腊化世界的主导民族。希腊化世界的政治格局和统治阶级上层集团对文化事业的态度在很大程度上决定了这个世界中文化的发展趋向与特性。纵观希腊化时代,可以发现一个特别的现象,即希腊化王国的君主们(特别是前几代国王)大多热衷于文化事业。他们修建了规模宏大的图书馆、科学研究院③,提供一流的研究、生活条件;他们不惜重金、延揽人才,把供养学者作为自己的光荣,就是希腊化边缘地区的那些统治者也都附庸风雅、竞相效仿,对文化活动表示了强烈的爱好与支持。但是在对文化的热心和赞助程度上,无一希腊化王国能与托勒密埃及并驾齐驱。亚历山大里亚能成为希腊化文化的最大中心,其原因就在于此。希腊化君王们不仅奖掖文化,而且有的国王本人就是文化活动的积极参与者。马其顿国王卡桑德因背诵荷马诗篇而著名④,亚美尼亚(Armenia)国王曾用希腊语写过悲剧、演说词和历史⑤。构成希腊文化主要成分之一的宗教就大大得力于君主们的倡导,对国王的各种崇拜,萨拉皮斯(Sarapis)崇拜的创立与流行,就是托勒

---

① Herodotus, *Histories*, 2.50, 81, 82, 109; 5.58.
② 梭伦到过小亚、埃及 (Herodotus, *Histories*, 1.30 – 33; Plutarch, *Solon*, 26 – 28, with an English translation by Bernadotte Perrin, Cambridge, Mass.: Harvard University Press, 1998);毕达哥拉斯(Pythagoras)到埃及"学了关于神灵的秘密"(Diogenes Laertius, *Lives of Eminent Philosophies*, 8.3);柏拉图也到过埃及 (Diogenes Laertius, *Lives of Eminent Philosophies*, 3.6)。
③ "Museum"一词译名较多,有"博物馆、博学园、缪司学院、缪斯神宫、科学研究院"等。
④ M. Cary, *A History of the Greek World from 323 – 146 B.C.*, p.318.
⑤ Plutarch, *Crassus*, 33.2, with an English translation by Bernadotte Perrin, Cambridge, Mass.: Harvard University Press, 1996.

密朝国王的得意杰作。

希腊化时代是一个充满竞争的时代。不论在政治、经济上，还是在文化上都是如此，国王们热心文化，慷慨解囊，除了附庸风雅、自我享受的一面外，更大的一面是利用文化达到他们的政治目的。文化的繁荣，内则可以给王朝统治增加光辉，外则可借文人之力，争霸四方。正如英国著名希腊化史专家塔恩所说："知识变成了力量，在一定时期内，它的地位超过了财富。诗人或历史家可能是国王的朋友，哲学家或建筑家可能是国王的使者，一段恰当的引语曾经改变了一个和约的命运。"① 希腊化世界的政治分立局面，使得文人们能择木而栖，施展抱负；国王们的支持利用使他们能荟萃一堂，著书立说，竞相发挥聪明才智；自由探讨的学术空气又增加了文化本身的活力。希腊化文化产生的政治环境因素可以说是具备了。

2. 经济的推动

希腊化世界的一体化经济体系对希腊化文化的形成起着巨大的促进与推动作用。

亚历山大东征刺激了希腊化经济的发展，商品经济空前扩大。重要标志就是商业大城市的出现。罗德斯是希腊化世界重要的国际贸易中心，它在公元前170年的关税收入就相等于雅典公元前401年关税收入的5倍（关税率皆为2%）。② 与之并列的还有亚历山大里亚、提洛岛、底格里斯河畔的塞琉西亚。奥伦托河上的安条克也是一新兴重要商业城市。小亚的米利都、以弗所、腓尼基的推罗、西顿（Sidon）此时又获复苏。这些大都市不仅是各地商人、货物汇集、分散之地，也是各地文化交流汇合之处。诚然在这些城市中希腊文化占着主导地位，但不难设想其他文化的存在与渗入。

除这些大城市外，希腊化世界还存在着至少三百个以上的希腊人小城镇或移民地，它们多为军事、商业目的而建，分布于印度与索马里之

---

① W. W. Tarn, *Hellenistic Civilisation*, p. 269.
② M. Cary, *A History of the Greek World from 323 – 146 B. C.*, p. 298; G. W. Botsford and C. A. Robinson, *Hellenic History*, New York: The Macmillan Company, 1956, p. 402.

第七章 希腊化文化的产生与演进

间。① 这些小城镇的主体居民是希腊人,所以一般都保持了昔日城邦制度的外壳,特别是保持了城邦文化活动的传统形式。剧场,体育馆(gymnasium)是必不可少的。体育馆过去的职能是对男性青年公民(ephebe)进行军事训练,而今成了传授、学习希腊文化的专门学校。这些城镇犹如沙漠中的绿洲,唤起周围当地人对希腊文化的向往,同时也将自身置于当地文化的环境之中。这样的局面有利于文化的交流与相互影响。

经济的发展,商业的繁荣,离不开交换媒介的统一。希腊化世界主要流行两种币制的货币(阿提卡制和腓尼基制)②,它们具有国际通货的性质。币制的统一促进了商业的交往,实际上也就促进了文化的交流与统一。

贯通亚洲内陆,连接印度河与地中海的北、中、南三条商道,③ 也加强了希腊化世界的横向联系。奔走于这些大道上的不仅有商人、雇佣军④和游客,还有来往各地的专职文化艺术团体,⑤ 传经授道的哲学人士。阿姆河畔的阿伊·哈努姆遗址中发现的箴言,就是亚里士多德派哲

---

① 详见 M. Cary, *A History of the Greek World from 323 – 146 B. C.*, pp. 244 – 245。
② 阿提卡制(Attica standard)源于雅典,为亚历山大首先采用,其后流通于马其顿及其附属地区、塞琉古帝国、远东地区、小亚的帕加马、俾提尼亚、卡帕多西亚、黑海地区、埃托利亚、彼奥提亚、伊庇鲁斯,甚至罗马[因罗马使它的银币第纳里(denarius)等于阿提卡的德拉克马之故]。腓尼基制(Phoenician standard)流通于埃及、罗得斯、叙拉古、马赛(Marseilles)、迦太基等地。参见 W. W. Tarn, *Hellenistic Civilisation*, pp. 250 – 251; F. W. Walbank, *The Hellenistic World*, 1981, pp. 160 – 161。
③ 据斯特拉波(*Geography*, 2.1.11, 15; 11.7.3)和普林尼(*Natural History*, 6.52),北路从印度经巴克特里亚沿阿姆河而下,跨里海到黑海(但塔恩认为北路从未存在过)。中路是从印度经海到波斯湾,溯底格里斯河而上,抵塞琉西亚,中路还有一条大路,即从印度越兴都库什山、经伊朗北部一线而达塞琉西亚,至此,水陆两路会合,西至安条克,再至以弗所。南路是从印度沿海到南阿拉伯,经陆路到达培特拉(Petra),由此再通安条克、大马士革(Damascus)、亚历山大里亚等地。详见 Tarn, *Hellenistic Civilisation*, pp. 241 – 245; F. W. Walbank, *The Hellenistic World*, 1981, pp. 199 – 200。
④ 这些雇佣军来自希腊各地、马其顿、巴尔干半岛、小亚、叙利亚、巴勒斯坦、阿拉伯、中亚、印度、北非、意大利和西方。见 F. W. Walbank, *The Hellenistic World*, 1981, p. 67。
⑤ 如出现于这一时期的酒神艺术家团体。酒神艺术家(the technitai of Dionysus)是职业演员。雅典、科林斯地峡、小亚的提奥斯(Teos)是他们的行会中心,这些团体的影响较大,几乎像城中之国,它们奔走于希腊化世界,到各地的城市去参加节日演出。

第三编 文化发展

学家克利尔库斯（Clearchus）不远三千英里从德尔斐神庙带来的。① 连通各主要城市、地区的水陆大道，可被视为文化交流传播的动脉。

希腊人在进行政治统治和商业活动时，普遍感到统一语言的必要。于是，一种以阿提卡方言为基础的通用希腊语（the koine, common tongue），也可以说是最早的世界语就在交往中逐渐出现了。语言是思想交流的工具，文化传播的重要媒介。从某种意义上说，通用希腊语的流行，不仅大大推动了这一世界文化的发展，而且也决定了这一文化的希腊化特征。

在希腊—马其顿人的政治统治之下，四方辐辏的国际城市，分布各地的移民城镇，连通欧亚非的水陆大道，通行使用的两大货币，一种通用的语言，构成了希腊化世界的一体化经济网络。虽然商品经济并未深入到这个世界除城市之外的广袤原野，也未能从根本上改变或代替各地区原有的经济成分，但总的经济纽带已使这个具有不同文化传统的多民族世界连成了一个整体。那么新的世界文化（虽然肯定是以城市文化为主体）的出现还不会与此相伴随吗？

3. 时代的呼声

亚历山大帝国的建立，希腊化世界政治经济体系的形成，都有力地推动了希腊化文化的诞生。然而，这些因素都是客观的、外在的，只是提供了种种可能性和必要的条件。我们还没有考察文化的主体——文化的创造者，亦即生活在这个世界、这个时代的人们自身，对周围的一切在文化心理上的反应。就一般希腊人而言，他们曾是出入于卫城、剧场、公民大会的城邦自由公民，现在则成为希腊化君主国的臣民。即使他们仍主宰原来的城市，这个城市的命运也已受到君主们的控制。奔走各地的希腊人或当雇佣兵，或经商，或当幕僚廷臣，或去追求知识，传播"真理"，或去出卖技艺。不管其干什么，到何处去，他都会发现，在他的面前，不是深沟高垒的城邦卫城，而是开阔无垠的新奇世界。当他们惊讶地看到昔日嗤之为蛮夷之族的异邦那里，竟会有如此悠久灿烂的古老文化，在他们的已知世界之外，竟还有那么

---

① F. W. Walbank, *The Hellenistic World*, 1981, p. 61.

第七章 希腊化文化的产生与演进

遥远的未知世界![①] 当他们从小国寡民的城邦投身于似无涯际的人类居住之世界(οἰκουμένη, oikoumene, ecumene);他们会想到什么呢?昔日不可一世的波斯帝国一触即溃,雄心未已的亚历山大在帝国甫成之日就倏然逝去,它的继承者们厮杀几十年才三足鼎立,但罗马不到一个世纪后就开始率兵东向。一个帝国,一个伟人,一个民族的命运就是如此飘摇不定。对于这样一个政治风云变幻莫测,个人命运系于世界的时代,人们有何感受呢?旧的城邦生活一去不复返了,现在剩下的就是个人与世界的直接相对。人们面前摆着两条路,一条是拥抱、理解这个世界;一条是独善其身,逃避生活,寻求心灵的快乐与宁静。何去何从,这个时代的希腊人不得不做出自己的选择。希腊人统治或影响下的其他民族,特别是他们社会中原来的上层,对突然降临的异族统治和新的邻邦,对随之而来的、奇异的希腊文化的挑战,他们作何反应呢?在他们的面前也同样有两条路。一条是固守自己的传统,就像正统的犹太人那样;一条是与统治民族合作,接受他们的文化,但在接受的同时,也以自己的文化对其施加反作用。当他们跻身于希腊人社会时,他们也可能会遇到与希腊人相似的问题,即个人与世界的关系。

总之,在这个扩大的、新奇的,但又使人困扰的世界里,时代有自己的回声,人们有自身的感受。这种回声,这种感受只能、也一定会通过某种文化形式表达出来,这就是新文化形成的激素之一。实际上,我们已经隐约听到了这个世界文化精神的呼喊:"我不会把任何一个正人君子称为外族人,因为我们都有共同的本性。"[②] "人们不应当划分为希腊人或野蛮人(外族人),而应以品质分为好人、坏人。因为希腊人中

[①] 当然,在希腊化时代之前,希腊人对亚洲和其他希腊以外地区并非一无所知,他们对小亚、叙利亚、埃及、巴比伦都已熟悉,甚至对巴克特里亚、索格底亚那、印度也时有所闻,米利都人赫卡泰欧斯(Hecataeus,约公元前550—前476年)的《大地环游记》(*Periodos ges*, "Journey Round the Earth"),希罗多德的《历史》都提供了这方面的资料,但这些多为风俗人情、奇闻传说,有的地方也只是偶尔点到。亚历山大之前的希腊人对这些地区的认识还模糊不清,而且到过此地的人又毕竟很少。(参见[法]保罗·佩迪什《古代希腊人的地理学》,蔡宗夏译,商务印书馆1983年版,第40—49页)

[②] Menander, *Frag.* 602, in Cook, S. A., F. E. Adcock, and M. P. Charlesworth, eds., *The Cambridge Ancient History*, Vol. Ⅶ: *The Hellenistic Monarchies and the Rise of Rome*, 1928, p. 225.

不乏龌龊之辈，野蛮人（外族人）中也有诸多高雅之士。"①

第二节　希腊化文化的演进

希腊化文化是希腊化世界的文化，它与希腊—马其顿人的统治相始终，依他们与周围世界的相互作用而兴衰。因此，把希腊化时代政治史的演变作为考察的起点，就有可能探寻出希腊化文化发生发展的全部轨迹。希腊文化的传播与当地文化的汇合，文化各分支的发展，都因时因地而有度的差别。这种差别就决定了希腊化文化的发展具有明显的阶段性。

第一阶段：亚历山大帝时期（公元前334—前323年），希腊文化与东方文化开始接触。

这一阶段的特点是：文化上的撞击以武力征服为先导，真正意义上的文化汇合还未开始，但亚历山大帝国的建立第一次使欧亚非大陆间各主要文化的接触交流不仅成为可能，也变为现实，从而奠定了希腊化文化赖以产生的基础。而且仅就文化交流而言，亚历山大远征的过程，就是传播希腊文化，吸收东方文化，并使二者合流的过程。

亚历山大一路上建了大约20座以他名字命名的城市，绝大多数在底格里斯河以东，最远的位于锡尔河和印度河流域。② 这些城市是希腊—马其顿人的集居地，自然成为希腊文化的传播中心和希腊化文化的发祥地。他在远征中不时举办体育比赛、文艺竞赛和祭祀等形式的文化活动。③ 参加者不仅有随军的希腊艺术家，而且还有来自希腊大陆的著

---

① 据 Strabo, *Geography*, 1.4.9，埃拉托斯特尼如是说。
② 关于这些亚历山大所建城市的记载，古典作家说法不一，今人也多异见。近年来笔者对此问题做过一些新的梳理和思考，参见杨巨平《远东希腊化文明的文化遗产及其历史定位》，《历史研究》2016年第5期。
③ 在埃及的孟菲斯，他向当地的阿皮斯（Apis）神牛和其他神献祭，两次举行体育和文艺比赛；在巴比伦，他重修当地主神柏拉斯（Belus, 马尔都克 Marduk）的神庙，向其献祭；在中亚的赫卡尼亚（Hyrcania），他按惯例向神献祭，举行体育比赛。在印度河，他两度举行胜利献祭、体育和骑兵比赛；从印度海陆两路返回波斯湾会师时，两度举行祭神活动和体育比赛。Arrian, *Anabasis of Alexander*, 3.1, 5, 16, 25; 5.20, 29; 8.36, 42. 中译文参见［古希腊］阿里安《亚历山大远征记》，李活译，商务印书馆1985年版，第83、87、100、111、178、191、293、298页。

第七章 希腊化文化的产生与演进

名演员和艺人。① 亚历山大军队中招募了不少当地人,这些文化活动不会不对他们产生影响。亚历山大主张与东方女子通婚,并身体力行②。不管其目的何在③,他这样做的结果是使两个不同文化传统的民族,得以接近和交流。文化上潜移默化是互相的,通婚之举不失为希腊文化传播的一个媒介。亚历山大还派人对当地的3万名男孩进行马其顿式军事训练,并教他们希腊语。④ 这是使之在文化上希腊化的第一步。

如果说亚历山大传播希腊文化的结果还不太明显的话,那么他对东方文化的吸收却富有影响。首先,他接受利用了东方的宗教崇拜和王权神化思想。他祭奠过孟斐斯主神,访问过阿蒙神庙,在未来的亚历山大里亚城为希腊的神和埃及神伊西斯(Isis)安排了神庙。⑤ 此后,他就以法老、阿蒙之子自居。亚历山大如此崇拜亚洲神,本意是给自己的统治罩上秉承天命的光圈,结果导致希腊宗教与东方宗教的混合。亚历山大对东方的哲学也很感兴趣,试图领悟它的奥义。他在埃及聆听过哲学家萨孟论道,他接受了这位哲学家"所有的人都由神主宰"的论点,但从哲学层面对此作了进一步的发挥:神是全人类之父,但唯有那些最高贵者、最强者才是神的后代。⑥ 言外之意,像他这样的盖世英雄才具有神性,才是真正的神之子。在印度,他派人访问当地的智者,请他们

---

① Arrian, *Anabasis of Alexander*, 3.1;[古希腊]阿里安:《亚历山大远征记》,李活译,商务印书馆1985年版,第83页。

② 在中亚,他娶一贵族女儿罗克珊娜为妻,在苏萨,他和他的战友80人一起举行集体婚礼,他娶了大流士的女儿巴西妮,其余与亚洲女子结婚的马其顿人达一万人之多。Arrian, *Anabasis of Alexander*, 4.20, 7.4.[古希腊]阿里安:《亚历山大远征记》,李活译,商务印书馆1985年版,第143—144、228—229页。

③ 关于亚历山大通婚政策的目的,说法各异,一般认为是为了使马其顿人、希腊人与东方民族混而为一,但有的学者认为根本不存在一个民族融合政策,亚历山大只是受形势所迫,不得不在一定程度上依靠波斯人。[A. B. Bosworth, "Alexander and the Iranians", *The Journal of Hellenic Studies*, Vol. 100, Centenary Issue (1980), pp. 1 – 21.]吴于廑先生也持这样的观点(《略论亚历山大》,《历史教学》1956年10月号)。

④ Plutarch, *Alexander*, 47.3; Arrian, *Anabasis of Alexander*, 7.6.1;[古希腊]阿里安:《亚历山大远征记》,李活译,商务印书馆1985年版,第230页。

⑤ Arrian, *Anabasis of Alexander*, 3.3 – 4;[古希腊]阿里安:《亚历山大远征记》,李活译,商务印书馆1985年版,第85—87页。

⑥ Plutarch, *Alexander*, 27.6.

与他相会，其中一人随他到了波斯。① 亚历山大远征，使东方、特别是巴比伦的科学成果很快为希腊人接受。他曾用大队骆驼把巴比伦天文学的许多泥版文书送到亚洲海岸的希腊城市。② 他还给他的老师亚里士多德送去不少资料和报告，从而使其能建立一巨大的研究机构。③

远征本身对希腊化文化某些分支的形成也有直接影响。第一，它大大扩展了地理学的范围。远征军中的工程师、地理学家、测量师搜集整理了大量自然地理、人种志、民族学方面的资料，丰富了学者们对世界的了解，推动了自然科学的研究。④ 第二，远征也带来了历史学的进步。卡利斯梯尼、托勒密一世等都以历史见证人的身份写了亚历山大的征服史。战争回忆录、人物传记由此而成为希腊化时期史学的重要体裁。

亚历山大帝国虽然是昙花一现，但沃野已经开辟，种子已经萌芽。只要希腊—马其顿人对东方之地的统治格局没有改变，两种文化的交流就不会中断，合炉而冶的新文化的形成就势成必然。

第二阶段：公元前4世纪末到前3世纪，希腊化文化的形成与繁荣。

这一阶段与希腊化王国的鼎盛时期同步。亚历山大死后，在帝国废墟上建起了托勒密、塞琉古、马其顿三大王国。它们鼎足而立，处于均衡状态，而周围的国家，如东方的孔雀帝国、西地中海的罗马都未能成为它们的直接威胁。帕提亚王国刚刚从塞琉古王国独立，局限于里海南部一带，还处于希腊文化的深刻影响之下。巴克特里亚的总督虽然也宣告独立，但表面上仍然奉塞琉古王国为宗主国。希腊化世界国际局势的相对稳定，使各希腊化王国（特别是托勒密与塞琉古）有可能在对被

---

① Arrian, *Anabasis of Alexander*, 7.2；［古希腊］阿里安：《亚历山大远征记》，李活译，商务印书馆1985年版，第226—227页。Plutarch, *Alexander*, 64, 65, 69.3-4.

② ［美］威尔·杜兰：《希腊的衰落》，幼狮翻译中心编译，（台北）幼狮文化事业公司1978年版，第249页。

③ C. B. Welles, *Alexander and the Hellenistic World*, p.180.

④ 如受命考察从印度河到波斯湾海岸的尼阿库斯（Nearchus），随军到过印度的另外两人亚里斯托布鲁（Aristobulus）和奥内西克里特（Onesicritus），从波斯湾进入红海的阿那克西拉特（Anaxicrates），考察波斯湾巴林岛的安德罗斯提尼（Androsthenes），都写过有关的书或报告（见［法］保罗·佩迪什《古代希腊人的地理学》，蔡宗夏译，商务印书馆1983年版，第74—76、83—84页）。

第七章　希腊化文化的产生与演进

统治民族加强政治控制与经济剥削的同时，采取种种方式加强文化渗透，倡办文化事业，从而在客观上进一步扩大了东西方文化的交流汇合。具有鲜明时代特色的希腊化文化在此时不仅形成，而且日臻成熟、繁荣。其主要表征是：

1. 文化交汇扩大、文化中心奠定

出于政治统治的需要，建国之初的希腊化国王们急于从希腊各地吸引移民。移民浪潮直到公元前250年后才逐渐结束。[1] 这些移民大都被安置在亚历山大以来新建的希腊式城市或殖民地。这些移民所带来的就是他们祖国的文化，这些城市、殖民地也就自然成了希腊文化的传播中心，成为希腊文化与当地文化接触、融合的中心。其中最为著名的文化中心主要集中在东地中海沿岸。它们竞芳斗艳，各具特色。雅典是戏剧、哲学的中心，亚历山大里亚是诗歌、科学和古籍整理的中心，帕加马、罗德斯是纪念性雕塑的中心。在这些城市中，亚历山大里亚堪称中心的中心，这里有藏书50万—70万卷的图书馆，有附设动植物园和提供各种研究设施的科学院；这里有免费食宿，高薪厚俸，特别有国王的恩宠。学者们趋之若鹜，希腊化文化的巨人与成就主要出于此时此地，故希腊化时代有"亚历山大里亚时代"之称[2]。

2. 各文化的表现形式形成

希腊化时期的文化表现形式虽然基本上是对古典时代的承袭，却有所不同。有的旧形式得到了改造，有的受到了时代的冷落，有的原来难登大雅之堂，这时却风行起来。有的分支流派与过去相比，获得了显著的进步，有的则驻步不前，或明显落伍。当然，这时还出现了一些新的文化形式和现象。所有这些都在这一阶段形成了自己的独特风格。

希腊化时代的文学主要包括诗歌、戏剧和散文三大类。此时，各种诗体已有了明确的形式和内容，诗的目的多半着重于教育作用。因此除了一般的诗体：田园诗、讽刺诗、赞美诗、史诗之外，还出现了一种科普诗（Instructive poetry），即用诗的语言来介绍科学研究的成

---

[1] M. Cary, *A History of the Greek World from 323 – 146 B.C.*, p. 244.
[2] ［苏］塞尔格叶夫：《古希腊史》，缪灵珠译，高等教育出版社1955年版，第511页。

果。田园诗的创始人是西西里的提奥克里图斯（Theocritus，鼎盛于公元前280—前270年）。他的诗熔抒情、写景、叙事于一炉。讽刺短诗（epigram）早已有之，但只是在这时的亚历山大里亚人之手，才使它成为特别适于对周围生活发表评论的形式。史诗在这一时期得到改造，形式上是仿古之作，但内容却是传奇与史诗的混合。阿波罗尼乌斯（Apollonius，约生于公元前295年）的《阿耳戈号航海记》可为代表作之一。

悲剧继续问世①，但已失去了古典时的活力，而新喜剧却获得了成功。米南德（Menander，公元前342/341—前291/290年）和菲力门（Philemon，约公元前361—前262年）是这时的喜剧大师。源于西西里和小亚的拟剧（Mime）成为新的艺术形式。拟剧表演有说唱两种，分别是对悲剧、喜剧的拙劣模仿。公元前3世纪成为运动会、节日的正式节目②。

这一时期严肃的作品几乎全用散文写成。由于专业性散文重内容而不重形式，所以有的缺少文采，有的堆砌材料难以卒读。但用于演讲、辩论的散文不仅富于辞藻，而且逻辑性强，具有说服力，它们有三种形式：激论（Diatribe）、亚细亚式演讲术（Asiatic oratory）和与怀疑主义学派有关的辩证术（Dialectic）。

希腊化时期的艺术包括三大类：建筑、雕塑和绘画。这三方面与古典时代的承继关系尤为明显，但在形式的细节，特别是内容上都有一定的变化。这种变化主要是在公元前3世纪完成的。首先从雕塑上看，形式的变化表现在个人肖像的剧增，群体雕塑、风俗雕塑和纪念性雕塑的出现。对象的变化体现在取材范围的扩大，即由神话转向人世，抽象神拟人化。其次从建筑上看，建筑的重心移向东方，城市建设没有了总体规划，神庙失去显赫地位，因此只是整个中心建筑群的一部分。城市呈棋盘状，街道纵横交错，在建筑风格上，东方的建筑技术得到了采用，科林斯式柱子取代了多利亚式。最后是绘画，绘画所存不多，从目前尚

---

① 公元前3世纪早期，有七位悲剧作家的作品在亚历山大里亚获得了成功，获"七仙女星"（Pleiad）的称号（W. W. Tarn, *Hellenistic Civilisation*, p. 272）。

② J. B. Bury et al., *The Hellenistic Age*, p. 60.

第七章 希腊化文化的产生与演进

能看到的镶嵌画可以看出,由于风景画和风俗画的出现,体裁和内容都丰富起来,这时也掌握了透视法和运用明暗色彩的对比。

希腊化时期的哲学派别先后有一些变化。早已存在的柏拉图学派和亚里士多德学派此时门庭冷落,前者在阿塞西劳斯(Arcesilaus)之手转向了怀疑主义(约公元前270年),后者在斯特拉托(Strato)死后(公元前269年)就再无新的发展,所以这一阶段真正有影响的哲学派别是斯多亚学派、伊壁鸠鲁学派、犬儒派、怀疑主义学派。这些哲学派别在理论、组织、生活方式上虽然各有不同,但它们有一点是共同的,即都是给人们以生活的指导。芝诺的"道德"说,"世界国家",伊壁鸠鲁的追求心灵的"快乐",犬儒派的根据"自然"生活,皮浪的"一切不可知"都是从不同角度告诉人们如何去对待生活。哲学在很大程度上成了行为哲学或伦理学的代名词。

希腊化时代的史学著作从体例上看,有编年史式年代记、回忆录、人物传记、国别史、通史、断代史以及区别于政治史的文明史。它们都出现于这一阶段。亚历山大远征时,就记有行军志,"希腊化君主国和单独的希腊城市也都有它们自己的历史编撰学者"[①]。回忆录主要是战争史,阿卡亚同盟首领阿拉图斯的回忆录长达30多卷,曼涅托(Manetho)的"埃及史"是国别史的真正开端。西西里人蒂迈欧斯的《历史》(*The Histories*)是突破民族、国家界限的通史著作。第凯尔库斯(Dicaearchus)的《希腊生活》(Βίος Ελλαδος, *Life of Greece*)开创了文化史先河。公元前3世纪的史学虽然较为繁荣,但它的惊世之作要到下世纪才会出现。

希腊化的宗教信仰多种多样。除各地原有的宗教传统外,这一阶段还形成一些新的崇拜,主要有国王崇拜、萨拉皮斯崇拜,以及对某些抽象神祇的崇拜。王权神化始于亚历山大,完成于托勒密埃及。大约在公元前290—前285年间,托勒密一世建立了对亚历山大的崇拜,公元前283—前279年,托勒密二世把死去的父母奉为神,称为"保护神"

---

① M. I. Rostovtzeff, *A History of Ancient World*, Vol. I: *The Orient and Greece*, Translated from the Russian by J. D. Duff, Oxford: Clarendon Press, 1926, p.389.

(Θεοι Σωτηρες，或译"救世神，救世主"），公元前273—前271年间，托勒密二世自我神化，把他和王后称为兄妹神（Θεοι Αδελφοι）①，这就为希腊化君主的神化开了先例。萨拉皮斯崇拜也是托勒密朝创立的，是在埃及奥西里斯—阿皮斯（Osiris - Apis）崇拜的基础上演变而来。② 除此之外，此时还流行对女神伊西斯、阿塔耳伽提斯（Atargatis）和命运之神的崇拜。它们和萨拉皮斯神一道，逐渐获得了世界性神祇的意义。

自然科学是希腊化文化的重要分支。它"代表了希腊人在科学领域的最高成就。③"而这些成就主要发生在公元前3世纪。这一阶段就科学的本身构成而言，可以看出：科学日益专门化，科学和哲学相分离；各学科分类明显化。数学、物理、化学、地理、生物、植物、医学、天文学都成为既互相渗透，又相对独立的学科。这些学科之下又分为一些子学科，如物理学可分为力学、机械学；地理学又分为描述地理学、城市地理学、海洋学、数学地理学、历史地理学；数学上有代数学、几何学；医学中发展出了解剖学、药理学，特别值得指出的是还有毒素学④。这一时期出现了纯理论研究向应用科学的转变，但没有引起生产力的变更。阿基米德曾用物理学知识解决实际问题。由于把这些科学理论用于实际的社会基础与相应的物质条件都不具备，所以对它们的充分借鉴与利用到近代工业革命之时。

---

① M. Cary, *A History of the Greek World from 323 - 146 B. C.*, p. 368.
② 关于萨拉皮斯崇拜的起源，说法不一。一种观点认为源于埃及孟斐斯（F. W. Walbank, *The Hellenistic World*, 1981, p. 121），一种观点认为源于西诺普或塞琉西亚（Moses Hadas, *Hellenistic Culture*, New York: Columbia University Press, 1959, p. 189）。对于它的利用，一说始于亚历山大，见 C. B. Welles, "Alexander's Historical Achievement," *Greece & Rome*, Vol. 12, No. 2, Alexander the Great (Oct., 1965), pp. 216 - 228；一说始于托勒密一世。据塔西佗记载（Tacitus, *Histories*, 4. 83 - 84, with an English translation by Clifford H. Moore, Cambridge, Mass.: Harvard University Press, 1979），萨拉皮斯神是托勒密一世从西诺普设法请来，并为其建立了一座神殿。同时他还提供了这个神的叙利亚塞琉西亚和埃及的孟斐斯两个起源。奥斯丁则认为萨拉皮斯极可能来自埃及当地传统，但对此神由托勒密一世所创的说法表示怀疑。（M. M. Austin, *The Hellenistic World from Alexander to the Roman Conquest*, 1981, No. 261）不管它源于何地，始于何人，一般认为对它的正式崇拜形成于托勒密朝建立之初。
③ C. B. Welles, *Alexander and the Hellenistic World*, p. 185.
④ C. B. Welles, *Alexander and the Hellenistic World*, p. 188. 当然，这多是后人的分类。但当时的科学发展状况提供了划分的基础。

第七章　希腊化文化的产生与演进

3. 重要成就与巨擘基本出现

这一阶段是希腊化文化伟人、成果灿若群星的时期，各文化分支各有千秋，但成就最大、影响最为深远的是科学、艺术和古籍整理。

科学的巨人主要集中在地理学、天文学、物理学、医学、数学、生物学方面。对于他们的贡献，前人介绍较多，这里只要指出其中的几个著名人物就够了。如实测子午线的埃拉托斯特尼，提出"太阳中心说"的阿里斯塔克，著《几何原本》的欧几里德，还有"古代最伟大的解剖家"希罗菲勒（鼎盛于公元前3世纪前半期），物理学的泰斗阿基米德（约公元前237—前212年），生物学的代表提奥弗拉斯图（约公元前371—前287年）。后者的《植物史》与《植物的本源》记述了近500种植物，其中包括许多外国的标本。

造型艺术上的杰作首推被列为世界七大奇观中的罗德斯岛太阳神巨像（约公元290年建成），以弗所的阿特弥斯（Artemis）神殿（约公元前290年建成）和亚历山大里亚的灯塔（约公元前280年建成）。萨摩斯的胜利女神像，时间较晚，但风格属于这一时期。帕加马大祭坛、"杀妻后自杀的高卢人"、"演说家德谟斯提尼"、"继业者"等也都久负盛名。

古籍整理是对古典作品的收集、校订、阐释和编目，这一工作主要在公元前3世纪完成。《荷马史诗》的第一个校定本出自泽诺多托斯（Zenodotus）之手（约公元前275年）①。卡利马库斯（Callimachus，约公元前310—前245年）编写了120卷本的《希腊图书总目》（*The Catalogue of All Greek Literature*），这二位都曾或可能担任过亚历山大里亚图书馆馆长之职②。

东地中海文化中心的出现，各文化分支的大势告成，继往开来的文化巨人与成就，表明了亚历山大之后到公元前3世纪希腊化文化的形成和繁荣。但希腊化文化前进的步伐不会就此而止，它强大的生命力已为其后期的再兴与扩散开拓了新的天地。

第三阶段：公元前2—前1世纪，希腊化文化的余波与渗透。

---

① M. Cary, *A History of the Greek World from 323 – 146 B. C.*, p.379.
② 卡利马库斯是否担任过图书馆馆长难以肯定，但塔恩认为，这是有可能的，并将他的任期安排在 Zenodotus 和 Apollonius 之间。W. W. Tarn, *Hellenistic Civilisation*, p.270.

第三编 文化发展

公元前3世纪末叶起,帕提亚帝国在东方崛起,将塞琉古王国从中斩断。巴克特里亚希腊人孑然独立,而罗马则从西方席卷而来。希腊化王国陷入东西夹攻之中。这一时期的特征是:从东地中海地区看,文化创造的势头似已过去;但从整体上看,希腊化文化还在向四周扩散渗透,特别是向东西两端。罗马人军事上征服了希腊化王国,但却成了希腊化文化的俘虏;巴克特里亚失去了与东地中海的联系,但却把希腊化文化再次带入了印度。而且就是那些过去的文化中心,也不是死水一潭,某些分支,如宗教、史学也正是在地中海及其周边世界的政治格局发生变化之后才得到进一步发展。

1. 文化中心的余波

帕加马可为公元前2世纪希腊化文化的象征。它的图书馆于公元前169年建立。[①] 这里成了希腊散文修辞学的中心。此时产生的加沙大诗人米利格(Meleager)标志着塞琉古王国文艺运动的高峰。这一时期,也是描述地理学的黄金时代。罗马的征服带来了新地区的发现,有的学者认为利用天文学和数学不足以解决地图问题,就把研究转向于对人类居住之世界的描述。[②] 这就引起描述地理学或称地志学(chorographic)的新发展。[③] 这时的地理学大师是波昔东尼斯(Poseidonius,公元前135—前51年),他著有《论海洋》,提出五带的划分,把潮汐之因归于月之盈亏。他也认为一个人向西航行70000斯塔地(Stades)就会到印度。[④] 天文学仍有发展,希帕库斯(鼎盛于约公元前135年)绘制了有850个恒星(还有1080个恒星之说)的图表。他推算出的太阳年长度只误差6分14秒,阴历一月仅差1秒[⑤]。历史学重大进步的标志就是可与希罗多德和修昔底德媲美的历史学家波利比乌斯的横空出世。他的主要贡献在于他把整个地中海世界的历史看作一个有联系的整体。希腊化时期的最后一位著名历史家就是前边提到的波昔东尼斯,他写了一部

---

① [美]威尔·杜兰:《希腊的衰落》,幼狮翻译中心编译,(台北)幼狮文化事业公司1978年版,第210页。
② 同上书,第169页。
③ [法]佩迪什:《古代希腊人的地理学》,商务印书馆1983年版,第101页。
④ W. W. Tarn, *Hellenistic Civilisation*, pp. 304–305.
⑤ M. Cary, *A History of the Greek World from 323–146 B. C.*, p. 348.

第七章 希腊化文化的产生与演进

《续波利比乌斯》，下限到苏拉（Lucius Cornelius Sulla Felix，约公元前138—前78年）时期。① 雕塑艺术继承了前一个世纪的传统，也出现了一些撼人心扉的作品，如《拉奥孔》、《法尔奈斯的公牛》和《米洛斯的美神》（《断臂的维纳斯》）等。但雕塑已表露出装饰性、商品化的迹象。大概此时最生机勃勃的是宗教了。萨拉皮斯、伊西斯等崇拜传到了希腊本土，萨拉皮斯甚至传到印度。② 塔恩说："占星术的真正时代是在公元前2世纪。"③ 科学的衰落、罗马的东进，人们更感到命运的不可捉摸，更关心人和天体的关系，企图由此寻求解释，占星术提供了这种可能，公元前2世纪中期，埃及出现了第一本占星术手册，很快传遍了地中海世界④。同时，犹太教弥赛亚主义的思想也在叙利亚、埃及、小亚产生。⑤ 总之，宗教上的混合倾向和一神教的趋向越来越强烈了。

以上所述主要限于东地中海地区。如果我们把希腊化文化看作一个文化圈，东地中海地区是它的内圈，那么其周边地区就是这一文化的外圈。它包括西地中海的罗马，黑海地区的博斯普鲁斯（Bosporus），小亚的本都、俾提尼亚（Bithynia）、卡帕多西亚（Cappadocia）和亚美尼亚，两河、伊朗和中亚一部的帕提亚，中亚的巴克特里亚，南亚次大陆的印度，西亚中非一线的阿拉伯、努比亚等。⑥ 这些地区虽多不在希腊—马其顿人的直接统治之下，但都深受希腊古典文化传统及逐渐形成的希腊化文化的影响。这种影响始于公元前3世纪，然而从影响的深度与广度以及影响的结果看，公元前2—前1世纪当是水到渠成之时。由于材料所限，我们只能对大多数地区做面上的概述，而将重点放到罗马和巴克特里亚、印度方面。

罗马人早就受到希腊文化的影响，但他们对希腊化文化的大规模接

---

① M. Cary, *A History of the Greek World from 323 – 146 B.C.*, p.337.
② W. W. Tarn, *Hellenistic Civilisation*, p.121.
③ Ibid., p.346.
④ C. B. Welles, *Alexander and the Hellenistic World*, p.199.
⑤ ［苏］苏联科学院（乌特亲科）主编：《世界通史》第二卷上册，北京翻译社译，生活·读书·新知三联书店1960年版，第476页。
⑥ 这是把希腊化世界看作一个整体的文化圈而言。但就内部而言，事实上存在着东地中海文化圈和以巴克特里亚—阿姆河地区为中心的远东希腊化文化圈。笔者近年的研究主要集中于这一地区，详见杨巨平《远东希腊化文明的文化遗产及其历史定位》，《历史研究》2016年第5期。

第三编　文化发展

触始于他们对南意大利、西西里、东地中海地区的征服。每次战争都是罗马人掠夺财富，特别是希腊化艺术品的机会。大批富有才艺的希腊人沦为战俘，被带到罗马。在光彩照人的希腊艺术品、学识渊博的希腊人面前，罗马人自愧弗如，希腊文化对罗马心灵的征服也就势成必然。在这些被俘的希腊人中，有后来写四十卷《通史》的波里比乌斯，有率先把《奥德赛》译为拉丁文的安德罗尼库斯（Andronicus，约公元前284—前204年）。正是这些被俘的希腊人，搭就了希腊文化向罗马传播的桥梁。公元前2世纪，罗马人对希腊文化兴趣愈高，结果导致了公元前146年之后雅典等地因制作雕塑品而迅速复苏。雕塑从宗教开始，以贸易结束，这在很大程度上应归于罗马的需要。

　　希腊化文化对罗马的影响是多方面的。首先是希腊语，希腊语虽然没有取代拉丁语，但非常流行，成为上流社会的时髦语言。有些罗马人用希腊语编写历史著作①。到公元前2世纪末期，罗马的知识阶层人士一般都掌握了希腊语②。其次是文学。罗马的情诗可能源于亚历山大里亚，③贺拉西（Horace，公元前65—前8年）的文艺理论就来自希腊化新诗学。④他的讽刺诗和颂歌，也是以希腊化作品为模式。悲剧、喜剧经过改编在罗马传开，恩尼斯（Ennius，公元前239—前169年）写的悲剧就源于索福克里斯。⑤罗马的雕塑家擅长于历史浮雕和肖像，前者本质上是本地特产，但后者明显表示出"向希腊化希腊的借鉴"。⑥出土于庞贝（Pompeii）的《伊索斯之战》镶嵌画即是对公元前4世纪和前3世纪之交的希腊画家菲罗克塞诺斯（Philoxenos of Eretrea）绘画的摹本。史学上，罗马人也得益匪浅，希腊作家第凯尔库斯（曾著《希腊的生活》）激励瓦罗（Varro，公元前116—前27年）写了一部《罗

---

① 如编年史家弗边·毕克多（Fabius Pictor），可惜他的著作没有流传下来。
② E. S. Gruen, *The Hellenistic World and the Coming of Rome*, Los Angeles, London: University of California Press, 1984, p. 258.
③ J. B. Bury et al., *The Hellenistic Age*, p. 56.
④ 缪朗山：《西方文艺理论大纲》，中国人民大学出版社1985年版，第112页。
⑤ F. W. Walbank, *The Hellenistic World*, 1981, p. 248.
⑥ M. Cary, *A History of the Greek World from 323–146 B. C.*, p. 317.

第七章　希腊化文化的产生与演进

马人的生活》(*Life of the Roman People*)①。老加图（Cato the Elder，公元前234—前149年）是罗马史学的真正奠基者，他的《罗马历史源流》(*Origines*，7卷）虽用拉丁语写出，但也受到希腊史学模式的影响。②罗马哲学实际是希腊化哲学的一部分，斯多亚哲学最适合他们的需要。中期斯多亚派的代表人物巴内修（Panaetius，公元前185—前110/109年）通过罗马名将西庇阿（Scipio，公元前185/184—前129年）的社交圈子，使斯多亚哲学进入罗马。伊壁鸠鲁的"原子论"为卢克莱修所继承。希腊化的个人崇拜，王权神化也给罗马以影响。罗马将军的个人崇拜从公元前2世纪早期也开始形成，弗拉米尼努斯（Flamininus，公元前198年任执政官）在希腊首开先例。③这是罗马皇帝神化的前兆。罗马城像东地中海的许多港口一样，欢迎来自叙利亚、小亚、埃及的神祇。罗马以创制法律而著名，但它的法学也受到希腊化的影响。提奥弗拉斯图撰写过一篇法学论文，开辟了一个新的研究领域。卡里（M. Cary）认为：在此领域里，追随他的罗马人要比希腊人多。④

希腊化文化对罗马的影响是巨大的，诚如塔恩所言："教育罗马的不是旧日的希腊，而是同代的希腊主义。"⑤以致我们有理由把它置于希腊化文化圈之内。但是罗马在接受希腊化文化时，不是机械地效仿，而是尽量使其形式适于自己的传统和需要。罗马剧作家普劳图斯（Plautus，约公元前254—前184年）的情节来自希腊化的新喜剧，但却体现了罗马社会的特征。⑥罗马采用了希腊建筑中的柱式系统，但却将柱式基本当作一种装饰。罗马人也建了不少剧场，但不像希腊人那样依山而建，而是一独立的建筑物。总之，罗马人是有选择地接受。罗马是希腊化文化达到今日的重要通道，但它传给我们的是"不完整的希腊"⑦。

---

① M. I. Finley, ed., *The Legacy of Greece*, Oxford: Charendon Press, 1981, p. 172.
② F. W. Walbank, *The Hellenistic World*, 1981, p. 248.
③ Ibid., pp. 248 – 249.
④ M. Cary, *A History of the Greek World from 323 – 146 B. C.*, p. 355.
⑤ W. W. Tarn, *Hellenistic Civilisation*, p. 1. 卡里也持同样的观点，他说："一般认为，罗马是希腊的学生，但人们经常忘了是希腊化的希腊而非古典的希腊，是罗马的真正老师。"（M. Cary, *A History of the Greek World from 323 – 146 B. C.*, p. 375)
⑥ M. I. Finley, ed., *The Legacy of Greece*, p. 432.
⑦ Ibid., p. 433.

第三编 文化发展

巴克特里亚在希腊化时期具有重要地位。① 希腊化文化对中亚、印度，甚至中国的渗入基本是由它实现的。首先，巴克特里亚地区保持了浓厚的希腊化文化色彩。从阿伊·哈努姆遗址可以看出，阿姆河畔的这座希腊人城市在公元前3—前2世纪十分繁荣。城中有希腊式的体育馆、剧场、雕塑和柱头，还发现有巴克特里亚和印度—希腊人的钱币、希腊语的铭文和纸草文献。这些遗迹证明了希腊文化在与希腊化中心地区隔绝的情况下顽强的生存能力。此外，巴克特里亚的希腊人并非自我封闭。他们与西伯利亚、南俄进行贸易，他们的珠宝类和金雕艺术品已在这些地区发现。这些艺术品肯定是由希腊—伊朗的艺术家制作②，可以设想二者艺术上的汇合。这样的艺术品与他们的钱币（本身也是艺术品）一道把希腊化文化带到更遥远的地方。此时的巴克特里亚与西汉帝国有无接触难以考证，但据斯特拉波，它曾向"赛里斯（Seres）和弗里尼（Phryni）扩展"③。西方一些学者认为赛里斯即指中国，至少是中国的塔里木盆地西缘。④ 而且张骞通西域时就到过大夏（即巴克特里亚）。此时的大夏虽服属大月氏，但当地的希腊人及希腊化文化现象，张骞应有所耳闻目睹，这在《史记·大宛列传》和《汉书·西域传》中可得到旁证。⑤ 发现于塔里木地区的一枚汉文封泥印章，呈现出

---

① 关于巴克特里亚的历史地位，有两种针锋相对的观点。塔恩把巴克特里亚—印度的欧泰德姆斯王朝视为与塞琉古、托勒密、安提柯、阿塔利并列的王朝。他认为：不论在任何方面，或是在统治的范围上，或是在他们试图所做的一切上，它都要比先后处于埃及和罗马庇护之下的阿塔利王朝重要得多。（W. W. Tarn, *The Greeks in Bactria and India*, "introduction", p. xx）但 A. K. Narain 认为希腊—巴克特里亚和印度—希腊人王国孤悬远东，与中东的希腊化国家早已分道扬镳，不可同日而语，而且希腊人在巴克特里亚和印度的统治并未像他们在叙利亚和埃及那样，能够从亚历山大起一直延续下来，而是中间插入了一个孔雀王朝。因此，"印度希腊人（Indo-Greeks）的历史是印度而非希腊化国家历史的一部分"。（A. K, Narain, *The Indo-Greeks*, "Introduction", p. 11）

② M. I. Rostovtzeff, *The Social and Economic History of the Hellenistic World*, p. 546.

③ Strabo, *Geography*, 11. 11. 1.

④ 关于这两地的具体所指，学术界争论甚久。详见 A. K. Narain, "Appendix Ⅱ. Seres and Phryni", in A. K. Narain, *The Indo-Greeks*, pp. 170 – 171。纳拉因认同坎宁安（A. Cunningham）的意见，将 Seres 和 Phryni 分别视为《汉书·西域传》中提到的疏勒（今天新疆的喀什）和蒲犁（今新疆的塔什库尔干），并认为，Seres 有可能后来被用来指整个中国。

⑤ 譬如，《史记·大宛列传》说安息"以银为钱，钱如其王面"，《汉书·西域传》记载大月氏国"民俗钱货与安息同"，考古材料证明，大夏、大月氏、安息的钱币上均有王像，这种独特的钱币不能不给张骞及其后的汉使们以深刻的印象。其他相关资料和分析，详见杨巨平《亚历山大东征与丝绸之路开通》，《历史研究》2007 年第 4 期。

第七章　希腊化文化的产生与演进

希腊式的图案：马其顿的雅典娜·阿尔希斯（Athena Alcis）和一个似乎是巴克特里亚希腊人王国首任国王狄奥多托斯的头像。有的学者据此认为，希腊的影响在希腊化时期就已达到中国境内。①

希腊文化与印度文化接触，自亚历山大后几乎没有中断，但对印度影响最深的是巴克特里亚的希腊人。② 他们在公元前2世纪前后进入印度西北部，维持了一百多年的统治。他们采取文化融合政策，钱币上采用印度的标准和神像以及印度的特产大象和瘤牛等形象。有的印度人在希腊人城市做了民事官吏。③ 印度的佛教也逐渐得到希腊人的理解，曾在印度为王的希腊人米南德就皈依佛门。④ 然而，希腊文化与佛教文化融合的最大成果是犍陀罗艺术的形成。⑤

所谓佛教犍陀罗艺术，就是希腊艺术形式与佛教精神的结合。犍陀罗位于印度西北部，原是波斯帝国的一个行省，亚历山大征服印度后，纳入帝国版图。亚历山大死后不久，此地成为印度孔雀王朝的一部分，阿育王时期（Asoka，约公元前270/269—前232年，或约公元前260—前218年在位）佛教传入。此前，佛教没有专门的偶像崇拜。巴克特里亚希腊人至此后，才出现了佛陀的形象。佛陀塑像的原型既是身穿外套的亚历山大里亚式的智者，又是"希腊固有的救世神阿波罗"⑥。把抽象的"佛"体现为形象的"人"，正是犍陀罗艺术重要意义之所在。现存最早的佛陀像可以明显看出希腊化的特征，座像上半身的衣物状完全

---

① M. Cary, *A History of the Greek World from 323 – 146 B.C.*, p.316. 这个雅典娜是马其顿培拉城的保护神，又称"Athena Alcidemus"，意思是"人民的保护者"。其特征是持有霹雳（thunderbolt）和宙斯盾（Agis）。印度—希腊人国王米南德的钱币主要采用了这种图案。
② 关于这些印度—希腊人在印度的兴衰及其与印度文化的关系，参见杨巨平《希腊化还是印度化——"Yavanas"考》，《历史研究》2011年第6期。
③ J. M. Cook, *The Greeks in Ionia and the East*, London: Thames & Hudson, 1962, p.166.
④ 关于米南德与佛教的关系，参见杨巨平《弥兰王还是米南德？——〈那先比丘经〉中的希腊化历史信息考》，《世界历史》2016年第5期。
⑤ 关于犍陀罗艺术出现的时间有两种观点，一种认为是在贵霜帝国时期形成，一种是在巴克特里亚希腊人统治印度西北部之时，法国学者R. 格鲁塞持此观点。见［法］R. 格鲁塞《从希腊到中国》，常书鸿译，浙江人民美术出版社1985年版，第27页。笔者倾向后一种观点。
⑥ ［法］R. 格鲁斯：《从希腊到中国》，常任侠译，浙江人民美术出版社1985年版，第28、30页。

是希腊式的①。此外，希腊化艺术的影响还可通过这一时期佛教雕刻中的科林斯式柱子，着希腊服装的妇女以及人物的姿态、表情等表现出来。犍陀罗艺术对佛教的传播起了不可估量的作用，正是通过它，希腊文明、印度文明与中国文明才得以初步接触。

帕提亚介于塞琉古王国与巴克特里亚之间，它本身又是脱离塞琉古而独立的，希腊化文化对它的影响是肯定的。② 它将希腊语作为官方语言之一，并发行希腊式钱币，其上的铭文自始至终都是采用希腊语。尼撒宫殿的建筑采用了爱奥尼亚柱头、仿科林斯式的柱头、列柱式走廊，其中立有类似"断臂的维纳斯"的女性雕像。帕提亚的希腊化文化色彩极为浓厚，以至于被汤因比称为"爱希腊帝国"（Philhellene Empire），认为它是希腊文化的热心"赞助者"。③

小亚的卡帕多西亚、本都、亚美尼亚和俾提尼亚仍保持以前的政治文化传统，但也在不同程度上受到了希腊化文化的影响。它们都接受了希腊化的崇拜名称（cult-names），宫廷中使用希腊语言和名号（titles），供养酒神艺术家。它们尽力招徕希腊学者④。有的国王发行希腊式钱币，有的修建大型希腊神庙，有的用自己的名字命名新建的城市⑤，他们都力图与希腊化国王同列。

博斯普鲁斯是南俄受希腊化文化影响较深的地区。它的统治区域包括若干个希腊城市，因此希腊文化与当地文化相互交织。在希腊化文化影响下，当地的艺术品涉及当时的宗教主题。在库班（Kuban）地区发现的金属饰物上就有一希腊化的命运女神的形象⑥。

公元前30年，最后一个希腊化王国托勒密埃及灭亡。原来的希腊化世界被罗马人、帕提亚人、贵霜人所占据。作为一个时代的文

---

① Moses Hadas, *Hellenistic Culture*, p. 230.
② 关于帕提亚王朝与希腊化的关系，可参见杨巨平《帕提亚王朝的"爱希腊"情结》，《中国社会科学》2013年第11期。
③ Arnold Toynbee, *Hellenism: The History of A Civilization*, Oxford: Oxford University Press, 1959, p. 183.
④ W. W. Tarn, *Hellenistic Civilisation*, p. 170.
⑤ Ibid., p. 171.
⑥ M. I. Rostovtzeff, *The Social and Economic History of the Hellenistic World*, p. 600, Plate LXVIII. (1)

第七章 希腊化文化的产生与演进

化,希腊化文化的生命终结了,但它在欧亚非大陆上激起的层层余波仍在向四周扩散,它的影响与踪迹在东西方文化的历史长河中仍依稀可见。从它的发展进程我们可以看出:一定的文化发展虽与一定的政治发展相伴随,但文化的传播与辐射却往往超出政治控制范围之外。"希腊主义的核心不是地理的或语言上的,而是社会的、文化的"①。希腊化王国周边地区文化,特别是罗马文化一定程度上的希腊化,就是典型的例证。

(本章第二节内容发表于《山西师范大学学报》1994年第2期,有较大改动)

---

① Arnold Toynbee, *Hellenism: The History of A Civilization*, p. 6.

第八章　希腊化文化的多元与统一

关于希腊化文化的性质，国内外学者众说不一。本章对此将不加过多的评析，只就它的统一与多元略陈管见。笔者认为，这二者是希腊化文化的基本特色。弄清了多元与统一的关系及其具体表现，似有助于对希腊化文化性质的理解和确定。

第一节　希腊化文化的多元性

多元性是希腊化文化区别于希腊古典文化的最基本特征。主要表现在三个方面。

一　文化本体上的多元

文化本体即文化本身的构成和内容，在希腊化时期大致可划分为宗教、科学、艺术、哲学、文学和史学六个分支。它们是各地区文化因素的汇集与凝聚，是多元性的直接体现，因此，分析文化本体各分支的因素构成，特别是分析希腊文化以外的其他文化因素的注入，就能更清晰地看出各文化因素的分布与比重，就能从整体上更好地把握希腊化文化的多元性特点。

（一）宗教

宗教上的多元因素最为突出。希腊的奥林帕斯众神崇拜、奥尔弗斯秘教（Orphism），埃及的阿蒙神、伊西斯神、奥西里斯神、阿皮斯（Apis）神牛崇拜，巴勒斯坦的犹太教，古波斯的琐罗亚斯德教（Zoro-

第八章 希腊化文化的多元与统一

astrianism），巴比伦的占星术、马尔都克神崇拜，叙利亚的阿塔耳伽提斯神，安纳托利亚的大母神库柏勒（Cybele）等，都一起登上了希腊化宗教的殿堂。

希腊人首先接受了许多东方神祇，或把他们与希腊神等同，或赋予其新的功能与特性，作为共同崇拜的对象。托勒密朝创立的萨拉皮斯崇拜就是从埃及的奥西里斯—阿皮斯崇拜发展而来。他的塑像显示了埃及神奥西里斯与希腊神宙斯、哈得斯（Hades）的特征。[①] 其次是宗教仪式和观念的结合。奥尔弗斯秘教的入会式移植到了东方的秘教上。巴比伦的"天人对应"观与希腊人的命运观在动荡不安的时代中相会，导致东方占星术的流行。随着占星术的泛滥，各种源流的巫术，包括亚述的、巴比伦的、安纳托利亚的、波斯的、犹太的，都于公元前2世纪倾入希腊化世界。其基本思想是使用适当的手段，神就可遂人愿。这可能是东方的巫术与希腊占卜术结合的结果。国王崇拜与王朝崇拜是希腊的英雄崇拜、马其顿的王族神裔观念与东方王权神化传统的合一。亚历山大首开先例，他的后继者建立的王朝大都仿而效之，唯马其顿例外，这正说明东方影响因地而异。此外还有一些宗教因素传入，尽管其混合程度不太明显，如佛教、犹太教。阿育王时曾派人到希腊化世界的五个地区：塞琉古王国、埃及、马其顿、昔列尼、伊庇鲁斯传播佛教，[②] 一度在印度为王的希腊人米南德就皈依了佛门。犹太教希腊语《圣经》的译出，也肯定对希腊人产生了影响。

（二）科学

希腊化时期的科学取得了最为辉煌的成就，其主要原因就是希腊人吸收了东方的科学成果，两大科学源流在这一时期相汇。此时的天文学是在巴比伦天文学的基础上发展起来的。巴比伦人提供了大量的天文观测资料和研究成果，向外输送了不少学识卓越的天文学家。希腊化时代最负盛名的希腊人天文学家希帕库斯从巴比伦当代著名天文学家基德那

---

① 详见 Moses Hadas, *Hellenistic Culture*, p. 189。
② Ven. S. Dhammika, *The Edicts of King Ashoka*, Kandy Sri Lanka: Buddhist Publication Society (The Wheel Publication No. 386/387), 1993, "the Fourteen Rock Edicts", No. 13. 参见 Moses Hadas, *Hellenistic Culture*, p. 188。

斯那里，吸收了251个太阴月等于269个近点月的说法。他制作的更为精确的、供天文研究之用的水平仪，也是以巴比伦式样为依据的。① 他的星图是把自己的研究结果与巴比伦、早期希腊天文资料进行比较而绘制出来的。植物学上，希腊哲学家兼科学家提奥弗拉斯图的有关著作中包括了许多亚洲的植物标本，在描写无花果树及枣椰树的传粉与授精时，采用了巴比伦人的说法。② 数学上，亚历山大里亚的科学家利用了埃及的几何学知识。巴比伦的进位制、解二次方程的方法，也为希腊人采用。

（三）艺术

艺术的多元性确实存在，但希腊的因素更为多一些。

建筑艺术上东方影响最明显的是拱形建筑、波斯式、埃及式的柱头。拱形建筑包括拱形门道、圆形屋顶、圆顶阁和偶尔出现的整个街道的拱廊。它们是巴比伦式的。据说亚历山大里亚水池上的拱顶是阿拉伯式的。③ 这些形式都或多或少地影响到希腊化时的建筑风格。雕塑上，埃及的艺术表现手法也与希腊雕塑艺术相结合。卡纳克（Karnak）的亚历山大四世塑像，面部是希腊式样，但形体属埃及传统。④ 肖像画的发源地也许是小亚，因此从一开始就表现出东方的影响。镶嵌画原系埃及与两河流域的古老艺术，希腊人学了过来。出土于庞贝城的《伊苏斯之战》镶嵌画（此为罗马人仿作）即是最典型的一例。

（四）哲学

希腊化时期的哲学思想流派基本上都与古典时期有渊源关系，唯有斯多亚学派"更少希腊性"，但它最有影响。它之所以能适应希腊化时代的需要，是因为它"包含了当时世界感到需要而又为希腊人所似乎不能提供的那些宗教成份"。⑤ 那么，这些宗教成分源于何处呢？我们

---

① W. W. Tarn, *Hellenistic Civilisation*, 1952, pp. 298, 301.
② [美] 威尔·杜兰：《希腊的衰落》，幼狮翻译中心编译，（台北）幼狮文化事业公司1978年版，第263页。
③ W. W. Tarn, *Hellenistic Civilisation*, p. 312.
④ [苏] 科尔宾斯基等：《希腊罗马美术》，严摩罕译，人民美术出版社1983年版，第190页。
⑤ [英] 罗素：《西方哲学史》（上卷），何兆武、李约瑟译，商务印书馆1963年版，第320页。

第八章　希腊化文化的多元与统一

不得不回到早期斯多亚派的理论大师那里。结果发现，他们多来自东方。他们有没有把东方的哲学思想带到雅典，史学界看法不同。对希腊化文明颇有研究的塔恩对此持肯定观点。他断言斯多亚派的创始人芝诺等受到巴比伦占星术的影响，认为斯多亚哲学与巴比伦占星术有两个观点相似：一是都把宇宙看作有机的整体，它受一位全能的神掌握，并由某种东西，即斯多亚的"感应"和巴比伦的"天人对应"联系在一起；二是都认为人是小宇宙，他的灵魂是天火的一个火星，世界在每一周期之末灭而复生。但有一关键的不同，巴比伦的"命"是一种非道德的"力量"，斯多亚的"命运"是道德的"天命"。① 根据这种分析，再考虑到芝诺到雅典后曾从师于犬儒学派、学院派以及麦加拉哲学家斯提尔波，似可把芝诺思想视为希腊哲学与巴比伦观念的结合。

印度的哲学对希腊人也有影响。怀疑主义的创始人皮浪追随亚历山大远征，在印度碰到过那些裸体智者，或许受到禁欲主义的感染。② 麦伽斯提尼的《印度志》也宣扬过印度的哲学思想，其中写道："婆罗门教中有一派哲学家认为上帝就是道，他们说道不是清楚的语言，而是理性的显现"。③

"润物细无声"，哲学上的东方影响大概是随着宗教思想一道浸入希腊人的心灵的。

（五）文学和史学

文学与史学的多元性虽不太明显，文学上的形式戏剧、诗歌、散文几乎没有希腊以外的成分，但这时出现了一批非希腊作家。叙利亚的当地人组成诗人学派，称他们的家乡为"亚述的雅典"。④ 他们都用希腊的文学形式、希腊语写作。一犹太人还把《圣经》中的《出埃及记》改编成了希腊语戏剧。⑤ 史学上稍有不同，埃及人曼涅托、巴比伦人贝

---

① W. W. Tarn, *Hellenistic Civilisation*, pp. 347－348.
② John Boardman, Jasper Griffin, Oswyn Murray, eds., *The Oxford History of Classical World*, p. 370.
③ 这里的上帝似应译为神。见［美］威尔·杜兰《希腊的衰落》，幼狮翻译中心编译，（台北）幼狮文化事业公司1978年版，第227页。
④ R. L. Fox, *Alexander the Great*, p. 484. J. P. Mahaffy, *Greek Life and Thought*, New York: Arno Press, 1976, p. 134.
⑤ J. P. Mahaffy, *Greek Life and Thought*, p. 134.

罗苏斯、犹太人德米特里（Demetrius，公元前3世纪晚期）、罗马人费边·毕克多（活跃于公元前200年）都用希腊语写了本国的历史。这些编年体式的国别史丰富和发展了希腊化史学，特别是很可能给希腊史学思想增添了新的血液——历史感。

二　文化主体上的多元

一定的文化总是由一定的人来创造，这些创造者即文化的主体。文化主体有广义、狭义之分。广义的是指以民族、地区面貌出现的整体，前边说的希腊、埃及、巴比伦等就属于这个意义上的文化主体；狭义的是指文化活动的具体参加者或创造者，即以哲学家、科学家、艺术家身份出现的个人。这里主要通过分析后者来体现前者。这些个体文化创造者都是肩负着各自的文化传统来参与共同的文化活动的，他们不可避免地把各自地方的文化特色以及所受的其他文化的影响带进希腊化文化之中。所以分析希腊化文化创造者的地域构成，会有裨于进一步理解它的多元性特点。

依据现有材料，可以看出他们基本属于四种类型。

第一类是希腊大陆、爱琴海岛屿、黑海沿岸原希腊城市的希腊人。哲学家伊壁鸠鲁（萨摩斯）、皮浪（埃利斯，Elis）、克拉底（底比斯）、提奥弗拉斯图（列斯堡，Lesbos），喜剧家米南德（雅典），医学家厄拉西斯托拉图（西奥斯），历史学家波里比乌斯（麦加洛波里斯）等都出自这一地区。

第二类是西西里和南意大利诸希腊城市的希腊人。著名田园诗人提奥克里图斯、科学巨人阿基米德、撰写以西西里和意大利为中心的西地中海通史的第一人蒂迈欧斯皆来自这一地区。他们把鲜明的地方特色带进了希腊化文化之中。

第三类是希腊化时期新建或新兴城市的希腊人。他们主要分布在埃及、小亚、叙利亚、巴比伦一带，文学、科学的巨匠多出于此。其中有诗人阿波罗尼乌斯（亚历山大里亚）、卡利马库斯（昔列尼）、美尼普斯（Menippus of Gadara，加德拉，活跃于公元前3世纪前期）、天文学家埃拉托斯特尼（昔列尼）、希帕库斯（尼开亚，Nicaea）、历史家阿波

第八章　希腊化文化的多元与统一

罗多鲁斯（底格里斯河以东的阿特米塔城）。

第四类是纯粹的东方人。他们来自各地的本地人城市或希腊人建的城市，主要人物有前已提过的曼涅托、贝罗苏斯、德米特里、基德那斯和芝诺（塞浦路斯）等斯多亚派大师。

这四种类型的文化创造者所起的作用是不同的。前三个类型是不同地区的希腊人，构成了文化参加者和创造者的主要部分。但在与东方的关系上，第三种人和第一、二种人有所不同。新建城市的希腊人长期处于当地文化的环围之中，他们所受的外来影响要比前两类同胞大得多。希腊文化与当地文化的合流现象在这些地方最为明显。他们在进行文化创造时，难免要带上当地文化的痕迹。第四类的东方人直接参加了希腊文化的创造。他们人数虽然不多，但加速了文化上的汇合，是沟通当地文化与希腊文化的桥梁。诚然，这些当地人可能受过希腊式教育，至少受到希腊文化的熏陶。他们都用希腊语写作，是"希腊化"的当地人。但他们是带着当地的文化传统进入希腊化文化圈子的。他们本身就是多元文化的体现。出生于叙利亚境内阿帕米亚城的波昔东尼斯就是具有这种双重思想的当地人。[①] 他是一位历史家、哲学家（斯多亚学派）、科学家。通常认为他站在东方与西方之间，从西方吸取知识。同时，"他又是一位占星学家和东方秘教分子。……所有的思潮在他身上相汇，继而经他去影响未来"。[②]

三　文化中心的东移及广布

亚历山大之后，希腊文化的重心东移。虽然雅典仍不失为重要的文化城市哲学、戏剧的中心，但这个昔日的"希腊的学校"，在似应称为"希腊化世界的学校"的亚历山大里亚面前，确实"稍逊风骚"。亚历山大及其后继者的建城运动，在希腊化文化发展史上留下了不朽的丰碑。通过这些城市，希腊文化得以与当地文化相汇，也是通过这些城市，希腊化文化得以形成，并辐射到周围的地区。因此，这些城市，特

[①] 波昔东尼斯是否东方人较难确定。哈达斯将其列为非希腊人，笔者取此说。见 Moses Hadas, *Hellenistic Culture*, pp. 105–106。

[②] W. W. Tarn, *Hellenistic Civilisation*, p. 349.

第三编　文化发展

别是文化中心城市的所在地就在某种程度上决定了这一城市文化的合成因素。埃及的亚历山大里亚城是名副其实的国际文化都市，东西地中海的学者、艺人都蜂拥而来，竞芳斗艳，各显才华。我们知道最远有来自印度的佛僧。① 叙利亚的奥伦托河畔屹立着塞琉古王国的都城安条克，这里的国王也热倡文化、奖掖学者。罗德斯地当东西方商路的要冲，强大的经济实力使其成为以太阳神巨像著名的文化中心。小亚的帕加马城是后起之秀，它的图书馆、大祭坛使其堪与亚历山大里亚齐名。底格里斯河畔的塞琉西亚城建城不到 50 年，人口增至 60 万，城中多数是亚洲人。希腊与巴比伦的天文学家在此共同合作研究，当地人塞琉古就是亚历山大里亚学者阿里斯塔克"太阳中心论"的支持者。除了这些大的文化中心城市外，希腊化世界还存在着数以百计的由希腊—马其顿人与当地人混居的中小城镇，如印度西北部的坎大哈（Kandahar）、阿姆河畔的阿伊·哈努姆。这些大大小小的文化中心都立足于亚非大地，当地的文化因素必然混融于希腊文化之中，这一点我们已在对文化本体的分析中得到深切的感受。

从以上三个方面，可以得出如下结论。

希腊化文化的多元性是肯定的。文化本体上的各个分支都或多或少地呈现出文化汇合的迹象，除希腊文化外，埃及、巴比伦、印度、阿拉伯、叙利亚、小亚、巴勒斯坦等地的文化因素都不同程度地注入希腊化文化之中。文化主体上，埃及人、巴比伦人、犹太人、塞浦路斯人等直接参与了文化的创造，而且相当一部分希腊人来自亚非大地上的城市。

多元不是各元均等，而是有主次之分。从文化本体看，在宗教、科学以外的其他文化分支中，希腊文化的因素（特别从形式上）明显占着主导地位。从文化主体看，文化的创造者绝大多数是希腊人。虽然来自新建城市的那些希腊人受到了当地文化的影响，但他们毕竟是在作为希腊文化特征的体育馆、剧场中成长起来的。因此，希腊文化是希腊化文化的主流。

---

① W. W. Tarn, *Hellenistic Civilisation*, p. 248.

第八章 希腊化文化的多元与统一

希腊文化外的其他地区文化所起的作用也不一致。东地中海地区是希腊化文化的中心区域。埃及、巴比伦文化与希腊文化的结合程度最深，文化主体中的东方人、重要的文化城市都主要在这两个地区，它们堪称与希腊文化汇合的两大巨流。除此二者之外的其他地区，虽没有较多地参与文化的创造，但也促进了文化上的传播与汇合。它们都为希腊化文化的存在发展做出了贡献，都是希腊化文化大家族的成员。

希腊化文化之所以具有多元性，是由当时的历史主客观条件决定的。

一般来说，一个大帝国建立，就有可能形成一种多元文化，但这要具备两个基本条件。其一，征服民族与被征服民族的文化大致处于同一发展阶段。在帝国建立过程中，统治民族可能在短时间内征服别国，但它不可能迅速毁灭别国的文化。这样，被征服者的文化就可能在与征服者文化的碰撞中顽强地存在下来，并对其施加反作用力，从而形成一种新的文化。其二，征服者的侵略不是以攻城略地、掳获财物为唯一目的，而是谋求对这一地区的永久统治。这样在政权易手后，胜利者就有可能采取文化宽容政策，兼收并蓄当地的文化精华，从而发展壮大帝国的文化。

现在，我们环视一下亚历山大帝国及其周围世界的文化图景。亚历山大出征时，埃及、西亚、印度已有两三千年的文明发展史，它们在文学、艺术、数学、天文、医学等方面都取得了惊人的成就。其他地区如中亚、阿拉伯、南俄还基本处于低层次的文化发展阶段。西地中海的罗马文明刚刚起步。而希腊人已经历了城邦文化的辉煌繁荣，希腊—马其顿征服者所负荷的就是古典文化的传统。这就是说，希腊文明与埃及、西亚，甚至印度原生的文明处于大体相同的发展阶段。从文化本身来看，它们处于势均力敌的地位。它们之间的相互撞击、交流、汇合势不可免。而且，就征服者自身而言，亚历山大的征服绝不仅是为了掠夺波斯的财富，他孜孜以求的是成为整个已知世界的主人。否则，就无法解释他在得到波斯金库后仍继续东进的原因，也无法解释他以埃及法老、波斯国王的合法继承人自居，欲使希腊—马其顿人东方化的动机。他的部将们在他死后三分天下、割地称王，把其所属之地看作自己的私产。因此，从统治者方面，他们需要文化的繁荣，内则附庸风雅，自我享受，粉饰太平，外则借文人之力，纵横捭阖，争霸四方。况且像马其顿人这样的王朝统治者，更有可能采取文化宽容政策，因为他们不久前还被半岛中南部的希腊人视为蛮族，他们对希腊以外的民族并不像城邦中的希腊人那样抱有成见。所以他们乐意延揽各方人才，鼓励资助文化事业。这方面以埃及托勒密王朝为最。此外，东方文化也在某种程度上适应了希腊化时期君主们的需要，特别是王权神化更与他们像神明一样永远君临天下的愿望一拍即合。东方的文人学士也都把希腊—马其顿人看作打破波斯枷锁的解放者，从而愿意在这种较为宽松自由的文化气氛中竞献聪明才智。希腊化时期的这些主客观因素的结合，就使希腊化文化具有了多元性的特征。

第二节　希腊化文化的统一性

希腊化文化虽具多元性，但绝非多种文化的堆积与交错。社会存在决定社会意识，希腊化时代只能产生带有这个时代印记的文化。这个时代的印记就是这一文化的共性，也即统一性。统一性是相对于多元性而言。希腊化文化的统一是多元基础上的统一，如果说多元更多地体现于这一文化的形成过程，那统一就更多地体现在它的存在与发展之中。

希腊化文化的统一性表现在两个方面。

一　文化外在特征上的统一

文化的外在特征即文化的表层结构，主要包括文化的表现形式和传播媒介。

希腊化时期的各文化形式由于时代的需要和各地因素的加入而有了变化。如戏剧种类增加了拟剧，史诗得到了改造，颂诗、讽刺诗、田园诗风靡一时，大型纪念雕塑出现，新的宗教崇拜和哲学流派兴起，史学体裁增多。但这些形式基本上是在古典时代基础上的发展。

这些文化形式在希腊化世界广为流布，随处可见。雅典的工匠在为罗马市场制作雕塑品，埃及亚历山大里亚的诗作在整个希腊化世界都能找到读者，索福克里斯（Sophocles，公元前496—前406年）的剧作在

第八章 希腊化文化的多元与统一

苏萨有人阅读，幼里披底斯悲剧的场面刺激了巴克特里亚的艺术家，拟剧在高加索的亚历山大里亚上演，特洛伊木马的故事在索格底亚那的亚历山大里亚流传，① 南俄草原上的饰板上刻有命运女神的形象。② 可以设想，一个来自雅典的演出团体绝不会在坎大哈找不到观众。总之，无论是在文化中心的东地中海，还是文化边缘地区的大夏、印度西北部，只要有希腊—马其顿人居住或希腊化的地方，我们都会感到同一文化形式的存在。

语言是文化的一个重要组成部分，但它主要的功能是对文化的负荷和传播。希腊化文化的主要载体与传播媒介就是通用希腊语（the koine）。这时的文学作品几乎都用这种希腊语写成。③ 而且希腊语"希腊化"一词的原意就是指非希腊人讲希腊语，由此可见，通用希腊语是希腊化文化之具统一性的重要标志。

这些外在特征、表层现象固然反映了文化上的统一，但这只是形式上的统一。如果仅注意这一点，就会给人以希腊化文化与古典文化差别不大的感觉。文化的最根本特征是由潜在于文化内部的精神决定的，这种精神上的统一才是真正的统一。

二 文化内在精神的统一

文化的内在精神就是这一文化所由以产生的那个时代的精神。时代精神在文化上是通过具体的形式和内容表现出来的。

第一　宗教

希腊化时期的宗教尽管五花八门，多数并立，但它们有主有从，呈现出一种共同的趋向，即向一神教的移动。这种移动是以宗教的混合为起点的。伊西斯女神崇拜能在公元前2世纪流传，就因为她对包括奥林帕斯神族在内的其他神祇具有吸附能力。在她身上，除埃及人外，希腊人、叙利亚人、吕西亚人（Lycians）、色雷斯人都看到了自

---

① R. L. Fox, *Alexander the Great*, p. 483.
② M. I. Rostovtzeff, *The Social and Economic History of the Hellenistic World*, p. 600.
③ 据说只有阿基米德坚持用多利亚方言写作。见 M. I. Finley, ed., *The Legacy of Greece*, p. 40。

己民族的神性之所在。① 而且后来的史实证明，伊西斯崇拜为另一母性之神——圣母玛利亚的崇拜铺平了道路。宗教的一神教趋向还受到秘教的推动。通过入教仪式，参加者经历了从人到神的体验，自以为神性附体，生死与神同在。这有助于一个护佑众生的"神"或"上帝"的观念的形成。一种秘教的流行就会把其所崇拜的神带到各地，使之获得普遍的接受。

混合主义、一神教趋向即希腊化时期宗教的内在基本特征。宗教的勃兴反映了时代的需要。在一个刀兵纷扰、命运多变的社会里（特别在公元前2世纪），人们为了求得精神的寄托、心灵的宁静、未来的保证，自然转向宗教去寻求出路。民族的多元决定了宗教的多元，文化上的汇合决定了宗教上的混合，城邦的神祇必然让位于王国、帝国乃至世界的神祇。从个人解脱出发的宗教之最后的归宿就是宗教的世界主义，这是世界性宗教发展的必由之路。

第二 哲学

较之古典时期，希腊化时期哲学家的目光从遥远的宇宙转向了周围的人世，从深邃精密的物质精神本原之探讨转到了对复杂人生的求索思考。面对一个新的世界与社会，人们需要哲学上的指导，这就导致以行为伦理学为特征的希腊化哲学的兴起。虽然大多数人把希望寄托在宗教上，但对于富有头脑和知识的人们来说，哲学似乎给了他们更多的理性上的安慰。怀疑主义学派对现实世界不信任，认为"肯定是得不到的"，主张"享受目前，因为将来还无从把握"。犬儒派干脆高呼"回到自然"的口号，坚持个人自由，自我满足，对社会功利不屑一顾。伊壁鸠鲁派以心灵的宁静、严格的节欲来求得快乐的满足。这三派都有一个共同的特点，就是脱离现实、与世无争。这是在严酷的现实面前无力抗争的一种表现，避世主义即他们的必由之路。斯多亚派把"自然"与"神"、"道德"、"善"等同起来，主张放弃现世的物质之欲，去追求所谓的理性之美。但地域广阔、民族众多的希腊化世界又使他们看到新的未来。他们渴望投身政治，去实现真正的"人人皆兄弟"的世界大

---

① F. W. Walbank, *The Hellenistic World*, pp. 220–221.

第八章 希腊化文化的多元与统一

同理想,去建立所谓的"无国家之界、无阶级之分、无主奴之别"[①]的"世界国家"。

这样我们就在希腊化哲学中发现了明显的两极,一个是对现实消极冷淡的避世主义;另一个是积极进取的世界主义。前者着眼于个人,后者着眼于人类。斯多亚派力倡后者,但也与前者有不解之缘,这是它折中主义特性的一种表现。

第三 文学和艺术

现实主义是希腊化时期文学与艺术的共同特点。

昔日城邦文学关心的是社会与人生的重大问题,关心的是城邦的命运、公民的责任。而今这些精神都因城邦时代的过去而消逝,随之而来的是对个人遭遇和日常生活的关注。因此这时的现实主义作品远不如城邦时代的作品震撼人心。但它毕竟是对社会另一侧面的反映。从文学中出现的那些形形色色的人物,可以窥探当时的社会风貌,特别是下层人民的生活。提奥克里图斯歌颂西西里的田园美景与牧人的恋情,米南德、菲力门的笔端触及雅典的中上层市民,拟剧是"对生活好坏方面的模仿",社会下层生活是它的主题,美尼普斯式的讽刺诗更是对人生、人类愚蠢行为的嘲弄。那时虽有不少矫揉虚饰、阿谀奉承之作,但文学的主流是再现社会生活。希腊化文学的现实意义就在于此。

"希腊化时期的艺术肯定不是完全统一的,然而,正如在文化的其他领域里,它们都有共同的风格和韵味,虽复杂但可辨别。"[②]除了现实主义外,个人主义和浪漫主义也是其特点。艺术家们的注意力扩大到活生生的现实生活,老妇、小儿、侏儒、黑人、演员、奴隶、渔人、工匠、士兵、教师等都成为他们的工作对象。他们用浪漫主义的手法塑造人物、场面,如帕加马祭坛的浮雕,罗德斯岛的《拉奥孔》雕塑群。个人主义通过个人头像雕塑的风行而迸发。安提柯之子德米特里统治雅典才一年,就给他立了360尊雕像。[③]国王的头像还大量地出现在钱币

---

① [美]威尔·杜兰:《希腊的衰落》,幼狮翻译中心编译,(台北)幼狮文化事业公司1978年版,第286页。

② C. B. Welles, *Alexander and the Hellenistic World*, p. 217.

③ M. Cary, *A History of the Greek World from 323 – 146 B. C.*, p. 313.

上，这是国王个人崇拜的反映。当时的一些著名雕塑品都是现实主义的杰作。《市场老妇》、《老渔夫》和佝偻着身子的《老教师》等体现了艺术家对社会下层的同情。《垂死的高卢人》、《杀妻后自杀的高卢人》表现出希腊人对外部世界的熟悉和对外族的敬佩之心。总之，希腊化时期的艺术家似乎对周围世界充满了兴趣，竭力要把它真实地表现出来。

第四　史学

希腊化史学出现了两个值得注意的现象，一是注重个人在历史上的作用，一是提出了世界史的观念。这两种观点虽然早就得到伊索克拉底（Isocrates，公元前436—前338年）的提倡，但真正见诸史册却是在希腊化时期。对个人的注重是由于以亚历山大为首的伟人在历史上显示了非凡的作用而引起的。个人传记、回忆录的频频出现如同个人塑像增多、王像铸于币一样，强调了个人的重要。甚至伊庇鲁斯国王庇洛士、法勒隆（Phalerum）的德米特里（Demetrius，约公元前350—前280年）都写了自己的战争史和统治史。对个人作用的重视还可从另一点看到。希腊化时期的历史家沿袭色诺芬等的传统，续写前人的历史，但有趣的是他们中的一些人划定写作范围时，是以伟人的兴亡为时限。卡尔狄亚（Cardia）的海厄罗尼莫斯（Hieronymos，公元前354—前250年）写的历史起自亚历山大之死，终于庇洛士之死，菲拉库斯（Phylarchus，活跃于公元前3世纪）续写的历史是从庇洛士之死到斯巴达国王克里昂米尼（Cleomenes Ⅲ，公元前255—前222年）之死。通史观念的逐步形成与希腊化世界的扩大紧密相关。这种观念在波里比乌斯的《通史》中得到最彻底的发挥。他认为，在他叙述的那个年代里，地中海各国的历史开始成为一个有机的整体，对单一国家的历史进行研究已失去意义。[①] 因此，他的《通史》就不仅是罗马的扩张史，而且是他所知道的那个"世界"的历史。

第五　科学

希腊化世界与希腊化科学的关系，可以做这样的概括：其一，世界

---

① Polybius, *Histories*, 1.3–4.

第八章 希腊化文化的多元与统一

的科学。这一时期的科学成就不是某一民族的独创,而是希腊化世界各民族文化科学思想融合的硕果,没有这一世界,也就没有这一科学。其二,科学的世界。这个世界成为科学家特别是地理学家、天文学家研究的对象。第一张有经纬线的地图就包括了从直布罗陀到远东的地区。此时的学者有的计算了地球的周长,有的甚至提出了环航地球的设想。[①]总之,学者们的研究领域随着希腊化世界的扩大而扩大。

从以上对文化本体的定性分析,可以看出一种共同精神的存在。宗教上以个人解脱为出发点的混合主义、一神教趋向,哲学上强调个人心灵宁静的避世主义与追求天下大同的世界主义,文学艺术中的现实主义与个人主义,史学中注重个人历史作用的英雄史观与把人类居住之世界作为整体来考察的通史观念,科学上以扩大了的世界为起飞的基础和研究的对象,这些归根结底都体现在两点上:个人主义与世界主义。这里的个人主义与世界主义都是相对于古典时代的公民集体意识和狭隘的城邦主义而言。个人主义即个性的显露与伸张,自我意识的发展与增强,不管其表现方式是出世的还是入世的,是消极的还是积极的。世界主义即普遍性,人们不再是城邦的公民,而是人类世界的一分子。世界已成为有联系的整体,"世界"观念随着真实世界的延展而拓宽。这种强调自我意识的个人主义、强调人类意识的世界主义,正是希腊化文化的内在精神统一性之所在。

统一性与多元性一样,都取决于这一文化的世界性。正是这个以希腊—马其顿人为主导的多民族世界的建立,由不同文化传统汇合而成的希腊化文化才得以诞生,也正是由于这个具有统一政治经济体系的希腊化世界的存在,新兴的希腊化文化才能具有普遍的意义。希腊化世界,首先是希腊人的世界。希腊—马其顿人曾是西到地中海、东到印度河这一广阔地域的主人。他们所到之地,就是他们的文化传播以及与当地文化撞击、交流之处。但由于希腊文化的传播不是通过和平的渐进方式,而是以剑与火为前导,以政治统治为后盾,所以在这个世界中混合而成

[①] 埃拉托斯特尼和波昔东尼斯都提过西航可达印度的想法。埃拉托斯特尼的说法见 Strabo, *Geography*, 1.4.6。参见 W. W. Tarn, *Hellenistic Civilisation*, pp. 303, 305。

第三编 文化发展

的文化只能是以统治民族文化为主体的文化，这是希腊化文化统一性的基本前提。

亚历山大及其后继者的建城移民运动同样推动了文化的统一，这些移民地与城市基本上保持了希腊城市文化生活的传统。远距希腊本土 3000 英里的阿伊·哈努姆遗址，有希腊式的体育馆、图书馆、剧场、石柱、雕塑和钱币。一个纪念碑石座上刻写了来自希腊德尔斐神庙的道德箴言，铭文是标准的希腊语。① 在希腊化世界边缘的希腊人城市尚且如此强烈地保留了希腊文化的一些特点，那在这个世界的中心地区的情景就更可想而知了。由此可见，遍布希腊化世界的希腊人城市、移民地不仅是多元文化的汇聚中心，而且也是统一文化存在的基地。

希腊化世界的经济体系也促进了希腊化文化的统一。虽然各王国各自为政，相互争夺，但由于希腊化世界的政治格局的相对稳定，统治者对商业的重视，这时的商业交往、经济活动大大扩大。通行各地的货币②，连接印度与地中海的海陆商道，以阿提卡方言为基础的通用希腊语，在构成希腊化世界统一之经济网络的同时，也加速了统一文化的形成与发展。

希腊化文化的统一，也是昨天与今天的统一。如果说古典时代遗留下来的文化传统主要决定了希腊文化外在形式的统一，那么，新的地域、新的时代则决定了这一文化内在精神上的统一。在这个新奇的、扩大了的，但又令人困扰的世界内，无论是从城邦走出的希腊人，还是受到外来政治文化挑战的当地人，他们都会碰到一个最现实的问题，即如何适应这个世界。有的人急流勇退，缩进个人的蜗牛壳里，有的人张开双臂，勇敢地拥抱这个陌生的世界。不管怎样，每个人都要做出自己的抉择，都会对时代发出内心的呼喊。这就是希腊化文化的内在精神统一于个人主义与世界主义的思想根源。

以上只是对希腊化文化多元性与统一性的粗略分析。如果这些论点

---

① 参见 F. W. Walbank, *The Hellenistic World*, pp. 60 - 61。
② 指阿提卡币制与腓尼基币制。

第八章 希腊化文化的多元与统一

成立,我们就可以得出这样的推论:希腊化文化既不像国外有些学者强调的那样,是希腊文化的纯粹传播①,也不是如国内有的学者认为的那样,东方因素在其中起了不可估量和具有决定意义的作用。希腊化文化是以希腊文化为主体,同时汇合其他各地文化因素而形成的既多元又统一的文化。

(原载《世界历史》1992年第3期,略有改动)

---

① 这种观点以德罗森和罗斯托夫采夫为代表。参见 Johann Gustav Droysen, *Geschichte des Hellenismus: Geschichte Alexanders des Grossen*, Gotha: Friedrich Andreas Perthes, 1877, p.3 (德罗伊森的观点也可见〔苏〕塞尔格耶夫《古希腊史》,缪灵珠译,高等教育出版社1955年版,第434页); M. I. Rostovtzeff, *A History of Ancient World*, Vol.1, pp.378 – 382; M. I. Rostovtzeff, *The Social and Economic History of the Hellenistic World*, pp.1310 – 1311。

第九章 "希腊化文化"的历史定位

——人类历史上第一次文化大碰撞、大交流、大汇合

"希腊化文化"是亚历山大开创的希腊—马其顿人控制与影响之世界的产物,是希腊文化与古埃及、巴比伦甚至古印度以及其他各地的文化相互交流汇合的结晶。我们说它是人类历史上第一次文化大碰撞、大交流、大汇合并不是说在亚历山大东侵之前,希腊文化与外地文化毫无接触,而是说这次文化交汇的规模之大、范围之广、程度之深、成果之巨前所未有。

我们不妨回顾亚历山大东侵前的欧亚非大陆的政治文化大势。虽然人类的文化交流大概自"人猿相揖别"后就已发生,但在亚历山大之前,这种交流只是局部的,有些地区甚至是相互隔绝的。波斯帝国是世界历史上第一个横跨欧亚非的大帝国,但由于它是靠武力维持的军事联合体,没有统一的、牢固的政治经济基础,波斯人自身又没有带来较高的文化,所以各地的文化仍恪守传统,帝国之内的文化并未出现整体的统一。尽管波斯帝国与文化传统截然不同的希腊为邻,而且曾兵临希腊,但西侵的惨败决定了它不可能在文化上给希腊留下什么痕迹。不少的希腊人访问过巴比伦、埃及,也向它们学了天文、宗教等方面的一些知识。有的希腊人谋食于"大王"的宫廷、郡守,可能也带去了希腊的思想、艺术,但这些局部的接触难以沟通东西方两大文化巨流。远东的中国,希罗多德时代的希腊人对之一无所知。在亚历山大跨过赫勒斯滂海峡之际,那里的群雄各国还在争霸中原。它们既无力,也无意,更无暇西顾。此后的秦、西汉帝国开边拓土、疆域庞大,但只是在汉武帝

第九章 "希腊化文化"的历史定位

时才西达葱岭，他的使者也只是在这时才进入中亚。印度文化自成一统，百家之中佛教流行，但佛教的大倡和弘扬于印度西北部要到孔雀帝国阿育王之时，向东亚、东南亚的大力传播要到贵霜帝国之时。仅就文化接触而言，东方的四大文明古国中只有埃及、巴比伦及东地中海沿岸地区与希腊有过少量的、表面的接触，真正意义上的大规模的希腊文化与东方文化的交流并未进行。罗马是后起之辈，文化上远逊于它的希腊邻居。当它为统一意大利而征战时，希腊人已创出了令他们钦羡之至的古典文化。他们的羽毛还未丰满，无力东向。其他地区如中亚、南俄、中非、阿拉伯半岛这时大多还笼罩在传说的迷雾之中。

这一切说明亚历山大东侵之前欧亚非大陆各古老文化区域的相对阻隔。但自他之后，这种局面就逐渐打破，从而出现了各古老文化相互接触、碰撞、交流、汇合，最后纳入一个新的文化巨流的壮观景象。

亚历山大帝国的建立，希腊—马其顿人外族政治统治的加强，是这次文化大交流、大汇合的前奏。希腊—马其顿人是征服者、统治者，他们所到之处，必然把自己所负荷的文化强加于被征服、被统治的民族之上，即使他们留足不前时，他们的文化也会随着政治、经济的影响向周边地区扩散传播。希腊文化与当地文化的冲撞势不可免。

希腊、埃及、巴比伦、印度的文化大致处于同一发展阶段，是不同传统的文化得以交流汇合的基础。虽然它们各自存在的时间有长有短，但从文化发展层次上看，都经历了自己的辉煌与繁荣，都形成了独特的传统。埃及人创造了象形文字，发明了太阳历，巴比伦人创造了楔形文字，积累了丰富的天文知识，采用了十进位、六十进位制，建造了空中花园。印度人发明了后被误称为阿拉伯数字的十个符号，产生了堪与荷马史诗比美的两大史诗，出现了类似于我国春秋战国之交与希腊古典时代那样的文化争鸣，而且余波未息。此外，波斯的琐罗亚斯德教、埃及的阿蒙神崇拜、巴勒斯坦的犹太教以及东方的各种秘教也久有传统。众所周知，希腊的古典文化更是光辉灿烂，它在哲学、文学、艺术、历史、天文学、医学等方面都取得了令人惊叹的成就。可以想象，当处于同样发展层次上的希腊文化与东方文化发生接触后，其结果只能是相互交流、融汇，而非取而代之。由于这种文化交流主要是在希腊—马其顿

第三编 文化发展

人统治范围内进行，特殊的政治环境决定了文化交流中希腊文化的主导地位，决定了交流汇合而成的新文化的"希腊化"性质，决定了这种新文化大体上仍属于古希腊文化的范畴，或者说是它的延伸。

然而，"希腊化文化"毕竟不是希腊古典文化。它与后者虽在形式上有着明显的联系，在内容上，尤其在精神实质上却相去甚远。如果说希腊古典文化是希腊城邦时代的呼喊，那"希腊化文化"则是亚历山大开创之世界的回鸣。

首先，从文化交流汇合的范围看，它不只限于希腊—马其顿人的直接统辖之地，而且包括受其影响的周边地区。可以说，从印度到西地中海，从咸海、里海到印度洋，各种不同传统、不同层次的文化都参与了文化的交流与汇合。在印度西北部，希腊的雕刻艺术与印度的佛教精神相结合，奠定了犍陀罗佛教艺术的基础。在阿姆河畔，屹立着希腊式的城市。城中神庙的主体建筑是波斯式的，但其中供奉着希腊宙斯的神像；城中的剧场是希腊式的，呈扇形依山坡而建，但座位中设立了包厢式的看台，供城中的统治者专用，这与城邦民主平等的精神显然相悖。帕提亚采用了希腊语，发行希腊式钱币。罗马文化这时受到希腊化文化的冲击，古典时期的、此时的哲学、戏剧、语言、建筑、雕刻艺术都被罗马人接受或改造利用。罗马城像东地中海的许多港口一样，欢迎来自叙利亚、小亚、埃及和希腊的神。这时的罗马文化实则希腊化文化的一部分。努比亚是托勒密埃及南面的贸易伙伴，阿拉伯半岛希腊化世界南路通商要道的必经之地，它们与希腊—马其顿人的文化交往是肯定的。南阿拉伯的统治者的铸币就曾模仿过塞琉古朝与托勒密朝的式样。至于在此范围之外的远东中国，巴克特里亚和印度的希腊人也很可能与其有过接触。早在张骞出使大夏前的半个多世纪，巴克特里亚的希腊人国王欧泰德姆斯及其继承者就东扩至中国的塔里木盆地。[①] 公元前128年，张骞抵达巴克特里亚希腊人王国的故地：大宛、康居、大月氏和大夏，从而带回了有关希腊化文明遗产的信息。由此可见，在这一时期，希腊文化与包括中国文化在内的欧亚非大陆的各主要古老文化都发生了或多或少的接触，

---

① Strabo, *Geography*, 11.11.1. 详见 A. K. Narain, *The Indo-Greeks*, pp.170–171。

第九章 "希腊化文化"的历史定位

由此形成的希腊化文化最终沟通了古代世界五大文化的源流。

其次,从文化汇合的内容看,希腊化时期的文化犹如千流归大海,丰富多彩。希腊的人可成神观念与埃及、巴比伦的王权神化一拍即合,形成了新的国王崇拜。风行一时的萨拉皮斯崇拜包含了埃及的奥西里斯—阿皮斯、希腊的宙斯、哈得斯,甚至巴比伦的马尔都克神的因素。① 巴比伦的占星术、天文观测资料与希腊文学、数学的结合,使这一时期的天文学成就达到了近代哥白尼才能达到的高度。② 东方的拱形建筑风格也被希腊化时期的建筑师们所吸收。代表时代思潮的斯多亚学派兴起于雅典,它的大师却多来自东方。巴比伦的"天人对应观"(correspondence)、希腊的犬儒派、学园派的哲学观念就是芝诺思想的基础。希腊语成了希腊化世界的通用语言,不少的当地人用希腊语写了本国本地区的历史,大大丰富了希腊化时期的史学宝库。③

再次,从文化重心和成果看,这一时期的文化中心集中在东至两河流域的欧亚交接之地,希腊半岛只是其中的一部分。新兴的城市如埃及的亚历山大里亚、叙利亚的安条克、小亚的帕加马、巴比伦尼亚的塞琉西亚,以及上百个散布在亚非大地上的希腊式小城市,既是东西方文化的交汇之地,也是文化交流的结果,特别是埃及的亚历山大里亚取代雅典,成了希腊化世界的文化都会,各种文化源流、各地的文人学士都汇集这里,希腊化时期的文化巨人,文化成就多从这里诞生。他们中有实测子午线的地理学家埃拉托斯特尼,提出"太阳中心说"的天文学家阿里斯塔克,著《几何原本》的数学家欧几里德,物理学的泰斗,发现杠杆原理、浮力定律的阿基米德,还有被誉为"古代最伟大的解剖家"的希罗菲勒。这些人可谓是近代同一领域科学家的先驱。由此可见,希腊化文化绝非像有的历史家认为的那样毫无生气,④ 而是充满生机,它的强大生命力就源于东西方各种文化因素的交流汇合。

---

① Moses Hadas, *Hellenistic Culture*, p. 189; W. W. Tarn, *Hellenistic Civilisation*, p. 356.
② 除下文提到的阿里斯塔克外,塞琉西亚当地的科学家塞琉古也提出了"太阳中心说"。
③ 著名的有埃及人曼涅托的《埃及史》,巴比伦人贝罗苏斯的《巴比伦史》,犹太人德米特里的《犹太史》,罗马人费边·毕克多的《罗马史》。
④ 这种观点以 19 世纪著名希腊史学者格罗特为代表。见 G. Grote, *A History of Greece: from the Time of Solon to 403 B. C.*, London: G. Routledge & Sons, Limited, 1857, Vol. 12, pp. 363, 661–662。

最后，这次文化交汇的成果和程度，还体现在希腊化时期人们文化观念的变化上。雕刻家、剧作家、哲学家、科学家面向的不是一城一国，而是整个希腊化世界。从地中海到印度，同一个剧目可能在上演，同一种雕塑艺术在流行。狭隘的城邦意识逐渐消失，新的世界观念、人类意识正在萌生。斯多亚学派追求的"世界国家"理想，就是这种社会文化心态的反映。

总之，希腊化文化确是人类历史上第一次交化大交流、大汇合，它承前启后、继往开来，具有划时代的意义。从此，人类进入了欧亚非大陆间文化大交流的新时代。后来的罗马帝国、阿拉伯帝国、蒙古帝国以及十字军东征、维京人（Vikings）南下，都以这样或那样的方式程度不同地推动了文化交流的浪潮（毋庸讳言，它们中有的还毁灭过一些地区的文化），特别是始于中国的丝绸之路，更是架通东西方文化往来的桥梁，但它们都属于欧亚非文化交流的这个空间、这个时代。这一空间的突破，这一时代的结束要到公元 15 世纪末哥伦布发现新大陆之时。然而，促使哥伦布满怀信心西航的不正是希腊化时期的科学设想吗？[①] 而这一设想的基石就是这个时期东西方文化的结合。

（原载《山西大学学报》1992 年第 4 期，略有改动）

[①] 指地圆学说和当时一些科学家对地球周长的计算，参见 W. W. Tarn, *Hellenistic Civilisation*, p. 305。埃拉托斯特尼曾预测了从西班牙到印度的直线距离，约合 13000 英里以上，并提出，沿着同一纬度前行，就可以到达印度。Strabo, *Geography*, 1.4.6，参见 J. B. Bury et al., *The Hellenistic Age*, p. 21。

第四编　文明交汇

第十章　希中文明的接触与交汇

作为西方文明渊源的希腊，与作为东方文明重要发祥地之一的中国，在古代到底有无关系，曾引起国内外一些学者的兴趣。从目前的一般论述看，回答是肯定的，但何时开始发生关系？结果如何？似仍需进一步的探讨。笔者近年在对希腊化时代作尝试性研究时，感到正是在这一时期（公元前4世纪末至前1世纪末）及其后一段时间，希腊、中国这两个相距遥远、风格各异的文明之间才实现了真正的接触与交汇。那么，它们又是怎样实现的呢？

第一节　亚历山大进军中亚与希中文明相会基础的奠定

公元前4—前3世纪，中国方面是战国后期、秦与汉初年，战国诸雄忙于内争，无暇西顾。秦代虽有蒙恬北击匈奴之举，但总的来看对西、北面的游牧民族以防御为主，万里长城就是这种守势与政策的产物。秦亡汉兴，百废待举，天子尚"不能具钧驷"①，何谈外扩武功。然而这一时期的希腊方面，却正是由蕞尔城邦走向世界性帝国的划时代转折时期。公元前334年，马其顿国王亚历山大以希腊联军统帅的身份，以报希波战争中波斯人入侵之仇为名，率军杀向东方。老大腐朽的波斯帝国不堪一击，亚历山大可以说在凯歌中行进，三四年间就从小亚、埃及、两河、伊朗打到了中亚的巴克特里亚、索格底亚那，饮马锡

---

① （西汉）司马迁：《史记·平准书》，中华书局1982年版，第1417页。

第四编 文明交汇

尔河一线。

据斯特拉波,索格底亚那位于巴克特里亚东北方向的阿姆河与锡尔河之间,锡尔河是索格底亚那人与游牧民族的分界线。① 对于那些远在索格底亚那东北方向的游牧部落,亚历山大并非不想对其发动远征,而是某些原因使他改变了计划。② 其因之一是他过锡尔河后突然病倒,腹泻不止,阿里安说:"若非亚历山大病倒,我相信逃跑的斯基泰人是会全军覆没的"。③ 从这两位古代作家的记述看,亚历山大征伐的斯基泰人就是锡尔河北岸及以东的游牧部落。对于这些部落,这时的中国史料无明确记载,但他们显系后来《汉书》中提到的塞种之祖先。因为斯特拉波在另一处说,从里海沿陶鲁斯山脉(斯特拉波之时指伊朗高原北缘从里海绵延到兴都库什的山系)向东,左手一面生活着斯基泰人或游牧部落,他们遍布整个北部地区。从里海开始,最大的斯基泰人部落是达海人(Daae,Dahae),其东是马萨吉太人(Massagetae)和萨迦人(Sacae)。其他的部落均被称为斯基泰人。萨迦人位于锡尔河之北。④《汉书·西域传》中的乌孙国就大致位于锡尔河上游之北的楚河、伊犁河流域,⑤"本塞地也"。至此,希中两方史籍所记吻合。可知亚历山大北击的斯基泰人即中国史书中的塞种,塞种即斯特拉波所说的Sacae人。很显然,亚历山大已走到中国的西北入口。虽然他对中国可能知之甚少或一无所知,但他在巴克特里亚和索格底亚那设立总督,驻扎军队,建立城市,⑥ 却奠定了希腊人长期立足此地并与中国文明相会的基础。因为从其帝国分裂出的塞琉古王国,以及从塞琉古王国分离出的巴克特里亚王国,都维持了希腊人对此地乃至印度西北部的统治。而和中国方面最先发生关系的就是这个巴克特里亚王国。

---

① Strabo, *Geography*, 11.11.2.
② Strabo, *Geography*, 11.11.6.
③ Arrian, *Anabasis of Alexander*, 4.4.9.
④ Strabo, *Geography*, 11.8.2,这里谈的是巴克特里亚灭亡时的部落分布,与亚历山大时有约二百年的时间差,但与中国史料中的"塞地"暗合,说明塞人的活动范围长期以来没有太大变化。
⑤ 参见《中国历史地图集》编辑组《中国历史地图集》第二册,中华地图学社1975年版,第13—14页。
⑥ Strabo, *Geography*, 11.11.4.

第十章　希中文明的接触与交汇

第二节　巴克特里亚希腊人向中国方向的扩张与大月氏的到来

一百多年后（约公元前3世纪末或前2世纪初），中亚的希腊人再次向中国方面靠拢。据斯特拉波，巴克特里亚的希腊人国王欧泰德姆斯及其子德米特里曾向东面的赛里斯和弗里尼扩张。① 他的这段记载来自公元前1世纪前期的希腊历史家阿波罗多鲁斯。他是希腊人中第二个提到Seres的作家，② 他的Seres可能还是指模糊朦胧的丝绸东来之地，而且就当时巴克特里亚希腊人的军事力量而论，也不可将其扩张想象得太远。至于Phryni，过去有匈奴说。③ 据司马迁记载，匈奴前虽击败月氏，但"夷灭月氏，……定楼兰、乌孙、呼揭及其旁二十六国，皆以为匈奴"④，是在汉文帝前元四年（前176年），此前巴克特里亚希腊人不可能越过月氏远至匈奴。因此，他们的扩张方向只能是巴克特里亚、索格底亚那以东的今中国新疆地区。⑤ 这次扩张的结果如何？公元后的中国史料似有所反映。20世纪30年代，一外国学者在出自和阗地区的佉卢文书中两次发现了παρεμβολη（Camp, 营地）一词，塔恩认为此词不可能由印度商人带来，它表明希腊人的军事占领。而且所有在和阗地区发现的希腊词都可能是欧泰德姆斯征服的遗存。⑥ 虽然中希双方都没留下这一地区政治、军事冲突的

---

① Strabo, *Geography*, 11.11.1.
② 第一个是公元前5—前4世纪之交的希腊医生兼史家克泰西亚斯（Ctesias）。张星烺编注，朱杰勤校订：《中西交通史料汇编》第一册，中华书局1977年版，第17页。
③ G. F. Hudson, *Europe and China*, London: Arnold & Co., 1931, p. 58.
④ （西汉）司马迁：《史记·匈奴列传》，中华书局1982年版，第2896页。
⑤ 参见 W. W. Tarn, *The Greeks in Bactria and India*, 1951, pp. 84, 85, 111. Michael Grant, *The Hellenistic Greeks*, p. 85。胡德森也认为：巴克特里亚希腊人确实越过了帕米尔，征服了塔里木盆地较近的一些绿洲，也许其中就有喀什噶尔、和阗（G. F. Hudson, *Europe and China*, p. 59）。但印度学者纳拉因对此持异议，他表示："难以相信阿波罗多鲁斯的Seres和Phryni是指从喀什、塔什库尔干一线以东的地区或民族……所有费尔干纳以东的地区在张骞之前对西方民族是关闭着的，……充其量巴克特里亚希腊人征服了索格底亚那以东的某些地区。"但在《附录Ⅱ》中，他又认为把Seres、Phryni视为《汉书》中的疏勒和蒲犁是可能的。见 A. K. Narain, *The Indo-Greeks*, pp. 25–27, 171。疏勒、蒲犁即今新疆的喀什和塔什库尔干。看来，塔恩和纳拉因的主要分歧在于巴克特里亚希腊人是否深入到塔里木盆地。
⑥ W. W. Tarn, *The Greeks in Bactria and India*, 1951, p. 86.

第四编 文明交汇

记载,但巴克特里亚希腊人一定是有目的而为,或为扩大统治范围,或是想从这一地区得到急需之物,或者二者兼而有之。不管怎样,他们扩张的直接后果是得到了中国的镍。化学分析表明,此后在巴克特里亚出现的镍币与中国"白铜"合金的元素构成基本一致。它的镍只能来自中国。后来他们还设法从中国得到了金块与铁。① 用金子铸币说明欧泰德姆斯从阿尔泰得到了原料供应。② 这次扩张的意义是希腊人向中国方面又前进了一步,表明其探寻通往中国之路的意向。毫无疑问,巴克特里亚希腊人对中国的传闻、了解一定大大超过他们的祖辈亚历山大一代。中国的丝绸一定为他们所知晓。半个多世纪过后,张骞在大夏见到中国的邛竹杖、蜀布③绝非偶然事件,它是中国文明信息早已西传的又一证明。

很可能在向东面扩张之后,巴克特里亚统治者的注意力转向印度。约公元前171年或前170年,一位名为欧克拉提德的希腊人统治者(出身不详)灭掉德米特里二世,重建了新的王朝,巴克特里亚与索格底亚那归于新的希腊主人之下,他甚至征服了印度的其他希腊人小王国。但欧克拉提德的继承者在阿姆河一线维持了十数年之后,就屈服于来自北面的游牧民族。④ 在这半个多世纪中,中国的西汉政权仍忙于与匈奴周旋,休养生息,恢复国力。希腊人既有内部之争夺(争夺对巴克特里亚、印度西北部的统治权),又有外部帕提亚的压力,因此双方仍保持着原有的距离和隔膜。然而,巴克特里亚希腊人王国的覆灭却引起了一桩历史公案,即到底它亡于谁手?

关于此事,最早的中外史料有三处:一是《史记》、《汉书》;二是斯特拉波的《地理志》;三是所谓的"特洛古斯资料"(Trogus Source)⑤。

---

① W. W. Tarn, *The Greeks in Bactria and India*, 1951, pp. 87, 111 – 112. 纳拉因也承认得到了镍,但否认获取了金。见 A. K. Narain, *The Indo-Greeks*, pp. 26, 27。

② M. Cary, *A History of the Greek World from 323 – 146 B. C.*, p. 73.

③ (西汉)司马迁:《史记·大宛列传》,中华书局1982年版,第3166页。

④ 据塔恩,巴克特里亚希腊人王国亡于公元前141—前128年,见 W. W. Tarn, *The Greeks in Bactria and India*, 1951, p. 277。

⑤ 特洛古斯(Gnaeus Pompeius Trogus)是罗马奥古斯都时代的高卢作家,著有44卷的《菲利普史》(*Philippic Histories*)。该书已经失传,但有罗马作家查士丁(Marcus Iunianius Justinus,约公元2世纪人)的《庞培·特洛古斯〈菲利普史〉摘要》(Justin, *Epitome of the Philippic History of Pompeius Trogus*)传世。现在我们对原著的了解主要通过这本摘要集。

第十章 希中文明的接触与交汇

《史记》、《汉书》关于大月氏和大夏关系的史料来自亲临其地的张骞。据张骞所述,是始"居敦煌、祁连间"的大月氏,"西击大夏而臣之"。① 此时的大夏位于"大宛西南二千余里妫水南",即阿姆河南的巴克特里亚。如果此时它仍为希腊人控制,那来自中国的游牧民族月氏灭了巴克特里亚希腊人王国则毋庸置疑。但问题就出在中外史料的不一致。据斯特拉波所述,巴克特里亚的希腊人王国亡于来自锡尔河彼岸的Asii、Pasiani、Tochari和Sacarauli四个部落。② 据特洛古斯记载,"狄奥多托斯在位时,斯基泰人部落Saraucae、Asiani夺取了巴克特里亚和索格底亚那"。狄奥多托斯是公元前3世纪中期巴克特里亚独立之初的国王,这里明显有误。特洛古斯又提到"Asiani(Asian)是Tochari的国王(the kings)和Saraucae的灭亡。"③ 对于这三方史料的解释,主要有二:其一,巴克特里亚希腊人王国确如中国史料所言,亡于月氏。持此说的有塔恩、纳拉因,以及1988年版的《大英百科全书》"U.S.S.P."条和"Bactria"条。理由是,中国的"月氏"即西方史料中的"吐火罗"(Tochari)。但凡月氏活动之地,中外史料都有吐火罗人存在的证据。④ 其二,巴克特里亚希腊人王国先亡于大夏,Tochari不是月氏,而是大夏(大夏是Tochari的对译),约10年后,大夏复亡于大月氏。中外学者均有持此观点者。⑤

对于这一争议,笔者认为,不论大夏、月氏孰先孰后灭亡巴克特里亚希腊人王国,从探讨希中文明接触的角度看都无关宏旨。关键是这二者来自何处,与中原是何关系。据《史记·大宛列传》,月氏始"居敦

---

① (西汉)司马迁:《史记·大宛列传》,中华书局1982年版,第3162页;(东汉)班固:《汉书·西域传》,中华书局1962年版,第3891页。
② Strabo, *Geography*, 11.8.2.
③ Justin, *Epitome of the Philippic History of Pompeius Trogus*, "prologues", 41-42, translated by J. C. Yardley, Atlanta, Ga.: Scholar's Press, 1994, pp.284-285. 据纳拉因,有的学者甚至认为应该以"Gusani"代替"Asiani",意思是"Gusani"可指向Kushanas(贵霜)。参见A. K. Narain, *The Indo-Greeks*, p.129 & n.6。
④ 见W. W. Tarn, *The Greeks in Bactria and India*, 1951, pp.277, 286, 533; A. K. Narain, *The Indo-Greeks*, pp.129-132。
⑤ 国外学者观点参看W. W. Tarn, *The Greeks in Bactria and India*, 1951, pp.295-296的介绍。国内详见余太山《塞种史研究》"大夏"、"大月氏"二篇,中国社会科学出版社1992年版。

煌、祁连间，及为匈奴所败，乃远去"。月氏为我国西北游牧民族无疑。它与内地早有联系，《逸周书·王会解》中就提到了它和大夏等的贡献。① 汉武帝派张骞约月氏夹击匈奴，也反映了对它一定程度的了解。大夏的来历比较模糊。从先秦典籍看，大夏或作为一邦、一国、一部族，确实在历史上存在过，其方位大致由今山西南部向西、北方向延伸，② 但对迁徙路线无明确记载。司马迁在《史记》中不止一处提到大夏，③ 也未把张骞之"大夏"与他处大夏相联系，也未像介绍月氏那样介绍"大夏"之来历。因此，对张骞的"大夏"可以有两种推测。一是依余太山说，即其故地本在山西，几经变迁，才至中亚；④ 一是其与先秦大夏无关，是从 Tochari 转译而来。笔者倾向这种观点。若此，Tochari 又来自何处？据斯特拉波，包括 Tochari 在内的四部落是斯基泰人中最著名的部落，原与 Sacae 人为邻。因 Sacae 人侵占其土地，他们才从锡尔河北南下。⑤ 这与《汉书·西域传》中乌孙"击破大月氏，大月氏徙西臣大夏"的记载似有所合。总之，无论月氏、大夏，它们都曾活动于中国西北地区，与中原有明显的联系。无论它们谁灭亡了巴克特里亚希腊人王国，这个事件本身以及中希史料对此都能有较为明确的记载表明，希中两大文明圈已在边缘碰撞相切、双方的实质性接触已为时不远。

第三节　张骞西行与希中文明信息的双向流动

公元前2世纪下半叶，汉王朝已具备了主动出击匈奴，清除外患的实力。公元前139年，张骞奉汉武帝之命出使西域。虽然直接目的没有

---

① "禺氏騊駼，大夏兹白牛"（黄怀信：《逸周書校補注釋》，三秦出版社1996年版，第355页）。"禺氏"与"月氏"发音相近。

② 据顾炎武考证，先秦大夏在今晋南（晋、绛、吉、隰之间）。见《日知录》卷三十一"唐"。据《山海经·海内西经》，大夏与月氏同属"流沙外者"；据《吕氏春秋·古乐》，黄帝曾派伶伦"自大夏之西，乃之阮隃之阴"；据《逸周书·王会解》，大夏在正北。

③ 《史记·秦始皇本纪》中有"东有东海，北过大夏"之语，《齐太公世家》中记桓公"西伐大夏"。

④ 余太山：《塞种史研究》，"大夏"篇。

⑤ Strabo, *Geography*, 15.8.2.

第十章　希中文明的接触与交汇

达到，但他却给汉廷带回了历史上第一份关于西域的实地考察报告。他所谈到的大夏、月氏、大宛、安息等，均曾是希腊人统治之地。张骞抵大夏当在公元前128年，可以说希腊人王国的帷幕刚刚落下，张骞就风尘仆仆地登场了。张骞所闻所见，应多是希腊人时代的遗物。从他所述可知，他所看到的大夏与亚历山大时的巴克特里亚已面目皆非。据斯特拉波，那时索格底亚那人和巴克特里亚人的生活方式、风俗习惯与游牧民族并无多大区别。① 而二百年后的大宛（位于索格底亚那东部，原巴克特里亚王国的一部分）、大夏则城郭林立，居民务农经商，大宛且"有蒲陶酒"。② 这些变化当是希腊人统治的结果。希腊人每到一处，都要建立希腊式城市，巴克特里亚的希腊人也不例外。据斯特拉波，欧克拉提德统辖着一千个城市。③ 千城之数虽有夸大、绝对之嫌，但希腊人建城之多由此可见一斑。他们的城市或以建立者名字命名，如欧克拉提底亚（Eucratidia），或以移民者在希腊的故地为名，如索格底亚那的铁拉（Thera），巴克特里亚的罗埃提亚（Rhoetea）。④ 20世纪60年代，这些希腊城市的存在被阿姆河畔的阿伊·哈努姆古城遗址所证实。此城可能是亚历山大或塞琉古时所建，繁盛了近200年。这样的城市在张骞抵达时应该还为数不少。张骞穿行于这些城市之中，一定看到了"善贾市"的当地人在从事交换活动时使用的希腊式钱币。因为即使月氏人后来全部占有大夏之地，也仍仿制大夏诸王的钱币。⑤ 这类钱币与汉代的钱币迥然不同，"钱如其王面"，⑥ 给张骞留下了深刻的印象。总之，张骞已完全置身于一种与汉代中原完全不同的文明遗存之中。虽然他未提到希腊人，但他介绍的一些情况确实具有希腊化文化的特征。而且自他之后，丝绸之路大开，希中双方的文化信息随之传输东西。希中文明间始而闻，继而触，终而知，张骞功不可没。

---

① Strabo, *Geography*, 11.11.3.
② 大宛有"属邑大小七十余座"；大夏"有城屋，……往往城邑置小长"。（西汉）司马迁：《史记·大宛列传》，中华书局1982年版，第3160、3164页。
③ Strabo, *Geography*, 15.1.3.
④ W. W. Tarn, *The Greeks in Bactria and India*, 1951, pp. 118, 120.
⑤ Ibid., pp. 303–304.
⑥ （西汉）司马迁：《史记·大宛列传》，中华书局1982年版，第3162页。

第四编 文明交汇

公元前119—前115年，张骞二次出使西域。他到乌孙后，遣副使到大宛、康居、安息、身毒等地。公元前106年（武帝元封五年），汉朝的使团再次到达帕提亚。各国也派使者带上珍奇特产贡献汉廷。① 从此，中国的丝绸、铁器、炼钢术经大宛、安息传至东地中海的各希腊化王国，甚至罗马。② 具有希腊文化特征的物品也传至中国。如葡萄就是张骞时代的使者带回的。③ 对于葡萄之源，一说希腊人带入中亚，一说本地早有。④ 但汉文"蒲陶"二字与希腊文表示一串葡萄的 βοτρυς（botrus）发音相近。⑤ 希腊人是以葡萄酒文化闻名的民族，似难排除希腊人带来葡萄，再传至中国的可能性。今人还在公元前后的蒙古诺音乌拉古墓，发现有来自巴克特里亚的希腊式丝织物与图案。⑥ 另据塔恩，由于张骞及其副使通过安息了解到小亚希腊化王国帕加马的特产羊皮纸，从而知道还有比丝绸和竹简更好的书写材料，他们将此信息带回中国，导致东汉蔡伦纸的发明。⑦ 此说纯属猜测，但帕加马纸的信息传向中国却是事实。⑧ 汉代雕刻绘画艺术自武帝后面目一新，出现了有翼兽、裸体人像、忍冬纹、葡萄纹饰等新奇风格，有学者把此也归于希腊艺术的影响。⑨

---

① （西汉）司马迁：《史记·大宛列传》，中华书局1982年版，第3170、3172—3173页；（东汉）班固：《汉书·西域传》，中华书局1962年版，第3890页。
② （西汉）司马迁：《史记·大宛列传》，中华书局1982年版，第3174页；Pliny, *Natural History*, 34.145。
③ （西汉）司马迁：《史记·大宛列传》记"汉使取其实来，于是天子始种苜蓿、蒲陶肥饶地"（中华书局1982年版，第3173页）。
④ A. K. Narain, *The Indo-Greeks*, p. 26.
⑤ 据法国汉学家伯希和，最早注意到此词的希腊语来源的是 Ritter（1837年），后来得到 Kingsimill 和夏德（Hirth）的支持。但也有不少学者对此并不认同。如伯希和本人（"蒲陶"，载冯承钧译《西域南海史地考证译丛》第一卷五编，商务印书馆1995年版，第82—83页）、美国学者劳费尔（劳费尔：《中国伊朗编》，林筠因译，商务印书馆2001年版，第49—51页）、塔恩（W. W. Tarn, *The Greeks in Bactria and India*, 1951, p. 474）等。
⑥ W. P. Yetts, "Links between Ancient China and the West", *Geographical Review*, Vol. 16, No. 4 (Oct., 1926), pp. 614–622.
⑦ W. W. Tarn, *The Greeks in Bactria and India*, 1951, p. 373.
⑧ （西汉）司马迁：《史记·大宛列传》记安息"画革旁行以为书记"（中华书局1982年版，第3162页），可为证。
⑨ 详见沈福伟《中西文化交流史》，上海人民出版社1985年版，第67—73页；郑鹤声《大月氏与东西文化》，《东方杂志》1926年第10期。

第十章 希中文明的接触与交汇

第四节 印度—希腊人与西汉王朝

中国与印度早有来往，中国的丝早在公元前 4 世纪就已输入印度。① 公元前 2 世纪初巴克特里亚希腊人进入印度后，控制了大致东达今德里，南达坎贝湾的西北印度地区。这时中国西南地区通往印度，并经印度西北转向巴克特里亚的商路当已开通，张骞在大夏见到的蜀布、邛竹杖应从此路而来。印度与巴克特里亚的希腊人对由此商路而来的中国物品一定熟悉或使用过。公元前 1 世纪，随着汉在西域政治、军事控制的确立，② 汉属西域与印度接壤，汉代中国与印度，特别与希腊人控制活动的西北部的交往更加紧密。印度—希腊人有可能通过西域从中国进口他们需要的丝绸和其他物品。今人在塔克西拉（Taxila）已发现了应属这一时期的中国和阗玉和汉代弩机部件"牙"。③ 更为重要的是，公元前 1 世纪，受到塞人（Saca）与月氏人夹击的罽宾地方的印度—希腊人与西汉时期还很可能发生了政治外交关系。《史记》未提到罽宾，《汉书》说"武帝始通罽宾"，可见罽宾与汉发生关系在武帝统治后期和《史记》完成之后。据班固，罽宾"自以绝远，汉兵不能至，其王乌头劳数剽杀汉使。乌头劳死，子代立，遣使奉献。汉使关都尉文忠送其使。王复欲害忠，忠觉之，乃与容屈王子阴末赴共合谋，攻罽宾，杀其王，立阴末赴为罽宾王，授印绶"。④ 这段记载引起不少史家注意，比较流行的解释是：阴末赴是希腊欧克拉提德家族残留于喀布尔山区的最后一位国王，容屈是"Yonaki"（希腊城之意）的音译，即 Alexandria-kapisa 城，赫尔迈欧斯（Hermaeus）与其父为城主。乌头劳是 Saca

---

① 季羡林：《中印文化关系史论文集》，生活·读书·新知三联书店 1982 年版，第 114、76 页。

② 公元前 59 年（汉宣帝神爵三年），汉廷任命郑吉为第一任西域都护，统辖葱岭以东西域的一切军政事宜。见（东汉）班固《汉书·郑吉传》，第 3006 页；（东汉）班固《汉书·西域传》，中华书局 1962 年版，第 3874 页。

③ W. W. Tarn, *The Greeks in Bactria and India*, 1951, p.364. 夏鼐：《中巴友谊的历史》，《考古》1965 年第 7 期。

④ （东汉）班固：《汉书·西域传》，中华书局 1962 年版，第 3885—3886 页。

人，即 Saca 人国王斯帕莱利斯（Spalyris，约公元前 50—前 47 年）币上的"αδελφου"（adelphou），是文忠把"αδελφου του βασιλεως"（"国王的兄弟"）错译为国王 adelpou，结果就出现了《汉书》中的"乌头劳"（adelphou 的对音）。① 如果接受此论，文忠就是有史记载的中国方面与希腊人接触的第一人。他帮助希腊人城主阴末赴取得罽宾王位，并使之一度成为中国的属国，这可谓是中希关系史上的大事。虽然此问题仍有待深入，但巴克特里亚希腊人曾对《汉书》中的罽宾地区长期统治，即使此时此地系 Saca 人统治，他们也乐于接受、利用希腊人遗留下来的先进文明遗产。他们保留了希腊人的行省体制，在希腊人的造币场铸造相似的双语币，希腊人城市仍保持着某种自治。在印度人眼中，他们同是 Yavanas，即印度—希腊人。② 从这个意义上，不论阴末赴是否希腊人，汉朝与罽宾的关系都可看作中国与具有希腊化文化特征的地区和民族接触的继续。③

第五节　希中两大文明交汇的最终实现

公元前 1 世纪后半叶，残存的印度—希腊人王朝均被塞人所灭。这标志着自亚历山大以来希腊人在远东活动的结束，也标志着希中文明间的实际接触告一段落。但这并不意味着二者关系的结束。恰恰相反，公元以后明显带有希腊文明韵味的文化因素不仅以前所未有的势头进入中国的西域，并逐渐进入中原，而且与中国的原有文化融汇，形成新的文化特色。汉佉二体钱的出现和犍陀罗艺术的影响就是最典型的例证。

汉佉二体钱（Sino-kharosthi Coin）又名"和田马钱"，是公元后新疆地区最早出现的铸币。这种币圆形无孔，一面是佉卢文，文为王名或

---

① 见 W. W. Tarn, *The Greeks in Bactria and India*, 1951, pp. 469 – 473, 418, 339 – 342。塔恩是在 Von Gutschmid、Whylie 等学者的基础上发挥了这一观点。对此解释，纳拉因几乎全持异议，但并未解决"阴末赴、乌头劳"的所指问题，见 A. K. Narain, *The Indo-Greeks*, pp. 154 – 155。

② W. W. Tarn, *The Greeks in Bactria and India*, 1951, p. 323。

③ 有学者认为，《汉书·西域传》中还留下了另一希腊人城市的名字：乌弋山离，系从塞斯坦地区都城 Alexandria-Prophthasia 转译而来，《汉书》以其都城为国名。见孙毓棠《安息与乌弋山离》，《文史》第 5 辑，中华书局 1978 年版。

第十章 希中文明的接触与交汇

王号,字母环绕中间的马或驼形;另一面是汉文,表示币值,主要有"六铢钱"和"重廿四铢铜钱"两类。① 它不仅明确含有中、印、希三种文化因素,而且显然是从希腊式钱币发展而来。巴克特里亚、印度—希腊人的币圆形无孔,正面一般是统治者头像,环以王号与王名,文字或希腊文,或与佉卢文二者兼而有之;反面多为保护神或其他象征符号,如大象、人骑马形。中亚、印度的希腊人王国灭亡后,贵霜朝仍仿制这种钱币,其上一面希腊文;另一面佉卢文。由于贵霜与塔里木为邻,贵霜的政治文化影响在汉绝西域时进入此地是十分可能的。值得注意的是,希腊人罽宾末王赫尔迈欧斯的钱币已在和田发现,这可能是贵霜人的仿制品,但其上二次打压了汉字。② 这些说明贵霜仿制品是希腊式钱币到汉佉二体钱的过渡,汉佉二体钱实则是希印双语币与中国中原钱币的混合体。

犍陀罗艺术是希腊人在巴克特里亚、印度活动三百年给后世留下的最大一份遗产。尽管目前对其产生的时间及传入我国时负载的希腊、罗马因素孰多孰少仍有不同看法,但它植根于希腊人在印度的统治,起源于佛教的精神、主题与希腊式雕塑造型艺术的结合,则已成公论。③ 犍陀罗艺术既为佛教艺术,佛教的传播也就意味着蕴含于犍陀罗—佛教艺术中的希腊文化因素的传播。从我国现存的佛教艺术遗迹中,我们可以从三个方面感受到希腊文化的气息。首先是佛陀形象,它的艺术原型是希腊的阿波罗神或身着长袍的演说家。④ 对佛陀像的接受与仿制实际上就意味着对希腊因素的吸收。从塔里木到敦煌,再到云岗、龙门、天龙

---

① 关于汉佉二体钱的形制与分类,参见克力勃撰,姚朔民编译《和田汉佉二体钱》及本期插图,载《中国钱币》1987 年第 2 期。详见 Joe Cribb, "The Sino-Kharosthi Coins of Khotan. Their Attribution and Relevance to Kushan Chronology (Part one)", *The Numismatic Chronicle*, Vol. 144 (1984), pp. 128 – 152。

② 克力勃撰,姚朔民编译:《和田汉佉二体钱》,《中国钱币》1987 年第 2 期;Joe Cribb, "The Sino-Kharosthi Coins of Khotan. Their Attribution and Relevance to Kushan Chronology (Part one)", *The Numismatic Chronicle*, Vol. 144 (1984), p. 147。

③ 参见 Moses Hadas, *Hellenistic Culture*, pp. 230 – 231。

④ Moses Hadas, *Hellenistic Culture*, p. 231;[法] R. 格鲁塞:《从希腊到中国》,常书鸿译,浙江人民美术出版社 1985 年版,第 28、30 页;[英] 休·昂纳、约翰·弗莱明:《世界美术史》,毛君炎等译,国际文化出版公司 1989 年版,第 185 页。

第四编 文明交汇

山,尽管这些地方的佛陀像愈来愈汉化,但仍保留了古希腊雕塑中人物造型的一些特征:① 高而通直的鼻梁,波浪卷的头发,薄衣贴身透体,褶纹线条流畅,让人很容易联想到阿波罗式头像与雅典帕德嫩(Parthenon)神庙石雕女神的服束。北齐时出现的"曹衣出水"之画风,似可从佛陀雕像衣纹特征上找到渊源。② 其次是佛教人物的裸体形象,这在龟兹壁画中表现得尤为突出。古希腊人相信神人合一,推崇人体美,特别善于用最完美的裸体形象表现神。龟兹的艺术家在接受犍陀罗艺术表现技巧时,也接受了其中包含的希腊人裸体观念。据研究,"克孜尔壁画不仅根据内容需要安排裸体,而且有意识地把本来不需要裸体的人物,也以裸体方式表现。"人物形象在人体比例上、结构上、动作协调上也都能严格坚守希腊古典的法则,如《太子降生图》中的佛陀。③ 最后是与犍陀罗艺术有关的遗迹。它们多属于寺庙的建筑、装饰与家用器物。如在尼雅、楼兰发现的椅子腿、扶手上的希腊式怪物、人头像和大门过梁上的具有犍陀罗风格的树叶、花草;在米兰发现的有翼天使的壁画。据发现者斯坦因,这种有翼天使很可能源于希腊神话的中的爱神爱洛斯(Eros)。④ 即使内地的云岗、龙门石窟,也吸收了不少希腊式的装饰艺术。⑤ 总之,犍陀罗艺术在东传过程中,一方面竭力保持自己的印度、希腊特色;另一方面又必然要接受中国艺术家的改造,并成为中国佛教艺术的特色之一。

此外,考古发掘还证明,纯粹的希腊神祇形象也于公元前后传入了中国。在尼雅出土的木牍文书封泥上,就赫然出现了雅典娜、爱洛斯、赫拉克勒斯(Heracles)等希腊神像。尤其引人注意的是有一木牍封泥上并列两个印记,一个是优美的四个汉文篆字,表明是负责鄯善地区的

---

① 关于佛陀形象的演变,参见格鲁塞前揭书中的近百幅图片,它一定给观者以"从希腊到中国"的强烈印象。
② 参见常任侠《印度与东南亚美术发展史》,上海人民出版社1980年版,第21—22页。
③ 吴焯:《克孜尔石窟壁画裸体问题初探》,《中亚学刊》第一辑,中华书局1983年版。
④ Aurel Stein, *On Ancient Central-Asian Tracks*, London: Macmillan and Co., Limited, 1933, pp. 84, 143, 118-119, 122; illus. 61, 62, 41, 54.
⑤ 常任侠:《东方艺术丛谈》,上海文艺出版社1984年版,第33页。

第十章　希中文明的接触与交汇

中国官员的印章；另一个显示出西方式的头像。① 这种奇特的混合再次说明希腊文明因素在塔里木地区的一度存在以及中国方面毫不迟疑地接受。这类希腊神图案也在此时此地的毛织品中出现。斯坦因在楼兰古墓中发现了一块有人物形象的毛毯，他认为右侧的人物是希腊神赫尔墨斯，左边花纹为其双蛇手杖。② 这些织物不论是本地出产，还是来自中国之外，希腊的神祇形象能在楼兰古墓中出现，就足以证明希腊的宗教与艺术因素进入了中国。

希中文明之所以最终在一定程度上实现交汇，原因是多方面的。但主要是希腊人在西亚、中亚和印度的西北部长达数百年的统治，使希腊文化因素扩散并渗入到当地文化之中，成为其组成部分，从而在希腊人的政治统治或作为一个外来民族整体消失了以后，它的文化仍能以这种或那种方式留存、延续并产生影响。另一重要原因是中国方面一直力图从政治上控制西域，保持与印度、中亚、西亚诸国的联系。而这些地区，特别是与中国近邻的贵霜（包括印度西北部）、帕提亚等，都曾是希腊人统治或强烈影响之地。只要它们和中国的交往不断，它们接受的希腊文化因素传入中国是必然的，两大文明的交汇可谓水到渠成。

（原载《世界史年刊》1996 年总第 2 辑，略有改动）

---

① Aurel Stein, *On Ancient Central-Asian Tracks*, p. 89; illus. 44.
② Ibid., p. 153; illus. 65.

第十一章 希印文化关系的渊源与发展

古代希腊、古代印度是世界古典文明中的两颗璀璨明珠。它们虽然相距遥远，但从印度的吠陀时代与希腊的荷马时代起就交相辉映，在人类文化交流史上谱写了具有深远意义的篇章。因此，对公元以前东、西方这两个具有代表性的文明之间的文化关系进行纵横考察，对于我们探索古代各文明相互交叉渗透的进程与特点，从而进一步把握世界文化发展的趋势或许是有益的。

第一节 亚历山大以前的希印文化接触

公元前334年，希腊联军统帅、马其顿国王亚历山大率军东侵。前330年，灭波斯帝国。前327年，经兴都库什进入印度。希腊—马其顿人踏上了神秘的印度大地，由军事征服导致的希、印两大文明直接交流相会的序幕由此拉开。然而两大文明此前对外发出的文化信息早已有所相通。

根据考古材料与文献记载，历史上的印度与外界（特别是西方）从未完全隔绝。早在哈拉帕文化时期，印度就与两河流域、叙利亚、小亚有着商业联系，在某些地方已发现了属于印度河文明的印章。早期吠陀时代的印度雅利安人忙于征服推进，可能与西方很少联系，但印度的产物或商品不久就来到地中海东岸则是事实。公元前975年，腓尼基人的一支船队从红海出发到东方一个叫俄斐的港口带回了"象牙、猿猴、

第十一章 希印文化关系的渊源与发展

孔雀"①，不管俄斐是东方何地，进口的东西无疑产自印度。商品的交换，必然带来语言与思想的交换。腓尼基人是印度与地中海文化的最早联系者，希印之间的信息这时显然靠这些中介人传递。荷马史诗就提到名称源于印度的物品，如象、锡、象牙，②希腊人一定见过或使用过它们。

从印度的吠陀后期与希腊的古风时代起，两地的宗教观念、哲学都经历了相似的发展，即对世界本原与个人灵魂解脱的探讨。但从时间上看，印度早于希腊。希腊哲学萌芽于与东方接触前沿的小亚殖民地，始于公元前6世纪的米利都人泰勒斯，而此时由诸吠陀书中反映出来的哲学思想已处于成熟状态。从早期希腊哲学的发源地、观点、派别、发展来看，印度的影响是可能的。而且后来波斯帝国建立，小亚的希腊人与南亚次大陆同北部的印度人都处于同一帝国之下，也为双方文化上的接触提供了便利。近代学者注意到了希、印哲学思想的相似，他们提出：泰勒斯的"水是万物之本原"相似于《吠陀》中原始水是宇宙之本原的思想；阿那克西曼德（Anaximander）的"无限"，阿那克西美尼（Anaximenes）的"气"来自同样的吠陀理论。希腊哲学家是在波斯学习哲学时受到这些启示的。赫拉克利特提出的"火是万物的本原，万物源于它并回归还它"与《奥义书》关于最高实在之本质的表述十分相同。恩培多克勒（Empedocles）的"物质永生不灭"可追溯到数论派"万物无始无终"的教义。德谟克利特和留基波（Leukippos）的原子论与羯那陀（Knada）的胜论派哲学相似，这二人都在东方游历，可能在波斯碰到过印度人。③毕达哥拉斯（Pythagoras）的灵魂转世思想似也受到印度的影响。灵魂转世论首先出现在《梵书》与《奥义书》中。据说，毕达哥拉斯是希腊第一个发现灵魂轮回的人④，他发现于何处？希罗多德把此

---

① 《新旧约全书》，《列王纪上》第9、10章。
② S. Chaturvedi, *Foreign Influx and Interaction with Indian Culture*, New Delhi: Agam Kala Prakashan, p. 62.
③ S. Chaturvedi, *Foreign Influx and Interaction with Indian Culture*, pp. 73 – 75. 一般认为，数论派和胜论派等印度哲学流派形成的时间在公元前4—前2世纪左右，但这些哲学思想当早已萌芽，小亚的希腊人一度曾与印度人同在波斯帝国的统治之下，二者的接触是可能的。
④ 北京大学哲学系外国哲学史教研室编译：《古希腊罗马哲学》，生活·读书·新知三联书店1957年版，第33页。

第四编 文明交汇

归于埃及,①但据研究,埃及人并无这种宗教观念。因此,有学者认为,毕达哥拉斯是在波斯间接获得印度的影响。根据他的传记,他曾四处游历,学习过埃及人、亚述人和婆罗门教徒的学说。②

随着波斯帝国疆域的扩大、统治的加强、驿道的修筑,帝国东西两端的印度人与希腊人的相互了解也逐渐由耳闻变为目睹,有的希腊人到波斯帝国各地游历、任职、服役,其中就包括印度。希腊人中最早亲临印度的是斯库拉克斯(Scylax)。约公元前 510 年,他受大流士派遣率一支海军沿印度河南下考察河口。③ 希波战争中,印度人应征参加了公元前 480 年薛西斯对希腊本土的入侵,这是他们在希腊大陆的首次出现。④ 此外,波斯帝国的驱逐迁徙政策也有助于希、印两大民族的接触。薛西斯在巴克特里亚建了一处爱奥尼亚人殖民地,所以后来亚历山大征服巴克特里亚时,发现大量的希腊人(the Branchidae)早已生活在那里。⑤ 甚至在印度西北部的奈萨城,他也发现了号称希腊酒神后裔的当地人。⑥ 但这可能只是传说而已。

直接的接触产生了明显的效果,希、印两大文明之间的了解扩大了,文化上的联系增多了。米利都人赫卡泰欧斯是第一个提到印度的希腊作家,他著有《大地环游记》,其中介绍了印度的民族、地理。希罗多德可能就是从斯库拉克斯和赫卡泰欧斯那里获得素材,从而留下了关于印度民族、习俗、出产、气候等方面的记述。公元前 5 世纪后期的希腊人克泰西亚斯还著有《印度史》(Indica)。波斯帝国时,印度人对希腊人已相当熟悉,称其为 Yavanas 或 Yonas,⑦ 这是从"Io-

---

① Herodutus, *Histories*, 2.123;[古希腊]希罗多德:《历史》,王以铸译,商务印书馆 1985 年版,第 165 页。

② S. Chaturvedi, *Foreign Influx and Interaction with Indian Culture*, p.75.

③ Herodotus, *Histories*, 4.44;[古希腊]希罗多德:《历史》,王以铸译,商务印书馆 1985 年版,第 282 页。

④ Herodotus, *Histories*, 7.65;[古希腊]希罗多德:《历史》,王以铸译,商务印书馆 1985 年版,第 494 页。

⑤ Strabo, *Geography*, 11.11.4. J. J. Pollitt, *Art in the Hellenistic Age*, Cambridge: Cambridge University Press, 1986, p.285.

⑥ Arrian, *Anabasis of Alexander*, 5.1-2, 8.5;[古希腊]阿里安:《亚历山大远征记》,李活译,商务印书馆 1985 年版,第 158—160、264 页。

⑦ A. L. Basham, *A Cultural History of India*, Delhi: Oxford University Press, 1984, p.426.

第十一章 希印文化关系的渊源与发展

nia"转化而来,说明爱奥尼亚的希腊人最先被印度人所知晓。古典时期的希腊哲学得到了长足的、系统的发展,但研究者还是从柏拉图那里发现了来自印度的痕迹。① 柏拉图认为人生的最终目的是善与永恒不变的神性真理。他的"善"非常像《奥义书》中引导人们从黑暗走向光明的最高神。柏拉图《理想国》第七卷关于洞穴影像的讨论及第十卷中对潘菲里亚(Pamphylia)族人厄尔(Er,一译厄洛斯)在另世(洞穴)中所见所闻(死后审判、因果报应、灵魂转世)的描述,相似于吠陀中"幻"(Maya)及"业"(Karma)的说教。柏拉图《理想国》中的三种理想人物:护卫者、辅助者、农工商人相似于印度瓦尔那制中的婆罗门、刹帝利、吠舍。这种相似是巧合,还是有所借鉴,尚难定论。

总之,亚历山大以前希、印文化接触确实存在,尽管是表面的、零散的。这种接触是社会文化型的,具有和平渐进的特征,相互影响或主要来自印度方面影响的可能性较大。

第二节 亚历山大、孔雀王朝时的希印文化交往

亚历山大在印戎马倥偬,待了不到两年时间,征服区域限于印度河流域,但作为亚里士多德的学生,他敏锐地感受到印度文化的魅力。他的帝国大厦虽然由于他的早逝迅即坍塌,但希腊—马其顿人在其原帝国之地占统治地位的政治格局并未改变。这些由亚历山大部将们建立起来的希腊化王国与印度的孔雀帝国保持着外交联系,塞琉古王国因与印度毗邻,也曾是印度西北部的主人,与印度的交往更加密切。当然,双方的战争在所难免,塞琉古王朝曾两次遣兵侵印。但就文化交往而言,战争可以说是加速器,它推动了希、印之间的接触、了解,从而为巴克特里亚希腊人最后征服统治印度创造了条件,也为希、印文化的全面交流汇合铺平了道路。

---

① S. Chaturvedi, *Foreign Influx and Interaction with Indian Culture*, pp. 75–76.

第四编 文明交汇

一 亚历山大与印度文化

亚历山大入印与其说是一次军事征服，毋宁说是一次文化探秘。亚历山大的远征队伍中有工程师、测量师、哲学家、历史家、医生，他们沿途搜集人文地理材料，回去后有的著书立说，将印度介绍给希腊化世界。

公元前326年，亚历山大兵抵塔克西拉，此地是北印度文化中心。各地的文人学士、婆罗门会聚于此学习研究"3部吠陀与18种技艺"①，这可能是希腊人对印度文化的首次大规模接触。亚历山大按惯例在印度建立了一些军事殖民地，这些殖民地有的很快湮灭无闻，有的却发展成拥有众多人口的城市。它们是希、印文化交流的前哨阵地。亚历山大对印度的宗教、哲学兴趣尤高，他与印度的裸体智者探讨人生，邀请他们与他为伴。有一名叫卡兰那斯的智者随他到了波斯，死前将其所有分赠门徒②。

由此可知，尽管相处时间不久，亚历山大和他的一些将士都服膺他的哲学。还有一位随征的希腊人皮浪从印度带回了"寂静主义的理想"③，创立了怀疑主义学派。亚历山大秉承希腊人对当地神的崇拜，他在印度既对希腊神，也对印度的希达斯皮斯河神、阿塞西尼斯河神及印度河神致敬献祭。④ 对印度神的接受成为后来印度—希腊人的宗教特征。印度医生长于治疗蛇咬伤，亚历山大就请他们到他的军营为士兵治病。⑤

当然，亚历山大入印的主要动机还是征服。他在印度建城、设省（把所占之地分为六个省，3个由希腊人任总督，3个由当地人

---

① A. L. Basham, *A Cultural History of India*, p. 430.
② Arrian, *Anabasis of Alexander*, 7.1-3；[古希腊] 阿里安：《亚历山大远征记》，李活译，商务印书馆1985年版，第225—228页。
③ Richard Winn Livingstone, *The Legacy of Greece*, Oxford: The Clarendon Press, 1942, p. 58.
④ Arrian, *Anabasis of Alexander*, 6.3；[古希腊] 阿里安：《亚历山大远征记》，李活译，商务印书馆1985年版，第193—194页。
⑤ Ibid., 8.15；同上书，第274页。

第十一章　希印文化关系的渊源与发展

任总督）①，接受印度的哲学、宗教、医学知识，探索印度的山川地形、出产物种，其目的不言而喻，是要把印度作为他帝国的一部分。此后的塞琉古王国、巴克特里亚王国的希腊人都把印度视为祖先的遗产而力图恢复继承。从亚历山大到印度的最后一位希腊人国王消失，两个民族、两种文明的直接接触长达三个世纪。从这个意义上，亚历山大入侵印度不仅拉开了两大文化交流汇合的序幕，而且奠定了这种交流汇合最终取得丰硕成果的基础。

二　孔雀王朝时的希、印文化关系

亚历山大从印度退走及随之而来的帝国分裂，使印度西北部出现了政治权力真空。旃陀罗笈多乘机而起，建立了孔雀王朝。与此同时，亚历山大的部将们也将帝国瓜分完毕，三足鼎立。塞琉古王国与孔雀帝国相邻，希、印之间的文化关系随着外交关系的建立而延续扩大。

约公元前305年，塞琉古一世进军印度受阻。这次军事行动的最大成果是两个王朝联盟，建立外交关系，麦伽斯梯尼是塞琉古一世派驻孔雀王朝的第一位希腊使者，也是进入印度腹地的第一位希腊人。他对印度的观察敏锐详细，给希腊人世界带回了第一份关于孔雀王朝宫廷制度、国家管理、商业、宗教、习俗的全面报告。据说旃陀罗笈多还给塞琉古送去一些印度的药物。②

到孔雀王朝第二任国王时，关系友好如旧。托勒密朝也派使者前往印度。③ 宾头沙罗（Bindusara，希腊语译名：Amitrochates）向安条克一

---

① V. D. Mahajan, *A History of India*, pt. 1, New Delhi: S. Chand, 1980, p. 90. 据阿里安 *Anabasis of Alexander* 的记载，亚历山大从巴克特里亚进入印度西北部后，先后委任了一些地方总督或管理者，如帕拉帕米萨代地区（the Country of the Parapamisadae）先由提瑞亚匹斯（Tiriaspes, Turiaspes）（4.22），后由他的岳丈欧克西亚提斯（Oxyartes）任总督（6.15）；朴西劳提斯地区（Peucelaotis）由当地人散伽库斯（Sangacus）接管（4.22）；印度河一侧即犍陀罗地区由伏友尼卡诺（Nicanor）任总督（4.28）；印度王公波拉斯（Porus）仍统治原王国（5.19）；当地人阿比萨瑞斯（Abisares）仍任本省的总督（5.29）；印度河汇合处由菲利普（Philip）任总督（6.15）；印度河下游和河口由欧克西亚提斯和培松（Peithon）共管（6.15）；让印度河下游的当地王公穆西卡那斯（Musicanus）继续掌管该地（6.15）；印度河三角洲的帕塔拉（Pattala）由当地原总督管理（6.17）。

② Atheneaus, *The Deipnosophists*, 1.18d – c, with an English translation by Charles Burton Gulick, Cambridge, Mass.: Harvard University Press, 1999.

③ Pliny, *Natural History*, 6.58.

世要葡萄酒、无花果和智者。无花果、酒送去了，但智者的要求被拒绝，理由是，以哲学家进行交换在希腊是有悖法律的。① 这个故事可能不真实，但它印证了希、印文化交往渠道的畅通。

阿育王时期，希、印文化交往由于他的传教热忱而深入。约公元前260年，他派传教团到五个希腊国王那里去传播佛教，② 这些国王是塞琉古王国的安条克一世或安条克二世、埃及托勒密二世、马其顿的安提柯·贡那特、伊庇鲁斯的亚历山大二世、昔列尼的马伽斯（Magas）。这是印度君主的使者首次对希腊化世界的访问，也是印度文化向希腊文化的首次主动宣示，表达了要求沟通的积极愿望。这些传教团到达所有的目的地与否，史无记载，但可以肯定，他们到达了地中海东岸。有学者认为，他们在叙利亚推动了地中海历史上的第一次寺院运动。③ 阿育王在向外传教的同时，并未忘了他境内的希腊人城市。他在坎大哈发布的第4号石刻诏令使用希腊语，就是要让此地的希腊人接受他弘扬佛教信仰的宣传。

孔雀帝国在阿育王之后就走向衰落。公元前206年，安条克三世再次以塞琉古王国的名义侵入印度，与一地方王公重叙旧谊，得到多头大象回赠后返回。④ 随后不久，巴克特里亚希腊人趁机入主印度。希腊人与印度人由平等的邻居关系变成统治与被统治的关系，文化上的全面交流与汇合随着两个民族的长期共存开始了。

第三节　印度—希腊人统治时期希印文化的交流与汇合

印度—希腊人即来自巴克特里亚的希腊人。巴克特里亚原是塞琉古

---

① Athenaeus, *The Deipnosophists* 14.652f. Athenaeus 的资料来自公元前2世纪的德尔斐人 Hegesander。他曾写过一本关于希腊化国王和宫廷生活的奇闻轶事集，已佚。Frank L. Holt, *Thundering Zeus: The Making of Hellenistic Bactria*, Berkley: University of California Press, 1999, [Appendix D] p.179. 参见 R. A. Jairazbhoy, *Foreign Influence in Ancient India*, Bombay/New York: Asia Pub. House, 1963, p.62。

② Ven. S. Dhammika, *The Edicts of King Ashoka*, "the Fourteen Rock Edicts", No.13；崔连仲等译：《古印度帝国时代史料选辑》，商务印书馆1989年版，第68页。

③ R. L. Fox, *Alexander The Great*, p.484.

④ Polybius, *The Histories*, 11.39.

第十一章 希印文化关系的渊源与发展

王国的一个行省。由于孤悬远东，塞琉古朝鞭长莫及，到公元前3世纪中期，这里的希腊人就宣告脱离，自立为国。公元前2世纪初德米特里为王后，巴克特里亚王国进入辉煌时期。它不仅吞并了南面塞琉古王国与印相邻的地区（今阿富汗南部），而且挥军进入印度河流域。他是自亚历山大之后入印的第一位希腊人统帅。由于佛教徒的支持，他进展顺利，很快就控制了南到今日坎贝湾的广大区域。希腊人此次入印实则亚历山大征服事业的继续，其目的也是要把印度作为自己统治的一部分。在他们看来，印度人不只是他们的统治对象，还是他们共同生存的伙伴；印度不只是他们的统治之地，而且是他们的第二故乡；希腊文化与印度文化应相互适应，而非相互对立。经过近千年的相互了解，经过亚历山大以来百年多的王朝交往，希、印两种文化的交流汇合此时已成水到渠成之势，主要表现在以下三个方面。

一 造币术

印度最早的钱币是冲压的银币与铜币，形状不规则，质地粗糙，而希腊的币却是完美的艺术品，形式规整，正反两面压有图案、铭文。希腊钱币可能早就为印度人熟悉，雅典币上的猫头鹰图案通过贸易传到东方，公元前4世纪被北印的钱币所模仿。亚历山大与孔雀王朝时，由于希腊人在印境内的停留及双方的商业往来，希腊的钱币当给印度人留下较深的印象。然而，希腊钱币的主要影响及与印度因素的结合是在公元前2世纪初巴克特里亚希腊人占据印度并开始在当地造币之后。德米特里一世（Demetrius I，公元前200—前190年）是第一位在印度称王的希腊人，他发行了带有象头皮盔的钱币，表明他像亚历山大一样，是印度的征服者。阿伽托克勒斯（Agathocles，公元前190—前180年）和潘塔勒翁（Pantaleon，约公元前190—前185年）首先发行了希印双语币，其他的希腊人统治者仿而效之。币上的印度文字通常使用佉卢文，也有个别使用婆罗米字母。图案有国王肖像、保护神或其他象征意义的符号。文字内容一般由王号、名号（表明尊贵身份的修饰词，如征服者、伟大的、正义者、显现的神等）和国王名字三部分组成。随着统治的延续，这些国王钱币上的图案也有了变化，印度传统的因素显而易见。有的国王戴上了象头式样的王冠。印度的神祇、象征符号、神圣动物如太阳神苏利耶（Surya）、湿婆（Siva）的神牛、大象等也出现在诸王的钱币上。阿伽托克勒斯是第一位把佛教标志铸于币上的印度—希腊人国王，其图形呈现一座顶有星的土丘（stupa，佛塔）和一棵树，表示佛陀的涅槃与彻悟。米南德币上的八辐轮或许代表了早期佛教学说的八正道。有的国王发行了具有印度特征的方形币，有的采用了印度的重量标准。①

这类加入印度因素的希腊式钱币，不仅被当时其他地方的印度人统治者仿造，而且在此后的几乎一千年间，印度王公的银币仍仿照这种钱币的式样及两面压印的制造工艺。取希腊人而代之统治印度的印度—斯基泰人（Indo-Scythians）国王、印度—帕提亚人（Indo-Parthians）早期贵霜国王都继续打造或使用这种类型的钱币。

二 宗教

希腊人虽是印度的统治民族，但毕竟为数太少。他们的控制区域主要是佛教盛行的印度西北部。当他们要在这个宗教传统悠久的国度里长期立足时，他们就不得不正视当地人的宗教信仰。孔雀王朝弘扬佛教，取代它的巽加王朝（公元前185—前73年）则反之。巴克特里亚希腊人是以印度佛教徒"救星"的身份进入印度的。因此承认印度人宗教与希腊人宗教的共存，支持二者的混合，特别是尊重佛教，就成为印度—希腊人统治阶级的基本国策。到公元前2世纪中期米南德为王时，印度—希腊人的统治基本稳定，臻于全盛，对佛教的利用就不仅出于政治的目的，而且是文化上需要。从佛教文献《米兰陀问经》（*The Milindapanda*）中可知，米南德（Menander，即汉译佛教中的"弥兰"）对宗教宽容并包，在其都城舍竭的大街上"回荡着对各种宗教大师的欢呼声"②。他本人对佛教颇感兴趣，他与比丘那先对话，就是为了探究佛教的形而上学

---

① 关于印度—希腊人统治者的钱币特征，详见 Osmund Bopearachchi, *Monnaies gréco-bactriennes et indo-grecques*, *Catalogue Raisonné*, Paris: Bibliothèque Nationale, 1991；也可参见 A. K. Narain, *The Indo-Greeks*, plates I – V。

② R. A. Jairazbhoy, *Foreign Influence in Ancient India*, p.52.

第十一章　希印文化关系的渊源与发展

奥义；米南德的提问，仅经文所传就有262问，若包括未被记录下来的，可达304问。从汉译经文看，他对那先的回答十分满意，"欲弃国去而行道"①。据说他不久就成了在家佛徒（居士），并施舍了名为弥兰陀的精舍，后来还让位于子，自己出家，达到阿罗汉之位。但据普鲁塔克，他死于军营，许多城市争要他的骨灰，最后只好像佛陀当年那样，由各城市分而藏于塔下。② 米南德皈依佛教是很可能的。他发行的一种钱币上有法轮标志，也表明了他的佛教倾向。也有的学者从钱币上推断米南德并未退位于子，否认他出家。③ 但实际上米南德即使在宫中当居士也是佛徒，而且米南德是佛经上唯一留下名字的希腊人国王，他若与佛教无密切关系，佛经中是不会出现对他的比较符合历史事实的记载的。米南德皈依佛教，不可能是孤例，随从者当为数不少。

希腊人向印度宗教的转变还可从著名的比斯那伽尔（Besnagar）石柱铭文看出，此柱由一希腊人约公元前100年所立，铭文中自称是印度主神毗湿奴（Visnu）的崇拜者。④

到公元前1世纪时，希腊人印度化加快，出自斯瓦特地区的瓶上题词涉及佛陀遗物的保存，题词者是希腊人地方官提奥多罗斯，他显然是个佛教徒。此外在孟买内陆发现的有关佛徒布施的铭文中，有7个自称Yavanas，但用的是印度名字。有学者认为，这些Yavanas是采用印度名字的希腊人。⑤

希腊人向印度宗教转化是他们在浓厚的印度宗教气氛中长期生活的必然结果，也是希腊宗教传统所致。希腊人对外民族神向来不持排斥态度，而且常常把其与本民族神等同混一，协调二者的关系。所以像埃及、西亚地区的希腊统治者一样，印度—希腊人毫不为难地把印度的太阳神、爱情神看作希腊的阿波罗、爱洛斯，并向湿婆、毗湿奴、雪山神

---

① 《大正新修大藏经·论集部》全第三十二卷 No. 1670（A. B）《那先比丘经卷下》。
② Plutarch, "Precepts of Statecraft", *Moralia*, 821D, with an English translation by Harold North Fowler, Cambridge, Mass.: Harvard University Press, 1991.
③ W. W. Tarn, *The Greeks in Bactria and India*, 1951, p. 268.
④ S. M. Burstein, *The Hellenistic Age from the Battle of Ipsos to the Death of Kleopatra* Ⅶ, New York: Cambridge University Press, 1985, p. 72.
⑤ W. W. Tarn, *The Greeks in Bactria and India*, p. 254.

女、吉祥天女表示虔敬之心。宗教混合主义是公元前2世纪希腊化世界的共同特征,印度更是如此。它预示了犍陀罗佛教艺术的诞生。

三 犍陀罗艺术

犍陀罗艺术是希腊人在印度留下的最大遗产与标志。其基本特征是:以佛教为主题,以佛陀为中心人物,以希腊雕塑造型艺术为表现形式,以某些希腊神为创作原型。希腊人到来前,佛教无佛像崇拜。早期佛教纪念物上只以脚印、菩提树、空王座等象征符号表示佛陀的存在。但到了公元前1世纪,具有希腊特征的佛陀像似乎出现了,这显然与希腊人有关。犍陀罗地区在阿育王时,佛教已经在流行,这时是印度—希腊人的统治重心。长期的共同生活,使两个民族的了解沟通大大加深。希腊人熟悉了当地的佛教,有的可能像米南德王那样成了佛徒,印度人则耳濡目染希腊式的城市、建筑、装饰、钱币、语言,并由此熟悉希腊的神。这种了解沟通是两种宗教、艺术结合的基础。我们不知是希腊艺术家受印度佛教徒之请,还是他们本身就是佛教徒而主动投身于这种创作,但若没有对佛教精神的领悟,他们是不会用他们民族的神阿波罗去表现印度佛教的精神领袖乔达摩·悉达多(Siddhārtha Gautama)的,而且即使创作出来也不会被印度佛教徒所接受。

犍陀罗艺术属宗教艺术,如前所述,它的出现与当时的宗教混合主义倾向也是分不开的。既然希腊的神可与印度的神等同,当需要用一神的形象体现佛陀时,希腊艺术家自然就想到本民族的神,而且制作这样的神像正是他们的技术特长。同时由宗教混合主义导致的一神论倾向也促使佛陀的神化、形体化。由于希腊化世界各地宗教混合程度的加深,当时在埃及、西亚乃至印度都出现了一神论倾向。东地中海秘教的盛行与印度教中巴克提思想(Bhakti,对一位精神导师或人格神的虔诚崇拜)的出现就是这种倾向的反映。在这种宗教气氛下,不论是印度的还是希腊人佛教徒都感到有必要把作为教主的佛看作最高的神,对他加以崇拜,从而获得恩赐。对希腊人而言,神人同形同性,最高的神也即最完美的人,希腊的阿波罗神就是佛陀的理想替身。佛陀由人到神,再由抽象神到具体人的过程就这样潜移默化地完成了。从此,有关佛的一

第十一章 希印文化关系的渊源与发展

切故事都成为希腊雕塑家的题材,希腊式的建筑风格、服饰、人物形象都运用于这些题材的雕塑之中,犍陀罗艺术从而诞生。

犍陀罗艺术的诞生在佛教史上意义重大。从本质上讲,它不只是一次艺术变革,而且是一场宗教革命。它是以崇拜偶像为特征的大乘佛教的先声,并随着它的形成传播而发展、演变。

至于犍陀罗艺术产生的时间,众说纷纭,争论的范围在公元前1世纪到贵霜时期,甚至在贵霜之后。笔者之所以倾向于公元前1世纪的观点,不仅是因为它与希腊化世界后期宗教发展趋势相吻合,与希腊人印度化,开始皈依佛教的背景相适应,而且有约公元前70年占领犍陀罗的萨迦人国王毛伊斯(Maues)币上的佛陀像为证。[1] 虽然犍陀罗艺术的辉煌期在公元后的贵霜时期,罗马时代的艺术风格对它也产生了较大的影响,但笔者同意西方史家塔恩的意见:把犍陀罗艺术定于希腊人的消失和希腊影响在印度的结束之后是不可能的。争论的焦点不在风格、石雕,而在于一种思想观念的起源。[2] 犍陀罗艺术就是希、印两个民族宗教观、艺术观结合的产物。

此外,这一时期的天文学、城市建筑、文学戏剧、哲学等方面也显示出希腊的影响与二者的结合。一位印度古代天文学家承认,由于希腊人,印度的天文学才蓬勃发展。[3] 印度许多星的名称都源于希腊语。希腊化世界流行的城市棋盘状整体规划思想在印度也有所体现。《那先比丘经》中记载的舍竭城就是:"其城四方皆复道行。……诸街市里罗列成行"。凡是希腊式城市,一般都会建希腊式剧场。印度此时出现的舞台艺术很可能与希腊人有关。语言是思想交流的基础,印度—希腊人在转向印度宗教时,不仅熟悉了印度的语言,而且实际上也接受了印度的宗教哲学思想。

公元前后,最后一位希腊人国王在印度消失了[4],印度—希腊人最

---

[1] W. W. Tarn, *The Greeks in Bactria and India*, 1951, pp. 400 – 404. 关于这位盘腿而坐的人物是国王本人还是佛陀,学术界尚有争论。

[2] W. W. Tarn, *The Greeks in Bactria and India*, 1951, pp. 395 – 396.

[3] R. A. Jairazbhoy, *Foreign Influence in Ancient India*, p. 73.

[4] 根据法国钱币学家波比拉赫奇的研究,最后一位印度—希腊人国王消失于公元10年。参见 Osmund Bopearachchi, *Monnaies gréco-bactriennes et indo-grecques*, *Catalogue Raisonné*, p. 453。

终汇入了印度民族的汪洋大海,希、印之间的大规模文化交流随之停止。但希腊人带来的希腊文化血液仍在印度文化中流动,其后的贵霜人、罗马人又给以一定的补充。

通过对公元前希、印文化关系的粗略考察,似可得出如下结论与启示:

1. 希、印两个文明地各东西,富有特色,但历史发展的必然与偶然却使它们走到一起,实现了文化上的交流、汇合,并结出令世人瞩目的成果。这说明世界各文明或文化的相互撞击、交流、影响,是人类历史发展的总趋势。地理的,甚至人为的阻隔只能延缓而不能最终阻挠这种趋势,而且在古代,发轫于政治、经济原因的军事征服却常常加快了文化交叉渗透的进程,尽管它往往并非征服者的初衷。可以设想,没有横跨欧、亚、非三大洲的波斯帝国、亚历山大帝国的建立,没有巴克特里亚希腊人的进入印度,希、印文化就不可能直接地、大规模地接触,像犍陀罗这样的两种各种文化的结晶就不可能诞生。当然,和平渐进渗透也是古代文化交流的渠道之一,但它毕竟不能像军事征服那样导致两种文化的迅速、全面相会。

2. 两种文化背景的民族相处时,双方都力图保持自己的文化特征,但由于政治统治或相互共存的需要,最后都不可避免地要在文化上自觉或不自觉地做出让步,吸引对方对己有利的文化因素。印度—希腊人的钱币上出现印度的文字、神及其他象征符号,以米南德为代表的希腊人皈依佛教,与其说是两种文化的结合,不如说是希腊人文化上的妥协。妥协是结合的基础,妥协才能创造出两个民族都能适应的文化环境。

3. 虽然希腊人传给印度的希腊文化因素最后都融入印度文化之中,但它们可察可辨,源远流长。不论何时何地,只要看到雕塑的佛像(不论它如何变形),人们自然会想到犍陀罗艺术,想到希腊的雕刻,希腊的神,想到希、印两个民族在人类文化交流的舞台上曾经上演过的壮丽一幕。

(原载《南亚研究》1993年第3期,略有改动)

第十二章 阿伊·哈努姆遗址与东西方诸文明的互动

阿伊·哈努姆是 20 世纪 60 年代由法国考古队（DAFA）在阿富汗东北部发现的一座古代城市遗址。该遗址位于阿姆河与其支流科克查河（Kokcha）的交汇处，与塔吉克斯坦隔河相望。城址的最初地名已经湮没无闻，所以考古学家以该遗址现代所在地的名称命名。虽然该遗址的大规模发掘由于苏联 1979 年入侵阿富汗被迫中止，但关于它的讨论国外仍在继续。① 有关发掘报告和研究结果②表明，该城具有明显的希腊式城市特征，但也有当地东方文化因素的渗入与影响。它的建立与遗弃

---

① 详见 Gerard Fussman, *A Review of Archaeological Report: Southern Bactria and Northern India before Islam*, http://www.cais-soas.com/CAIS/Archaeology/southern_bactria.htm。

② 这里主要指主持该遗址发掘的法国考古队负责人保罗·贝尔纳（Paul Bernard）的 3 篇重要文章：（1）"An Ancient Greek City in Central Asia", *Scientific American*, Vol. 246, (1982) Jan., pp. 148 – 159；（2）"Ai Khanum on the Oxus: A Hellenistic City in Central Asia", *Proceedings of the British Academy*, 53 (1967), pp. 71 – 95；（3）[匈]雅诺什·哈尔马塔主编，徐文堪、芮传明译：《中亚文明史》第 2 卷第 4 章《中亚的希腊王国》（P. 伯尔纳撰），中国对外翻译出版公司 2002 年版，第 67—93 页。此书第 3 章《亚历山大及其在中亚的后继者》也有若干关于该遗址的介绍。P. 伯尔纳是撰稿人之一。但实际上，自从该遗址的发掘由于苏联的入侵而中止以来，该地的文物仍不断出现。最近，当地的一位军人首领自称从该遗址发掘出金银器物 300 磅，其中绝大多数是钱币和珠宝饰物。这些器物包括一个有镀金图案的玻璃碗，一条眼镜蛇形状的项链，一些还愿用的雕塑品，一尊赫拉克勒斯的青铜雕像，一尊希腊国王的陶釉胸像，一尊比真人还要大的雅典娜雕像，一个象牙饰板，上面有希腊爱神爱洛斯和美神阿芙洛狄特（Aphrodite）的形象。这些发现对于我们研究该遗址的文化构成和性质，同样有着不可估量的价值。参见 Frank L. Holt, *Into the Land of Bones: Alexander the Great in Afghanistan*, Berkeley: University of California Press, 2005, pp. 162 – 163. Holt 的资料来自 Anna Badkhen, "War Gives Cover to Antiquities Looter", *San Francisco Chronicle*, Saturday, November 3, 2001。

的具体年代难以确定,大致在公元前 4 世纪末与前 2 世纪后期之间。那么,远离希腊本土约 5000 公里的阿富汗,怎么会出现这样一座城市,而且在如此遥远的地方存在了约两个世纪之久?它的建立对当时以巴克特里亚为中心的中亚地区乃至整个"希腊化"世界的历史进程又有什么意义?笔者认为,阿伊·哈努姆希腊式城市的出现绝非一个孤立的事件。它虽然只是亚历山大及其后继者所建数百个同类城市或殖民地中的一个,但它是迄今在中亚地区唯一完整发掘出来的一座。和其他的希腊式城市一样,它既是希腊—马其顿人对东方之地进行军事征服和政治统治的工具,更是希腊文明与东方诸文明长期碰撞、交流、融合的产物。从这一小小的无名城址上,既可以看到不同文明在同一历史场景之下的交相辉映,也能感受到希腊人在这一地区难以避免的命运沉浮。

第一节　阿伊·哈努姆遗址
——希腊—马其顿人在中亚长期立足的见证

希腊—马其顿国王亚历山大对东方的征服始于公元前 334 年。仅仅 4 年,他就横扫亚非大陆,灭亡了波斯帝国。但他为了平定中亚地区,却用了整整三年时间,直到公元前 327 年才转而进军印度。据阿里安,他在巴克特里亚留下了 13500 名士兵,以巩固后方。[①] 据斯特拉波,他在中亚的巴克特里亚和索格底亚那至少建立了 8 座以他名字命名的同名城市——亚历山大里亚,[②] 罗马帝国时期的托勒密(Claudius Ptolemy,公元 100—170 年)在其《地理学》中提到一座名为"Alexandria Oxiane"的城市,即阿姆河上的亚历山大里亚。[③] 现在阿姆河畔发

---

① Arrian, *Anabasis of Alexander*, 4.22;[古希腊]阿里安:《亚历山大远征记》,李活译,商务印书馆 1985 年版,第 147 页。

② Strabo, *Geography*, 11.11.4.

③ Claudius Ptolemy, *The Geography*, 6.12, translated and Edited by Edward Luther Stevenson, New York: Public Library, 1932 (the Dover Edition, 1991).

第十二章　阿伊·哈努姆遗址与东西方诸文明的互动

掘出来的这座唯一的希腊式城市遗址是否就是该城，学术界仍难以定论。① 但该城的出现显然是他对中亚征服的直接结果。公元前323年亚历山大遽然死去，匆匆建立起来的帝国迅即崩溃。他的后继者经过数十年的征战，最后大致三分天下。塞琉古几乎继承了亚历山大在亚洲的全部遗产，统治区域从地中海东岸直到中亚的兴都库什山。巴克特里亚成为该王国最东部的一个重要省份。亚历山大当初在东方之地建城，或设立殖民地，安排驻防军，目的主要是解决如何以少量的希腊—马其顿人来统治不断扩大的被征服之地的矛盾。塞琉古王朝自然碰到了同样的问题。于是，以亚历山大的建城战略为指导，在军事、政治、经济地位重要的地区建立希腊式城市或希腊人殖民地，就成了塞琉古王国初期诸王的明智选择。② 据统计，亚历山大及其后继者在东方建城（包括殖民地）在三百个以上。其中保留下名称者约275个。它们主要分布在东地中海沿岸（约160个），其余的则大多在幼发拉底河及其以东地区，在巴克特里亚及其相邻地区有名可据者就有19个。③ 除了亚历山大建立的8个之外，其余的11个应为塞琉古朝所建。因此，阿伊·哈努姆古城如果不属于亚历山大时期，也一定属于塞琉古王朝初期，建于塞琉古公元前305年称王之时也有可能。④

至于城市的具体建立者，阿伊·哈努姆遗址提供了较为明确的线

---

① 关于 Alexandria Oxiane 的定位，目前学术界有三种选择，其一阿伊·哈努姆。见 Paul Bernard, "An Ancient Greek City in Central Asia", *Scientific American*, Vol. 246, (1982) Jan., p. 92; H. Sidky, *The Greek Kingdom of Bactria*, New York: University Press of America, 2000, p. 132; F. L. Holt, *Alexander the Great and Bactria: The Formation of a Greek Frontier in Central Asia*. Leiden: E. J. Brill, 1988, p. 62。但也有学者提出异议，认为已有证据证明该城的建立者是一位名叫 Kineas 的人物，而非亚历山大。（见 P. M. Fraser, *Cities of Alexander the Great*, Oxford: Clarendon Press, 1996, pp. 154 – 156）这种观点显然没有考虑到 Kineas 有可能是受命而为。其二是乌兹别克斯坦境内的铁尔梅兹 Kampyr Tepe 遗址，见 Pierre Leriche, "Bactria, Land of One Thousand Cities", in Joe Cribb & Georgina Herrmann, eds., *After Alexander: Central Asia before Islam*, Oxford: Oxford University Press, 2007, p. 133。其三是距阿伊·哈努姆相近的 Takht-i-Sangin 遗址，见 H. Sidky, *The Greek Kingdom of Bactria*, New York: University Press of America, 2000, p. 153 n. 24。后二者都符合托勒密所说的位于阿姆河以北的索格底亚那境内。

② 在三大希腊化王国中，它建城最多，前几位国王可谓是"最伟大的建城者"。参见 M. Cary, *A History of the Greek World from 323 – 146 B. C.*, pp. 258 – 259。

③ 见 M. Cary, *A History of the Greek World from 323 – 146 B. C.*, pp. 244 – 245。

④ 也有学者推测此城有可能是塞琉古一世之子安条克作为共治王统治东部地区时所建，并以此作为驻跸地。参见 H. Sidky, *The Greek Kingdom of Bactria*, p. 134。

索。遗址的宫殿群入口处附近有两座类似于小神庙的陵墓。① 按照希腊城市的惯例，城中居民死后一般都要葬在城外，但对城市的建立者或赞助者（the benefactors）是例外。因此这二位墓主人很可能就具有这样的身份。其中一座留下了 Kineas 的名字，另外一位可能是 Triballos。他们一定是受亚历山大或塞琉古一世之命率人来此建城，或者还提供了一定的赞助，以至于值得死后获此永久纪念的尊荣。

公元前 250 年左右，巴克特里亚地区的总督狄奥多托斯乘塞琉古王朝内有宫廷斗争，外有托勒密埃及入侵，陷入政治危机之时，宣告独立。阿伊·哈努姆古城的希腊人在这场政治动荡中扮演什么角色，不得而知，但该城显然成为新王国的一个重要组成部分。由于该遗址有巨大的宫殿遗址，有学者估计，它或许被作为该王国的都城之一，目的是加强对王国东部地区的控制。其中一个有力的证据就是在此遗址上发现了未经打压的铜币毛坯，说明阿伊·哈努姆古城有自己的造币厂。这是希腊化时期的国王才有的特权②。也有学者进一步估计，该遗址在遗弃前的最后一段时间曾是国王欧克拉提德的王廷所在地。③ 考古学家们在宫殿群中可能是金库的遗址中发掘出了几个希腊式的瓶罐（vases），里面虽然空空如也，但外面有希腊文字，表明其中装有印度和希腊的钱币。欧克拉提德曾将统治范围扩展到印度西北部，这些钱币有可能是他作为战利品带回的。在欧克拉提德父子统治时，巴克特里亚有一座城市名为欧克拉提底亚（Eucratidia），但这座城市是欧克拉提德所建，还是将原来的一座城市重新命名为同名城市尚不能确定。④ 如果是后者，这个城市应该有都城的一些基本设施，如宫殿、造币厂。若此，阿伊·哈努姆遗址则有可能就是重新命名的欧克拉提底亚。⑤

---

① Paul Bernard, "An Ancient Greek City in Central Asia", p. 157.
② Ibid., p. 151.
③ H. Sidky, *The Greek Kingdom of Bactria*, p. 215. 沃尔班克认为这一宫殿式的行政管理中心的建造时间可能是公元前 150 年（F. W. Walbank, *The Hellenistic World*, 1981, p. 61）。这种说法虽在欧克拉提德统治时间之内，但似乎过于靠后。
④ 参见 Strabo, *Geography*, 11. 11. 2。塔恩曾对此城市的建立或重命名做过讨论，提出过一些假设（W. W. Tarn, *The Greeks in Bactria and India*, 1951, pp. 207 – 209）。但阿伊·哈努姆遗址的发现，对他的假设提出了有力的挑战。
⑤ 参见 Paul Bernard, "An Ancient Greek City in Central Asia", p. 154。

第十二章 阿伊·哈努姆遗址与东西方诸文明的互动

虽然近代以来的古史学界对亚历山大远征至中亚、印度，并在沿路上建立了若干亚历山大里亚城的事实，① 对塞琉古王朝前期诸王的建城热情，对巴克特里亚希腊人对中亚和印度西北部的统治并不怀疑，但在阿伊·哈努姆遗址发现之前，人们在中亚地区实际上从未发现一个完整的希腊式城市遗址。据斯特拉波，巴克特里亚希腊人国王欧克拉提德在位时统辖着一千个城市。② 巴克特里亚由此在历史上留下了"千城之国"的美称。③ 但城在何处，是什么式样，始终是未解之谜。有的学者甚至怀疑希腊人在中亚的统治以及由此产生的"希腊—巴克特里亚艺术"的存在，将其视为"巴克特里亚的海市蜃楼"。④ 阿伊·哈努姆遗址的出土，不仅证明了希腊—马其顿人对中亚地区的长期统治，而且为研究这一时期希腊文明与当地文明的相互交流和融合提供了极为罕见的实物标本。⑤

第二节 阿伊·哈努姆古城风貌
——希腊与东方文明因素的交汇融合

从阿伊·哈努姆遗址的整体面貌上看，该城具有希腊式城市的主要

---

① 一般认为，亚历山大一路上先后建立了以他名字命名的亚历山大里亚城约 20 多座，普鲁塔克甚至说他建了 70 座以上（Plutarch, "On the Fortune or Virtue of Alexander", *Moralia*, 328E）。这些城市除 1 处在埃及外，其余的均在亚洲，而且主要在底格里斯河以东。

② 斯特拉波的资料来源于阿波罗多鲁斯的《帕提亚史》（*The Parthica*）。详见 Strabo, *Geography*, 15.1.3。

③ 巴克特里亚是多城之国，在《史记·大宛列传》中也有反映。司马迁的材料来自亲身深入巴克特里亚地区（大夏，也可能一度包括大宛）的汉朝使者张骞。根据张骞对汉武帝的报告，大夏与大夏相邻的大宛等国，都是城郭林立。大宛"有城郭屋室。其属邑大小七十余城"；大夏也是"有城屋，与大宛同俗。无大（王）[君]长，往往城邑置小长"（中华书局 1982 年版，第 3160、3164 页）。张骞抵大夏当在公元前 128 年。如果依塔恩之见，巴克特里亚希腊人王国最后灭亡的时间大致定在张骞到达该地之前，即公元前 141—前 128 年（W. W. Tarn, *The Greeks in Bactria and India*, 1951, p.277），那张骞所见所闻应该就是原来希腊人王国的遗存。

④ 这是法国著名考古学家福歇（A. C. D. Foucher）的观点，他是在巴克特里亚王国的都城巴克特拉（Bactra）遗址进行大规模发掘但收获甚少时发出这样的感叹。参见 Paul Bernard, "Ai Khanum on the Oxus: A Hellenistic City in Central Asia", p.73; H. Sidky, *The Greek Kingdom of Bactria*, p.131 & n.18。

⑤ 美国休斯敦大学霍尔特教授甚至认为，此城的发现不仅使巴克特里亚研究，而且使我们对作为一个整体的希腊化世界的理解，都发生了革命性的变化。Frank L. Holt, *Thundering Zeus: The Making of Hellenistic Bactria*, Berkley: University of California Press, 1999, p.16。

第四编 文明交汇

特征。

一是它的城市布局与希腊的城市相似。该城尽管西南两面临河，陡峭的河岸和位于城东南方向高达 60 米的卫城使其具有天然的有利地形，但它还是像一般的希腊城市那样，周围建有防御性的城墙。由于北面是一片开阔的平原，不利于防守，所以北面的城墙加固加厚，有 10 米多高，6—8 米厚，城墙的塔楼高高耸起，超过城墙近 10 米。墙外有深沟或护城河，以防攻城器械的进攻。城中还有一座长 140 米、宽 100 米、拥有一组储藏间的大型军械库（the arsenal）。很显然，此城最初主要出于军事目的而建，或许本身就是一座军事要塞。城市总体上可分为上、下两城。上城由卫城和一露天神庙组成，下城则主要是宫殿群、剧场、体育馆以及主神庙、祭所、军械库等公共建筑和私人住宅。这样的选址与布局实则对希腊本土城市结构的模仿。

二是城中的主要公共建筑具有明显的希腊特征。在一般的希腊城市中，体育馆、剧场和神庙是必不可少的基本设施。体育馆（the gymnasium）是希腊男子的健身之地，非希腊公民是禁止进入的。[①] 即使在希腊化世界的东方，有的当地人学会了希腊语，也跻身于城市的管理阶层中，但一般也因非希腊人望而止步。而且要进入，就必须像希腊人那样裸体，这对于当地人也似乎难以接受。塞琉古王朝的安条克四世就因为在耶路撒冷设立体育馆，强行推行希腊文化而引发了一场声势浩大的犹太人起义。[②] 可见体育馆是希腊人城市生活的标志之一。阿伊·哈努姆体育馆遗址的献辞铭文表明，它的保护神是希腊的赫尔墨斯（Hermes）和赫拉克勒斯（Heracles）。[③] 这与希腊化时期其他希腊人城市体育馆的保护神也完全一致。[④] 体育馆的运动场呈正方形（100 米×100 米），场地周围环绕

[①] 发现于同一时期北叙利亚希腊人城市贝罗伊亚的体育馆铭文上就明确规定：奴隶，由奴隶解放出来的自由民，以及他们的儿子不能进入体育馆进行裸体锻炼。M. M. Austin, *The Hellenistic World from Alexander to the Roman Conquest, A Selection of Ancient Sources in Translation*, No. 118, p. 204.

[②] 参见 M. M. Austin, *The Hellenistic World from Alexander to the Roman Conquest, A Selection of Ancient Sources in Translation*, No. 168, pp. 278–279。

[③] Frank L. Holt, *Thundering Zeus: The Making of Hellenistic Bactria*, Berkley: University of California Press, 1999, p. 177.

[④] 也见 M. M. Austin, *The Hellenistic World from Alexander to the Roman Conquest, A Selection of Ancient Sources in Translation*, No. 118, p. 203。

第十二章　阿伊·哈努姆遗址与东西方诸文明的互动

着一系列房间与希腊式柱廊。从布局上看与古典时期的体育馆没有什么大的差异。剧场是希腊人的主要政治生活空间之一。在古典时期，观剧本身就是公民的一项义务。不论这里上演的是悲剧，还是喜剧，其内容都是要通过神话或现实的故事对公民进行爱国主义教育，宣扬城邦的政治理想、宗教信仰和道德观念。尤其是喜剧，它的内容常常就是城邦正在发生的政治事件的再现。当事人可能就坐在观众席上正津津有味地看着自己在被丑化或讽刺。但这无伤大雅，被讽刺者并不因此感到耻辱，或受到伤害，往往一笑了之。雅典政府为鼓励公民去观剧接受教育，甚至向观剧者发放津贴，其待遇与参加陪审法庭相同，都是两个奥波尔（obol）。[①]

因此，凡是希腊人的城市，剧场是必不可少的。阿伊·哈努姆的剧场依山坡而建，观众席呈半圆形向上延伸，是个典型的希腊式剧场。其中能容纳约5000名观众。它是已知的希腊人在东方所建剧场中最大的一座，甚至超过了巴比伦的希腊式剧场，[②] 说明该城的希腊人为数不少。[③] 与希腊近邻的罗马人大约在这一时期也接受了希腊的剧场，但把它改造成了建于平地之上的圆形剧场或斗兽场。而远在中亚兴都库什山麓的阿伊·哈努姆城却仍然坚持了希腊的建筑传统。究其原因就在于这是希腊人的城市。这里的神庙虽然采用了东方的建筑形式，但里面供奉的至少应该包括希腊的神。大神庙遗址中的神像几乎荡然无存，仅有一块穿着希腊式凉鞋的左脚的石雕残存，说明此神像一定是希腊的神，但是什么神，是男神，还是女神，确实难以分辨了。[④] 有学者推测是宙斯神像，并认为这是希腊—巴克特里亚雕刻艺术流派的作品。[⑤]

三是城中的希腊式造型艺术突出了它的希腊文化特征。希腊建筑的柱廊式结构以及爱奥尼亚式、多利亚式和科林斯式（为主）三种柱头，

[①] 在当时的雅典，两个奥波尔相当于一天的生活费。
[②] Frank L. Holt, *Into the Land of Bones: Alexander the Great in Afghanistan*, p. 156.
[③] 普鲁塔克曾在《论亚历山大的幸运或美德》一文中写道："当亚历山大使亚洲文明化之时，荷马的诗作被广泛阅读，波斯、苏西亚那人（Susianian）、格德罗西亚人（Gedrosian）的孩子们都学习并能够谈论索福克里斯和幼里披底斯的悲剧"（Plutarch, *Moralia*, 328D）。看来普鲁塔克的说法还是有一定的根据，并非全是夸张。
[④] 图像见 Paul Bernard, "An Ancient Greek City in Central Asia", p. 151。
[⑤] G. Rauf Roashan, *The Left Foot of Zeus*, http://www.institute-for-afghan-studies.org/Contributions/Commentaries/DRRoashanArch/2001_04_27_foot_of_zeus.htm.

第四编 文明交汇

浴室中由花卉、海豚、海马和海怪等海洋动物的图案构成的马赛克地面，作为出水口的希腊喜剧人物厨子的面具，① 未完成的希腊青年雕像和用赤陶模制作的戴头巾的女子半身像②，特别是巴克特里亚诸王发行的印有个人头像的希腊式钱币，以及前面提到的近年发现的希腊国王胸像、赫拉克勒斯、雅典娜、爱洛斯和阿弗洛狄特诸神像等，都是这方面典型的例证。在人物造型艺术上，巴克特里亚的希腊雕塑家不仅恪守希腊的传统，而且大胆创新。他们用铅杆或木棒制成塑像的骨架，然后在上面涂上泥或者灰泥，塑成神像。这种泥塑艺术影响深远，首先被西邻帕提亚人接受，③ 后来也可能影响了印度的犍陀罗佛教艺术，成为佛教人物造型艺术中除石雕、石刻之外的一个重要分支，最后传入中国中原内地。

四是希腊语的铭文、格言、哲学手稿的遗迹，显示了阿伊·哈努姆文化与希腊本土文化的一脉相承。④ 从这些为数不多的铭文来看，它们的语言结构与书写方法的变化都与东地中海流行的通用希腊语（the koine）同步。值得注意的是在 Kineas 陵墓中残存的一个石柱的基座上，刻着来自希腊德尔斐神庙的格言："少年时，举止得当；年轻时，学会自制；中年时，正义行事；老年时，良言善导；寿终时，死而无憾。"⑤ 这些道德伦理方面的说教，充满着希腊人对理想人生的深切感

---

① 有关图像参见 Paul Bernard, "An Ancient Greek City in Central Asia", pp. 150, 151, 158; "Ai Khanum on the Oxus: A Hellenistic City in Central Asia", Plate, Ⅵ。

② 见 Francois Chamoux, *Hellenistic Civilization*, translated by Michel Roussel in Cooperation with Margaret Roussel, Malden, MA: Blackwell Publishing, 2002, p. 321;［匈］雅诺什·哈尔马塔主编《中亚文明史》第 2 卷，徐文堪、芮传明译，中国对外翻译出版公司 2010 年版，第 84—85 页。

③ 在帕提亚都城尼萨遗址上也发现了这样的泥塑女神像，时间被定于约公元前 150—公元 100 年。参见 Amelie Kuhrt and Susan Sherwin-White, eds., *Hellenism in the East*, London: Duckworth, 1987, Plate, Ⅷ, p. 153。

④ 在此遗址上已发现了 4 例石刻铭文，两份写本，以及约 30 份刻在瓶子上的简明财政记录。［匈］雅诺什·哈尔马塔主编：《中亚文明史》第 2 卷，徐文堪、芮传明译，中国对外翻译出版公司 2010 年版，第 73 页。

⑤ 关于这些格言的英译，笔者见到的至少有 4 种，大同小异，这里参照以下二者译成。其一为 L. Robert 的译文："When a child show yourself well behaved; when a young man, self-controlled; in middle age, just; as an old man, a good counselor; at the end of your life, free from sorrow." 引自 M. M. Austin, *The Hellenistic World from Alexander to the Roman Conquest*, *A Selection of Ancient Sources in Translation*, No. 192, p. 315。另一为 Bernard 的译文："In childhood, learn good manners; in youth learn to control your passions; in middle age learn to be just; in old age learn to be of wise counsel; die without regret." 引自 Paul Bernard, "An Ancient Greek City in Central Asia", p. 157。

第十二章 阿伊·哈努姆遗址与东西方诸文明的互动

悟。这些格言原来共有约 150 条，这里留存下来的是最后 5 条。据一块铭文的记载，这是一个名叫克利尔库斯的希腊人从希腊本土的德尔斐神庙认真抄写下来，然后带到那里的。[1] 另外在宫殿的一个储藏室（或许一度做过图书馆）的地面上发现了希腊语手稿的遗迹。原来抄写它的纸草早已化作泥土，但墨迹渗印在地面上，手稿的片段内容因此依稀可见，可能是关于柏拉图知识理论的对话的摘录。[2] 它好像是亚里士多德学派的一位哲人的作品，而把德尔斐格言带到此地的克利尔库斯就属于这一学派。[3] 这似乎有点巧合，但可说明当时此地的希腊人对祖国家乡的哲学并未忘怀。虽然两地远隔千山万水，但共同的文化传统，共同的精神遗产，共同的民族情感仍然把它们紧紧地联系在一起。可以肯定地说，在阿伊·哈努姆的希腊人遗弃此地他去之前，希腊语一直是该城的通用语言。

上述这一切表明此地的希腊人仍然希望生活在他们所熟悉的文化氛围之中，并试图将这一文化生态尽可能地保持下去。但事实上从建城之日起，他们就不得不面对周围东方文化传统的影响。他们毕竟生活在远离希腊本土 5000 公里之外的完全不同的环境之中。而且随着公元前 3 世纪后期帕提亚（即中国古代史籍中的"安息"）的独立及其后来向两河流域方向的扩张，由地中海东岸通往巴克特里亚的道路出现了人为的障碍，希腊人的移民来源逐渐枯竭。在不断加大的生存压力之下，巴克特里亚的希腊人必须对当地的文化做出让步，否则他们更难以生存。因此，我们在阿伊·哈努姆遗址感受到强烈的希腊化文化气息的同时，也感受到了东方文化的大海对这些"孤岛"的冲击与渗透，感受到当地民族的"大漠"对这些"绿洲"的威胁和侵蚀。

最为明显的是在城中建筑的风格和式样上，大量的东方因素已经融于其中。这说明该城的殖民者在建城过程中已经十分注意吸收当地的文

---

[1] F. W. Walbank, *The Hellenistic World*, p. 60.
[2] Josef Wiesehofer, *Ancient Persia: From 550 BC to 650 AD*, London: I. B. Tauris Publishers, 1996, p. 114.
[3] F. W. Walbank, *The Hellenistic World*, p. 61.

化。① 城内外共有大小神庙遗址三座，但从整体结构上几乎看不到希腊神庙的迹象。以位于下城的主神庙为例：巨大的方形神庙建在高高的三层台基之上，厚厚的外壁上有内缩凹置的神龛，宽大的门厅通向内部的一间较小的房间，该房间两侧各有一个小屋。这里曾供奉过一位神的雕像。② 这与希腊神庙开放的柱廊式结构迥然不同。这种所谓的"凹进式神庙"（the indented temple）显然具有"大屋"式神庙类型（"broad room" temple style）的建筑特征。③ 这里的希腊人对东方建筑风格的接受还表现在宫殿群遗址上。宫殿本身对与希腊人来说就非常陌生。在他们的城邦内，不可能出现专门供城邦首脑或管理者居住的宫殿或其他建筑。但在希腊化时期，随着以马其顿王权、东方君主制以及希腊城邦制残余"三流合一"的新型君主制统治的建立，在东方部分新建的希腊式城市中也就自然而然出现了宫殿式的建筑群，因为这些国王或地方总督之类的统治者总要有自己的王宫、署衙及住宅。但因希腊人本身无传统可循，所以这一建筑群在布局上基本采用了东方的式样。像波斯在苏萨的王宫一样，宫殿群可分为办公区、居住区和金库。办公区位于宫殿群的东南角，内设接待厅、档案室或城市首脑办公室。居住区在办公区左侧。金库在宫殿的东北方向，一个中心庭院，四周环以若干个储藏室。进入宫殿群，首先是一个很大的庭院（137 米 × 108 米），周围环绕 118 根科林斯式柱子组成的柱廊。此外，值得注意的是居住区的屋子内设有浴室，铺有用不同颜色卵石拼成的马赛克地面。这些图案的内容如前所述，都是与海洋有关的生物。如果不是希腊人带来，简直难以想象它们在亚洲内陆腹地的出现。此外，这些建筑的屋顶虽然是东方式的平顶，但屋檐却用科林斯式的赤陶瓦装饰，给人以希腊式的外观。④ 圆形石柱和矩形的壁柱也显示了希腊化的效果。可见希腊人在建造这个陌生的宫殿时，仍不忘注入自己熟悉的文化因素。

---

① 有学者认为，该城遗址显示了希腊、巴克特里亚、波斯、美索不达米亚四种艺术形式的融合。Josef Wiesehofer, *Ancient Persia: From 550 BC to 650 AD*, p. 114.
② Paul Bernard, "An Ancient Greek City in Central Asia", p. 159.
③ 参见 Amelie Kuhrt and Susan Sherwin-White, eds., *Hellenism in the East*, p. 142。
④ Paul Bernard, "Ai Khanum on the Oxus: A Hellenistic City in Central Asia", pp. 77 – 78.

第十二章 阿伊·哈努姆遗址与东西方诸文明的互动

在宗教人物形象的塑造上，东方文化也显示了强大的渗透力。在一个饰板图案上，小亚弗吕吉亚的自然女神库柏勒（又称"大母神"）正乘着一辆由几头狮子拉的车，而驭手则是希腊的胜利女神。① 另外一位女神的骨雕像完全是东方式的，正面直立、体形粗壮呆板，从脸形到服饰与希腊式神像毫无相似之处。② 这些东方神是否只被当地人崇拜，不得而知。但它们能出现在希腊人为主体的希腊式城市内，总会或多或少对希腊人产生影响。就是在极具希腊特征的剧场观众席上，也出现了一些包厢式的座位，③ 这无疑是给城中的重要人物，或许是王室成员设立的。这表明在新的政治环境中，古典时代希腊城邦公民平等民主的传统已受到严重削弱，不大可能延续。

但无论如何，阿伊·哈努姆遗址自始至终保持了希腊式城市的基本特征。它的居民肯定是以希腊人为主，它的上层统治者也一定是清一色的希腊人，但也有一些当地人生活于他们中间，如有的担任了城市的财务管理人员（accountants），或做雇工。④ 阿伊·哈努姆遗址之所以呈现出如此强烈的混合文化特征，它地处中亚内陆深处，受当地文化影响较大，当地人又混居城市之中当是其主要原因。可以设想，此地的希腊人既然可以建造希腊式的体育馆和剧场，为什么就不能建造希腊式的神庙呢？这一定与城内外当地居民的宗教传统有关。⑤ 至于这些神庙中到底供奉的什么神，从已发现的希腊神像残迹和东方神像的骨雕，以及希腊与东方题材相结合的浮雕，我们有理由相信他们或是希腊神（其一已

---

① 参见 Paul Bernard, "An Ancient Greek City in Central Asia", p. 158；[匈] 雅诺什·哈尔马塔主编《中亚文明史》第 2 卷，徐文堪、芮传明译，中国对外翻译出版公司 2010 年版，第 88 页。库柏勒崇拜起源于小亚的弗吕吉亚，后来希腊人将她与他们的瑞亚女神（Rhea）崇拜相混合，成为"瑞亚·库柏勒"崇拜。此处所引二文（作者均为 P. 伯尔纳）将库柏勒说成是希腊的自然女神，似有不妥。

② Paul Bernard, "An Ancient Greek City in Central Asia", pp. 158-159.

③ [匈] 雅诺什·哈尔马塔主编：《中亚文明史》第 2 卷，徐文堪、芮传明译，中国对外翻译出版公司 2010 年版，第 79 页。

④ Paul Bernard, "An Ancient Greek City in Central Asia", pp. 157-158. 也可参见 Frank L. Holt, Into the Land of Bones: Alexander the Great in Afghanistan, pp. 161-162。

⑤ 有学者认为，卫城西南角的墩座型露天神庙可能就是为了举行波斯式的宗教仪式而建。Amelie Kuhrt and Susan Sherwin-White, eds., Hellenism in the East, p. 146. 若依此说，这种波斯宗教仪式或可与琐罗亚斯德教的拜火仪式有关。

经可以肯定），或是东方神，也有可能是二神共奉，或二神合一，就像亚历山大和塞琉古一世都在巴比伦为当地的主神马尔都克重新建庙，① 或像埃及托勒密王朝创立的具有埃及神奥西里斯与希腊神宙斯、哈得斯外形特征的萨拉皮斯崇拜一样。② 但是，也如同亚历山大及其后继者那样，阿伊·哈努姆遗址的希腊人对东方神祇的接受或将其与希腊神的混合在很大程度上都是出于政治统治的需要，而非对东方宗教精神的需求。从这个意义上说，我们在此地所看到的文化混合现象并非当地希腊人的自觉行为，而是特定历史条件下的产物。

第三节　北方游牧民族的冲击与阿伊·哈努姆的废弃

从亚历山大进入中亚开始，如何应对北方游牧民族的不断侵入，就成为长期困扰历代希腊统治者的棘手问题。作为交通要道上的军事要塞，阿伊·哈努姆自然成了抵御游牧民族南下的前哨重镇。虽然它的遗弃或毁灭年代犹如它的建立年代同样难以确定，③ 但一般认为至少要到公元前 2 世纪中期以后。④ 从公元前 3 世纪中叶起，它不仅是巴克特里亚希腊人王国东部的一个重要城市，而且有可能是它的都城之一，因此，该城的命运必然和巴克特里亚希腊人王国的兴衰相始终，与北方游牧民族的活动相联系。

自从狄奥多托斯宣告脱离塞琉古王朝以来，巴克特里亚王国实际上几易其主。狄奥多托斯和他的同名儿子统治了相当长的时间。但到塞琉古朝安条克三世约公元前 208 年深入远东收复失地时，发现那里已经换了主人，是一个名叫欧泰德姆斯（Euthydemus，公元前 230—前 200 年）的人

---

① Amelie Kuhrt and Susan Sherwin-White, eds., *Hellenism in the East*, pp. 139 – 140, 142.
② Moses Hadas, *Hellenistic Culture*, p. 189.
③ Paul Bernard 对此就有不同的说法。他在 1967 年撰文说：该遗址在公元前 100 年左右遭受到一场大火的袭击，使它突然毁灭，但未真正破坏它的原貌。（见 "Ai Khanum on the Oxus: A Hellenistic City in Central Asia", p. 75）1982 年他却含糊地说，公元前 145 年前后，阿伊·哈努姆的希腊人被游牧民族的入侵者赶了出来。（见 "An Ancient Greek City in Central Asia", p. 148）是经过一场攻守战后，希腊人城破逃走，还是未经抵抗，希腊人就闻风弃城而去？没有说明。
④ 还有毁于公元前 1 世纪或前 1 世纪后期之说。见 Peter Green, *Alexander to Actium: The Historical Evolution of the Hellenistic Age*, p. 332; Richard J. A. Talbert, *Atlas of Classical History*, p. 71。

第十二章　阿伊·哈努姆遗址与东西方诸文明的互动

占据着王位。他可能弑杀了狄奥多托斯二世并取而代之。在欧泰德姆斯及其儿子德米特里（Demetrius I，约公元前200—前190年）统治之时，巴克特里亚王国的版图大概达到极盛。它不仅遏制了帕提亚人的东进，稳定了西部的边境，而且向东面的赛里斯和弗里尼扩张。① 巴克特里亚之东就是现在中国的新疆塔里木盆地。而赛里斯在希腊人眼里就是东方的产丝之国，即朦胧意识中的中国。至于弗里尼，曾有匈奴说。② 但此时匈奴的势力范围似乎还未到达塔里木及其以东地区。因此我们不应把巴克特里亚这两位父子向东面的扩张想象得太远。但他们向现在中国新疆的塔里木盆地方向发展则是无可怀疑的事实。③ 而且有可能途经阿伊·哈努姆古城遗址，或由此出发。因为此城就位于通往塔里木方向的交通要道。④ 德米特里此后还进军印度，控制了南到今日坎贝湾的广大地区。但大约在公元前170年，一位名叫欧克拉提德的希腊人将军起兵推翻了欧泰德姆斯家族的统治，自立为王。⑤ 他可能也向印度进军，并获得了不少战利品。阿伊·哈努姆遗址发现的来自印度的钱币有可能就是这次进军的收获。⑥ 欧克拉提德王朝对巴克特里亚的统治也不太长久，至少在中国汉朝的张骞公元前128年抵达此地之前，已被南下的游牧部落征服或驱逐。阿伊·哈努姆城的希腊人有可能就是在此前（或约公

---

① Strabo, *Geography*, 11.11.1.
② G. F. Hudson, *Europe and China*, London: Arnold, 1931, p. 58.
③ 塔恩、迈克尔·格兰特、胡德森均坚持这种观点。参见 W. W. Tarn, *The Greeks in Bactria and India*, pp. 84 – 87, 111; Michael Grant, *The Hellenistic Greeks*, p. 85; G. F. Hudson, *Europe and China*, p. 58.
④ 后来张骞通西域第一次从中亚返回的路线就是经阿姆河上游越过葱岭进入塔里木盆地的。其后的丝绸之路南道也是沿此路线往返葱岭。因此，张骞有可能途经阿伊·哈努姆城。参见郭沫若主编《中国史稿地图集》（上册），地图出版社1979年版，第33页："张骞通西域"、"丝绸之路"；[匈]雅诺什·哈尔马塔主编：《中亚文明史》第2卷，徐文堪、芮传明译，中国对外翻译出版公司2010年版，第408页，地图5："丝绸之路"。
⑤ 关于此人的身份、来源有两种说法：据塔恩，欧克拉提德与塞琉古王室有关，是安条克四世的表兄弟，上部行省（the upper satrapies），即东部行省的总督，受命率军恢复对东方的控制，而后在巴克特里亚称王。参见 W. W. Tarn, *The Greeks in Bactria and India*, pp. 195 – 212. 据 H. Sidky，欧克拉提德是当地的一位骑兵长官，起兵称王；他的母亲可能是被他取而代之的欧泰德姆斯王朝的一位公主。参见 H. Sidky, *The Greek Kingdom of Bactria*, pp. 219 – 221.
⑥ Paul Bernard, "An Ancient Greek City in Central Asia", pp. 151 – 152. 当然，该城的统治者还有可能通过贸易等其他手段获得印度的钱币。贝尔纳的推测仍有进一步求证的必要。

第四编 文明交汇

元前 145 年）弃城而去的。

那么，是哪些游牧部落灭亡了这里的希腊人王国呢？由于中外古代史料记载的不一致以及没有明确的年代可以参照，这一问题仍是一大悬案。① 但不论他们或是希腊古典作家斯特拉波《地理志》中提到的来自锡尔河彼岸的 Asii、Pasirani、Tochari 和 Sacarauli 四部落，② 或是中国《史记》、《汉书》中提到的来自敦煌、祁连一带的大月氏人，③ 有一点可以肯定，即中外古代史料都承认巴克特里亚希腊人王国亡于游牧民族之手，而且也正是在与这些游牧民族的不断冲突中，残余的巴克特里亚希腊人被迫后撤印度。印度西北部此前本来就是巴克特里亚王国的一部分，这样，希腊人在印度西北部的存在又延续了下来，一些印度—希腊人（Indo-Greeks）的小王国甚至残存到公元前 1 世纪末期。这些印度—希腊人中，应该包括来自阿伊·哈努姆遗址的巴克特里亚希腊人的后裔。

从公元前 327 年亚历山大进入印度开始，希腊人对印度西北部的统治或控制断断续续长达约 300 年。在此期间，希腊文化与印度文化相互接触、了解、影响，从而产生了许多具有希印文化特征的文明成果。其中最著名的是以米南德国王为代表的印度希腊人开始诚心接受印度的佛教，从而最终促使以希腊造型艺术形式来表现印度佛教内容和精神的犍陀罗艺术的诞生。④ 作为希腊艺术、思想进入印度的唯一中转站和推动者，巴克特里亚的希腊人王国功不可没，而阿伊·哈努姆遗址上那些兼具希腊与当地文化因素的建筑风格和雕塑作品实际上就是犍陀罗艺术的先驱。⑤

---

① 笔者曾对国内外有关此问题的研究做过一些梳理。详见第十章：希中文明的接触与交汇，原载《世界史年刊》1996 年总第 2 期。

② Strabo, *Geography*, 11.8.2.

③ 详见（西汉）司马迁《史记·大宛列传》，中华书局 1982 年版，第 3161—3162、3164 页；（东汉）班固《汉书·西域传》，中华书局 1962 年版，第 3890—3891 页。

④ 关于印度—希腊人统治时期的希印文化交流和融合，详见杨巨平《希腊化还是印度化——"Yavanas"考》，《历史研究》2011 年第 6 期。

⑤ 参见美国迈阿密大学的 Edmin M. Yamauchi 为 Ehsan Yarshater 主编的《剑桥伊朗史》（*The Cambridge History of Iran*, Cambridge: Cambridge University Press, 1983）第 3 卷写的书评。其中说到，阿伊·哈努姆遗址的发现，为那些认为犍陀罗雕塑艺术是受到希腊化而非罗马的模式影响的艺术史家的观点提供了进一步的证明（*American Historical Review*, Vol. 89, No. 4, 1984, p. 1056）。

第十二章　阿伊·哈努姆遗址与东西方诸文明的互动

综上所述不难看出，阿伊·哈努姆的希腊人之所以能在此地建城，并长期立足，首先是亚历山大征服的结果。正是亚历山大及其后继者对东方之地的征服、统治引起了希腊文明与东方诸文明的碰撞、接触、交流和在某种程度上的融合。也正是由于这种文明的互动，阿伊·哈努姆遗址才会呈现多元文明因素并存交融的特征。它与巴克特里亚希腊人王国的关系可谓是一荣俱荣，一损俱损。它因巴克特里亚希腊人王国的统治而繁荣，也因这个王国的衰亡而遗弃。它地处文明冲突的最前哨，首先遭受到北方的游牧民族的强大压力，也在情理之中。考古发掘证明，希腊人之所以在阿伊·哈努姆建城，还与这里有适于农牧、便于灌溉的广阔平原很有关系。[①] 这些沟渠纵横的土地由谁来耕种，也不得而知。是像希腊人早期殖民者那样，每到一地，就平分所占据的土地，自己或是做地主式的土地经营者，或是从事劳作的自耕农，还是土地仍由当地人来耕种，希腊人以统治者的身份向他们征收赋税，目前尚不得而知。但此地的希腊人的生活来源，尤其是粮食的供给肯定与这里的农业资源有关。因此，阿伊·哈努姆遗址凸显的不仅是希腊文明和已有数千年传统的古老东方文明的互动关系，在某种意义上还有农业文明与游牧文明的互动关系。而且正是后一种冲突将希腊文明因素与印度文明因素的交流与融合引向深入。因此，从这个意义上说，阿伊·哈努姆遗址的兴衰就是希腊化时期东西方文明互动关系的缩影。

---

① Gerard Fussman, *A Review of Archaeological Report: Southern Bactria and Northern India before Islam*, http://www.cais-soas.com/CAIS/Archaeology/southern_bactria.htm.

第五编　深远影响

希腊化文化是世界文化史上的重要一页，它属古希腊文化的范畴，但在内容和精神实质上与古典时期的文化有着明显的不同。它是亚历山大东侵之后，希腊文化与其他地区，特别是埃及、西亚、印度等地文化相互撞击、交流、融汇的结晶。它承前启后，继往开来，不仅程度不同地影响了罗马文化、基督教文化、拜占庭文化、阿拉伯文化，而且通过它们影响了西欧文化的发展方向。它潜移默化，韵味悠长，今日的东方佛教艺术仍闪动着它的一线光辉。

恩格斯说过，有了人，就有了历史。我们可进一步说，人类的历史，从其伊始，就是一部走向世界的历史。如果站在地球之外俯瞰人类上下数千年之发展，就会发现一幅各地区文化逐渐扩大交流，最后浑然相通的画卷。如果说，15世纪以来的地理大发现揭开了世界各区域文化纳入全球文化体系的序幕，那么公元前4世纪末开始产生的希腊化文化则开辟了欧亚非大陆间文化汇合的先河。

马克思高度评价亚历山大时代，誉其为"古希腊外部的繁荣时期"。① 亚历山大时代在文化史上的深远意义不仅在于打开了各古老文化相互交流的通道，奠定了希腊化文化赖以诞生的基础，而且更重要的是它对后来的欧洲，乃至世界的文化发展都产生了重大的影响。而这一影响是通过希腊化文化的遗产才得以实现的。

---

① 中共中央马克思恩格斯列宁斯大林著作编译局：《马克思恩格斯全集》第1卷，人民出版社1956年版，第113页。

第十三章　希腊化文化与西欧文化的发展

　　一般认为，古希腊文化奠定了西欧文化的基础，古希腊文化主要是通过罗马而传之后世。"我们都是希腊人"①，19世纪的法国浪漫派画家德拉克罗瓦（Delacroix，1798—1863年）曾如此感慨地说。这里有三个问题值得注意：其一，广义的希腊文化主要包括希腊古风古典时期的城邦文化与希腊扩张时期，即"希腊化"时期希腊—马其顿人统治与影响之世界的文化。后者是在前者的基础上发展而来，是希腊文化与东方各地的文化因素相互接触、交流、融汇的结果。其二，希腊化文化不仅是对古典文化形式的利用、内容的创新、范围的扩大，而且是对其辉煌成果的继承、总结和整理。没有希腊化时代的人们，特别是亚历山大里亚学者的这一工作，希腊文化遗产就不可能比较完整地流传至今，从这个意义上说，希腊化文化代表了希腊文化的最高成就与最后成就。其三，希腊化文化是作为整体的希腊文化通向罗马文化的桥梁与开端，因为"俘虏了罗马征服者的不是阿提卡希腊的贵族文明，而是我们所称之的希腊化文明"②。西方现代著名史学家布瑞在谈到西方文明的今昔关系时也说："希腊主义时期从某种意义上，比独立城邦的时代更为重要。因为正是通过这个时代，早期的时代（指古典时代——作者注）

---

　　① John Boardman, Jasper Griffin, Oswyn Murray, eds., *The Oxford History of Classical World*, p. 12.

　　② S. A. Cook, F. E. Adcock, and M. P. Charlesworth, eds., *The Cambridge Ancient History*, Vol. Ⅶ: *The Hellenistic Monarchies and the Rise of Rome*, 1928, pp. 1-2.

第五编 深远影响

才产生了它的影响。正是在这个时期，罗马的文化半希腊化了，而正是通过罗马，希腊影响了西欧的文明。"① 由此可见，希腊化文化在西欧文化的发展道路上，起着承前启后、继往开来的重要作用，潜移默化地影响了它的发展方向。

希腊化时期的文化对西欧的影响主要通过两条途径进行。一条是罗马的拉丁—希腊文化；另一条是基督教文化。前一途径由于蛮族入侵而中断，但又由于东罗马帝国的存在、阿拉伯帝国的兴起而延续；后一途径基本上一脉相承，但在很大程度上把希腊化文化宗教化了。

第一节 罗马文化对希腊化文化的接受与传递

罗马人大量接受希腊文化的影响是从公元前 3 世纪以后开始的。罗马人在军事上是希腊人的征服者，但在继承了古典文化传统，又与东方文化合炉而治的希腊化文化面前，他们自愧弗如，甘拜为师。希腊化文化对罗马的影响是多方面的，首先是希腊语。希腊语虽然没有取代拉丁语，但非常流行，成为上层社会的时髦语言。其次是文学，贺拉西（Quintus Horatius Flaccus，公元前 65—公元 8 年）的文艺理论就来自希腊化的新诗学②，他的讽刺诗和颂歌，也是以希腊作品为模式。希腊的悲剧、喜剧经过改编在罗马上演。恩尼斯（Quintus Ennius，公元前 239—前 169 年）写的悲剧就源于索福克里斯。罗马哲学实际是希腊化哲学的一个组成部分。斯多亚派哲学最适合他们的需要。中期斯多亚派代表人物巴内修（Panaetius，公元前 185—前 110 或前 109 年）通过罗马名将西庇阿（Scipio，公元前 185/184—前 129 年）的社交圈子，使斯多亚哲学进入罗马。伊壁鸠鲁的"原子论"为卢克莱修（Titus Lucretius Carus，公元前 94—前 55 年）所继承。希腊化时的国王崇拜，也给罗马以影响。罗马将军的个人崇拜从公元前 2 世纪初就已发生③，这是罗马皇帝神化的前兆。希腊化时的雕塑从宗教开始，以贸易结束，在

---

① J. B. Bury, *The Hellenistic Age*, pp. 2 - 3.
② 缪朗山：《西方文艺理论大纲》，中国人民大学出版社 1985 年版，第 112 页。
③ F. W. Walbank, *The Hellenistic World*, 1981, pp. 248 - 249.

第十三章　希腊化文化与西欧文化的发展

很大程度上要归于罗马市场的需求。

希腊化文化对同代罗马人的影响是巨大的,诚如塔恩所言:"教育罗马的不是旧日的希腊,而是同代的希腊主义。"[①] 但罗马人在接受希腊化文化时,不是简单机械地仿效,而是对其进行改造,使其尽量适合自己的需要。罗马剧作家普劳图斯(Titus Maccius Plautus,约公元前254—前184年)的戏剧情节来自希腊化时代的新喜剧,却体现了罗马社会的特征。[②] 罗马采用了希腊建筑中的柱式结构,却把柱子基本当作一种装饰。罗马人也建了不少剧场,却不像希腊人那样依山而建,而是一独立的建筑物。然而,正是这种改造利用,才使新的"拉丁—希腊文化"萌芽,并成为希腊化文化达到今日的重要途径之一。

罗马帝国建立之日,就是希腊化时代结束之时(公元前30年)。但希腊化文化的潜流仍推动着罗马文化的发展。原来希腊化文化的中心地区——东地中海沿岸成为帝国的属地,亚历山大里亚、雅典、帕加马、安条克等城市还保持了文化中心的地位。不过,罗马帝国时代在文化上的贡献如共和国后期一样,主要还是利用改造,而非创造发明。

亚历山大里亚的最后一位科学家托勒密(Claudius Ptolemy,约公元100—170年)总结了希腊化时期先辈的研究成果,著成了《天文学大成》。这本书后来被阿拉伯学者译为阿拉伯文,作为标准教本使用(名为《至大论》),1496年,此书被译为拉丁文,成为近代科学研究的起点。[③] 帕加马人盖仑(Aelius Galenus,公元129—200/216年),是希腊罗马时代最后一位从事医学著述的人。他的三灵气体系[自然灵气、活力灵气(肺)、灵魂灵气(大脑)]就是希腊化时的医学家厄拉西斯托拉图体系[空气、活力灵气(心脏)、灵魂灵气(大脑)]的发展。这种理论在欧洲长期据有统治地位,直到17世纪血液循环说确立之后才为人们抛弃[④]。

在造型艺术上,罗马人从希腊建筑师那里学到了城市建设规划与建

---

① W. W. Tarn, *Hellenistic Civilisation*, p. 1. 卡里也持同样的观点,他说:"一般认为,罗马是希腊的学生,但人们经常忘了,罗马的真正老师是希腊化的希腊而非古典的希腊。"M. Cary, *A History of the Greek World from 323-146 B. C.*, p. 375。

② M. I. Finley, ed., *The Legacy of Greece*, p. 432.

③ M. Cary, *A History of the Greek World from 323-146 B. C.*, p. 349.

④ 潘永祥:《自然科学发展史》,北京大学出版社1984年版,第126—127页。

第五编 深远影响

筑式样、技术。奥古斯都自豪地宣称，他把罗马变成了一座大理石城市。通过罗马，希腊化的建筑造型艺术传到近代建筑学上，所以链条并未中断①。公元 2 世纪的罗马雕塑中留下了大批的希腊化原作仿制品。这些仿制品在文艺复兴时重见光明②，激发了文艺复兴以来艺术家的灵感和创造力，结果出现了米开朗基罗（Michelangelo，1475—1564 年）、多纳泰罗（Donatello，1386—1466 年）等这样以希腊作品为原型的雕刻家③。今天，希腊风格的建筑、雕塑在西方到处可见，这不能不归功于希腊化时代的继承创造、罗马时代的接受传递。

罗马帝国的哲学是希腊化时期哲学的延续。后期斯多亚派的代表人物塞尼卡（Lucius Annaeus Seneca，公元前 4—公元 65 年）、爱比克泰德（Epictetus，约公元 50—130 年）、马尔库斯·奥勒留（Marcus Aurelius，公元 121—185 年）都是罗马人，奥勒留还是帝国的皇帝。斯多亚哲学对罗马帝国的统治影响极大。此派所设想的"世界国家"本来是从亚历山大帝国脱胎而来，现在成了奥古斯都帝国统治的理论根据。在斯多亚学派人士波昔东尼斯的影响下，奥古斯都及其周围的人们形成了这么一种信念：所有的历史都是神意（plan）的实施，罗马的命运将继续受到天道的集中关注，罗马的使命，就是给世界带来和平。因此，罗马人是神的选民，指导罗马人完成其使命的工具就是他们的合法君主。④ 而罗马帝国式的统治，又成了中世纪、近代形形色色的政治冒险家们孜孜以求的目标，所以在西罗马帝国灭亡之后，会有查理曼帝国（国王查理大帝被教皇加冕为"罗马人皇帝"）和"神圣罗马帝国"（962—1806 年）的出现。斯多亚学派的"自然法则"、"天赋人权"的思想也影响到罗马的法学与政治学。近代国际法的根源就可溯至罗马的"万民法"，再到斯多亚学派的自然法。马尔库斯·奥勒留拥护"一种能使一切人都有同一法律的政体，一种能依据平等权利与平等的言论自由而治国的政体，一种最能尊

---

① Richard Winn Livingstone, *The Legacy of Greece*, p. 421.
② 这时还有一些希腊化时期的雕刻杰作被发现，如《拉奥孔》、《垂死的高卢人》、《断臂的维纳斯》等。
③ Richard Winn Livingstone, *The Legacy of Greece*, p. 391.
④ Moses Hadas, *Hellenistic Culture*, p. 252.

第十三章　希腊化文化与西欧文化的发展

敬被统治者的自由的君主政府"①。这些虽然是在罗马帝国绝对不可能实现的理想，但却影响了罗马立法，并成了基督教思想的一部分，最后在近代成为资产阶级向封建政权斗争的口号与武器。

希腊化时期的文学形式和风格也经由帝国时的罗马人影响到近代。提奥克里图斯的田园诗启发了维吉尔（Virgil，公元前70—前19年），他的《牧歌》就是模仿之作②。提奥克里图斯的诗已译成多种文字，斯宾塞（Herbert Spencer，1820—1903年）的《牧羊人》、莎士比亚（William Shakespeare，1564—1616年）的《冬天的故事》都遵循了他的传统，甚至19世纪的俄罗斯诗歌也留下了他的直接影响。③希腊化时期的讽刺诗传统延续到罗马帝国和拜占庭时代，亚历山大里亚的诗歌在帝国时期仍保持了它的地位，激起人们的兴趣。"如果不是亚历山大里亚，奥维德（Ovid，公元前43—公元17/18年）就不会写出他的《变形记》"；④如果没有《变形记》，人文主义者但丁（Dante Alighieri，1265—1321年）、蒙田（Michel Eyquem de Montaigne，1533—1592年）也就无从受益。⑤米南德（Menander，公元前342/341—前291/290年）的喜剧是欧洲文学史上的里程碑，他的特点与风格一直传到莎士比亚和莫里哀（Moliere，1622—1673年），他的一些戏剧语言成了英语中的格言，如"神所爱者不寿"，"滥交败坏善行"，"良心使勇敢者胆怯"。⑥欧洲的戏剧源自希腊的悲剧与喜剧。

希腊化时期出现的传记性历史著作在普鲁塔克那里达到高峰。李维的《罗马史》实际是前一时期编年体式国别史的发展，是欧洲"通史"体例的创始。

希腊化文化经罗马而影响西欧文化，可以说是一场接力赛。它经历

---

① ［英］罗素：《西方哲学史》（上卷），何兆武、李约瑟译，商务印书馆1963年版，第341—342页。
② C. B. Welles, *Alexander and the Hellenistic World*, p. 205.
③ John Boardman, Jasper Griffin, Oswyn Murray, eds., *The Oxford History of Classical World*, p. 356.
④ J. B. Bury et al., *The Hellenistic Age*, p. 78.
⑤ William George de Burgh, *The Legacy of the Ancient World*, 3d ed., New York: Barnes & Noble, 1960, p. 305.
⑥ W. W. Tarn, *Hellenistic Civilisation*, p. 273, n. 2.

第五编　深远影响

了拜占庭文化、阿拉伯文化、意大利文艺复兴几个传递阶段。当然这种传递过程实则扬弃、变异、混融的过程，我们能探寻出的只是希腊化文化的遗存与气息。

公元 4 世纪以后，罗马帝国一分为二。东罗马帝国的统治地盘基本上是原来希腊化文化的中心地区，所以，"希腊化世界仍像幽灵似的在拜占庭存在"①。拜占庭帝国保留、吸收、传播了他们所继承的希腊化文化。有的学者认为，亚历山大里亚、叙利亚和巴勒斯坦在拜占庭艺术的形成上起了极其重大的作用，希腊化时期的艺术是东方基督教和拜占庭艺术的基础。② 拜占庭保存的希腊化文化遗产不仅移植给了斯拉夫人（Slavs）、保加尔人（Bulgars）、俄罗斯人（Russians）等东欧民族，而且在君士坦丁堡（Constantinople）陷落前夕传入意大利，在一定程度上促进了文艺复兴运动的诞生。当代著名古史学家芬利（M. I. Finley，1912—1986 年）十分重视东罗马帝国对希腊文化的传递作用，他认为，"如果没有东罗马帝国的存在，那我们现在所知的关于古代希腊的大部分东西就早已消失"。③

阿拉伯文化是希腊文化遗产汇入西欧的又一支流。阿拉伯人统治的西亚北非，是塞琉古王国、托勒密王国和后来罗马帝国的故地。早在阿拉伯人到来之前，有些希腊哲学家、科学家的著作已译成叙利亚语。阿拉伯人征服叙利亚等地后，一方面把叙利亚语的希腊著作译成阿拉伯文；另一方面把获得的希腊文著作译为阿拉伯语和叙利亚语。阿拉伯人翻译的对象主要限于科学和哲学，最早译过来的是亚里士多德和盖仑的著作，④ 还有欧几里德、托勒密的著作⑤。这些希腊化文化遗产都通过阿拉伯人控制的西班牙、西西里首先传到意大利，进而传到整个西欧，同样推动了文艺复兴运动的兴起。

文艺复兴运动的目的当然不是要纯粹复兴希腊罗马文化，但它对古

---

① F. W. Walbank, *The Hellenistic World*, 1981, p. 28.
② D. V. Ainalov and C. A. Mango, *The Hellenistic Origins of Byzantine Art*, New Brunswick, N. J. : Rutgers University Press, p. 7.
③ M. I. Finley, ed., *The Legacy of Greece*, p. 446.
④ Ibid., p. 448.
⑤ 潘永祥：《自然科学发展史》，北京大学出版社 1984 年版，第 134 页。

第十三章 希腊化文化与西欧文化的发展

代文化的发掘、整理、利用,却使得这在西欧几乎已被遗失的文化又重新焕发了青春,并直接影响了西欧社会的政治进程与文化科学的进步。许多阿拉伯文、希腊文的古代著作被译成了拉丁文和各国的语言,它们涉及史学、文学、医学、数学、天文、地理、哲学各个领域,发挥了不可估量的作用。伽利略的发现得益于希腊化时代的科学巨人阿基米德、欧几里德。① 哥伦布(Columbus,约1451—1506年)的信念根源要到那个时代的地理学家、天文学家的大胆设想与科学推断中去寻找。② 虽然近代学者补充了希腊化科学之不足,但"他们探索的起点通常都与某些希腊化先驱们停足的地方不远,根据科学成就,唯有希腊化时代有资格在历史上占有相当的地位"③。此外,希腊化文化的遗产还为人文主义者提供了斗争的武器。西欧能结束"黑暗时代"进入理性时代,科学能战胜荒谬,人文主义能战胜基督教神学,其原因之一就是它在一定程度上改造、利用了由希腊化文化继往开来的古代文化遗产。

第二节 基督教
——希腊化文化通向西欧文化的桥梁

希腊化文化影响西方文化的另一途径是基督教。早期基督教以及它的前身犹太教都受到希腊化时期宗教与哲学的影响,它反过来又把自身所受的影响带给了后世的基督教世界。

希腊化时期,犹太人争得了民族宗教的独立存在,但因地处希腊化文化的中心地区,犹太教还是不可避免地受到了一些影响。希腊秘教中的净化礼、实体转化论注入犹太教内部,④ 促成了它的洗礼、圣餐仪式;⑤《旧

---

① M. I. Finley, ed., *The Legacy of Greece*, p. 461.
② 希腊化时期的地理学家埃拉托斯特尼第一个指出,从西班牙往西航行可达印度(Strabo, *Gepgraphy*, 1.4.6; W. W. Tarn, *Hellenistic Civilisation*, p. 303; J. B. Bury et al., *The Hellenistic Age*, p. 21.);天文学家阿里斯塔克提出"太阳中心说",哥白尼对此有所知晓。[[英]罗素:《西方哲学史》(上卷),第276页]
③ M. Cary, *A History of the Greek World from 323 – 146 B. C.*, p. 353.
④ Arnold Toynbee, *Hellenism:The History of A Civilization*, pp. 13 – 14.
⑤ W. K. C. Guthrie, *Orpheus and Greek Religion*, London:Methuen & Co., Ltd., 1952, p. 268. [英]罗素:《西方哲学史》(上卷),第383页。

第五编 深远影响

约圣经》中的《传道书》宣扬消极忍耐，服从命运，注重今世，推崇智慧，显然与希腊化时期的犬儒主义、怀疑主义和斯多亚主义有一定的联系。有的学者认为它"完全是在希腊思想影响下写成的"。[①] 犹太教的《圣经》在希腊化时代之初（约公元前3世纪前半期）就被亚历山大里亚的犹太学者译成了希腊文（即所谓的"七十子文本"），这不仅证明了犹太人语言上的"希腊化"程度之深，也证明了希腊文化与犹太文化的相通。

基督教是从犹太教的一个支派发展而来，它肯定从犹太教中接受了一定的希腊化文化成分，但它对希腊化文化因素的吸收主要是在以后的自我完善、发展过程中进行的。

从基督教的外在形式看，基督教在希腊化的视觉艺术中发现了显示它的思想和理想、启迪信徒心灵的中介物，即耶稣的人物像。最早的耶稣形象与希腊秘教中的传奇人物奥尔弗斯（Orpheus）相似。[②] 奥尔弗斯秘教本流行于古风时代，古典时期一度衰落，但在希腊化时期又复兴起来，并与东方秘教相结合。耶稣的死而复生，以及人类牧者的特征，都说明基督教与希腊化时期秘教的关系。现存的柏林印章，是公元3世纪、4世纪之物，中间刻着一个人受十字架之刑，下方有 ὀρφεὺς βαккος（奥尔弗斯—巴克）的字样，"显示了奥尔弗斯教与基督教观念的混合"。[③] 犹太教的"摩西十诫"中不让信徒崇拜偶像，但基督教却塑造了耶稣受难的形象供信徒崇拜，这只能是受到希腊化人物造型艺术和宗教传统的影响所致。基督教堂肯定采用了希腊的音乐形式。公元前2世纪亚历山大里亚科学家克泰西比阿（Ctesibius，活跃于公元前285—前222年）制作的借水与空气操作的水风琴，在罗马时代发展为基督教会及现代的风琴。[④] 基督教胜利时，其他异教都被一扫而去，唯

---

① F. W. Walbank, *The Hellenistic World*, 1981, p. 224.
② 有一组发现于基督教徒陵墓里的图画显示了奥尔弗斯向人类牧者耶稣的转化。中间的人物还是奥尔弗斯（有人认为是大卫），但他的听众只剩下了羊。而耶稣素有"好牧人"（the Good Shepherd）之称。见 W. K. C. Guthrie, *Orpheus and Greek Religion*, Fig. 18。
③ W. K. C. Guthrie, *Orpheus and Greek Religion*, p. 265.
④ ［美］威尔·杜兰：《希腊的衰落》，幼狮翻译中心编译，（台北）幼狮文化事业公司1978年版，第232页。

第十三章　希腊化文化与西欧文化的发展

有希腊化时期流传开的埃及伊西斯崇拜坚持到最后，为"另一母性之神"的崇拜铺平了道路，而且伊西斯的雕像成为圣母玛利亚的偶像①。希腊人的祈祷和东方秘教的忏悔形式也进入了基督教，不过祈祷的目的趋向于与神相通，而不是要求神的赐予，契约关系让位于"父子"关系。② 希腊化时期哲学家们的"劝道"（προτρεπτικός λογós）形式为基督教会的教父接受利用③。希腊化时期的"世界国家"思想，特别是罗马帝国的国家形式，给基督教提供了建立组织系统的依据。教会的严密组织体系是西罗马帝国灭亡之后基督教能存在下来，并建立神权统治的基础。最后，希腊化时期的通用希腊语（κοινη διαλεκτοs）给基督教提供了传播的工具。没有希腊化时代遗留下来的希腊语和希腊语世界，就不可能有基督教的迅速传播与发展。

基督教从希腊化文化遗产中吸收的这些形式，虽然在长期的历史过程中有所变化，但大体上都延续下来。

从基督教思想上看，它受到与希腊化文化有关的三个方面的影响。

基督教诞生于斯多亚哲学的中期之末和晚期，所以受它的影响较大。第一，斯多亚派的"世界性大火说"、"世界轮回说"被犹太教和基督教利用。基督教的"世界末日"、"最后审判"的观念很可能就来源于此。④ 第二，斯多亚派关于忍耐、节制、克己、仁慈、宽恕、爱人、敬神、服从命运等伦理思想和天命观，都渗入基督教的教义之中。第三，斯多亚派认为"上帝"（God）是世界的灵魂，也是理性、逻各斯（Logos），上帝既是宇宙万物的主宰，也是它们的本原。这种观点得到"基督教教义之父"斐洛（Philo，约公元前25—约公元50年）的发挥，后演变为基督教的"三位一体"说。⑤ 第四，斯多亚的人类精神自由和普遍平等观念在早期基督教作家的著述中得到了新的

---

① W. W. Tarn, *Hellenistic Civilization*, p. 360; *Encyclopaedia Britannica*, Vol. Ⅷ, 1980, p. 389.
② 《新旧约全书》，《加拉太书》第 4 章第 4—7 节。参见 Moses Hadas, *Hellenistic Culture*, pp. 207–209.
③ Richard Winn Livingstone, *The Legacy of Greece*, p. 79.
④ 叶秀山、傅东安主编：《西方著名哲学家评传》第二卷，山东人民出版社 1984 年版，第 21 页。
⑤ 详见于可《初论原始基督教的演变及其必然性》，《世界宗教研究》1986 年第 2 期。

解释。①

希腊化时期的宗教观念也为基督教教义的形成准备了条件。各种宗教的混合，一神教的趋向，预示了一个统一宗教的来临。由奥尔弗斯教等形形色色的秘教流传下来的灵魂不死、天堂地狱、生而有罪等观念都或多或少地进入基督教的血流。"正如哈纳克所指出，在基督教以前的各种宗教的混融过程中，形成了一种沉淀物。在这种沉淀物中，灵魂、神灵认识、赎罪、禁欲、拯救、永生以及替代民族主义的个人主义和人性，这些概念交织在一起。这些混料也就构成了基督教发展和传播的各种内部条件的总汇。"②

新柏拉图主义虽然产生于希腊化时代之后，但也深受前一时代传下之秘教的影响，并将这种影响与柏拉图的哲学思想相结合，进而影响了基督教。新柏拉图主义的代表人物普罗提诺（Plotinus，约公元203—262年）继承斯多亚派波昔东尼斯的传统，力图把希腊哲学史上的所有流派融为一体，特别是把柏拉图的"理念论"与神学相结合。他认为哲学家的主要追求就是通过沉思默想达到神人合一的神秘体验，③ 就是证明上帝的存在。新柏拉图主义的神学性质，使它成为古希腊罗马哲学向基督教神学转变的中间环节。

总之，基督教虽然诞生于罗马帝国时代，"实质上是犹太的、希腊化的环境混合的产物"④。

基督教神学在一定程度上取代或扼杀了希腊主义，但它没有，也不会排除它已经接受的希腊化文化因素。反之，随着它的传播，它自身中的希腊化文化因素也附带而去。它的圣经、礼拜仪式、宗教文学是用希腊语或拉丁语写成，它的信条教义是用希腊哲学语言构成。它也利用和保存了希腊化时期传下来的一部分作品（主要散见于基督教著作中或保存在修道院中）。这"确是基督教的光荣，但也给它带来了烦恼，因

---

① V. S. Nersesyant, *Political Thought of Ancient Greece*, Moscow: Progress Publishers, 1986, pp. 192 – 193.
② ［苏］克雷维列夫：《宗教史》，乐峰等译，中国社会科学出版社1981年版，第168页。
③ A. J. Toynbee, *Hellenism: The History of A Civilization*, p. 124.
④ F. W. Walbank, *The Hellenistic World*, 1981, p. 276.

第十三章 希腊化文化与西欧文化的发展

为就像埃及肥沃之神(fertility-god)奥西里斯被肢解的身体一样,这些希腊主义的残片在其本身中已保留着一种潜在的生命火星。它们隐藏几百年后就会再次燃成熊熊大火。因此,基督教会无意识地成了非基督教和甚至反基督教的希腊观念和理想的负载者"①。这种情况在文艺复兴和宗教改革时期终于发生了。教会修道院中残存的希腊罗马时代的典籍成了人文主义者向基督教神学开战的武器,教堂的壁画成了宣扬世俗精神的阵地,圣经故事成为反映人类力量与个性的题材。有的学者甚至断言:"加尔文主义简直就是洗礼化的斯多亚主义。"②

近代西方文化中有世俗文化与基督教文化之分,如果就这两种文化溯流而上,我们就会在同一地重逢,这就是存在于公元前4世纪末到公元前1世纪末,以东地中海地区为中心的希腊化文化。我们也就是站在此时此地,才能深刻体会到希腊化文化对西欧、对世界文化的意义。

---

① A. J. Toynbee, *Hellenism: The History of A Civilization*, p. 232.
② Richard Winn Livingstone, *The Legacy of Greece*, p. 31.

第十四章　希腊化文化的东方遗产

虽然希腊化文化的浪潮在希腊化时代后期和罗马帝国时代滚滚而进，但它在东方留下的大小湖泊仍滋润着周围的大地，因此我们有必要逆流东向，考察它对东方文化的影响。

第一节　阿拉伯、中亚、印度地区的希腊化文化遗存

如前所述，阿拉伯帝国控制的西亚北非地区曾是希腊化文化的中心地区，阿拉伯文化受到希腊化文化遗存的影响是必然的。但阿拉伯人在文化史上的功绩，不仅在于向西方传输了他们保存整理的希腊化文化典籍，而且在于他们像罗马人一样对希腊化文化采取"拿来主义"，尽量为己所用。阿拉伯人吸收的领域主要在哲学与科学。希腊哲学上的许多范畴和概念如物质、偶然性、永恒等都用来解释《古兰经》。[①] 欧几里德、托勒密、盖仑、希波克拉底（Hippocrates，约公元前460—前370年）、柏拉图、亚里士多德的著作受到了阿拉伯知识分子的广泛欢迎与重视。阿拉伯人的文学也受到希腊的影响，《一千零一夜》就从希腊资料中受益良多。[②] 有些希腊语词汇，如秤、镜子、硬纸片等，被阿拉伯人采用。有些希腊格言，被阿拉伯作家所利用。它们一般都被附会于希腊的文化巨人

[①] M. I. Finley, ed., *The Legacy of Greece*, p. 447.
[②] Ibid., p. 449.

第十四章　希腊化文化的东方遗产

如苏格拉底、柏拉图、荷马（Homer）的名下。① 伊斯兰教寺庙中小尖塔的构想，可能来自希腊化时期建造的亚历山大里亚灯塔。② 阿拉伯文化是东方三大文化圈之一，只要这一文化存在，它所接受的希腊化文化气息就不会全然消失。

中亚的巴克特里亚和南亚次大陆的印度西北部曾是亚历山大帝国、塞琉古王国及巴克特里亚希腊人的统治之地。希腊人在印度西北部的统治至少残存到公元前后。③ 即使在塞族人（Sakas）和月氏—贵霜人取代了希腊人的统治之后，罗马帝国控制的东地中海地区仍通过海陆两路与此地保持着商业及文化的联系，而且，贵霜人在接受巴克特里亚希腊人的遗产时，也接受了希腊化文化。20世纪英国著名史家汤因比就把它和罗马、帕提亚并称为"爱希腊帝国"（Philhellene Empire）④。因此，希腊文化与当地文化在这一地区的交流汇合不仅是希腊化文化的组成部分，而且在历史上留下了深深的印记。其中影响最为深远的是前已提到的以希腊之"形"表达印度佛教之"神"的犍陀罗艺术。

犍陀罗地区早在公元前327—前326年间，就被亚历山大征服，后来被塞琉古王国割让给印度的孔雀王朝。阿育王统治时，此地成为佛教地区，他死之后和公元前2世纪，它在巴克特里亚希腊人的统治之下。佛教原来并没有佛陀本身的形象，只用一些象征性的物体表示对他的崇拜。希腊人到此后，佛陀的偶像才出现。"佛教观"上的这一变更肯定与此地的希腊人信奉佛教有关。据说，统治印度的希腊人国王米南德就皈依了佛教，⑤ 他的钱币上可能就有佛教"法轮"的标志。⑥ 希腊人认为神人同形同性，当他们表现佛陀这个最完美的神时，自然要把他的人形表现出来，而"希腊固有的救世神阿波罗"就自然成了佛陀的理想原型。于是，抽象的"佛"成了形象的"人"，希腊的阿波罗神变成了

---

① ［埃及］艾哈迈德·爱敏：《阿拉伯—伊斯兰文化史》第一册，纳忠译，商务印书馆1982年版，第145—146页。
② W. W. Tarn, *Hellenistic Civilisation*, p. 313.
③ M. Cary, *A History of the Greek World from 323 – 146 B. C.*, p. 75.
④ A. J. Toynbee, *Hellenism：The History of A Civilization*, p. 183.
⑤ 《大正新修大藏经》第32卷《论集部》，《那先比丘经》（卷下），第694、703页。
⑥ A. K. Narain, *The Indo-Greeks*, p. 98.

印度的佛陀。① 我们不仅在现存最早的佛陀塑像中明显看出希腊人物的造型，而且可以从佛教遗迹中残存的变形的科林斯柱头、希腊式服饰、希腊神话人物形象、希腊式装饰风格等方面直接感觉到希腊化艺术的特征。犍陀罗艺术经历了一个较长的发展时期，公元后明显加入了罗马时代艺术的因素。但由于罗马文化是对希腊化文化的继承，所以犍陀罗艺术是希腊文化与印度文化相结合的产物。希腊式佛教艺术一经萌芽，就随着佛教的传播而传到了东亚、东南亚。

第二节 远东中国：余波所及

中国文化是欧亚大陆东端最古老的文化，远东文化圈的核心。希腊化文化与中国文化的接触，在世界文化史上意义尤为重要，这种接触虽然后来主要是通过犍陀罗佛教艺术而间接发生，但在希腊化时代的晚期，汉文化就主动出击，与希腊化文化有过局部的接触。

张骞通西域（公元前139年出发）时先到大月氏，后到大夏（即巴克特里亚）。当时大夏臣服于大月氏，与其隔阿姆河为邻。大夏的希腊人肯定还保持了自己的文化，由游牧而定居的大月氏人也一定受到大夏文化的影响，因此张骞在这两地应该目睹耳闻到一些具有希腊化文化特征的外观。《汉书》载大月氏国"民俗钱货，与安息国同"②，《史记》说安息"以银为钱，钱如其王面"③，而考古材料证明，大夏希腊人的钱币一直有国王头像④，这种独特的钱币不能不给张骞及其后的汉使们以深刻的印象。公元前1世纪，仍在兴都库什山区坚持统治的希腊人小国王赫尔迈欧斯（《汉书》谓其"阴末赴"）与西汉王朝有外交来往。赫尔迈欧斯能取代塞人为王，就是借了汉关都尉文忠的帮助。⑤ 他所统治的

---

① 参见［法］R. 格鲁塞《从希腊到中国》，常任侠译，浙江人民美术出版社1985年版，第28页。R. A. Jairazbhoy, *Foreign Influence in Ancient India*, p. 145.
② （东汉）班固：《汉书·西域传》，中华书局1962年版，第3890页。
③ （西汉）司马迁：《史记·大宛列传》，中华书局1982年版，第3162页。
④ 参见 A. K. Narain, *The Indo-Greeks*, plates, 详见 O. Bopearachchi, *Monnaies gréco-bactriennes et indo-grecques*, *Catalogue Raisonné*, Paris: Bibliothèque Nationale, 1991。
⑤ （东汉）班固：《汉书·西域传》，中华书局1962年版，第3885—3886页。

第十四章　希腊化文化的东方遗产

地区我国史书上称为"罽宾"。罽宾也"雕文刻镂，治宫室……以金银为钱，文为骑马，幕为人面"，也种"蒲陶"。① "蒲陶"即葡萄，有学者认为是希腊人引进西亚。② 自从张骞"凿空"，中外商队不绝于途，"使者相望于道"，③ 西汉王朝与当时中亚的希腊人、希腊化文化必然有所接触，葡萄栽培法先于犍陀罗艺术传入，就是这种接触的结果。

佛教艺术传入中国最早可推到公元前80年。这年，印度商人带佛僧进入新疆于阗传教。于阗王在城南杏树下立寺画像供奉。④ 画像供奉，说明佛陀已有偶像，这当是希腊式佛陀雕像的仿制。这件事既是佛教艺术传入中国的最早证据，也是犍陀罗艺术至少产生于公元前1世纪以前的佐证。

公元前后，西域佛僧的足迹达到内地。东汉永平八年（公元65年），明帝夜梦顶有白光金人，"乃访群臣"，傅毅"始以佛对"，明帝便派人到天竺（古印度之名称）求得佛画像。⑤ 傅毅能附会佛陀，说明佛像已传入中原，不然他何以凭空想象。公元68年，洛阳白马寺修建，其中当有佛僧崇祀的佛像。白马寺为中国内地佛教第一寺，其后，由于统治阶级倡佛，印度、大月氏僧人相继东来，佛教艺术也就随之传开，而且越往东越汉地化。中国、印度、希腊三种艺术的合流，就是中国佛教艺术的诞生。

佛教艺术对中国艺术的影响主要有两方面，一是雕塑；二是绘画。这二者虽然形式不同，但表现着同样的主题、同样的风格，经历着同样的演变过程。在丝绸之路的南道，人们曾在和阗附近的拉瓦克发现了许多烧陶佛陀和菩萨的造像，从其宽大的袈裟和造型艺术的协调性来看，完全是亚历山大里亚式的。⑥ 在尼雅，发现了一幅半身裸体菩

---

① （东汉）班固：《汉书·西域传》，中华书局1962年版，第3885页。
② G. W. Botsford and C. A. Robinson, *Hellenic History*, 1956, p. 400.
③ （西汉）司马迁：《史记·大宛列传》，中华书局1982年版，第3170页。
④ 沈福伟：《中西文化交流史》，上海人民出版社1985年版，第78页。
⑤ （北齐）魏收：《魏书·释老志》，中华书局1974年版，第3025—3026页；（北宋）司马光：《资治通鉴》卷四十五，"明帝永平八年"，中华书局1956年版，第1447—1448页。
⑥ ［法］R. 格鲁塞：《从希腊到中国》，常任侠译，浙江人民美术出版社1985年版，第39页。关于犍陀罗艺术的诞生、向中国的传播、演变过程，此书的附图（第50—137页）给予了翔实直观的展示。

萨的画像。① 在再往东的米兰，发现了一处希腊—罗马式的壁画，还有一个佛陀像。② 在丝绸之路的北道，包括喀什、库车之间的图木舒克，古龟兹的克孜尔，甚至更东边的焉耆，都发现了许多烧陶佛像。它们和阿富汗境内同时期的佛教人物塑像很相似，③ 这是由于离开出发地不远的缘故。古龟兹的壁画显示了希腊化艺术与伊朗、印度艺术的结合。这些壁画中的佛教人物多为裸体，具有鲜明的希腊特征。无怪乎有的人把"龟兹"称为"东方的雅典"。④ 再往东的吐鲁番是希腊化风格与中国风格的交汇之地。在此地发掘出的属于盛唐时代的女性裸胸菩萨像，与在亚历山大里亚等地出土的属于公元前一二百年的塑像完全一样。法国学者格鲁塞惊呼道："希腊的陶土妇女俑人塑像与中国的美女塑像在戈壁沙漠的深处汇合了。"⑤

出吐鲁番盆地东向，中国的影响更为强烈。甘肃的敦煌、山西大同的云冈、太原的天龙山、河南洛阳的龙门等著名石窟，都集中展现了印度—希腊式佛教艺术与中国艺术合炉而冶的瑰宝，尽管这些佛教艺术品犹如佛教一样，随着时间的推移中国化了，但它们仍保持了一些希腊的特征，如佛陀直而高的鼻子，湿衣效果的贴身波状衣纹。外来佛教艺术也影响了中国初期佛画，所谓"曹衣出水"就与佛陀塑像的衣纹状有关。⑥ 汉代内地出现的裸体画像石刻也间接来自希腊的裸体石雕艺术。⑦ 这些中国化的犍陀罗佛教艺术隋唐之际又传到朝鲜、日本。

犍陀罗艺术不仅传至远东，也传到东南亚。在泰国、柬埔寨、马来亚、爪哇、锡兰都发现了同样风格的佛陀雕塑。⑧ 然而，犍陀罗艺术的

---

① 沈福伟：《中西文化交流史》，上海人民出版社1985年版，第81页。
② [法] R. 格鲁塞：《从希腊到中国》，常任侠译，浙江人民美术出版社1985年版，第39页。
③ 同上书，第40页。
④ 参见《古龟兹壁画》，载《光明日报》1988年5月18日；吴焯《克孜尔石窟壁画裸体内容的外来影响》，载《中亚学刊》第一辑，中华书局1983年版。
⑤ [法] R. 格鲁塞：《从希腊到中国》，常任侠译，浙江人民美术出版社1985年版，第41、114、132、133页。
⑥ 常任侠：《印度与东南亚美术发展史》，上海人民出版社1980年版，第21页。
⑦ 沈福伟：《中西文化交流史》，上海人民出版社1985年版，第70页。
⑧ [美] 威尔·杜兰：《世界文明史》第三卷，《印度与南亚》，幼狮翻译中心编译，（台北）幼狮文化事业公司1978年版，第290页。

第十四章 希腊化文化的东方遗产

意义不只在于希腊式佛教艺术的诞生、传播，更重要的是它推动了佛教本身的发展壮大。因为直观的佛陀形象能使信徒们更好地领悟这一宗教的真谛。在那些善男信女的心目中，那高高在上，但又安详端坐、笑容微启的释迦牟尼就是仁慈、怜悯的象征。当他们合掌祈祷时，他们感到普济众生的佛祖正在倾听他们心灵的呼唤，正在赐给他们所需求的一切。在这一点上，耶稣受难像前的基督徒与佛陀脚下的僧众大概会产生同样的感受，同样的"心理升华"。宗教，本来就是艺术的主题之一，从艺术宗教到宗教艺术，希腊化的视觉艺术就这样奇妙地传递了人类文化的信息。

从亚历山大至今，两千多年过去了，但我们仍感到希腊化文化影响的存在，而且由此回想起那个最终沟通人类古代五大文化（希腊、埃及、巴比伦、印度、中国）的伟大时代。希腊化文化确实是人类文化史上的重要一页，承前启后，继往开来，交流汇合，源远流长，就是它的历史重要意义之所在。

结语 碰撞与交融

——希腊化文明与古代诸文明关系综论

"希腊化文明"（Hellenistic Civilization）与希腊古典文明有着天然的、密不可分的渊源关系，但前者并非后者的纯粹延续。首先，它是一种混合文明，尽管希腊因素在其中起着一定的重要作用。其次，它在政治制度、社会经济、文化生活诸方面具有统一特征，虽然各地各方面发展不一，呈多样性形态。最后，它直接或间接影响了周边世界，从而最终沟通了欧亚非大陆古代各主要文明的源流。笔者认为，古代诸文明的孤立、封闭、阻隔，只是暂时的、相对的，相互碰撞、交叉、渗透则是必然的。同时在特殊历史条件下，军事征服或商业冒险常会加快这一进程。而且在这一进程中，新文明的悄然兴起与前文明的黯然隐退同样不可避免。然而，旧的文明不会死去，它的血流仍在新的文明中涌动。"希腊化"文明的形成与影响就提供了这样的启示与范例。

一 "希腊化"文明的形成是古希腊文明与埃及、巴比伦甚至包括印度在内的古代东方文明相互碰撞、交叉渗透的结果

亚历山大东侵及其帝国的建立，特别是希腊—马其顿人对横跨欧、亚、非之地长达三个世纪的统治，为这种交叉渗透提供了广阔的天地。在亚历山大之前，希腊人对东方文明并非毫无所知。埃及、西亚是希腊人的经商与游历之地，印度曾是波斯帝国的东端而有希腊人涉足。希腊人向埃及、西亚学到了宗教、天文学、文字等方面的知识，印度的哲学也在希腊的早期哲学中有所反映。然而，这一切都是表面性的、零散

结语　碰撞与交融

的、个人的接触，充其量只能增加相互间的了解和传闻，不可能使诸文明大规模地相通。至于远东的中国，希腊人除了对丝（Ser）与丝国（Seres）有点耳闻外几乎一无所知。因此，在亚历山大以前，欧亚非诸主要文明独立发展，相对阻隔，但在亚历山大之后，局面大为改观。希腊—马其顿人是统治民族，背负的是希腊古典文明的传统，力图保持自己的希腊性，并将自己的文明强加于被统治民族之上。但面对具有数千年传统的埃及、巴比伦、印度文明，面对地域辽阔、人数远远超过他们的被统治民族，他们又不由自主地陷入了当地文明的氛围之中。为了保持他们的有效统治，推行希腊文化是必要的，但在某种程度上接受当地文化也是难以避免的。于是，两种文明的交流、渗透发生了。这个过程具有突变与渐进的特点。突变是指一种文明对另一种文明的骤然降临，渐进是指各种文明因素的交流渗透经过了长期的努力。

有些史家将"希腊化"文明的起点定于亚历山大之死，但从文明交流的角度看，亚历山大东侵之始，即是希腊文明与其他古代诸文明的大规模碰撞之始。公元前334年，应是"希腊化"文明的发轫之时。亚历山大东侵的目的表面上是报过去波斯侵略希腊之仇，但实际上却是到东方掠夺财富。他临行前的倾囊赠予和其后对波斯金库的抢劫，就是这一动机的很好说明。只是随着征服的扩大，帝国的逐步建立，他才感到要想征服、统治这广袤之世界，就必须对形形色色的当地民族作出让步。征服是目的，让步是手段。但让步在客观上造成了不同民族文化上的交流融合。亚历山大到埃及以阿蒙之子法老自居，在波斯接受威严赫赫的宫廷礼仪、服饰，在中亚娶当地贵族女子为妻，在印度向裸体智者求教，在苏萨举行希腊—马其顿将士与东方女子的集体婚礼，在欧皮斯为希腊、波斯两个民族的和谐友好祝酒祈祷，其目的就是要使自己的统治地位得到当地民族的认可。十年远征，西起地中海，东到印度河的大帝国的建立，标志着希腊文明与埃及、巴比伦、印度等东方文明交叉碰撞格局的形成。只要这种格局不变，交流、渗透乃至新文明的诞生将成必然。

公元前3世纪是希腊化文明的形成期。在亚历山大帝国废墟上建立起的托勒密、塞琉古、马其顿王国以及后来从塞琉古王国分离出去的帕加马、巴克特里亚王国，这时进入了稳定发展、相互竞争的"治天下"

结语　碰撞与交融

时期。希腊文明与当地文明交流的渠道进一步开通，希腊化世界的政治制度、社会经济、文化生活都呈现出混合主义的特征。

希腊化诸王国与亚历山大帝国一样，实行君主制统治。各王国建立之初，似乎要抛弃亚历山大的"东方化"政策，国王们恢复了古朴的马其顿宫廷传统，着马其顿服装，也不要求臣民行匍匐礼。但实际上，他们的专制程度比亚历山大有过之而无不及。亚历山大时，马其顿将领们还敢向他公开表示不满，亚历山大要处死叛逆分子，还须召开将领会议审判。① 到此时，这种情况已不可能再出现了。经过几十年几代国王的苦心经营，到公元前3世纪后期，希腊化王国的政治制度臻于完备，王权神化、王位世袭、二王共治、内部通婚、王友集团、希腊—马其顿人居统治地位、行省、城市分而治之是其基本特征。王权神化是东方君主制的一大特色，但希腊—马其顿人对此观念并不陌生。在希腊人看来，神人同形同性，神除了永生不死外与人没有多大区别，在希腊早就有将伟人视为神的先例。亚历山大的父亲腓力自认为是宙斯之子赫拉克勒斯的后裔，亚历山大也坚信自己的神性。因此，这些自封为亚历山大继承人的将领们登上王位之后，很快就接受了东方的王权神化观念，建立了以此为目的的国王崇拜、王朝崇拜。托勒密一世先为亚历山大设立官方崇拜，有专门的祭所与祭司。托勒密二世不仅宣布死去的双亲为神，而且将自己与姐姐王后称为"姐弟神"，塞琉古王朝的安条克三世也为他本人、王后及祖先建立了国王崇拜。帕加马的国王与王后生前受崇拜，死后称为神。马其顿受东方影响较少，也把国王与神等同。巴克特里亚及后来统治印度的希腊人国王把自己与希腊神或印度神相联系。希腊的宙斯、阿波罗、赫拉克勒斯、雅典娜，印度的太阳神苏利耶、湿婆的神牛，甚至佛陀的标志大象、法轮、佛塔（stupa）② 都出现在他们的币上。对于地方的控制，这些王国基本延续了当地传统。托勒密朝实行州、

---

① 如对伙友斐洛塔斯（Philotas）等的审判，卡利西尼斯（Callisthenes）对匍匐礼的公然反对，将领和士兵对进一步征服恒河流域的集体抵制，都反映出亚历山大的王权并非绝对君主制。Arrian, *Anabasis of Alexander*, 3.26—27, 4.10—12; 5.25—29; 参见［古希腊］阿里安《亚历山大远征记》，李活译，商务印书馆1985年版，第113—114、133—136、185—190页。

② M. Edwards, *East-West Passage*, p.19.

结语 碰撞与交融

县、村三级管理，塞琉古王朝与波斯朝一样，对地方分权治之，巴克特里亚、印度的希腊—马其顿人国王只直接控制行省。建立希腊式城市是希腊化国王加强统治的一项重要举措。塞琉古朝因统治地域最大难于控制而建城尤多。这些城市是国王治下的行政单位，表面上的城邦外壳（议事会、公民大会等）并不能掩盖它受国王左右的实质。各王国的统治网中，希腊—马其顿人居于绝对统治地位，当地人只有在文化上希腊化了，才有可能担任一些重要的地方官职。王位世袭，长子继承，昔日的马其顿选举制度名实皆亡（唯马其顿王国偶尔走点形式）。为保持血统的纯洁，各王朝实行内部通婚，托勒密朝、塞琉古朝甚至把在埃及、波斯、小亚细亚早有传统的兄妹婚引入宫廷。为了更有效地控制庞大的王国，也为了使王位继承人真正得到王位并积累统治经验，各希腊化王朝还吸收了埃及的"二王共治"制，即将继承人或王后定为共治者，或实际，或名义。王友集团源于腓力、亚历山大时代的战友(Hetairoi)。各王国建立之初，马其顿武夫们急需各方面的人才。希腊大陆的衰败，东方帝国的建立，使原城邦的一部分人纷纷出走，追名逐利。一方需，一方求，王友集团（Philoi）应运而生。他们先为临时录用，后来成为固定的官僚阶层。军队是希腊化王朝统治的支柱，其主力由希腊—马其顿人组成。军队的将领常担任地方行省的总督。军队中不乏当地人参加，这是兵源不足之故。塞琉古王朝军队中有一半是亚洲人，托勒密朝军队中有 1/3 是埃及人与利比亚人。[①] 从上所述不难看出：希腊化时期的政治制度与古时期的城邦制度相去甚远，与具有军事民主制遗风的马其顿王权和传统悠久的东方君主制形式有所似又有所不似，实际上是这三种因素的有机结合。

希腊化时期的社会经济也呈现出两种文明传统的交错现象。一方面，希腊化诸王继承了东方原有的土地制度。土地在法理上归国家也即国王所有，国王的所有权通过税收、贡赋等形式确认。广大农村的经济结构、生活方式没有明显的变化。另一方面，商业经济非常繁荣和活跃。商路的开通，统一货币的使用，新兴商业都市的出现，使希腊化时期的社会

---

① V. Ehrenberg, *The Greek State*, p. 225.

结语 碰撞与交融

经济具有了国际性的意义。当时东西方商路主要有三条。北路沿阿姆河一线，跨里海，抵黑海；中路从海陆两路抵达美索不达美亚，再抵东地中海沿岸；南路从印度沿海到南阿拉伯或红海、抵达埃及和叙利亚等地。横贯中亚、西亚和印度洋的海陆商路将希腊化世界连成了一个整体。城市既是政治、文化中心，也是经济中心。埃及的亚历山大里亚、底格里斯河畔的塞琉西亚、东地中海中的罗德斯、奥伦特河上的安条克都因商业而迅速发展，成为国际性大城市。公元前225年罗德斯岛发生强烈地震，整个希腊化世界伸出援助之手。托勒密三世、安提柯三世、塞琉古三世都慷慨解囊，赠钱捐物。① 这是因为罗德斯城商业地位的重要使大家感到失去它的可惜。希腊化世界统一市场的存在及商业的纽带作用，由此可见一斑。经济的发展，商业的繁荣，离不开交换媒介的统一。这时主要流行两种币制。一是阿提卡制，为亚历山大所采纳，流行于马其顿本土、塞琉古王国以至远东的巴克特里亚、印度西北部；二是腓尼基制，流行于埃及、罗德斯以西以至迦太基、西西里。阿提卡制最为流行，实际成为国际通用货币的基础。统一市场、统一货币的形成加速了各地产品的交换和贸易范围的扩大。在亚历山大里亚的市场上，可以看到来自阿拉伯、塞浦路斯、印度、不列颠、努比亚、北爱琴海、西班牙、小亚的特产，甚至中国的丝。② 商业经济的发展除仰赖于希腊化世界大市场的形成外，还得力于希腊商业冒险精神的推动。塞琉古一世曾派人考察里海海岸，调查将印度商品运往黑海的可能性。③ 托勒密朝在公元前2世纪末开通了经红海直达印度的海上商路，马赛的希腊人彼提亚斯（Pytheas）为探寻锡和琥珀的产地，沿大西洋海岸北行，几乎到达北极圈。他带回了关于那些地区居民、生产、市场的报告。④ 这些探险的主要驱动

---

① [美]威尔·杜兰：《希腊的衰落》，幼狮翻译中心编译，（台北）幼狮文化事业公司1978年版，第163页。
② E. M. Burns, *World Civilization from Ancient to Contemporary*, p. 215.
③ [法]保罗·佩迪什：《古代希腊人的地理学》，蔡宗夏译，商务印书馆1983年版，第76—77页。
④ Gustave Glotz, *Ancient Greece at Work: An Economic History of Greece from the Homeric Period to the Roman Conquest*, New York: Alfred A. Knopf Press, 1926, pp. 375 – 376; W. W. Tarn, *Hellenistic Civilisation*, p. 240.

结语 碰撞与交融

力就是追求商业利益。当然这一时期的经济属于消费型或奢侈型，本质是为以希腊—马其顿人为主的上流社会服务的。它没有先进的生产力为先导，也不可能带来生产方式的变革，但它毕竟构成了希腊化时期社会经济生活的一个重要方面。

作为"希腊化"文明重要组成部分的文化，混合因素最为明显。希腊人对名目繁多的东方神祇欣然接受，或把他们与希腊神等同，或赋予其新的功能与特性，作为与当地人共同崇拜的对象。托勒密朝创立的萨拉皮斯崇拜就是从埃及的奥西里斯—阿皮斯崇拜发展而来，他的塑像显示了埃及神奥西里斯与希腊神宙斯、哈得斯的特征。阿育王曾派人到 5 个希腊化地区传播佛教。在印度为王的希腊人米南德竟皈依了佛门。巴比伦的占星术，在公元前 2 世纪传遍了地中海地区。犹太教的"弥赛亚"思想也在埃及、叙利亚、小亚产生。埃及的伊西斯女神传到希腊本土。这一时期的科学成就辉煌，主要原因就是希腊人吸收了东方的研究成果。巴比伦的天文观测资料与观测手段、六十进位制，埃及的几何、数学，印度的草药都为希腊人采用。造型艺术虽以希腊为主，但东方式的柱头、拱形结构也应用于希腊式的建筑中。犍陀罗艺术以希腊雕塑艺术之形表达印度佛教之神，更是希、印艺术与宗教的巧妙结合。哲学上斯多亚派最为流行，但它的大师多来自东方，不能不令人猜测他们受到了巴比伦"天人对应"观与占星术思想的影响。文学上出现了一批用希腊语撰写本国历史的当地人学者，他们的编年体式著作给希腊化史学思想增添了新的血液——历史感。多元显然是希腊化文化的主要特征。

文化上的多元如同政治制度、社会经济上的多元一样，源于希腊化世界的多元构成，然而多元并不意味着诸元均等。以文化为例，在宗教、科学以外的文化分支中，希腊文化的因素（特别在形式上）明显占着主导地位，而且文化的创造者绝大多数是希腊人。以地区为例，埃及与西亚不论在政治上、经济上还是在文化上都更具希腊化文明的特征。此外，多元并不意味着各种文明因素的杂然堆积。它们构成的文明混合现象固然因时因地有较大的差异，但统一性还是明显存在。政治上，马其顿、东方、希腊城邦三流合一，希腊—马其顿人占主导地位的统治机制；社会经济上世界性商业贸易与农村原有经济结构的并存；文化上希腊因素为主的文化形式以及内含于诸文化领域中的混合主义、世界主义与个人主义；就是这种统一性在外在形式与内在精神上的具体体现。它标志着一个新文明即"希腊化"文明的诞生与形成。这个文明在地域范围和内容形式上与以前的希腊古典文明和东方诸文明均明显不同，然而这些文明的交叉渗透却是它赖以产生的基础。

二 文明不会孤寂存在，"希腊化"文明也不例外，它在本身形成发展的同时，同样与周边世界其他文明发生了联系

如果把"希腊化"文明的范围限于希腊—马其顿人长期直接控制之地，那么西地中海的罗马，黑海地区的博斯普鲁斯、斯基泰人，小亚的本都、俾提尼亚、卡帕多西亚、亚美尼亚，里海东南的帕提亚，东亚的中国，西亚北非一线的阿拉伯、努比亚等，都是"希腊化"文明的毗邻地区，都不同程度地受到"希腊化"文明的影响。当然，这种影响的规模、深度都难以与希腊化世界内部的交流渗透相比，它主要是通过和平的、潜移默化的、由近及远的、纵横交错的方式来进行。西地中海的罗马与远东的中国文明也不同程度地受到它的影响，与它发生了直接或间接的关系。

罗马的西西里、南意大利从殖民时代以来就一直是希腊人的活动范围。应该说，罗马人对希腊文明早有接触。罗马人是希腊人的学生，这一点连罗马人也不否认，但他们主要接触的是同时代的"希腊化"文明。从公元前3世纪起，罗马先后发动了对南意大利、西西里、东地中海地区的征服。公元前2—前1世纪，马其顿、帕加马、塞琉古、托勒密4个希腊化王国相继沦入罗马军团之手。罗马文明与"希腊化"文明发生了长期的、直接的冲突。在高度发展的"希腊化"文明面前，罗马人自愧弗如。他们采取了拿来主义，为己所用。罗马将军的个人崇拜在公元前2世纪初就已出现。希腊语在上流社会风行一时，亚历山大里亚的诗歌成了罗马诗人的创作典范，雅典的悲剧、喜剧经过改编在罗马上演。罗马哲学实则是希腊化哲学的一部分，斯多亚派哲学、伊壁鸠鲁哲学都被罗马人继承发扬。罗马城出现

结语 碰撞与交融

了来自叙利亚、小亚、埃及的神祇。当然，罗马人并非机械模仿，照搬因袭，而是根据自己的传统和需要有所选择和改造。罗马人在军事上征服了希腊化王国，但在文化上却被"希腊化"文明所俘虏。公元前1世纪的罗马诗人贺拉西对此深有感触。①

巴克特里亚的希腊人王国由于孤悬远东，一度被古史学家置之不顾。然而20世纪以来的考古发掘与深入研究，证明这里及他们后来统治过的印度西北部都是希腊化世界的组成部分，同样属于"希腊化"文明的范畴。就其影响而言，此地可以视为远东希腊化文明的中心。②巴克特里亚—印度—希腊人在这些地区3个世纪的活动在世界文明史上意义重大。正是通过他们，中国文明、希腊文明、印度文明才能在亚洲腹地相逢，尽管这种接触姗姗来迟。至于斯特拉波提到的Seres和Phryni，古代作家说法不一，今人也多有争议，但巴克特里亚以东，不论就阿姆河上游而言，还是从索格底亚那的费尔干纳地区而言，都指向中国的塔里木盆地。此举可视为巴克特里亚希腊人向中国方面靠拢的尝试。公元前128年，张骞辗转到达月氏、大夏（即巴克特里亚）。此时大夏的希腊人王朝已不存在，且此地已成为月氏的藩属。张骞此行联系月氏抵抗匈奴的目的虽未达到，但他带回了关于西域诸国的第一手资料。据张骞所述，"大夏……有城邑，与大宛同俗，无大君长，往往城邑置小长。其兵弱、畏战，善贾市……其都蓝氏城，有市贩贾诸物。"③ 由此可知，此时大夏已非统一王国，各城分立，力量弱小，但商业繁荣。这些城邑当为巴克特里亚的希腊人统治时所建。一般认为，巴克特里亚王国亡于公元前145—前130年之间，这距张骞到达为时不远。而且在阿姆河畔的阿伊·哈努姆城市遗址的发掘已证明希腊式城市的存在。大夏位于印度与西方商路要道。此时商业贸易的继续说明它并未因希腊人转

---

① 英文原文如此："Greece, the captive, made her savage victor captive, and brought the arts into rustic Latium." 直译为"被俘的希腊人把野蛮的征服者变成了自己的俘虏，把文化带入了粗野的拉丁平原"；意译为：罗马人军事上征服了希腊，但却被希腊的文化所征服。英译文见 Horace, *Satires, Epistles and Ars Poetica*, "To Augustus", in *Epistles*, II. 1. 156, with an English translation by C. E. Bennett, Cambridge Mass.: Harvard University Press, 1999。

② 参见杨巨平《远东希腊化文明的文化遗产及其历史定位》，《历史研究》2016年第5期。

③ （西汉）司马迁：《史记·大宛列传》，中华书局1982年版，第3164页。

结　语　碰撞与交融

向印度而中断。张骞曾在大夏见到了经印度而来的中国的邛竹杖、蜀布，从而发现了中印之间早就存在的西南商路。印度西北部此时已被来自大夏的希腊人控制近一个世纪，中国物产经印度到大夏，西北部是必经之地，希腊人对此不会无所知晓。因此，到公元前2世纪，中国的物产已先于中国的官方使者到了希腊人的控制区域。华夏文明与"希腊化"文明已有所接触。遗憾的是张骞未能留下更为详细、明确的有关记载。可以肯定的事实是：在中国河南发现了一个属于公元前2世纪的玻璃瓶，此瓶出自亚历山大里亚，上有雅典娜的头像。到公元前1世纪，印度—希腊人肯定从中国进口了他们需要的丝绸和其他物品，因为在塔克西拉发现了来自中国的玉。[1] 他们对中国也一定有所了解，并试图与汉王朝接触。第一位和中国汉朝发生直接外交关系的印度—希腊人国王有可能是罽宾国王赫尔迈欧斯（Hermaeus），即《汉书》中的阴末赴。[2] 即使印度—希腊人王国消失之后，巴克特里亚和印度希腊人的文化遗产仍通过丝绸之路不断传入中国。塔里木是两个文明的交汇之处。近代考古学者在此地发现的希腊神像图案印章，具有希腊式钱币特征的汉佉二体钱，以及具有犍陀罗艺术特征的木雕、石雕、毛毯、绘画都足以证明希腊化文明遗产在此地的长期存在。塔里木还是希腊化文明遗产传向中原内地的主要通道，其中影响最为深远并绵延至今的就是与佛教同时传入的犍陀罗艺术。著名的龟兹、敦煌、云岗、天龙山、龙门石窟可以说是这一艺术在中国本土化的里程碑。从希腊到中国，东西方文明交流"路漫漫其修远兮"，但最终还是得到实现。这是中希双方共同努力的结果。张骞的凿空，亚历山大的远征同样具有划时代的意义。

---

[1] W. W. Tarn, *The Greeks in Bactria and India*, 1951, pp. 363 – 364.
[2] 此说来自塔恩，他把赫尔迈欧斯认同为《汉书·西域传》中提到的"容屈王子阴末赴"。（见 W. W. Tarn, *The Greeks in Bactria and India*, pp. 339 – 342, 418）但当代古钱币学家波比拉赫奇界定的 Hermaeus 在位年代是公元前90—前70年（Osmund Bopearachchi, *Monnaies gréco-bactriennes et indo-grecques, Catalogue raisonné*, p. 453），这就与元汉帝（公元前48—前33年）之时阴末赴"遣使者上书"的时间不符。塔恩说暂存疑。但罽宾自公元前2世纪以后就受到印度—希腊人的控制，希腊式钱币在此地的流行就是证明。《汉书·西域传》中记载罽宾"以金银为钱，文为骑马，幕为人面"，虽然与印度—斯基泰人钱币的基本特征比较相似，但后者正是从印度—希腊人的钱币发展而来。有关汉文资料见（东汉）班固《汉书·西域传》，中华书局1962年版，第3885—3887页。

结 语　碰撞与交融

匈奴为古代中国北方的游牧民族。20 世纪 20 年代，俄罗斯人科斯洛夫在外蒙诺颜山汉代匈奴古墓发掘中，不仅发现西汉末出自长安的漆耳杯，东汉时的毡子、丝织衣服，而且有希腊式的织物和图案。[①] 从历史上看，匈奴与大夏—希腊人似无接触，但它在公元前 176 年左右打败月氏后，曾一度控制过塔里木盆地，与康居、乌孙关系频仍。这两地都是大夏—希腊人的近邻，匈奴有可能通过这一带的游牧民族得到希腊式的物品。中国的、希腊式的物品在北蒙古相遇，足见文明的渗透力之深。

公元前 1 世纪末，苟延残喘于埃及与印度两端的希腊化王朝戏剧性地同时结束。"希腊化"文明作为一个实体不存在了，但它余韵犹存。如同它融汇以前欧亚非诸主要文明因素一样，它对后世的东西方文明也都产生了深远的影响。从罗马、帕提亚、贵霜、中国这几大文明的此后发展中都可探寻出它的痕迹，只是有的含混，有的清晰罢了。

（原文题为《希腊化文明的形成、影响与古代诸文明的交叉渗透》，载《陕西师范大学学报》1998 年第 3 期，此次收入作为本书的小结，有较大改动）

[①] W. P. Yetts, "Links between Ancient China and the West", *Geographical Review*, Vol. 16, No. 4 (Oct., 1926), pp. 614–622. 林幹：《匈奴墓葬简介》，载林幹编《匈奴史论文选集》，中华书局 1983 年版，第 375—412 页，具体介绍见第 384、395—396 页。

附录

ID
附录一　公元前 4 世纪以前希中文明有联系吗？

一

希中两大文明之间何时开始发生联系？属于何种联系？国外学者主要提出了三种观点：

1. 古希腊语与中国西北地区的吐火罗语有亲缘关系

语言是研究古代人类种族起源与分布的重要钥匙。希腊语属印欧语系的西支，即发颚音的 centum 语族。中国的汉语与印欧语之间，虽有语言学家越来越积极地探讨其相似关系，[①] 但毕竟尚在探讨之中。然而在公元 1000 年代的中国西北焉耆、龟兹一带，却确实存在着一种属于印欧语西支的吐火罗语（也称"焉耆—龟兹语"）。那么，为什么会在印欧语东支伊朗语、印度语的传播占主导地位的中亚地区，出现酷似印欧语西支的语言遗存呢？猜测有二：一是印欧人起源于内亚（Inner Asia）的吐火罗之地（Tokharian-Land），吐火罗语属于印欧语系的开始阶段，它很早或与西支语族分离，或由此西传。吐火罗语与赫梯语具有共同点就可资证明。一般认为，赫梯语的产生先于其他所有印欧方言，因此，它与吐火罗语也可能比其余印欧语族成员从一语源（the parent speech）早早分手。结果，向西迁徙的印欧人保持了原语言的"K"音成 centum 型，而向原地周围流布的印欧人语言则在发

---

① ［苏］列·谢·瓦西里耶夫：《中国文明的起源问题》，郝镇华等译，文物出版社 1989 年版，第 337—338 页。

附　录

展过程中逐渐有了变化，成为发"S"音的 satem 型。留居内亚一隅操吐火罗语的印欧人部落虽经几千年的沧桑变迁，但在口语上及公元1000年代后期的文字上仍保持了原来的基本发音。① 二是吐火罗语系由西东传。这种推测的前提是将印欧语的语源定为活动于黑海之北某地的游牧民族，一般将其与这一地区公元前4000—前3000年出现的古墓文化（Kurgan Culture）相联系。吐火罗语是印欧语系的一支，经欧亚草原地带向东传去。② 根据第一种推测，吐火罗语与古希腊语有先后渊源关系，源头在中国的西北地区（今中国新疆）；据第二种推测，二者是同时同源关系，都源于黑海之北。但不论哪种关系，都表明二者在语言上确有一定的亲缘关系。

2. 希腊文明的源头可溯至中国

西方文明源于希腊，希腊文明根植于希腊，这在文艺复兴时期以来，特别是18世纪以后的西方学者看来，似乎是不成问题的问题。但最近几年来，有学者依据近代考古学与语言学研究成果对此"定论"提出了直接挑战。挺身而出掀起这场风波的即美国康奈尔大学教授马丁·波纳尔（Martin Bernal）。他在《黑色的雅典娜》中，明确提出并反复论证了亚洲的闪米特（塞姆）文明和非洲的埃及文明是希腊文明形成的重要源头。③ 此论虽然未把希腊文明和中国文明相联系，但它的提出无疑动摇了希腊文明的神秘性与独创性。几乎与他同时，一位名叫色勒萨·米特索普鲁（Theresa Mitsopoulou）的希腊考古学者却直接把古希腊文明与中国文明相联系，认为希腊文明的源头在中国。1991年，她在雅典出版了《希腊—中国：一个文化》（*Hellas China: One Culture*）一书的第一部，用1370幅图版来说明希中文明的相似性。1993年，她在天津南开大学召开的中国首届世界古代史国际学术会议上，作了题为《龙的文明：东西方的龙—蛇》的发言，再次系统阐述了她的观点：中

---

① 见 Denis Sinor, *The Cambridge History of Early Inner Asia*, Cambridge: Cambridge University Press, 1990, pp. 151 – 155。

② 见 Martin Bernal, *Black Athena: The Afroasiatic Roots of Classical Civilization*, Vol. 1, Chart 2, Map 3, p. 12。J. 诺比尔也持吐火罗语东传说，见 Johannes Nobel, *Central Asia: The Connecting Link between East and West*, Nagpur: International Academy of Indian Culture, 1952, pp. 33 – 35。

③ 关于此书的内容梗概及写作目的，详见其第1卷"导言"部分。

附录一 公元前4世纪以前希中文明有联系吗？

国的龙与希腊神话中的蛇有渊源关系，希腊的蛇即中国的龙，二者实为一物。因为地球上最初只有同一个文明，它是由中国的原始人所创立，中国似可肯定是人类的发源地（而不是非洲）。这个文明后来扩散到地球的各个角落，走上了不同的发展道路。但这些进程并不足以使人类忘却它最初共同的语言、宗教信仰与观念。这样的文明可被视为"蛇的文明"。① 尽管其观点、依据、论证方法不少学者难以苟同，但她确实提出了一个全新的假说。

3. 新石器、青铜器时代希中器物上有相似之处

有的国外学者从希中文明初始阶段器物上的相似来探求二者的共源关系或相互影响。马塞尔·布里翁在《民族的进化与衰亡》（Marcel Brion, *Evolution and Decline of the Peoples*）中强调了新石器时期中国与米诺斯陶器装饰的惊人相似及其可能存在的联系。他说："也许我们可以这样推测，在某个时期，希腊与中国之间的文化交流已经发生，从而使这种装饰的动机从地中海传到黄河；或许我们可以那样推测，非蒙古利亚人种的旧石器时代人同时遍布亚洲和爱琴海地区。我们既不能否定文明经西方，或至少经欧亚传向中国的任何假说，也不能肯定仰韶人与米诺斯岛中间毫无联系。"他还注意到，在中国早就存在着与克里特文明中同样的斗牛现象。②

与马塞尔·布里翁的猜想相比，著名科技史家李约瑟则较明确地肯定了青铜时代中国与欧洲之间的关系。他说："这不仅出于想象中的技术方面的传播，并且还出于各种器物在式样上确实存在着相似之处。"他援引詹斯等人的研究成果，说明从商代以前到周代后期，中国与欧洲在青铜和铁制的器物上（如刀剑、奇特的十字形管子或扣子、方銎斧

---

① Theresa Mitsopoulou, "The Civilization of Dragon: The Dragon-Snake in East and West"，载南开大学编《中国首届世界古代史国际学术研讨会论文摘要集》，第63—64页。在1997年中国第二届世界古代史国际学术研讨会（长春）上，色勒萨·米特索普鲁又从希腊语与汉语的共同起源及相近关系上再次论证了中国是人类（当然包括印欧语系的希腊人）的发源地。参见其递交大会的论文：《希腊语与汉语的共同起源》（"The Common Origin of the Greek and the Chinese Languages"）提要，载《中国第二届世界古代史国际研讨会会议手册》。

② 以上材料引自安德烈亚斯·帕纳格普罗斯博士向中国首届世界古代史国际学术讨论会提交并宣读的论文《古代希腊与中国的相似之处》（Andreas Panagopoulos, "Similarities between Greece and China in Antiquity"）。

等）都具有相似性与联系。① 这些相似器物是否也出现于希腊，未见论述，但希腊半岛在公元前3000年就进入青铜时代却是事实。克里特、迈锡尼文明中都出现了铜制的剑、匕首、斧、矛、箭头等武器。从李约瑟的著述中还可知，另外一些国外学者也感到了希中早期文明的某些相似，尽管有的相似现象显系牵强附会，如"和希腊的牛首人身神相似的，有中国的神农氏和蚩尤的像，而和迷宫相似的，有秦始皇陵墓中的地下通道。"鹤舞这种祭祀与丧葬的仪式"是从爱琴海经过新月沃地传到中国和东南亚的"。甚至他们还提到了"中国的太牢祭祀和春节祭与古代克里特和埃及的仪式很相似"。马四腿伸直的"飞奔"姿态，约公元前1000年在希腊的迈锡尼、米诺斯以及腓尼基的艺术中出现，后来传到中国。李约瑟认为，这"是中国和地中海文化或西亚文化接触的一个明显例子"。②

对于这些以中国为源，或中希共源，乃至仅感觉其相似性的推测假说，学术界并非没有异议。在一些国外学者认为中国商代青铜的出现是西方冶金术通过东欧和西伯利亚向东传播的结果的同时，③ 一些中国学者则一方面断然否定中国青铜文化西来说；另一方面积极寻求中国青铜文化独立发展的蛛丝马迹。④ 有的学者甚至进而证明"卡拉苏克文化中的有銎铜斧，是商文化通过鄂尔多斯地区而传播到南西伯利亚地区"的。⑤ 这些观点的进一步证实与争议的解决仍然需要中外考古学界进一步的努力，但它们的提出为我们探求希中文化关系的渊源提供了启示与借鉴。

二

以上所述虽然显示出希中两地之间在远古时期或有某些联系，但这

---

① ［英］李约瑟：《中国科学技术史》第1卷，科学出版社、上海古籍出版社1990年版，第162—163、166页。
② 同上书，第171页。
③ Denis Sinor, *The Cambridge History of Early Inner Asia*, pp. 85–86.
④ Chêng Tê-k'un, Reviewed Work: *The Beginnings of Chinese Civilization*, by Li Chi, *Journal of the American Oriental Society*, Vol. 79, No. 1 (Jan.-Mar., 1959), pp. 61–64.
⑤ 宋新潮：《商与周边地区文化的交流及其主要形式》，《中国社会科学院研究生院学报》1992年第2期。

附录一 公元前4世纪以前希中文明有联系吗？

只是就文明的起源而言。至于这两大文明在发展形成过程是否也似曾相闻相识，我们最好回到各自的文字资料中去。

希腊方面最先记述远东地区的是希罗多德的《历史》。据他记述，最东面的民族有秃头阿尔吉帕人（Argippeans），秃头人以北是高不可攀的山脉，以东是伊塞顿人（Issedones），而伊塞顿人的那面则是独目的阿里马斯普人（Arimaspians），独目人那面是守护黄金的格立芬人（Griffins），这些人的那面是领地扩展到大海的极北居民叙佩尔波列亚人（Hyperboreans）。① 要确定这几个民族，特别是最东边的伊塞顿人的大致方位，仍须依据希罗多德提供的线索。其一，马萨吉太人"住在阿拉克赛斯（Araxes）河对岸和伊塞顿相对的地方"。一般认为，希罗多德这里的 Araxes 河即今锡尔河。② 若此，伊塞顿人应在锡尔河上游之北。其二，赴秃头人之地要经过一段平原，平原之后是很长的一段粗糙地带，过此后即至高山下的秃头人之地。③ 这里的高山当系从里海之北经今哈萨克斯坦（Kazakhstan）东行碰到的第一座大山脉阿尔泰山（Altai Mountains）。山上终年积雪，西南面陡峭险峻，海拔四千多米，确实"高不可攀"。既然伊塞顿人在秃头人之东，那它的大致方位可确定在巴尔喀什湖（Balkash Lake）以东的天山与阿尔泰山之间，这与前述的锡尔河上游之北基本吻合。其三，伊塞顿人的生活习俗仍十分原始。当一个人的父亲死后，所有最近的亲族都带着羊前来献祭，他们把死者的肉切下来，与作为牺牲的羊肉混在一起吃掉；死者的头皮被剥光，头壳上镀金，当作圣物保存，每年为其举行盛大祭典；他们遵守法律（Law-abiding），男女平权。④ 由此可知，他们是游牧民族，父权制已确立，但母权制并未消亡。希罗多德本人并未访问过这些民族，他何以得知这些遥远之地的传说呢？原来，在希罗多德以前，希腊人殖民、

---

① 参见 Herodotus, *Histories*, 4.13, 25–27。这里的"那面"，从上下文看指"北面"，此处叙述的顺序由南向北，而非由西向东。

② Herodotus, *Histories*, 1.201. 据《牛津古典辞典》，希罗多德的 Araxes 河应为锡尔河或阿姆河，见 S. Hornblower and A. Spawforth, eds., *The Oxford Classical Dictionary*, 2nd ed., Oxford: Oxford University Press, 1996, p.137 "Araxes"。

③ Herodotus, *Histories*, 4.23.

④ Herodotus, *Histories*, 4.26.

经商的足迹已达于里海以东。① 他们在亚速海北岸、顿河河口、高加索两侧建立殖民城镇。② 这些城镇既是希腊与东方商品的交换之地，也是双方信息传闻的交流之地。希罗多德对远东的了解显然得益于他的这些同胞以及生活于此地的斯基泰人。从他的记述可知，他关于伊塞顿人、独目人、格立芬人、极北居民等传说，一方面来自公元前7世纪的一位希腊旅行家阿里斯铁阿斯（Aristeas）。此人曾向东漫游，远至伊塞顿人之地，并向他们了解了北方的情况③。另一方面来自与希腊人保持商业、文化关系的斯基泰人④。既然伊塞顿人是公元前5世纪以前希腊人足迹所至最东面的民族且大致方位在天山与阿尔泰山之间，那么弄清伊塞顿人的确切活动地及在中国史料中之所指，对于研究希中接触就具有非常重要的意义。目前，国外学者对其活动地说法颇多，主要有乌拉尔以东、哈萨克斯坦东部和北部地区、塔里木盆地、楼兰以东和敦煌一带、阿尔泰地区、准噶尔盆地东南和天山东端等说。⑤

但根据希罗多德提供的两个线索：锡尔河上游之北和高山下的秃头人以东，笔者以为，我国学者马雍、王炳华的观点最为接近。即伊塞顿人地区的东端可能到达伊犁河上游，但未进入塔里木盆地。⑥ 关于伊塞顿人之所指，主要有月氏说、乌孙说、塞人说等。⑦ 但不论是哪种说法，都有助于说明一个事实，即公元前7—前5世纪，希腊人已对春秋之季的中国西北地区游牧民族有所知晓，而且像阿里斯铁阿斯这样的旅行探险者已来到了他们中间。至于独目人和极北居民，国外有学者认为

---

① Strabo, *The Geography*, 11.7.1.
② ［法］保罗·佩迪什：《古代希腊人的地理学》，蔡宗夏译，商务印书馆1983年版，第19页。
③ Herodotus, *Histories*, 4.13, 16.
④ Herodotus, *Histories*, 4.24, 27, 31.
⑤ 参见孙培良《斯基泰贸易之路和古代中亚的传说》，《中外关系史论丛》第一辑，世界知识出版社1985年版；［法］保罗·佩迪什《古代希腊人的地理学》，蔡宗夏译，商务印书馆1983年版，第22页；王治来《中亚史纲》，湖南教育出版社1986年版，第53页注；G. F. Hudson, *Europe and China*, pp. 37, 39.
⑥ 马雍、王炳华：《公元前七至二世纪的中国新疆地区》，《中亚学刊》第三辑，中华书局1990年版。
⑦ 此几说分别见于 G. F. Hudson, *Europe and China*, p. 42；余太山《塞种史研究》"绪论"，中国社会科学出版社1992年版，第1页。

附录一 公元前4世纪以前希中文明有联系吗？

前者是周代的猃狁和匈奴，后者是中国人。此说的前提是将希罗多德的"那面"理解为东方，即独目人和极北居民在伊塞顿人之东。① 若依此说，则表明希罗多德以前的希腊人对中原的中国人也有所耳闻了。

中国方面先秦典籍中提到西北方向地区的虽然不少，大约有10种，但真正有史料价值，且能与希腊方面史料暗合的并不多。较多记述中国西北人文地理的是《山海经》和《穆天子传》。从《山海经》中可知：（1）流沙之外有大夏、竖沙、居繇、月支之国（"海内东经"）。古之流沙泛指西北沙漠地带。这些"国"既在流沙之外，则当在西北适于农牧之地，其中应包括伊犁河一线。（2）"海外北经"、"大荒北经"、"海内北经"皆提到一目国，其人目当面中。此与希罗多德的独目人传说暗合。与《山海经》大约同时出现的《穆天子传》则提供了一个类似于阿里斯铁阿斯东游的西游故事。对于穆王所行之路线，西王母国在何处，西王母何其人也，学者们至今未取得一致意见。据顾实考证，穆王经昆仑、帕米尔，入西王母之邦（今伊朗德黑兰），然后越高加索，进入欧洲平原，在今波兰华沙附近，大猎而还。② 据马雍、王炳华、王治来，穆王越阿尔泰山中段西进至斋桑泊（瑶池）西王母之国。③ 齐思和认为德人福尔溉（A. Forke）的西王母即阿拉伯示巴女王说比较可信。④ 据丁谦、刘师培，西王母之邦即亚西利亚（Assyria，今译"亚述"）国。⑤ 若据这些说法，穆王最远可抵华沙，最近达阿尔泰西缘斋桑泊。须知，穆王西行不到二年（周穆王十三年闰二月始，十四年九月返，约公元前989—前988年），还带六师之随从。西周时一师2500人，六师则15000人。在古代的交通条件下，尽管有沿途首领贡献，如此众多的人马从阿拉伯半岛之南或东欧往返都不大可能。因此，对于穆王西行之事，可从两方面来考虑。一是信其有，那穆王至于阿尔泰、天

---

① 参见 G. F. Hudson, *Europe and China*, pp. 37, 43, 45–51；孙培良《斯基泰之路和古代中亚的传说》。
② 顾实：《穆天子传西征讲疏》"穆传十论"，中国书店1990年版，第24页。
③ 马雍、王炳华：《公元前七至二世纪的中国新疆地区》；王治来：《中亚史纲》，湖南教育出版社1986年版，第54—55页。
④ 齐思和：《上古时期中国与世界各国的文化交流》，《历史教学》1964年第4期。
⑤ 引自顾实《穆天子传西征讲疏》，中国书店1990年版，第142页。

附 录

山之间，或塔里木盆地都有可能。因为在殷墟妇好墓中，就发现有来自新疆和阗的玉器 300 多件。① 周人世与西戎为邻，周人与西北地区有交往，穆王以一国之君西行是可以实现的，但西王母肯定是传说中的人物。② 二是信其无。据阿尔泰地区考古发现，知公元前 5—前 4 世纪时中原丝绸等物已达于此地。③ 商路开通，必然引起文化信息的交流。战国时人根据商旅传闻编出一套穆王西行故事也是可能的。不论穆王西行是否真有其事，《穆天子传》的出现反映了时人对西北地区的了解，证明了中原与西北交往的存在，从而表明希腊人所知的中亚传说，也可能经相反的方向传到中国。有学者就认为，希罗多德所记斯基泰极远居民以北之地降羽毛的传说与屡见于先秦典籍的"积羽"之说同出一源。④ 由此可见，中亚是古典希腊与先秦中国双方相关传闻的极限与源头。双方都有人到过此地，双方都对此地有所了解，但遗憾的是双方都至此而返，只留下了各自的传闻与记载。

这一时期的有关文字资料从同期考古实物上也可加以佐证。阿尔泰巴泽雷克古墓群就保存了完好的中国凤凰刺绣和山字纹铜镜。⑤ 据其方位，这些巴泽雷克（Pazyryk）古墓人有可能就是希罗多德所称之的"看守黄金的格立芬人"。阿尔泰又名金山，以产金出名。当时的希腊人可能对阿尔泰山区部落不太清楚，故以希腊的狮身鹰头兽格立芬（griffin）名之。中国的实物与希罗多德的记述在阿尔泰相遇，说明了欧亚草原之路的存在。阿里斯铁阿斯的东行路线与中国丝绸西到中亚的路线使希中之间的联系成为可能，而那些当道的游牧民族则充当了中介人

---

① 中国科学院考古研究所编著：《殷墟妇好墓》，文物出版社 1980 年版，第 114 页。
② 因《穆天子传》中的西王母俨然一文明之国女王，与周天子相敬如宾，赋诗唱和，抒发思念别离之情。这与《山海经·西山经·玉山》中"人形、豹尾、虎齿、善啸、司天之厉及五残"的西王母形象简直判若两人［见（西汉）刘歆《山海经》，北京燕山出版社 2001 年版，第 46 页］。另，《史记·大宛列传》、《汉书·西域传》均载"安息长老传闻条支有弱水，西王母。而（亦）未曾见"。可见西王母为远产缥缈之人，随中原人视野的西扩而延伸。
③ ［苏］С. И. 鲁金科：《论中国与阿尔泰部落的关系》，《考古学报》1957 年第 2 期。
④ 详见孙培良《斯基泰贸易之路和古代中亚的传说》，《中外关系史论丛》第一辑，世界知识出版社 1985 年版。
⑤ 这批古墓大致属于公元前 1000 年代中叶至前 3 世纪。参见［苏］С. И. 鲁金科《论中国与阿尔泰部落的关系》，《考古学报》1957 年第 2 期。夏鼎《中国文明的起源》，文物出版社 1985 年版，第 64 页。

附录一　公元前 4 世纪以前希中文明有联系吗？

的角色。今人在德国南部一座属于公元前 6 世纪的克尔特首领的墓葬中，发现了中国丝绸刺绣衣物的残片。① 这说明中国的丝绸此时不仅抵达中亚，而且经西亚传入欧洲。② 对此，希腊方面很快作出了反应，生活于公元前 5—前 4 世纪之交的希腊医生兼史家克泰西亚斯在其著述中首次提到了赛里斯人（Seres）。③ 他曾受雇于波斯王廷，可能在此见到了中国的丝绸。Seres 显然是由表示"丝蚕"的"Ser"（Σηρ）衍生而来，以其代称产丝国及产丝人。此后在希腊、罗马古代作家的笔下，Seres 与东方的产丝之国、产丝之人及贩运丝绸的中介民族，实际上与中国联系起来了。④

综上所述不难看出，到公元前 4 世纪时，古老的中国已因其辉煌的文明成果——丝绸而为希腊人朦胧所知，但中国方面却未显示出任何点滴对希腊的了解，甚至连传闻也没有。因此，希中文明在此之前并无实际的接触，只有单向的、间接的信息传递。二者的直接联系只能在亚历山大东征之后的历史中去寻找。

（原载《中国第二届世界古代史国际研讨会论文选》，《古典文明杂志》1998 年增刊。略有改动）

---

① Jorg Biel, "Treasure from a Celtic Tomb", *National Geographic*, 3 (1980, March), pp. 429–438.

② 也有国外学者从希腊古典雕刻、陶器彩绘中发现，人物所穿衣服都稀薄透明，以此推测中国丝绸经斯基泰人转运至希腊。(见沈福伟《中西文化交流史》，上海人民出版社 1985 年版，第 22—23 页) 此虽系推论，也不无道理。

③ 张星烺编注，朱杰勤校订：《中西交通史料汇编》第一册，中华书局 1977 年版，第 17 页。

④ 关于 Seres 所指，详见张星烺编注，朱杰勤校订《中西交通史料汇编》第一册，中华书局 1977 年版，第 17—22、29—37 页。

附录二　试析"希腊化"时期君主制的形成及特点

君主制、民主制、寡头制是古代世界的三种基本政体形式。希罗多德在论述大流士等七人起事成功,讨论今后的波斯政体时,借他们之口对这三者作了一番解释。他认为君主制是一个人的统治,民主制是多数人也即人民的统治,寡头制是少数人的统治。[①] 根据希罗多德的观点来看,从亚历山大帝国到托勒密、塞琉古、马其顿以及随后的帕加马、巴克特里亚等希腊—马其顿人王国,它们的统治形式无一例外都是君主制。然而,这些君主制是怎样形成的呢?是马其顿国王统治的继续,还是对东方君主制的承袭,或者是亚历山大及其后继者的创造?这些国家的君主制具有哪些共同的特点以及各自的特色呢?这就是本文试图回答的问题。

一

"希腊化"时期君主制的形成是历史的必然。它的产生是由亚历山大远征前的政治气候、政治格局、征服者的主观愿望和征服后的结果等多种因素决定的。

在公元前4世纪的希腊,曾经焕发出勃勃生机的城邦制度失去了活力,陷入痛苦挣扎、不可自拔的困境。它无法调解城邦内部由于奴隶制的发展而产生的种种错综复杂的矛盾,无法满足公民在政治、经济和精

---

① Herodotus, *Histories*, 3.80—83;[古希腊]希罗多德:《历史》,王以铸译,商务印书馆1985年版,第231—234页。

附录二　试析"希腊化"时期君主制的形成及特点

神上的需要。城邦赖以存在的公民小土地所有制以及在此基础之上的公民兵制都遭到了严重的破坏。一般平民对无休无止的党派纷争、连绵不断的城邦间战争感到厌倦和失望。大奴隶主们则希望出现一种新的统治形式,以保证并扩大他们的既得利益。而此时北陲的马其顿在腓力二世领导下的崛起和西西里叙拉古在僭主狄奥尼修斯当政时的繁荣,都使忧心忡忡、渴求解脱的一部分奴隶主看到了希望,那就是期望有一个强大的人物横空出世,把希腊城邦引入秩序和繁荣。雅典的雄辩家伊索克拉底就是这样。他先后瞩目于叙拉古僭主、斯巴达国王,最后向马其顿腓力二世发出吁求,要他担当希腊人的领袖。[①] 伊索克拉底的主张并不乏支持者。这种强人统治的倾向在当代哲学家的笔下也反映了出来。柏拉图在《理想国》中指出:最好的政体是把权力交给哲学王的政体。[②] 他本人就身体力行,跑到狄奥尼修斯的宫廷去辅佐实践他的主张。亚里士多德也认为:如果一个人的美德和政治能力出类拔萃,那这个人就可以理所当然地被视为"人中之神",他本人就是法律。[③] 由上可见,当时的希腊大陆,确实存在着一股向往强人统治的潜流。正是这种向往、这种潜流,从一个侧面解释了古典时代酷爱自由民主,把君主制下的东方人视为"奴隶"的希腊人,为什么会在"希腊化"时期自己也自觉或不自觉地接受了君主们的统治这一事实。

在希腊民族史上,马其顿是后起之辈,长期孤立于希腊城邦之外。在希腊城邦进入政治、经济、文化繁荣的古典时代时,它的社会政治制度仍带有荷马时代的一些特征。国家以王为首,他是所有国土的主人,战争中的最高统帅,又是法官、祭司、司库。国王靠亲属与部落贵族组成的"战友"(hetairoi)集团进行统治。但是王的权力受到战士会议的制约,王位继承要经过战士会议的选举批准,涉及叛逆罪的案件要由战士会议审判。王对各部落的约束力比较松散,各部落仍有自己的王室,

---

① 参见伊索克拉底给叙拉克僭主、斯巴达国王和马其顿国王的信。Isocrates, Letter 1: To Dionysius; Letter 9: To Archidamus; with an English translation by Larue Van Hook, Cambridge, Mass.: Harvard University Press, 1998; Isocrates, Discourse V: To Philip 16。

② Plato, The Republic, 499 B - C, with an English translation by Paul Shorey, Cambridge, Mass.: Harvard University Press, 1963.

③ Aristotle, Politics, 1284a.

战时作为国王名义上的臣民出兵打仗。尽管如此，马其顿的政体无疑是一个人的统治。亚历山大依惯例继承王位，出征时的国王身份，都说明了马其顿的君主制性质，只是它不同于那种权力不受限制的君主制罢了。亚历山大帝国的建立，只能加强和完善这种君主制度。因为这是统治一个庞大帝国的客观需要，而且继承王位、靠征服起家的亚历山大主观上也绝不会在天下砥定之后，"还政于民"，在横跨欧亚非的帝国实行什么希腊城邦式的政治制度。

在亚历山大即将征服的波斯帝国之内，埃及和两河流域都经历了两千多年的君主制统治。波斯大流士总结了西亚、北非历代君主统治的经验，建立了以国王为中心的中央政府和地方分权的行省制。国王的统治被认为是秉承神的旨意，王权受神的保护，朕即国家，王即法律，国家的一切在法理上都在国王的管辖之中。不过，各行省的总督往往尾大不掉，它们与国王的关系视王权力量的大小而定。这一点与马其顿治下的那些边远部落的向背有所相似。这种相似性决定了马其顿诸王对波斯帝国行省制的一定程度上的接受。这就是亚历山大面临之世界的政治统治形式。可以看出，它们和马其顿君主制在类型上是一致的，但在专制的程度、统治的方法、机构的设置、权力的分配上又有一定的不同。然而，只要这种君主制的土壤（庞大的帝国或王国）存在，这种政体上的结合是必然的。以希腊—马其顿人为主导的亚历山大帝国及各王国的政体只能是君主制，而绝不会是其他。

二

亚历山大帝国的建立奠定了"希腊化"时期君主制的基础。亚历山大帝国建立的过程，也就是马其顿、波斯帝国（包括埃及与巴比伦）两种君主制结合的过程。不容忽视，希腊城邦的因素也被亚历山大有限地接受利用，从而出现了"三流合一"的奇特景观，这种情况一直延续到"希腊化"王国时期。

亚历山大把希腊的神人合一观念与埃及、巴比伦的王权神化相结合。按照希腊人的观念，人和神是非常接近的。神人同形同性，是最完善的"人"。因此，古典时代就出现了给一个伟人以"神"的荣誉或称

附录二　试析"希腊化"时期君主制的形成及特点

号的现象。伯罗奔尼撒战争的最后胜利者、斯巴达统帅吕山达，使马其顿一跃而起成为希腊世界举足轻重之力量的腓力二世，都曾被授予神的光荣。根据马其顿的传统，亚历山大与其父亲都自认为他们的祖先"来自宙斯"，是赫拉克勒斯的后代。[①] 公元前336年在女儿的婚宴上，腓力要人们像崇拜奥林帕斯山上十二位神那样崇拜他。[②] 不能肯定说，亚历山大会据此自命为神，但他像荷马时代的英雄一样，相信自己是神的后裔。带着这种观念，他到了具有王权神授传统的埃及、巴比伦。在埃及，当地的祭司诚惶诚恐地称他为"法老"、"阿蒙之子"。既为阿蒙之子，当然就是神的儿子了，无怪乎他对赴西部沙漠绿洲阿蒙神庙的访问十分满意。[③] 不过，这时的"神化"只是亚历山大个人的感觉。但等到大流士三世败亡，亚历山大成了波斯帝国的主人之后，这个问题就公开化了。亚历山大不仅穿米底、波斯服装，而且推广波斯繁琐威严的宫廷礼仪，要人们向他行匍匐礼。"因为他认为他的父亲不再是腓力，而是阿蒙了。"[④] 这一要求虽然由于许多马其顿人反对而未实现，但亚历山大并未彻底打消这个念头。公元前324年他回到巴比伦，又要求希腊城邦给予他"神的荣誉"。第二年，希腊城邦派使者戴着花环（这是神圣使团的标志），去向亚历山大敬献金冠，"好像给某一位神以光荣一样"。[⑤] 亚历山大的个人神化以及对埃及、巴比伦、波斯等地宗教信仰的利用，在其后的"希腊化"诸王国发展成了正式的国王崇拜。

亚历山大对波斯帝国的统治制度进行了改造利用。虽然他推行的东方礼仪碰到了马其顿人的抵制，但他此时已不仅仅是马其顿人的国王，而是马其顿人、希腊人和东方人的共同国王。他重用归顺的波斯贵族，与东方女子通婚，建立波斯人的军队，这些人仍像过去尊奉他们的波斯国王那样来尊奉他。亚历山大戴波斯头带式的王冠，身着波斯王服，发号施令用"国王"称号，掌握军事、行政、立法、铸币大权，他个人

---

① N. G. L. Hammond, *A History of Greece*, p. 576.
② R. L. Fox, *Alexander the Great*, p. 20.
③ Arrian, *Anabasis of Alexander*, 3.4.
④ Arrian, *Anabasis of Alexander*, 4.9.
⑤ Arrian, *Anabasis of Alexander*, 7.23.

的地位的确大大加强了。他接受了波斯的行省制，但削弱了总督的权力。埃及设上、下两个总督区，亚洲的原波斯总督区不变。总督多由马其顿将军先后担任。与以前的波斯总督不同，亚历山大的总督只掌握民政权，无财权和铸币权。各省另设独立的财政官。总督一般不掌握军队，至少非马其顿人任总督是如此。军队由国王直接指挥，另委任马其顿人负责。对小亚沿海的希腊城邦，亚历山大免除了它们过去向波斯交纳的赋税，扶植民主政治，但干预内部事务，禁止争斗，实际上它们已失去独立地位。至于他在远征路上建立的希腊式城市或殖民地，更是在他的掌握之中。

亚历山大的早逝，使他刚刚启动的帝国统治机器暂时停止了转动。然而，等到混战结束、三足鼎立之时，亚历山大的几个部将为王的君主制又重新建立了起来。他们继续了亚历山大的"三流合一"政策，使"希腊化"君主制不断发展形成。

三

从表面上看，希腊化诸王国的君主制在东方化的方面退了一步。因为这些君主不像亚历山大那样，追求堂而皇之、威严赫赫的宫廷礼仪，模仿波斯人的衣着仪式，有的甚至不搞国王崇拜（马其顿），但实际上，他们在王权神化、个人专政、中央集权上仍沿着亚历山大的既定路线行进，而且比他有过之而无不及。

托勒密朝与塞琉古朝都热衷于王权神化、个人崇拜，这肯定与它们所处地区的传统大大有关，埃及等地就有把国王加入传统神之列进行崇拜的惯例。这两个王朝不仅把死去的国王尊为神，而且把尚在世的国王、王后也当作神，要臣民对其顶礼膜拜。在这方面，托勒密朝可谓是捷足先登。托勒密一世弄到了亚历山大的棺椁，以亚历山大的当然继承人自居。他首先在埃及建立了对亚历山大的崇拜，并设有专任祭司。[①]公元前283年，托勒密一世一死，托勒密二世就宣布他的父亲是一个

---

① F. W. Walbank, A. E. Astin, M. W. Frederiksen & R. M. Ogilvie, eds., *The Cambridge Ancient History*, Vol. Ⅶ, part Ⅰ: *The Hellenistic World*, 2nd edn., 1984, p. 97.

附录二 试析"希腊化"时期君主制的形成及特点

神。其母死后（公元前279年），他就为双亲建立了共同崇拜，称他们为"救护神"（Theoi Soteres）。同时，他创立了称为"托勒密亚"（the Ptolemaieia）的全国性大节日，以庆祝这个崇拜。更为甚者，可能在公元前272—前271年间，托勒密二世把对他本人和王后（他的姐姐）的崇拜加到对亚历山大的崇拜上，名为"姐弟神"（Theoi Adelphoi）。① 这就是对尚活着的君主设立崇拜的开始。塞琉古王朝的国王崇拜也朝这个方向发展，只是慢了一步，到安条克三世时，也对在世的君主进行崇拜。② 脱离塞琉古王国独立的帕加马仿而效之，国王与王后生前也受崇拜，死后为神。③ 马其顿王国受东方的影响较少，虽未把国王当作崇拜的对象，但也把国王与神等同起来。在他们的钱币上，安提柯二世的头像代替了潘神的头像。④ 既然国王生前就是神，那他的统治就是神的统治。神的意志与权力是谁也不能违抗的。王权神化、国王崇拜有力地巩固了"希腊化"君主制。

"希腊化"诸王国的开国君主都不是亚历山大的直系后裔。他们的天下是打出来的，王位是靠武力与能力争来的，这至少在一段时间内不具合法性。而且除马其顿外，他们的统治实际是对异族的个人统治。他们的王国与整体的马其顿人、希腊人已无多大关系。即使在马其顿，安提柯王朝就是国家也得到了事实上的承认。因此，这些君主们在开始实行自己的个人统治时，首先得建立一个忠心不贰、高效率的中枢机构，以展开对全国的统治之网。于是，新的"王友"（philoi）集团形成了，扩大了，成了国王统治的得力助手。王友虽可溯源于马其顿的战友，但与其有所不同。王友由国王挑选，一般只考虑能力，而不考虑其出身、财产资格和来自何邦。由于亚历山大任用当地人的政策被放弃，王友几乎是清一色的希腊人或马其顿人。他们来自希腊世界各地，寻求升官发

---

① F. W. Walbank, *The Hellenistic World*, 1981, p. 213.
② F. W. Walbank, A. E. Astin, M. W. Frederiksen & R. M. Ogilvie, eds., *The Cambridge Ancient History*, Vol. Ⅶ, part Ⅰ: *The Hellenistic World*, 2nd edn., 1984, p. 98.
③ G. W. Botsford and C. A. Robinson, *Hellenic History*, 1947, p. 331; F. W. Walbank, *The Hellenistic World*, pp. 216 – 217.
④ F. W. Walbank, A. E. Astin, M. W. Frederiksen & R. M. Ogilvie, eds., *The Cambridge Ancient History*, Vol. Ⅶ, part Ⅰ: *The Hellenistic World*, 2nd edn., 1984, p. 86.

财、施展抱负的机会。他们是人才之库。军事官员、行省总督、国务大臣、高级祭司、特派使者，都从他们中选拔。王友并不是职业官吏，他们本人可能是艺术家、作家、哲学家、医生、学者，一旦成为王友，就可能去从事某一任务。国王和王友之间既是君臣关系，又是合伙关系，最终目的是相互受益。国王依靠王友保持王位，进行统治，王友则靠国王名利双收，飞黄腾达。公元前4世纪末与公元前3世纪时，王友并未形成一个稳定的官僚阶层。他们如同我国战国时的"士"，追名逐利，奔走于途。但到公元前2世纪，他们成为一种官僚集团。这是与国王统治机制的完善、统治地位的巩固相适应的。王友之间在地位上出现了固定的等级差别。在埃及，他们中先是有"王亲"、"第一王友"、"卫队司令"、"随从"、"王友"、"侍卫"的区别，后来又出现了"荣誉王亲"、"荣誉第一王友"的同品级官位。[①] 王友也由临时人才变成了国王的正式官吏，从中央到行省，从地方到军队，各级职能部门都有王友担任要职。他们特别充斥于宫廷，形成了新的宫廷贵族。

国王的个人权力随着君主制度的发展而加强了。如前所述，"希腊化"诸国的王廷在表面上有一种返璞归真的倾向。国王们放弃了亚历山大的"东方化"做法，坚持古朴的马其顿传统。他们身着马其顿式服装，说希腊语，像亚历山大一样不留胡须。国王的标志是王冠（头带）紫袍、权杖。他们要求实际的统治，而不追求形式上的服从，不要求臣民行匍匐礼，也不要求他们在他面前奴颜婢膝地讲话。他们发布命令的语气几乎就像城邦官员那样谦恭。[②] 但随着王权神化的加深，新的王友集团的形成，国王的权力有增无减。从王友中挑选组成的"王友议事会"只有建议之责。国王是法律之源，他的决定作为法律而通令全国。财务大臣负责税收，具有军事权力的将军们统辖或监督各地，他们都直接对国王负责。诚然，传统的战士大会在马其顿仍是一个不能不注意的因素，但它只是偶尔发生作用，实际决定权在国王手里。君主个人权力的过度集中，使得国王事无巨细，必须事事躬亲。特别在托勒密

---

① F. W. Walbank, *The Hellenistic World*, p. 77.
② M. Cary, *A History of the Greek World from 323 – 146 B. C.*, p. 249.

附录二 试析"希腊化"时期君主制的形成及特点

埃及,国王案头的奏报堆积如山,大概没有中国始皇帝一天批一百二十斤竹简的精神是无法处理完毕的。

为了保证王朝的延续,"希腊化"国王们继承了马其顿和东方的传统:王位世袭,一般由长子继承。在继位人因年龄等原因无法执政时,就设摄政来暂时过渡。为了保证马其顿血统的纯洁,除塞琉古一世外,其余的马其顿王都解除了亚历山大时与东方女子的婚姻。他们一般都与本族人通婚,或在王室内部通婚,在埃及甚至发展为姐弟或兄妹通婚。兄弟姐妹通婚在希腊、马其顿似乎前所未有,在埃及和波斯都出现过。[①] 托勒密二世肯定是受到这种传统的影响而与他的姐姐阿尔西诺首开先例的。塞琉古王朝的安条克三世也娶其妹妹为妻。[②] 但兄妹或姐弟通婚在埃及延续了下来,在塞琉古朝仅知此例。这种婚姻形式有利于防止王室旁系的扩大与僭位。王位的继承人限于男性,除非没有男性后裔,女人才有可能继承。在"希腊化"宫廷里,王后有巨大的、独立的权力[③],有时和其丈夫共同执政。这些很可能与马其顿的传统习惯有关,也与兄妹或姐弟通婚有关。

"希腊化"国王的权力不受世袭贵族的制约。埃及的贵族在法老时代就已摧毁,亚洲的伊朗贵族被亚历山大削弱殆尽,他委任的十八个伊朗人总督,或死,或退职,或撤职,到他死时只剩下了三个。[④] 马其顿的桀骜不驯的王公贵族在征服中和后来的自相残杀中,大多葬身沙场,个别获胜为王。老一代贵族的残余势力已不可能对新一代的"希腊化"国王构成威胁。后来,王友官僚政治形成,新的宫廷贵族出现,但他们的职位不能世袭,不论在理论上,还是在事实上,他们都是深仰国王的鼻息而行事。

[①] 埃及,见 Herodotus, *Histories*, 2.100;波斯,见 Herodotus, *Histories*, 3.88。[古希腊] 希罗多德:《历史》,王以铸译,商务印书馆1985年版,第151、235页。

[②] F. W. Walbank, *The Hellenistic World*, p. 216. 此为 Laodice Ⅲ,她与安条克三世实为姑舅表兄妹关系,二人祖父都是塞琉古二世。见 W. Walbank, A. E. Astin, M. W. Frederiksen & R. M. Ogilvie, eds., *The Cambridge Ancient History*, Vol. Ⅶ, Part Ⅰ: *The Hellenistic World*, 2nd edn., 1984, pp. 490 – 491。

[③] *The New Encyclopaedia Britannica*, Macropaedia Volume 8, "Greek Civilization, Ancient", Chicago: *Encyclopaedia Britannica*, Inc., 1980, p. 386.

[④] W. W. Tarn, *Alexander the Great*, pp. 137 – 138.

附　录

"希腊化"的君主具有双重身份。对希腊—马其顿人，他们名义上是亚历山大的继承者，对当地人，他们是本地王朝的自然延续。在其统治范围内，他们对当地人采用行省制，设立总督治理，对希腊—马其顿人的旧城市和新建城市，允许它们具有一定的自治权，建立希腊城邦式的管理机构和制度，但它们必须服从国王。它们是君主们的统治单位，有的本身就是君主的都城，或文化、经济中心。

四

"希腊化"三大王国的君主制虽然在本质上没有什么区别，但君主专制程度却由于统治范围、统治对象、政治传统的不同而有所差异。

埃及托勒密王朝可以说是绝对君主制。王权神化、国王崇拜，以它为首；国王权力之大，国家管理之严，也以它为最。它继承了旧法老政权中一切可以保留的东西，不能直接利用的就加以修改、补充。托勒密的君主制以武人官僚统治为特征。托勒密王朝建立了严密的行政管理制度和税收制度。[①] 埃及仍被分为四十个州，每州再分为若干个县、村。每一级都有专门的官吏管理。中上层官吏绝大多数是希腊—马其顿人，当地人也可担任州长，但州的实权人物是希腊—马其顿将军。"普天之下，莫非王土；率土之滨，莫非王臣"，这也可看作是对埃及托勒密王朝的真实写照。国家就是国王的私产，臣民都是国王的奴仆。遍布全国的屯防军，无孔不入的税收制度，和对经济活动的控制垄断，使国王的中央集权制达到了空前的高度。

与埃及相比，塞琉古王朝的中央集权就较弱一些，主要表现在地方分权和城市自治上。塞琉古王朝接受了波斯的行省制度，实际上也就接受了那种地方分权政策。塞琉古王朝允许地方自治，国王对它的统治体现在偶尔地履行军事义务与不正规的纳贡上。地方有一定的自立性，决定了有些地方在塞琉古王朝出现统治危机时乘机独立。帕加马、帕提亚、巴克特里亚就都是在中央控制鞭长莫及或无暇他顾时树起了独立的

[①] 埃及的税名目繁多，有 200 种以上。见 G. W. Botsford and C. A. Robinson, *Hellenic History*, 1947, p. 324。

附录二 试析"希腊化"时期君主制的形成及特点

大旗。塞琉古王国有许多希腊人城市。这些城市可分为两大类,一类是爱琴海沿岸的老城市;另一类是亚历山大或塞琉古朝新建的城市。还有两河流域的当地人神庙城市。这些虽都服属国王,但都有一定的自治权力。沿海的那些希腊人城市有时好像以主权国家面貌出现,通过法令,与别的国家和城市交换使者。[①] 地方分权与城市自治在一定程度上制约、削弱了塞琉古国王的权力。

马其顿的君主制是对本民族的统治,因此更多地保留了腓力时代的传统。人民权力尚存,是马其顿君主制的特点。像腓力时代一样,马其顿人民在理论上仍有权选举或废黜国王,有权审判重大叛逆案。这些权力当然很少受到重视。据普鲁塔克,安提柯三世继德米特里二世为王就没有召开公民大会,只是一些"马其顿要人"(the leading Macedonians)的决定。[②] 但新国王的即位要经过某些人的认可,这本身就是对君主制的限制。另外,国王崇拜在马其顿王国就不存在,这一方面说明马其顿远离东方之地,受影响要小;另一方面也说明国王权力的世俗化,有助于遏制君主权力的无限膨胀。

综上所述,"希腊化"时期君主制既非马其顿君主制的纯粹延续,也非亚历山大的独创,更非东方君主制度的照搬因袭。它是亚历山大及其后继者在长期的征服、统治过程中,把马其顿的国王统治传统与东方现行的君主制度以及希腊城邦制的外壳有机地、逐渐地结合起来的产物。各王国的君主制既有王权神化、国王崇拜(马其顿无),依靠王友集团统治,君主权力加强,王位世袭,内部通婚,宫廷礼仪简化等大致共同的特点,又各具特色。如果把托勒密王朝看作是绝对君主制,那么塞琉古王朝就是或多或少受自治城市和地方影响的君主制,马其顿王朝则是受以"战士会议"为代表的"马其顿人民"一定制约的君主制。

(原载《山西大学学报》1991年第1期,有改动)

[①] F. W. Walbank, *The Hellenistic World*, p. 136.
[②] Plutarch, *Aemilius Paulus*, 8.2, with an English translation by Bernadotte Perrin, Cambridge, Mass.: Harvard University Press, 1993.

附录三　犬儒派与庄子学派处世观辨析

犬儒派（Cynics）是希腊古典末期与希腊化时期出现的哲人流派之一，庄子学派（The School of Zhuangzi）是中国先秦战国时期出现的一个士人群体。前者以愤世嫉俗、行为乖张为特征，后者以"离世异俗"①、思想抗争为特征。希腊、中国两个古代文明相距遥远，彼此之间此时尚无直接的文化交流与联系。那历史为什么会在异地同时（约公元前4—前3世纪）催生出这两个处世态度颇为相似的哲人流派呢？关于犬儒派与庄子学派的个案研究，海内外学界均有大量的专门之作问世，但就二者的处世观进行比较，恕笔者孤陋寡闻，还未曾见到。因此不揣冒昧，略陈管见。

一　犬儒派的出现及其主要处世特征

一般认为，古希腊的犬儒派出现于公元前4世纪，是所谓的"小苏格拉底学派"之一。作为一种特殊的社会文化现象，它时断时续，一直存在到罗马帝国晚期。但犬儒生活方式的创立、基本思想主张的提出和处世特征的形成却主要是在早期阶段的三位代表人物安提斯梯尼（Antisthenes）、第欧根尼（Diogenes）和克拉底（Crates，约公元前365—前285年）活动之时。②

---

① 王先谦注：《庄子集解·刻意第十五》（《诸子集成》），上海书店出版社1996年版。以下所引此书，均按照学界惯例，只注篇目，不注页码。
② 关于犬儒派的具体创立者，西方学术界目前主要有四种观点，即安提斯梯尼说、第欧根尼说、此二人同创说、克拉底说。虽然这些说法见仁见智，都有一定的道理，但从古典犬儒派长达约8个世纪的活动史来看，这三人都为它的创立从不同的时段、不同的方面发挥了相互不可替代的作用。从这个意义上说，他们都是犬儒派的创立者。

附录三　犬儒派与庄子学派处世观辨析

安提斯梯尼（约公元前445—前350年）是雅典人，犬儒之名很可能由他而始。据说，他有一绰号："纯粹的狗"（a hound pure and simple）。① 由于他常在名为"白犬"或"快犬"（Cynosarges）的体育场与人谈话，雅典人于是把他及其追随者称为"犬儒"。他先师从智者学派的高尔吉亚（Gorgias），后来转归苏格拉底门下，从此与这位恩师结下了终生情谊。正是在苏格拉底的影响下，安提斯梯尼完成了两个思想转变，即从一名智者（Sophist）转变为一名苏格拉底派（Socratic），再从苏格拉底派转变为一名犬儒。他一改过去歌妓伴舞、通宵达旦高谈阔论的宴饮哲学家形象，转而身着与众不同的犬儒行头招摇过市。② 但由于安提斯梯尼是在晚年才走上犬儒之路，因此在思想上、行为上难免保留有智者派或苏格拉底派的痕迹，生活方式上也难以与过去完全脱节。比如，他主张节欲，但不禁欲。③ 他把快乐的死去当作人生的最大福分，但在疾病缠身生命垂危的时候，却不愿结束自己的生命。④ 安提斯梯尼的这种不彻底性是他复杂的个人背景及人性固有的缺陷的反映。不过，这种不彻底性在他的后继者第欧根尼身上彻底地烟消云散了。

第欧根尼的生卒年代难以定论，现在倾向性的意见是在公元前412/404—前323年之间。据说他曾在雅典拜安提斯梯尼为师，⑤ 但此说遭到 D. R. 达德利的断然否定。⑥ 然而，第欧根尼是安提斯梯尼之后犬儒生活方式的积极倡导者和实践者则确定无疑。第欧根尼转向犬儒，传统的说法是由于受到一次毁币事件的牵连，他在本邦西诺普（Sinope）待不下去，只好出走。此前或此后，他曾到过德尔斐（Delphi）神庙，

---

① Diogenes Laertius, *Lives of Eminent Philosophers*, 6.13.
② 据说安提斯梯尼是第一个采用破外套、破袋子、木杖这套犬儒行头的。见 Diogenes Laertius, *Lives of Eminent Philosophers*, Ⅵ.13。
③ Diogenes Laertius, *Lives of Eminent Philosophers*, 6.3, 11.
④ Diogenes Laertius, *Lives of Eminent Philosophers*, 6.5, 18-19.
⑤ Diogenes Laertius, *Lives of Eminent Philosophers*, 6.21.
⑥ 达德利认为二人不可能在雅典会面，并以钱币学上的研究结果推测第欧根尼很可能在公元前340年之后来到雅典，而安提斯梯尼早在公元前366年后不久就去世了。详见 D. R. Dudley, *A History of Cynicism*, London: Methuen, 1937, reprint of the edition, Chicago: Ares Publishers, 1980, pp. 1-3。

得到了"改变货币"(alter the currency)的神谕。雅典则是他开始犬儒生涯的地方。① 第欧根尼宣称要与现实世界彻底决裂,对现行的政治制度、社会秩序、价值观念、风俗习惯统统说"不",并身体力行,以像狗一样生活为荣②。由否定社会弊端到否定社会的一切,由脱离世俗生活到排斥世俗生活,第欧根尼的犬儒性确实发挥到了极致。

第欧根尼的极端化在他的学生克拉底之时③很快得到了纠正、缓和。克拉底是底比斯人,家境富有,但在第欧根尼的影响下抛弃财产,走上了犬儒之路。虽然他仍保持了犬儒派的基本特征,但对待世人的方式明显改变。他把尖刻的攻击、辛辣的讽刺变成了热情的救助、温和的劝导;把与世人的决然对立变成了渐进式的融为一体;把对他人的苛求变成了身体力行的示范教育。因此,他所到之处深受欢迎,被称为"开门者"(Door-opener)。④ 这种较为温和的转向在一定程度上扩大了犬儒派的影响,从而使其免于由于第欧根尼式的极端化而迅速走向自我毁灭的死胡同。犬儒派后来的存在与延续应该说与此是有关的。

上述三个主要犬儒的出现,标志着古希腊犬儒派的形成,也标志着犬儒派愤世嫉俗、否定一切的处世特征的成型。

在他们看来,现存的制度、观念、风俗、人情都是人为的"货币",必须彻底改变,彻底抛弃。所有的世人无一不是浑浑噩噩,名利熏心,在茫茫欲海中挣扎。唯有他们自己有资格对他人、对社会评头论足、横加指责。他们憧憬的是建立一个清一色的由他们这样的智者所组成的共和国。在此国度里,人人都是无民族、城邦、阶级、尊卑之分的世界公民。

他们奉行苦行主义、禁欲主义与自然主义,以乞讨为生。长发,赤足,身穿破烂不堪的短外套,肩上背一个破袋子,手里拖一根木棒或拐杖,是他们的外在形象特征。白天在大街上、市场里、体育场,一切有

---

① Diogenes Laertius, *Lives of Eminent Philosophers*, 6.20-21.
② 一次,第欧根尼从几个宴饮者面前走过,他们把吃剩的骨头扔给他,叫道:"狗,过来!"他一声未吭,拾起骨头,然后走近他们,像狗那样,朝着他们就撒开小便。(Diogenes Laertius, *Lives of Eminent Philosophers*, 6.46.)这虽是恶作剧,但表明他的生活或行为方式确有犬的特征。
③ Diogenes Laertius, *Lives of Eminent Philosophers*, 6.85 提供了另一种材料,说克拉底不是第欧根尼的学生,但此非倾向性意见,仅作说明。
④ Diogenes Laertius, *Lives of Eminent Philosophers*, 6.86.

附录三　犬儒派与庄子学派处世观辨析

人群的地方游荡，主动找人交谈或辩论，不时把严厉的斥责、不失幽默的嘲笑抛向路人。晚上，他们则露宿于街头、神庙。第欧根尼就曾以一个大木桶为暂时的栖身之地。他们不要家庭，独身生活，但也有例外，克拉底就与一位富家小姐结为唯一的一对犬儒夫妻，且在公众场所交合。① 他们鄙视金钱，视之为粪土，一旦成为犬儒，就会抛弃以前的一切，变成一无所有的乞丐哲学家。他们热爱生命，但任其自然运行。等到自然生命衰竭或情势需要时，他们会自动地、愉快地结束自己的生命。第欧根尼很可能是犬儒派自杀的第一人。他活了近九十岁，关于他的死传说颇多，但较多的说法是他自愿窒息而死。当朋友发现时，他已裹在外套里死去了。他们估计这是他的精心安排，以便获得生命的解脱。②

犬儒派藐视一切权威，无论是城邦的政治制度、宗教活动，还是那些威严赫赫的君主、伟人，无一能逃脱他们的抨击。对希腊人引以为自豪的城邦民主选举制，安提斯梯尼就曾不无讽刺地建议雅典人投票决定驴即马，有人说这不太荒谬了吗？他回答说：那些没有经过任何军事训练的人不是被你们选举来做将军吗？③ 面对骄横傲慢的亚历山大，第欧根尼毫无惧色。亚历山大感到吃惊，问道："难道你不怕我吗？"第欧根尼反问："你是坏人还是好人？"亚历山大答曰："我当然是好人了。""那我为什么要怕一个好人呢！"④ 第欧根尼借机讽刺了这位自我标榜的"好人"。对于希腊宗教活动中一些骗人的伎俩，犬儒派及时予以揭穿。一位奥尔弗斯教的祭司告诉第欧根尼，参加秘仪后死了会得到许多好处。他当即反唇相讥："那你为什么现在不去死呢？"⑤

虚荣自负、狂妄自大、脱离现实也是犬儒派处世态度的一大特色。

---

① Diogenes Laertius, *Lives of Eminent Philosophers*, 6.97. 关于两人在公开场合性交的故事在公元前 2 世纪的阿普利斯（Apuleius）的著作中首次出现。详见 Luis E. Navia, *Classical Cynicism: A Critical Study*, Westport, Connecticut: Greenwood Press, 1996, p.124; D. R. Dudley, *A History of Cynicism*, pp.50 – 51。这两位作者都认为此故事不可信。
② 还有人说他是吃了一条生章鱼后胃绞痛而死，或说他是与群狗争吃章鱼，脚腱被严重咬伤，导致死亡。见 Diogenes Laertius, *Lives of Eminent Philosophers*, 6.76 – 77。
③ Diogenes Laertius, *Lives of Eminent Philosophers*, 6.8.
④ Diogenes Laertius, *Lives of Eminent Philosophers*, 6.68.
⑤ Diogenes Laertius, *Lives of Eminent Philosophers*, 6.4.

他们把改变现实社会看作自己的神圣使命,然而仅靠他们这些人的横加指责就能改变现实的一切吗?他们所想象的"世界国家"、"世界公民",在马其顿大兵压境、帝国取代城邦、君主制取代城邦制的政治格局下又如何能实现呢?犬儒派主要以貌似玩世不恭的态度、惊世骇俗的行为来表达自己的思想,他们成为犬儒后很少著述,他们没有也不想建立自己的伦理哲学思想体系,因此使自己的追求失去了理论的指导和支撑,从而也就不可能对当时及后世产生像同时期的斯多亚、伊壁鸠鲁等其他学派那样深远的影响。犬儒派在克拉底时的转型,在公元前2世纪以后的沉寂,以及在罗马帝国时期的蜕变都充分说明他们的这种犬儒方式不仅无助于现实社会的改变,而且还使自己有可能在多变的、无情的现实社会面前改变了自我,最终成为一群沽名钓誉、投机钻营、人所不齿的无耻之徒。罗马帝国时期的哲学家琉善(Lucian)把他所处时代的犬儒斥为骗子并非毫无道理。① 这就是古典犬儒派的悲剧结局。

二 庄子学派与犬儒派处世观的似与异

中国先秦哲学以伦理哲学为主,主要解决人在现实社会中如何安身立命的问题,儒家如此,道家也如此,那我们为什么选择后来归属于道家的庄子学派作为比较的对象呢?因为虽然庄子与老子都主张淡然处世,顺其自然,但实际上二者在处世的态度和方式上还是有所差异。老子主张无为而治,以柔克刚,奉行的是以退为进的原则,庄子则对现实社会的一切持彻底的批判否定态度,自己安贫乐道,甘愿寂寞孤独,仅与门生分享精神的快乐。因此,庄子一派的处世哲学与犬儒派更具有可比性②。

对于现实政治,庄子学派与犬儒派一样,不仅否定其制度存在的合理性,而且对那些高高在上的统治者大加斥责。田成子杀齐君得齐国而

---

① Lucian, *The Runaways*, with an English translation by A. M. Harmon, Cambridge, Mass.: Harvard University Press, 1961.
② 关于庄子的生卒年代,现在中国史学界有三种代表性的说法。一是梁启超的公元前375—前300年,二是马叙伦的公元前369—前286年,三是范文澜的公元前328—前286年。(详见崔大华《庄子研究》,人民出版社1997年版,第2—6页)不论哪一种说法,庄子生活在公元前4—前3世纪是可以肯定的,与犬儒派的出现大致同时。因此,二者在时间上也具有可比性。

附录三　犬儒派与庄子学派处世观辨析

南面称孤道寡，俨然一副君王模样，而柳下跖聚众起义却被称为盗贼。庄子对此极为愤慨，发出了"窃钩者诛，窃国者为诸侯"[①]的怒骂。第欧根尼一次曾讥笑神庙管理者带走小偷是大盗带走了小盗。[②] 克拉底则当面讽刺先前摧毁底比斯而又计划重建的亚历山大：不是另一个亚历山大还会破坏它吗？[③] 统治者是大盗，是祸源，二者的认识是何其相似乃尔。甚至对于那些四处奔走钻营，愿为统治者效犬马之劳的宫廷士人，庄子学派也嗤之以鼻。一位宋人曾向庄子夸耀他替周王出使别国得到了优厚赏赐，庄子迎头痛击说，秦国国王找人替他舔痔疮，奖励五乘车马，你快去吧。[④] 在庄子看来，这些人都不过是在君王跟前摇尾乞怜的走狗，毫无人格可言。无独有偶，柏拉图见到第欧根尼洗菜而大发感叹，说如果第欧根尼到叙拉古（Syracuse）宫廷那里去就不至于在这里洗菜了，第欧根尼则反唇相讥道，如果你在这里洗菜，你也不会到国王那里去献殷勤了。[⑤] 这是对柏拉图到叙拉古宫廷游说其国王实行政治改革的讽刺。庄子、第欧根尼反对同类之人，发出类似的嘲讽，绝不是历史的巧合，而是二人对此现象具有同感的结果。

对于现实社会，庄子学派像犬儒派一样，由悲观失望走向极端否定。庄子学派认为，当今之世是个荆棘遍地、祸福难测的可怕时代，人们以免除刑罚为人生幸事，还有什么幸福可言。[⑥] 既然如此，这个社会怎么能继续存在呢？因此，必须对其进行全面改造或彻底放弃。他们甚至提出了反文化、反知识、反智巧的极端主张，什么乐器音律、辞章文采、方圆规矩、仁义道德统统都应该抛弃摧毁，因为这些尽被统治阶级和"名利之徒"所利用；更令人不可思议的是，他们把天下大乱的根源归结于人们对知识、智慧的追求。[⑦] 在他们看来，一切知识、智慧的

[①] 王先谦注：《庄子集解·胠箧第十》。
[②] Diogenes Laertius, *Lives of Eminent Philosophers*, 6.45.
[③] Diogenes Laertius, *Lives of Eminent Philosophers*, 6.93; Philostratus, 7.2, *The Life of Apollonius*, with an English translation by Arthur Fairbanks, Cambridge, Mass.: Harvard University Press, 1961.
[④] 王先谦注：《庄子集解·列御寇第三十二》。
[⑤] Diogenes Laertius, *Lives of Eminent Philosophers*, 6.58.
[⑥] 参见王先谦注《庄子集解·人间世第四》中楚狂接舆对孔子的一段话。
[⑦] 王先谦注：《庄子集解·胠箧第十》。

创造发明都不仅于事无补，且为有害，因其败坏人们的心灵。"有机械者必有机事，有机事者必有机心"，在这种高论指导之下，对于那种放着桔槔不用，而要"凿隧而入井，抱瓮而入灌"的愚公行为表示肯定也就不足为奇了。①

这种反文明态度在犬儒派那里表现得更为彻底。第欧根尼主张放弃对几何、音乐、天文学和其他类似学科的研究，因其无用和无必要。他对修辞学家、数学家、演说家都大加讽刺，说他们崇尚空谈，不重实务。他特别责备那些音乐家们丢下自己的灵魂不管，却去调弄琴弦。②他以戏谑的方式驳斥了柏拉图的"理念论"，认为只有具体实在的事物而无一般抽象意义的概念。柏拉图曾把人定义为：一个双足无毛的动物。第欧根尼于是把一只家禽拔掉毛，然后拿到众人面前说：这就是柏拉图的人。③ 利用概念上的缺陷来宣扬知识的无用，实际上是知识虚无主义。庄子学派与犬儒派的反智论在理论和实践上都是站不住脚的。但他们看到知识、智慧在某种特定环境下或在某些人之手有可能结出文明的苦果，这一点是值得肯定的。

在对待个体生命上，庄子学派淡泊名利，甘愿清贫，笑对死亡，与犬儒派可谓是志同道合。庄子一生基本上是在贫困中度过。他的住处偏僻破旧，衣服打着补丁，面黄肌瘦，以织鞋为生，也曾向人借贷。④ 虽然曾经担任过漆园小吏，但是个贫士无疑。面对楚王的三百金厚赠，他不为所动，断然拒绝，表现了"贫贱不能移"的高士气节。⑤ 对于生死这个人生面临的最大难题，庄子将其视为自然现象，非个人意志可以改变。"死生，命也，其有夜旦之常，天也"；⑥"生之来不能却，其去不

---

① 王先谦注：《庄子集解·天地第十二》。
② Diogenes Laertius, *Lives of Eminent Philosophers*, 6.27 – 28.
③ Diogenes Laertius, *Lives of Eminent Philosophers*, 6.40. 我国战国时期的荀子也对人的概念作了解释。他特别指出："人之所以为人者，非特以二足而无毛也，以其有辨也。"这里的"辨"指的是礼义等差，即强调人的社会性。见（唐）杨倞注，王先谦集解《荀子集解·非相篇第五》（《诸子集成》），上海书店1996年版。
④ 王先谦注：《庄子集解·列御寇第三十二、山木第二十、外物第二十六》。
⑤ 王先谦注：《庄子集解·列御寇第三十二》；（西汉）司马迁：《史记·老子韩非列传》。
⑥ 王先谦注：《庄子集解·大宗师第六》。

附录三 犬儒派与庄子学派处世观辨析

能止";① 这是庄子的生死论出发点。既然如此,为什么还要对生死如此重视呢?所以,庄子妻死,别人都来吊唁,他却鼓盆而歌。有人说他无情无义,他却说,不是我不悲伤,而是人之死如春夏秋冬四季运行,死者已归其所归,生者却痛哭不止,这与自然本性相悖啊!所以就不伤悲了。② 庄子甚至对自己死后都作了安排:不置棺木,葬身于野。弟子不解也不忍,但他说:放在地上让鸟儿啄食,埋在地下被蝼蚁吃掉,夺彼予此,这不太有偏向了吗?③ 庄子学派的这些说法与犬儒派几乎如出一辙。第欧根尼生前就留下遗言:死后将他葬于野外,让野兽来食,或者将他扔到沟里,身上撒点土即可④。可见在生死观上,二者是一致的。

在对未来社会的设计上,庄子学派与犬儒派一样,都希望建立或出现一个理想的社会或国家。庄子学派想象的是回到处于人类原始状态的"自然之世"去。他们设想或怀念许多所谓的"理想社会",如"赫胥氏之时"、"有巢氏之时"、"知生之民"、"神农之世"、"至德之世"、"建德之国"、"至一"之境等。描绘虽有所不同,但大致说来有这样几个相同的特征:(1)这些"自然之世"大都处于原始状态或母系氏族阶段,"民知其母,不知其父"。⑤(2)这些社会的成员自然生活,自得其乐,友爱相处,无争无斗。(3)这些社会都远离现世,或存在于遥远的过去,或存在于偏僻的边地。对于现实的人们而言,只能是可望而不可即。当然,庄子学派也希望对现实的改造能够实现,希望"明王"出世和"圣治之世"的到来,但在当时的历史条件下,这也只能是一种空想而已。

关于犬儒派的社会理想,第欧根尼的《共和国》与克拉底的"Pera"诗作可为代表,前者是对现实城邦的彻底改造,后者是对自然乌托邦的一种憧憬。根据第欧根尼《共和国》的设想,这个国家不是

---

① 王先谦注:《庄子集解·达生第十九》。
② 同上。
③ 王先谦注:《庄子集解·列御寇第三十二》。
④ Diogenes Laertius, *Lives of Eminent Philosophers*, 6.79.
⑤ 王先谦注:《庄子集解·盗跖第二十九》。

一城一邦，而是指整个世界，在这个国家里，仍有交换活动，因为仍使用货币（虽然只是骨币）；在这个社会里，男女同服，女子也应像男子那样裸体参加公开的训练；同时，妇女组成妻子公社，归全体男子所有，出生的孩子应视为所有人的后代。① 克拉底的"Pera"诗作只有几行，虽以犬儒常背的那种破袋子（Pera）为喻，但他描述的是一个自然乌托邦景象。它远离尘世，位于茫茫雾海之中。那里风景秀丽，物产丰富，没有饥饿贫穷，人们纯洁无邪，平安相处，不会为名利而争斗。② 显然，克拉底的"Pera"与庄子的"自然之世"比较相似，与第欧根尼的《共和国》则相去甚远。

综上所述，不难看出，二者在处世态度上相似之处颇多。但有其同，必有其异，即使是双方相似之处，也有许多差异值得注意。如双方都安贫乐道，但庄子学派并非像犬儒派那样奉行苦行主义，抛弃一切财产，乞食为生。庄子学派也没有脱离家庭，独身而居，而是要娶妻生子，相依为命，尽享天伦之乐。双方都对现实不满，向它发出抨击之声，但庄子学派主要是著书立说，表达思想，与社会相背而相容，不像犬儒派那样四面出击，锋芒毕露，咄咄逼人。在个人行为上，庄子学派也未像犬儒派那样无羞无耻，放浪形骸，我行我素，而是保持了当时士人的一般社会行为规则。所以，他们不仅没有遭到社会各个方面，包括统治阶级的责难，反而受到他们的敬重。可以这么说，犬儒派在他们那个社会被人视为异类："像狗的人"，"发了疯的苏格拉底"③，而庄子学派则是被所在社会认可包容的"成员"。

三 二者似异之根源

既然犬儒派与庄子学派的处世态度之相似大于相异。那么，这种文化共生现象根源何在呢？笔者认为，正是由于二者所赖以产生的时代和文化背景相似或相同，从而有可能对共同面临的政治问题、社会问题、

---

① Diogenes Laertius, *Lives of Eminent Philosophers*, 6.72; H. D. Rankin Rankin, *Sophists, Socratics and Cynics*, Totowa, New Jersey: Barnes & Noble Books, 1983, p.231.

② Diogenes Laertius, *Lives of Eminent Philosophers*, 6.85.

③ Diogenes Laertius, *Lives of Eminent Philosophers*, 6.54.

附录三 犬儒派与庄子学派处世观辨析

人生问题做出相似的反应。

首先,从宏观的角度来看,公元前4—前3世纪的中国与希腊都处于人类文明发展的关键时期。根据德国学者雅斯贝斯的"轴心期"(Axial Age)理论,大约于公元前8—前3世纪之时,欧亚大陆的大部分文明区域都出现了前所未有的文化大繁荣,各种思想流派、宗教信仰、文化巨人如雨后春笋般地涌现出来。中国的老子、孔子,印度的佛陀,希腊的泰勒斯、苏格拉底,波斯的琐罗亚斯德教,希伯来人的犹太教就是这一时期哲学与宗教思想的代表,并由此在欧亚大陆上形成了三个新的古典文化中心:中国、印度和希腊。中国自孔子、老子以降,印度自佛陀出世,希腊自泰勒斯之始,都出现了程度不同、形式各异的思想争鸣局面。这种具有世界意义的、不约而同的文化繁荣、思想创新时期是人类文明史上的"轴心期"。[①] 出现于这一时期的庄子学派和犬儒派就属于这些在各自文明圈参与争鸣的思想流派之列。因此,广义上讲,犬儒派与庄子学派同属"轴心时代"。

这一时期还是社会大变革时期,上述文化繁荣、思想争鸣现象实则是社会大变革的产物。从古希腊和古代中国两大文明来看,古希腊经历了奴隶制城邦形成、繁荣、衰落的进程,基本完成了从城邦到帝国、由共和制到君主制的过渡。古代中国这一时期经历了从周王朝式微,到诸侯国坐大、争霸、独立、兼并,最后秦汉一统的进程,由分封制到郡县制,由宗法制到中央集权制的过渡也大致完成。在这样治乱兴衰、分合不定的社会动荡中,社会的主体,尤其是具有敏锐头脑的知识阶层必然要对这种社会现象及其所带来的后果进行反思,做出自己的反应。天(自然)人关系和人与人的关系,即如何认识这个世界,并在其中生存生活、安身立命,成为这一时期两大文明中哲人关注的中心,不论孔子、老子,还是苏格拉底都在力图回答这些问题。因此,作为孔子学派的对立面,老子学派的近亲——庄子学派和作为苏格拉底精神使命的发扬光大者——犬儒派的出现是历史的必然,是这个动荡复杂、未定于一

---

① 雅斯贝斯(Karl Jaspers)1949年出版《历史的起源与目的》(德文版),提出了"轴心期"的基本观点。详见该书英译本(*The Origin and Goal of History*, New Haven and London: Yale University Press, 1965)第1章:"The Axial Period", pp. 1–21。

统的社会历史时期提供了这些学派得以产生的土壤和条件。犬儒派与庄子学派的产生显然得益于这样的外部环境。

其次,从微观的角度看,公元前4—前3世纪的希腊与中国都处于社会巨变的转型期。从希腊方面看,此时属于城邦古典后期和"希腊化"时代初期,是城邦制度衰落并向帝国或王国君主制过渡的关键时期。公元前4世纪中期,北部的马其顿成为中南部希腊城邦的最大威胁。公元前338年,喀罗尼亚一役,决定了马其顿国王君临希腊的政治格局。随着亚历山大帝国的建立,"希腊化"诸王朝的兴起,希腊城邦名存实亡。帝国取代了城邦,公民变成了臣民,面临如此巨大的社会变迁,希腊出现了一些反应强烈、愤世嫉俗的人是完全可能的。从中国方面看,此二百年是战国中后期,是由春秋以来的诸侯争霸转为列国兼并,并走向统一的最后时期。此时各种政治、军事力量的争夺必然给下层人民(包括一般的知识分子)带来了无穷无尽的灾难,一部分士人伤时感世,有可能对现实发出不满。事实上,也正是这一时期的这种前所未有的社会震荡引起了一部分知识分子对社会现状的怀疑和批判。他们非世而不背世,愤世而不弃世。他们是学派而非政治集团,是哲人而非政治家。他们主要以自制甚至"自虐"的方式来表达自己的思想主张。因此,他们不仅不会受到当权者的迫害,反而赢得了包括当权者在内的广大社会成员的理解和宽容。犬儒派和庄子学派之所以能产生并存在发展,与两地这种相似的政治气候、历史环境是分不开的。

如果说二者之同是由于社会大背景相同,两地的知识分子都碰到了类似的问题,且都做出了相似的回答,那二者之异也应由此引起,因为毕竟古代中国与古希腊属于两个不同的文明体系。古代中国文明一脉相传,从尧舜禹到夏商周,中国一直是王治天下,所谓的"普天之下,莫非王土;率土之滨,莫非王臣"就是这种政治传统的真实写照。即使尧舜禹属于传说时代可以忽略不计,那夏商周的宗法制统治则是有史可证。春秋之时,虽然周天子式微,逐渐失去控制各地诸侯的实力,但名义上仍是一国最高的君主。战国之时,各诸侯纷纷称王,实行的仍然是君主制统治。这是与古希腊城邦制绝然不同的一点。此外,中国文明首先出现于黄河流域,其后发展到长江流域,本质上是内陆文明、农耕文明,这一点又与古希腊三面环海、农工商兼备的海洋文明、城市文明极为不同。所以,不同的社会、政治、经济环境必然孕育出不同的文明精神,不同的思想、行为和生活方式。在先秦中国,君王们不可能容忍像犬儒派那样的极端反社会行为,反之,在古希腊城邦时代,哲人们怎么也不会想象出日出而作、日入而息、男耕女织、鸡犬相闻,但互不往来的田园乌托邦,想象不出"上如标枝,民如野鹿"① 自然相融的君民关系。

因此,不同的文明,不同的社会,不同的历史,不同的传统决定了二者处世态度的不同。但相同的文明发展阶段,相同的社会历史时期,相同的社会人生问题决定了二者的相似。古代先秦中国与古希腊同时出现这一文化现象确实令人值得深思。

(原载《南开大学学报》2006 年第 3 期)

---

① 王先谦注:《庄子集解·天地第十二》。

附录四 古希腊乌托邦思想的起源与演变

古希腊文明是西方文明的源头,古希腊的乌托邦思想同样是古希腊人留给后人的一份宝贵遗产。"乌托邦"一词虽然在16世纪之初才出现[①],但乌托邦思想的萌芽却可追溯到古希腊的荷马时代。其后随着时代的变化,类似的描述在古希腊仍不断出现,只是内容各有侧重而已。这些具有乌托邦色彩的著述对后世产生了深远的影响。柏拉图的《理想国》、希腊化时期关于海外福岛的故事都为包括英国人莫尔在内的近代空想家提供了直接的启示和效仿的模式[②]。因此,对古希腊乌托邦思想的起源、演变进行探究,并对其不同时期的思想特征进行分析就不仅具有学术意义,也有其现实意义。据笔者所知,国内学术界目前对古希腊乌托邦思想的有关研究一般都是围绕某一作品展开,如柏拉图的《理想国》就长期以来受到许多学者的重视,并有一些重要成果问世。其余的则大多是对隐含于某些文学、哲学、历史作品中的有关乌托邦内

---

① 此词首次出现于[英]托马斯·莫尔著,戴镏龄译《乌托邦》一书。该书写于1516年,全名为《关于最高的共和国和新岛乌托邦》,中译本书名为《关于最完美的国家制度和乌托邦新岛的既有益又有趣的金书》(商务印书馆1996年版,第1页)。"乌托邦"(Utopia)一词为莫尔从两个希腊词 ou(无)、topos(地方)拼造而来,即 utopia,"无地方"(no place or nowhere)之意。

② 参见 F. E. Manuel and F. P. Manuel, *Utopian Thought in the Western World*, Cambridge, Mass.: Harvard University Press, 1979, p. 1.

附录四 古希腊乌托邦思想的起源与演变

容的介绍或评论①。所以，本文试图另辟新径，对其进行一种历时性的考察。

一 古希腊乌托邦思想的起源——神话乌托邦

希腊神话传说是古希腊人富有想象力的集中体现，是古希腊最早的文化成果，是后来希腊文化发展、繁荣的基础与土壤。同样，这些神话传说所蕴含的乌托邦因素对后来该思想的发展演变提供了永不衰竭的素材源泉与广阔的想象空间。

（一）荷马的"福地"

荷马史诗是希腊神话传说的重要组成部分，其中虽然包含了一定的历史内核，但它的内容却是以神话传说的形式展开的。因此，荷马史诗不仅是对迈锡尼时代，特别是对公元前11—前9世纪希腊社会历史状况的反映，也是对此时民间神话传说、宗教信仰的再现，同时也间接流露了人们对遥远的美好境地的向往。荷马笔下的"福地"（Elysium）就是这方面典型的一例。

"福地"的传说据说出自米诺斯时代②，但无实证。现在所能见到的最早的记述是在《奥德赛》中。希腊英雄、斯巴达国王莫涅拉俄斯（Menelaos）返国途中困留埃及法罗斯岛，他焦急万分，海神普罗透斯（Proteus）安慰他说："你注定不会死，不会在牧马的阿尔戈斯遇到你

---

① 关于国外，尤其是西方学术界对古希腊乌托邦思想的研究状况，由于相关资料缺乏，笔者了解甚少。仅从现在所知道的情况看，与国内颇有相似之处。即在涉及古希腊的哲学、思想、文学、历史等通史性著作中，对有关的乌托邦内容都有所介绍或评论；更多的成果集中于对柏拉图的《理想国》、《法律篇》的研究。但对古希腊乌托邦思想进行系统研究的成果则为数不多，其中国内能见到的代表性著作有两种。一本是上注所引的两位曼纽尔合写的《西方世界的乌托邦思想》一书。作者认为真正的乌托邦的产生是以托马斯·莫尔的《乌托邦》问世为标志，此前古代的及中世纪的乌托邦设想都是近代乌托邦的"源泉"（参见该书 Part I 与 Part II）。该书对古希腊乌托邦构想的类型、基本内容做了较为详细的归纳与分析。另一本是多伊恩·道森的《众神之城——希腊思想中的共产主义乌托邦》（Doyne Dawson, *Cities of the God: Communist Utopias in Greek Thought*, Oxford University Press, 1992）。该书把古希腊的乌托邦分为两类：一类是低级的乌托邦构想，产生于殖民时代；另一类是高级的乌托邦理论形式，产生于公元前5—前3世纪，其目的是实行社会变革，实现财产与家庭的共产主义。该书主要探讨第二个所谓的高级类型。

② F. E. Manuel and F. P. Manuel, *Utopian Thought in the Western World*, p. 75.

的厄运。那些不朽的神将会把你送到福地和大地的尽头。那里居住着美发的刺达曼堤斯（Rhadamanthus）①，那里的生活对人类是再舒适不过了。没有雪，没有暴风雨，只有从大洋吹来的阵阵强劲西风，给人们送来凉爽。因为你有海伦（Helen）为妻，所以在别人的眼里，你是宙斯女儿的丈夫。"② 从这段描述中可以看出：福地远在天际，面临海洋。那里风和日丽，气候宜人；那里神人共居，长生不死，确实是仙境福地。但那里靠凡人的力量却遥不可及。只有诸神才能将他们认为适合的人送达。

当然，这种"福地"遐想在《奥德赛》中比比皆是。如似实而虚的利比亚；那里母羊一年三胎，提供的乳汁常年不断，不管是主人，还是牧羊人，都不缺乳酪畜肉和甘甜的鲜奶③。俄底修斯中途落脚的法伊阿基亚岛（Phaeacia, the land of the Phaeacians）也是一个虚构的地名。据荷马，这里的居民（Phaeacians）受到不死者的十分钟爱，独居在遥远的、波涛汹涌的大海之中。④ 还有一座虚构的岛——苏里亚（Suria）似乎更加遥远。太阳在那里转身，大概是昼夜交替之处。岛上居民不多，却非常富足，牛羊成群，盛产小麦、葡萄酒，人民从未遭受过饥荒，也从不染病。⑤ 这些虚幻之地无疑给后来的类似乌托邦设想提供了原型和启示。

（二）赫西俄德的"黄金时代"

赫西俄德（Hesiod）是古希腊第一位给人类历史划分先后交替时代的诗人。在他看来，人类自诞生至今共经历了五代。第一代是人类的黄金时代，其次是白银、青铜、英雄与黑铁时代。

在他的笔下，黄金时代的人类"像神灵那样生活着，没有内心的忧伤，没有劳累和忧愁。他们不会可怜地衰老。他们远离所有的不幸，

---

① 宙斯与欧罗巴之子，福地（或冥府）的三个判官之一。
② Homer, *Odyssey*, 4.561–569, with an English translation by A. T. Murray, Revised by George E. Dimock, Cambridge, Mass.: Harvard University Press, 1998. 中译本可参见 [古希腊] 荷马《奥德赛》，陈中梅译，上海译文出版社 1998 年版，第 770—771 页。
③ Ibid., 4.80–100；同上书，第 753 页。
④ Ibid., 4.200–205；同上书，第 808 页。
⑤ Ibid., 15.400–410；同上书，第 986 页。

附录四 古希腊乌托邦思想的起源与演变

手足敏捷有力,享受着宴饮的快乐。他们的死亡就像熟睡一样安详,他们拥有一切美好的东西。肥沃的土地自动慷慨地出产吃不完的果实。他们和平轻松地生活在富有的土地上。羊群随处可见,幸福的神灵眷爱着他们。"这个种族的人死去后,变成了漫游大地的神灵,注视着人类的所作所为①。如此看来,他们还是凡人,最终会死去,但过着神一般的生活。和平、安宁、富足、惬意、自然、绝无现世的忧愁烦恼,而且死后变成了神灵。

以下各代均呈堕落之势,但在第四代英雄种族那里,赫西俄德虽不满于英雄们的无谓厮杀,却为其中的部分英雄设置了一个远离人类、远离诸神、位于大地尽头的住所,且让他们永生不死。"他们无忧无虑地生活在涡流深急的大洋岸边的幸福岛(the island of the blessed)上,出产谷物的土地一年三次为幸福的英雄们长出新鲜、香甜的果实。"他们的统治者是克罗诺斯王(Cronos)。② 赫西俄德的"福地"设想,与荷马的"福地"设想极为相似,这或许反映了二者的承继关系或平行关系。

(三)品达的"福岛"、"福地"

品达是古典时代的抒情诗人,乌托邦神话的第三代传人。在他的第二首《奥林匹亚颂诗》及流传下来的一些挽歌残篇中,可以看出品达的"福岛"、"福地"(Elysium)概念已与荷马、赫西俄德有了明显的变化。首先,福岛不是专门为英雄们准备的,进入是有条件的。"不论是谁,当居住于任何一个世间(阴间或阳间——笔者注)时,都必须有勇气三次洁净自己的灵魂,清除一切罪过(all deeds of wrong),最后才能走过宙斯的大道,到达克罗诺斯的城堡(tower)。"③ 品达显然受了

---

① Hesiod, *Works and Days*, 110 – 130, with an English translation by Hugh G. Evelyn-White, Cambridge, Mass.: Harvard University Press, 1998;译文见[古希腊]赫西俄德《工作与时日》,张竹明、蒋平译,商务印书馆1996年版,第5页,个别词句有变动。

② Ibid., 155 – 169a;同上书,第6页。

③ Pindar, *The Odes of Pindar Including the Principle Fragments*: *Olympian Odes*, 2.65 – 70, with an Introduction and an English translation by John Sandys, Cambridge, Mass.: Harvard University Press, 1961. 英译也可见 H. Race 重译本;Pindar, *Olympian Odes*, 2.65 – 70, edited and translated by William H. Race, Cambridge, Mass.: Harvard University Press, 1997. 按照此处英译,引文也可翻译为:"那些有勇气在阴间和阳间分别生活过三次,并保持自己的灵魂摆脱所有非正义行为的人,就会沿着宙斯的大道,抵达克洛诺斯的城堡。"

古风时期兴起的奥尔弗斯教的影响。此教宣扬人生来具有神凡二性，灵魂不死，人生的主要任务就是涤除与生俱来的罪过，做好来世生活的准备。只有参加入会式，施行净化礼，才能在来世得到幸福的回报。只要经过一系列轮回转生，就可通过死后审判，到达永恒的至福之地。① 品达接受了这种说教，从而给前去福岛的人加了一项先决条件。但一旦到达福岛，则立即给人以如临仙境之感。"来自大洋的凉风环岛吹拂，金色的花朵熠熠闪光，有的花开在岸边流光溢彩的树上，有的开在水中，人们臂绕花环，头戴花冠"②，与剌达曼堤斯等在一起，其乐悠悠。其次，"福地"的居住者似乎并非无所事事，游手好闲，而是爱好运动、音乐。"他们中有的喜欢骑马、摔跤，有的喜欢下棋，或演奏竖琴，以愉悦身心。"这样的福地同样惬意宜人："太阳不分昼夜照耀着大地，草地上布满了红红的玫瑰。城前香树成荫，挂满了金色的果实……这里盛开的幸福之花与人们为伴。这里可爱的土地上永远散发着芳香……"③

总之，品达的"福岛"、"福地"仍然充满着神话传奇色彩，与荷马的"福地"，赫西俄德的"黄金时代"、"福岛"属于同一个类型，即以传说中的某些神话人物或场景为基础来构建英雄或凡人的乌托邦，给人的印象是全然虚幻的。

二　古希腊乌托邦思想的发展——政治乌托邦

政治乌托邦是指立足于对现实社会进行制度层面改造或重建但又严重脱离现实、根本不可能实现的政治理想或构想。这样的乌托邦设想在古典末期和希腊化时代初期相继出现，其中最有代表性的是柏拉图的"理想国"。犬儒派与斯多亚学派的"共和国"，阿里斯托芬（Aristophanes）的"云中鸟国"亦可属于此列。

这股乌托邦思潮的兴起并非偶然。它与城邦制度的衰落与危机密切相关。人们对现行制度失望之余，自然要寻求一种新的更好的制度，出现一些超越现实的、不切实际的政治空想是完全可以理解的。从以下的

---

① 参见杨巨平《奥尔弗斯教及其主要影响》，《历史研究》1993年第4期；本书附录五。
② Pindar, *Olympian Odes*, II. 70–75.
③ Pindar, Fragments, 129 + 130 (95) (Dirges: Elysium).

附录四 古希腊乌托邦思想的起源与演变

具体分析中可以看出，是残酷的现实促使这些哲人展开了想象的翅膀，从而为世人设计了一个个理想的国度。

（一）阿里斯托芬的"云中鸟国"

阿里斯托芬的喜剧《鸟》虽然不能算严格意义上的政治乌托邦作品，但他的"云中鸟国"的设想开了古希腊政治乌托邦的先河。

《鸟》上演于公元前414年，此时正是雅典远征军陷于西西里不能自拔之时。作为雅典公民，阿里斯托芬对城邦政治生活的弊端体会尤切，特别对伯罗奔尼撒战争中雅典公民失去理智的主战情绪深恶痛绝，这出喜剧就是他这种情绪的反映。

剧中描写两位雅典老人因不满城中诉讼成风而出走，最后说服鸟类建立一个空中国家的故事。在这个鸟国内，风俗习惯与雅典正好相反，许多在雅典看来大逆不道的事，在这里都无所谓[①]；鸟国没有诗人、预言家、历数家、讼师等的容身之地。鸟类们的生活幸福美满，它们自豪地唱道："冬天不用穿毛衣，夏天也不用怕远射的阳光太热；我们在繁花丛树、深山幽谷里自由自在……冬天我们在岩洞里休息，和山里的神女游戏，春天我们就啄吃才开的、雪白的、神女园里的长春花。"[②] 鸟国内似乎完美无缺，"有智慧，有热情，有非凡的风雅，和悦的安静"[③]。因此受到人类的向往，据说有一万人仰慕前来。而且，由于鸟国建立于天地之间，切断了人类与诸神的交往，祭品的香味也因此达不到天界，最后诸神只得与鸟国议和，将宙斯的王权交给鸟国之王——两位老人中的一位。

剧情是荒诞的，场景是虚设的，但反映的希望是真实的，即希望雅典不要成为政客、讼棍聚集之地，而应成为幸福快乐、没有争斗的天上人间，雅典人应像鸟那样自由自在地生活。这是当时雅典社会普遍心态的真实反映。此剧上演后受到观众好评并因此获奖。

---

① Aristophanes, *Birds*, 752-768, with an English translation by Benjamin Bickley Rogers, Cambridge, Mass.: Harvard University Press, 1996；[古希腊] 埃斯库罗斯等：《古希腊戏剧选》，罗念生、杨宪益、王焕生译，人民文学出版社1998年版，第451—452页。

② Ibid., 1088-1110；译文同上书，第463—464页。

③ Ibid., 1320-1322；译文同上书，第471页。

（二）柏拉图的《理想国》

相对于阿里斯托芬，主要生活于战后雅典的柏拉图则对城邦制度的蜕变、政治生活的混乱有着更为深刻的体验。他年轻时曾有意参加政治，但严酷的政治现实却使他心灰意冷，感到处处受抑。乱哄哄你方唱罢我登台的政权更替，特别是恩师苏格拉底竟被民主政体诬以渎神罪而处以极刑，给他的刺激太强烈了。面对这种他认为毫无正义可言的政治，他反复思之，最后得出只有哲学家掌权或政治家变成哲学家，才能使人类避免灾祸的结论。①《理想国》就是这一政治思想主导之下的产物，也是柏拉图一系列有关理想政体设计的典型代表。

在其《理想国》中，社会成员被分成三个类型：统治者（治国者），即最完全含义上的"护卫者"；军人或武士（辅助者），即护卫者中的年轻人；工农业生产者。前两种属于统治阶级，负管理保卫国家之责，后一种人负劳作之责，供养前两种人。这两种人的属性是天生的，因为上天在铸造这些人的时候，给有些人身上加了黄金，有些人加了白银，在其余人身上加了铁和铜，于是才会有统治者、辅助者、农民和其他技工之分。但这种区分并非世袭不变，在其后的生息繁衍中，有的铜铁后代会因天赋中有金有银而上升为护卫者或辅助者，有的金银后代则因心灵中流入了一些废铜烂铁而被置于工农之列。

《理想国》中对第一、二种人的生活做了详细而严格的安排：（1）集体生活、共产、公餐、共妻，除了绝对的必需品外，任何人不得有任何财产。女人为全体男子所有，生育的后代集体抚养，提倡优生优育。（2）男女平等，女性可与男性一样参与管理，参加战争，履行护卫者的义务。

这样组织井然、等级严格的城邦当然不能太小，也不能太大，最佳的规模是大到还能保持统一。这样的城邦或共和国的最高统治者是哲学家式的国王。

这样的理想国虽然只是柏拉图的一厢情愿，因为现实中的城邦都已

---

① 参见〔古希腊〕柏拉图《理想国》，郭斌和、张竹明译，商务印书馆1996年版，"译者引言" i—ii。

附录四 古希腊乌托邦思想的起源与演变

分成了"相互敌对的两个部分,一为穷人的,一为富人的,而且这两个部分各自内部还分成很多个更小的对立部分。如果你把他们都当作许多个,并且把其中一些个的财富、权力或人口许给另一些个的部分,那你就会永远有许多盟友和不多的敌人"①。但与虎谋皮谈何容易,柏拉图曾寄希望于哲学家当政,但真正的哲学家寥若晨星,而且"当前的城邦事务中没有什么可以说是健康的,也没有一个可以做正义战士的盟友,援助他们,使他们免于毁灭。这极少数的真哲学家全像一个人落入了野兽群中一样,既不愿意参与作恶,又不能单枪匹马地对抗所有野兽,因此,大概只好在能够对城邦或朋友有所帮助之前就对己对人都毫无贡献地早死了。由于所有这些缘故,所以哲学家都保持漠然,只注意自己的事情"②。柏拉图倒未保持漠然,他不仅提出了构想,而且其后两次渡海到西西里的叙拉古城邦去寻求培养他的哲学王,希望实现自己的理想,但均以失败而告终。所以他最后得出的结论:现行的制度无一适合哲学;理想的城邦在地球上是找不到的,或许它存在于天上。这是画龙点睛之笔,是柏拉图对自己"理想国"空想性质的定性。

(三)犬儒派第欧根尼的"共和国"

第欧根尼大约生活于公元前413/404—前323年,相当于古典时代的后期与希腊化时代之初。这一时期给希腊人思想上震撼最大的现象莫过于城邦制度的进一步蜕变、衰落,以至名存实亡,最终成为亚历山大及其后继者所建帝国或王国的附庸。面对这一重大历史变局,有的哲人试图力挽狂澜,对现有的城邦加以改造、重建,使之规范化、理想化,恢复昔日的辉煌。这种人以前述的柏拉图为代表。反之,则有一些哲人对现实社会采取全然否定的态度,以自虐的近乎病态的生活方式,以惊世骇俗的行为言论来表示对现实社会的不满。但在否定现实世界的同时,他们也在构筑心目中的理想世界。作为犬儒派创始人之一的第欧根尼就曾提出了"共和国"的设想。他的《共和国》(*Politeia*)是个已佚

---

① Plato, *The Republic*, 422E – 423A;译文见[古希腊]柏拉图《理想国》,郭斌和、张竹明译,商务印书馆1996年版,第137页。
② Ibid., 496C – D;同上书,第247—248页。

的对话集，写于何时不详，但可以肯定的是写于柏拉图的《理想国》之后，写于他成为一名犬儒之后。① 关于第欧根尼的《共和国》资料极为有限，但从后人转述的有关内容，大致可勾勒出这个"共和国"的轮廓。其一，他的共和国不是指某个城邦或社会，而是指包括全人类，至少全希腊人在内的希腊人已知的世界。他曾说过："惟一的真正的共和国是像世界一样宽广。"② 其二，在这个共和国内，女人组成妻子公社，男女相悦才能结合，后代共同抚养。其三，男女同服，女子也应像男子一样集体参加训练③。其四，社会成员之间平等，无出身、名望等之分。其五，这个社会的一切都是智者［注：这里的智者（the wise）不是指早期智者学派的智者（sophist），也不是指后期诡辩派意义上的智者，而是指犬儒派们自己。］的财产，朋友间一切共有，但可能还有私产、有交换，因仍需用货币，尽管不用金属币，而用骨币。其六，这个共和国似乎允许乱伦、同类相残或吃人肉（Cannibalism）④。前几点可以理解，最后一点令人费解。其实，妇女为男子共用，似不存在乱伦问题。同类相残或吃人肉可谓惊人之举，似乎在理想的共和国也不应存在。但根据他"一切因素都包含于一切事物之中"的理论⑤，那吃人肉与吃果实、蔬菜无异，因都包含对方的成分在内，或许这只是第欧根尼的极端主义提法而已。

由上可知，第欧根尼的共和国确有柏拉图"理想国"的影子，如，提倡取消或淡化私有财产，男女平等参加训练，妇女共用，儿童集体抚养。但仍有所不同。首先，第欧根尼的共和国是世界性的，而非城邦式的；其次，社会成员平等，而无等级之分。可见，第欧根尼的空想成分比柏拉图更进了一步。

（四）斯多亚学派芝诺的"共和国"

芝诺（公元前335—前263年）原是犬儒派另一主要创始人克拉底

---

① 详见杨巨平《古希腊罗马犬儒现象研究》，人民出版社2002年版，第146—147页。
② Diogenes Laertius, *Lives of Eminent Philosophers*, 6.72.
③ H. D. Rankin, *Sophists, Socratics and Cynics*, p. 273.
④ Luis E. Navia, *Classical Cynicism: A Critical Study*, p. 101.
⑤ Diogenes Laertius, *Lives of Eminent Philosophers*, 6.73.

附录四　古希腊乌托邦思想的起源与演变

（公元前365—前285年）的学生。在他创立新的学派时，思想内已深深打上了犬儒派影响的印记。他的《共和国》就有明显的犬儒派的痕迹。据说，他的《共和国》是在追随克拉底期间写成的，以致有人开玩笑说他的书是在狗尾巴（Cynosura）上写出来的①。近代有些学者对此提出异议，认为此书是在他离开克拉底之后且受了柏拉图学派的影响才写成的②。不管他受到何种影响，他的《共和国》也是一典型的乌托邦设想。由于全书已佚，只有第欧根尼·拉尔修的《芝诺传》中转述了一些相关内容，因此，对他的"共和国"理想的重建肯定是不完善的。

第一，芝诺的共和国似乎是诸多城邦中的一个。因为他曾提到不能因交换或国外旅行的目的而引入货币，因此也可知国中无货币。

第二，共和国中不要神庙、法庭、体育馆。

第三，共和国是个智者社会。男女同服；男女自由选择性伙伴；妇女组成妻子公社；男人对所有孩子都应有父亲般的感情；允许男子同性恋。

第四，普通教育在共和国中无用。③

对于第欧根尼，芝诺的共和国范围缩小了，但共和国内部更为自然化、单纯化。无货币则无交换，无交换则无私产（是否以物易物，不得而知）；男女同服，共妻共夫共子；无须向诸神祈求保佑，也无须体育馆再造身体，无须受一般的教育，一切自然而为，人为的制度管理、道德制约在这个共和国统统不需要。这样的城邦比第欧根尼、柏拉图的设想都更远离实际。后来的斯多亚学派在此基础上提出了"世界城邦"（Cosmopolis）的理想。在这样的国度内，人人皆兄弟。不论奴隶，还是外邦人，都是同一父亲（宙斯、理性）的儿子，人们之间相互友爱、相互宽容，都是同一国家的公民。总之，生活在一个为理性所统治的大同世界之内。

---

① Diogenes Laertius, *Lives of Eminent Philosophers*, 7.4 & n. a.
② D. R. Dudley, *A History of Cynicism*, p. 98; A. Erskine, *The Hellenistic Stoa*, New York: Cornell University Press, 1990, p. 15.
③ Diogenes Laertius, *Lives of Eminent Philosophers*, 7. 32, 33, 131, 129.

附　录

三　古希腊乌托邦思想的归宿——自然乌托邦

自然乌托邦是希腊古典时代末期与希腊化初期出现的另外一种乌托邦形式。鉴于政治乌托邦在现实中决然行不通的情况，人们有可能设想一远方之地去实现自己的梦想。此外，亚历山大帝国的建立，使希腊人对外部世界的了解空前扩大，过去从未耳闻或者有所耳闻但从未涉足的许多遥远的地方现在都向他们揭开了神秘的面纱。印度洋、阿拉伯海、红海、阿拉伯半岛都成了希腊人亲历之地。因此，人们有可能根据水手、商人、军人带回来的异域传说来编织自己的乌托邦之梦，自然乌托邦或远地乌托邦设想应运而生。此外，此前柏拉图在其《克里底亚篇》所描述的关于亚特兰蒂斯岛（Atlantis）的传说也对这类乌托邦故事的产生起了启示和推动作用①。

（一）克拉底的"Pera"岛

克拉底是著名犬儒，归于他名下的一首名为"Pera"的诗及其他一些残篇反映了他的乌托邦社会理想。首先，这个小岛与周边世界隔离，坐落于酒墨色的雾海中。小岛风光秀丽，物产丰富，主要有香草、大蒜、无花果和面包。岛民生活富足而不奢。其次，岛民中没有渔民、寄生虫、贪吃者和好色者。人们和平相处、恬淡寡欲、热爱自由，不会为金钱和荣誉而大动干戈，不会做任何邪欲的奴隶。②

这样的小岛给人以世外桃源之感，自给自足、无欲无争，一派安宁和谐的田园美景，这样的地方自然只能是智者、高尚者的乐园。那些患有"τυφos"③病的名利色欲之徒是绝不能进入这样的一片净土的。

当然，克拉底的"pera"一词本意是指犬儒身上常有的那种破袋

---

① 关于此岛的描述详见 Plato, *Critias*, with an English translation by R. G. Bury, Cambridge, Mass.: Harvard University Press, 1961。

② 以上关于 pera 岛的材料引自 Diogenes Laertius, *Lives of Eminent Philosophers*, 6.85; D. R. Dudley, *A History of Cynicism*, p.44; H. D. Rankin, *Sophists, Socratics and Cynics*, p.236 所转引的相关片段。

③ "τυφos"的本意是指使人视线或神志模糊不清的气态。后来希波克拉底将此词引用为医学术语，指高烧引起的头脑不清，说胡话。最终此词被用来指伤寒病。克拉底以此比喻名利熏心、不能自拔的世人。

子,此即犬儒的全部所有,克拉底以此为名,也有借喻犬儒人生与社会理想之意。因此,它并非严格意义上的远地乌托邦。这样的乌托邦在与他同时代的优赫莫鲁斯(Euhemerus of Messene)和亚姆布鲁斯(Jambulus)那里得到了尽情的描述。

(二)优赫莫鲁斯的"圣岛"

优赫莫鲁斯属于昔列尼学派,他大约于公元前300年写过一本《圣史》(*Sacred Inscription*,或译为 *Sacred History*)。其中描写了一个并不存在的圣岛。此岛位于阿拉伯福地的最边缘,岛上草木繁盛,鸟语花香,泉水甘甜,果实累累。岛民主要分为三个等级:祭司、农夫和战士,也有工匠和牧人。祭司是国家的实际领导者,重大的犯罪案和国家的重要事务以及产品的分配都由祭司们来负责。但他们不能迈出圣地,否则他人有权将其处死。另外每年还选举三位主要官员处理一般事务[①]。

可以看出,优赫莫鲁斯的"圣岛"乌托邦有几个明显的特点:其一,远在异域,可望而不可及。其二,岛民有等级之分,有工种、职责之分,权利与义务之分,这使人想起了柏拉图的"理想国"。其三,祭司为最高统治者,这显然与古希腊的城邦制度不同。其四,战士要御外来之敌,说明圣岛与外界难以隔绝。

(三)亚姆布鲁斯的"福岛"

亚姆布鲁斯也生活于公元前3世纪,是斯多亚学派人士,芝诺的信徒,著有《大洋洲》(*Oceanica*)一书。其中描写了他与一位同伴海上历险,抵达"福岛"(Happy Island)的故事。该岛远离大陆,位于赤道,航行四个月后才到达。岛上气候温和,水果常年可熟,出产应有尽有,但居民生活有节,崇尚简朴,所需食物仅以维持身体需要为限。大家共同劳动,分工合作,定期轮换,岛民的血缘关系和政治组织分为群体生活。每个群体不超过400名亲属。每一群体年龄最长者负领导之责,年满150岁时由第二位年长者接任。岛民无家庭婚姻,共夫共妻共

[①] 详见 Diodorus Siculus, *Library of History*, 5.41–46, with an English translation by C. H. Oldfather, Cambridge, Mass.: Harvard University Press, 1993。

子,即使母亲也不知其子,因哺育子女的奶妈经常更换。岛民之间和平相处,不知争斗。他们一般都很长寿,但活到150岁时即自愿死去。他们崇拜日月星辰,特别崇拜太阳神,因此自称为生活于"太阳岛"的"太阳之子"。①

这样的"福岛"远离世人,应有尽有,这里的岛民无私无欲无争,无等级贵贱之分,生活恬淡有序,长寿常乐。与优赫莫鲁斯的"圣岛"相比,是更为理想的人类生息之地。

综上所述可知,古希腊乌托邦思想早已有之且绵延不断。其间尽管由于时代变迁、社会转型出现过一系列内容及表现形式上的变化,但其脱离现实与现实相对立、相矛盾的空想本质从未改变。透过一幅幅美妙无比的乌托邦图景,我们看到的是当时的人们对现实的绝望与无奈,对美好未来的向往与憧憬。

古风时代的希腊人处于氏族制瓦解、城邦制建立的社会变革期。人们对古老的神话传说、刚刚失去的氏族公社生活仍记忆犹新。面对尊卑易位、贫富对立、弱肉强食的现状,人们自然把希望寄托到了神话世界之中。神话乌托邦随之产生。但时间不能倒流,远古不能再现,"福地"远在天边,遥不可及,这样的乌托邦显然不能满足一般人的现实需要。

古典时期的希腊人热衷于城邦政治生活,将其视为个人生命的组成部分。但伯罗奔尼撒战争的爆发以及战争中间及战后所呈现的城邦政治混乱不堪的局面,使希腊人特别是雅典人受到了强烈的震动。人们开始对现实城邦政治的合理性提出了怀疑,对它的前途产生了迷惘和失望。于是喜剧家阿里斯托芬想象着建立一个与雅典城邦截然不同的云中鸟国,哲学家柏拉图则希望建立哲学家为王的国家,而犬儒派第欧根尼以及一度追随犬儒派的斯多亚学派首领芝诺所设想的共和国,不论大小,则都是清一色的智者共和国。如果说柏拉图的等级理想国还有一定的现实基础,第欧根尼与芝诺的共和国则纯粹是哲人的自我想象,绝无实现

---

① 详见 Diodorus Siculus, *Library of History*, 2.55–60, with an English translation by C. H. Oldfather, Cambridge, Mass.: Harvard University Press, 1998。

附录四 古希腊乌托邦思想的起源与演变

或存在的可能。

既然神话乌托邦虚无缥缈,政治乌托邦犹如空中楼阁,而希腊化时期新的、扩大了的世界又及时地、大大地开阔了希腊人的视野,引起了他们的无限遐想,自然或远地乌托邦的产生也就成为可能。而在亚历山大及其后继者的统治之下,希腊城邦制名存实亡,人们失去政治与生活保证的严酷现实也促使希腊人产生对新的城邦生活的向往。于是克拉底的"pera"、优赫莫鲁斯的"圣岛"、亚姆布鲁斯的"福岛"这些海外孤岛式的乌托邦出现了。但这种"原始共产主义"的生活图景在阶级社会的现实中绝对不可能再现。然而,这类乌托邦恰恰成了古罗马琉善乌托邦故事的范本,也由此影响了16世纪的莫尔。而莫尔的乌托邦是近代一系列乌托邦作品和空想社会主义的发端。由此可见,理想与现实的对立永远存在,理想脱离了现实就会变为空想,古希腊的乌托邦思想发展史就给予了我们这样的启示。

(原载《世界历史》2003年第6期)

附录五　奥尔弗斯教及其主要影响

公元前7—前6世纪的希腊，出现了一种以传说中的诗人、歌手奥尔弗斯（Orpheus）为中心人物，以其诗作为信仰活动基础的宗教，人们称之为"奥尔弗斯教"（Orphism）。然而对于"奥尔弗斯教"的内容和性质，研究者众说纷纭，概括起来说，存在着两种截然对立的观点。一种认为"奥尔弗斯教"是综合性宗教，是希腊历史上"第一个有建立者，有文字教义的宗教"；另一种则否认这一宗教的存在，认为"与奥尔弗斯有关的东西五花八门，差别迥异，它们不是统一体，而是集合体"，并建议最好不要使用"奥尔弗斯教"这一术语[①]。笔者认为，问题的关键不在于"奥尔弗斯教"称谓的恰当与否，而在于当时的希腊究竟发生、存在着一种什么样的宗教，以及它在当时及对后世产生了什么影响。

一　奥尔弗斯教的起源与特征

（一）奥尔弗斯其人

要解开奥尔弗斯宗教现象之谜，首先必须揭开蒙在奥尔弗斯头上的

---

① 持前一种观点的学者主要是格思里，其代表著作是《希腊人和他们的神》（W. K. C. Guthrie, *The Greeks and Their Gods*, London: Methuen, 1954），《奥尔弗斯和希腊宗教》（W. K. C. Guthrie, *Orpheus and Greek Religion*, London: Methuen, 1952）。其次还有尼尔森，参见其著作《希腊宗教史》（M. P. Nilsson, *A History of Greek Religion*, Oxford: Clarendon Press, 1956, pp. 222 – 223），以及他为《牛津古典辞书》（M. Cary et al., edited, *The Oxford Classical Dictionary*, Oxford: at the Clarendon Press, 1949）撰写的"Orpheus"和"Orphism"词条。持后一种观点的学者主要是林福思，其著作是《奥尔弗斯的艺术》（I. M. Linforth, *The Arts of Orpheus*, Berkeley and Los Angeles: University of California Press, 1941），主要观点见该书第172—173、288—289页。

附录五　奥尔弗斯教及其主要影响

重重面纱。

奥尔弗斯既是个传说中的神话人物，也是有一定历史真实性的人物。传说中的奥尔弗斯是色雷斯人，参加过阿尔戈号船（Argo）夺取金羊毛的远征。他擅长音乐诗歌，其琴声、歌喉具有魔术般的魅力，能使草木为之动情、野兽俯首恭听。据说他的父亲是太阳神阿波罗（Apollo）或色雷斯河神奥伊亚格罗斯（Oeagrus），母亲是缪斯女神卡利俄珀（Calliope）。为寻回死去的爱妻，他下到阴间，用音乐迷住冥界王后柏塞芬（Persephone，一译"珀耳塞福涅"）。虽获应允，但终未能如愿。他悲痛万分，退居山林，最后死于一群信仰酒神的色雷斯妇女之手。他的身体被撕裂，头扔到了河里。后来缪斯女神收集了他的遗骸，将其葬于奥林帕斯山下，宙斯将他的竖琴置于众星之中。他是神的后裔，能与冥界之神交往，说明他不是凡人，但他死于非命，可见他又是会死去的凡人。他的身上具有神凡合一的特征。

历史文献中最早提到奥尔弗斯的是公元前 6 世纪后期的诗人伊比科斯（Ibycus），他在诗中提到了"著名的奥尔弗斯"[①]。随后是爱斯奇里斯（Aeschylus）和品达（Pindar）。爱斯奇里斯在悲剧《阿伽门农》中提及奥尔弗斯的歌声使万物陶醉[②]；品达称奥尔弗斯为"竖琴演奏师，音乐之父"，认为阿波罗是他的保护神[③]。现存最早的关于奥尔弗斯的证据是德尔斐神庙中西息温人金库上的雕刻（约早于公元前 6 世纪中期），上面的奥尔弗斯正手持竖琴站在阿尔戈号远航船上。[④] 这说明早在古风时代，奥尔弗斯参与夺取金羊毛的传说已经形成。另外，属于公元前 5 世纪中期的一个瓶画表明他不是传说中的色雷斯人，而是希腊人。瓶画显示了奥尔弗斯为一群男人演奏竖琴的场面。听者戴着尖顶帽子，披着斗篷，显然是色雷斯人。唯只有奥尔弗斯例外，他的穿着像个

---

① W. K. C. Guthrie, *Orpheus and Greek Religion*, p. 1.
② Aeschylus, *Agamemnon*, 1630, with an English translation by Herbert Weir Smyth, Cambridge, Mass.: Harvard University Press, 1995.
③ Pindar, *Pythian Odes*, 4. 177, edited and translated by Willian H. Race, Cambridge Mass.: Harvard University Press, 1997；参见 W. K. C. Guthrie, *The Greeks and Their Gods*, p. 314。
④ W. K. C. Guthrie, *Orpheus and Greek Religion*, Plate 2.

希腊人。① 他与阿波罗神关系的传说，也从另一侧面证明他很可能是希腊人。② 据说，他是阿波罗神的忠实信徒，每天早上都爬到色雷斯的潘革翁山（Pangaeum）上去迎接太阳神的出现。③ 他被崇拜酒神的狂女撕死，说明他很可能是住在色雷斯的希腊人，是酒神崇拜从色雷斯向希腊大陆传播过程中的一个牺牲品。归于他名下的诗作虽然有相当大的部分是后人所作，但人们一直把他看作与荷马、赫西俄德齐名的诗人，只要提到荷马、赫西俄德的地方，常常就会提到奥尔弗斯。④ 前二人在历史上都确有其人其作，那奥尔弗斯的存在是否也可以此类推呢？而且在希腊人看来，奥尔弗斯是比特洛伊战争早一代的人（因其参加了阿尔戈号远征），他的墓地就在奥林帕斯山下⑤。因此，奥尔弗斯其人很可能是个传奇式的历史人物，是一位有特殊才能的诗人、歌手和预言者。由于他的传说年代久远，以及他后来成为一种宗教的核心，关于他的种种传说充满神异也就不足为奇了。

（二）"奥尔弗斯诗作"

形成奥尔弗斯教的另一核心是"奥尔弗斯诗作"。因为有关奥尔弗斯的神话传说、宗教观念、宗教仪式、宗教生活都以奥尔弗斯诗作为基础。因此，弄清这些诗作与奥尔弗斯的关系，以及诗作出现的时间，对研究奥尔弗斯及其宗教是至关重要的。由于原始资料的缺乏，我们无法对奥尔弗斯诗作进行全面系统的考察，现仅就能理顺的几个问题略作论述。

1. 流传后世的、所谓的"奥尔弗斯诗作"多为托名之作。这些诗作在内容上、形式上有其共同性、连续性，它的创作一直延续到公元后。据格思里研究，其中的某些诗作和诗集应是罗马帝国后期的作品⑥，即

---

① W. K. C. Guthrie, *Orpheus and Greek Religion*, Plate 6.
② 一般认为希腊人对阿波罗神的崇拜早于对酒神的崇拜，但也有学者提出异议，见［苏］M. H. 鲍特文尼克等编著《神话辞典》，黄鸿森、温乃铮译，商务印书馆1985年版，第82页。
③ W. K. C. Guthrie, *The Greeks and Their Gods*, p. 315.
④ 参见 I. M. Linforth, *The Arts of Orpheus*, pp. 104－107。
⑤ John Boardman, N. G. L. Hammond, eds., *The Cambridge Ancient History*, Volume Ⅲ, part 3, 1982, p. 274.
⑥ 参见 W. K. C. Guthrie, *Orpheus and Greek Religion*, pp. 256－258。

附录五　奥尔弗斯教及其主要影响

这些诗绝非奥尔弗斯一人所作。

2. 雅典和南意大利是奥尔弗斯诗作的两个发源地。据希罗多德，雅典人奥诺玛克利托斯（Onomacritus）曾受僭主庇西斯特拉图（Pisistratus）家族之托，收集编定穆赛欧斯（Musaeus）的神谕①，而此人在传统上或许与奥尔弗斯并列②；还有人认为他是奥尔弗斯的学生，每当老师吟唱诗歌时，就将它记录下来③。他也可能是雅典人，穆赛欧斯的神谕当包括奥尔弗斯的诗作。南意大利是奥尔弗斯教活跃的地区，与其在宗教上极其相似的毕达哥拉斯学派就出现在这里。姑且不论二者究竟是平行关系、交叉关系，抑或承继关系，但我们已经知道，不仅毕达哥拉斯的门徒科尔考普斯（Cercops）、布隆提努斯（Brontinus）④，就是毕达哥拉斯本人也以奥尔弗斯的名义发表了一些诗作⑤。此外还有一些早期作家参与了这类诗的写作，如赫拉克里亚的佐披鲁斯、萨摩斯的普罗狄库斯等。⑥

3. 诗歌口头创作在前，整理在后，穆赛欧斯笔录的传统就反映了由口头传唱到文字整理的过渡。这个过程应与荷马史诗的传唱与整理相一致。那位负责整理穆赛欧斯神谕的奥诺玛克利托斯就是荷马史诗的编定者之一。因此，归于奥尔弗斯名下的最早的诗作应在公元前6世纪以前就已出现。后人之所以托名于他，是有一定的基础和依据的，如果我们承认奥尔弗斯具有一定的历史真实性，就应该承认奥尔弗斯是某些诗歌的真正作者。

4. 公元前5—前4世纪的材料也证明了某些真正的奥尔弗斯诗作的存在。幼里披底斯在《希波吕托斯》中，提到奥尔弗斯的"诸多书卷

---

① Herodotus, *Histories*, 7.6；[古希腊] 希罗多德：《历史》，王以铸译，商务印书馆1985年版，第465页。

② Plato, *The Republic*, 364E; Aristophanes, *Frogs*, 1032 – 1033.

③ Paul Edwards, editor in chief, *The Encyclopedia of Philosophy*, Volume Six, "Orphism", New York: Macmillan, 1967, p.1.

④ M. P. Nilsson, *A History of Greek Religion*, pp. 214 – 215; I. M. Linforth, *The Arts of Orpheus*, p. 119.

⑤ 这是公元前5世纪开俄斯（Chios）人爱昂（Ion）的观点，详见 I. M. Linforth, *The Arts of Orpheus*, p. 111.

⑥ E. Zeller, *A History of Greek Philosophy*, Londo: Longmans, Green, 1881, pp. 62 – 63.

的夸夸其谈"①。喜剧诗人亚历克西斯（Alexis）列举的供人阅读的许多书籍中，首先提到的作者就是奥尔弗斯②。柏拉图的著作更是多次涉及奥尔弗斯诗作的内容，《克拉底鲁篇》（Cratylus，402B）、《斐利布篇》（Philebus，66C）等就直接引用了诗的原句。这说明柏拉图并不怀疑它们的真实性。在《理想国》（Republic，364E）中，柏拉图还说到，那些游方祭司出版了"许多奥尔弗斯和穆赛欧斯的书"。由此可见，在幼里披底斯、柏拉图的时代流传的那些奥尔弗斯诗作中虽不乏伪作，但有属于奥尔弗斯的真正作品。

（三）与奥尔弗斯有关的宗教信仰与活动

奥尔弗斯诗作的真伪目前难于准确判断，但以这个人物为中心、以其诗作为基础的宗教信仰与宗教活动在公元前7—前6世纪的希腊确实形成并存在着③。这是一种既区别于荷马的神人观念，又区别于城邦的宗教传统（奥林帕斯诸神崇拜）的独特宗教现象，目的是通过新的途径和方式解决个人与自然，也就是人与神的关系问题。

1. 新创神人起源论，提出神凡合一说

奥尔弗斯的宇宙起源论、神谱和传统不同。据荷马史诗，宙斯为万物之首；据赫西俄德，由混沌生万物；但奥尔弗斯却把时间作为宇宙之始。时生空，空生卵，从卵中生爱神法尼斯。他是诸神的创造者和第一个统治者。后来宙斯出生，吞吃了爱神，获得伟大，成为万物的开始、中间与结束（这里与荷马传说的矛盾得到了调和）。宙斯与冥后柏塞芬生狄奥尼苏斯，想把王权交给他。泰坦诸神（Titanes）受天后赫拉（Hera）的唆使、诱骗，撕碎了狄奥尼苏斯。宙斯怒不可遏，用雷电把泰坦神击为灰烬，人类即由此灰烬而生。因为泰坦诸神是大地之子，具有凡性，他们吞吃的狄奥尼苏斯具有神性，人类既从他们的灰烬中生出，那人生来也具有神凡二性，既有泰坦神恶的一

---

① Euripides, *Hippolytus*, 953-954, edited and translated by David Kovacs, Cambridge, Mass.: Harvard University Press, 1995.
② W. K. C. Guthrie, *Orpheus and Greek Religion*, p. 11.
③ 活动于约公元前600年的女诗人萨福（Sappho）就受到奥尔弗斯宗教的感染，这也是它出现于此时或此前的又一例证。见 Moses Hadas, *Hellenistic Culture*, pp. 69, 215, 216。

附录五　奥尔弗斯教及其主要影响

面，也有狄奥尼苏斯神善的另一面。神凡（善恶）合一说是奥尔弗斯宗教的出发点。

2. 宣扬因果报应，倡行节制禁忌

人既主善主恶，所以人生的目的就是要扬善抑恶，设法在死后得到解脱。根据奥尔弗斯教的说法，只要人们能行净化礼，参加神秘的入会仪式，日常生活中遵守若干禁忌，如不杀生，不吃肉①，埋葬时禁用羊毛②，不碰豆子，做一个正直的人，在死后就能得到神的垂青，只要轮回了8次或10次，就可进入至福之地。而那些未入会、行为不道德者死后就会被投入泥沼，或被迫用筛子打水，做无休无止的苦役。公元2世纪的希腊旅行家波桑尼阿斯（Pausanias）曾谈到德尔斐神庙中属于公元前5世纪的一幅壁画。上面画着俄底修斯访问冥界的情景，画面上有许多人用破水罐打水，这些人可能就是未入会者。③

3. 宣扬灵魂不死，强调人可成神。

在奥尔弗斯教信徒看来，肉体是灵魂的坟墓，或监狱④，灵魂永生不死，具有神性。灵魂只是暂时被压抑在肉体中，一旦肉体死亡，灵魂就解脱，返回地府，接受审判考验。生就是死，死就是生，今生是来世的准备，人就是为死后而活着。根据荷马史诗的传说，阴间是一个苍凉阴暗之所在。荷马史诗中的英雄阿喀琉斯（Achilles）承认他自己宁愿活着当穷人的奴仆，也不愿当亡者的国王⑤。可见对来世的向往代替了对死亡的恐惧，因为灵魂不死，人可成神。在荷马那里，那些人格化的神才永远不死，在奥尔弗斯看来，那些神化的人亦可永生。"万物生于

---

① Aristophanes, *Frogs*, 1032; Euripides, *Hippolytus*, 952–953; Plato, *The Laws*, 782C, with an English translation by R. G. Bury, Cambridge, Mass.: Harvard University Press, 1952.

② Herodotus, *Histories*, 2.81;［古希腊］希罗多德：《历史》，王以铸译，商务印书馆1985年版，第144页。

③ Pausanias, *Description of Greece*, 10.31.9, with an English Translation by W. H. S. Jones, Cambridge, Mass.: Harvard University Press, 1961.

④ Plato, *Gorgias*, 493F, with an English translation by W. R. M. Lamb, Cambridge, Mass.: Harvard University Press, 1961; *Cratylus*, 400C, with an English translation by Harold N. Fowler, Cambridge, Mass.: Harvard University Press, 1963; *Phaedrus*, 250C, with an English translation by Harold N. Fowler, Cambridge, Mass.: Harvard University Press, 1960.

⑤ Homer, *Odyssey*, 11.486–491;［古希腊］荷马：《奥德赛》，第910页。

一又复归于一"①：人既生于神，必归于神，这就是贯穿于奥尔弗斯宗教的神学思想。

4. 奥尔弗斯宗教活动的特点

奥尔弗斯教是民间的宗教，个人可以自由信奉，而非国家所规定的宗教。一切人不分性别、不分高低贵贱、地域出身，均可参加②。凡参加者须施行净化礼（身上涂泥，或用饭食在身上擦），履行入会仪式。凡入教者自认为来世会得到好的报应。

它是神秘的，而非公开的。这些宗教活动都是在秘密的状态下进行，献祭、吟唱奥尔弗斯所作的赞美诗（包括祷词、咒语等），重演有关狄奥尼苏斯被撕的场面，是仪式的主要内容。参加者对外要保守秘示的一切，后人对奥尔弗斯教活动细节缺乏深入了解的原因就在于此。

奥尔弗斯教不仅仅举行宗教仪式，而且在宗教性的生活规范和道德伦理方面提出了独特要求，即信徒要过"orphic 式的生活"。参加入会仪式仅仅是死后成神得救的第一步，更重要的是要过一种纯洁的生活。以禁欲、自制、正直为基本原则，以素食、禁杀生为主要戒律。只有经过终生的努力，才能避免或减少轮回之苦。这是奥尔弗斯教与主张入会即是一切的雅典埃琉西斯秘仪（Eleusinian Mysteries）的主要区别之处。

它是有组织的、有时间性的活动③。主持人充当祭司兼教师的角色。据铭文记载，这些人有的被称为 bakoloi。④ 他们可能在特定的时间主持仪式，其余时间去宣传教义，或像柏拉图所说，拿着奥尔弗斯与穆赛欧斯的诗作，四处奔走，为个人或城市消灾禳难⑤。这些祭司显然具有巫师的性质。这说明在柏拉图时代，这种活动已流于形式和庸

---

① 这句话出自奥尔弗斯的学生穆赛欧斯之口。见 W. K. C. Guthrie, *A History of Greek Philosophy*, Vol. I, Cambridge: Cambridge University Press, 1978, p. 69。

② [英] 罗素：《西方哲学史》（上卷），何兆武、李约瑟译，商务印书馆1963年版，第49页。

③ 生活于公元前4—前3世纪之交的提奥弗拉斯图在谈到一个迷信的人时说，"每个月，他都到奥尔弗斯教祭司那里参加他们的仪式"。他的记述说明此时此地这类宗教活动仍在定期进行。见 Moses Hadas, *Hellenistic Culture*, pp. 185 – 186。

④ W. K. C. Guthrie, *Orpheus and Greek Religion*, p. 205.

⑤ Plato, *The Republics*, 364E.

附录五 奥尔弗斯教及其主要影响

俗化了。

这些仪式活动因时因地略有差异,但参加者都把奥尔弗斯视为这种仪式活动的创建者①,都把奥尔弗斯的诗视为"圣书",作为"文字宗教"(Book Religion),这是希腊宗教史上第一例。②

(四)奥尔弗斯宗教产生的时代根源

奥尔弗斯宗教的产生有着深刻的社会根源。首先,公元前7—前6世纪的希腊社会躁动不安,各种政治力量由于经济基础的变化在进行着剧烈的分化组合,社会成员的传统地位、社会观念、社会制度都遇到了严峻的挑战。这就为新的宗教观念与活动的出现提供了条件。古风时代,铁器传入希腊大陆,希腊人拓殖海外,希腊城邦逐渐形成。由于生产力的发展,海外殖民及新兴工商业的刺激,各城邦内部都不同程度地出现了弱肉强食、贫富分化的现象。这可从当时诗人赫西俄德的《田功农时》中看出。他在诗中以"夜莺与老鹰"的寓言反映了强者对于弱者、富者对于贫者的主宰地位。"你不能支配别人,就该受苦受辱"。传统的贵族地位在金钱面前显得软弱无力,无怪乎麦加拉的破产贵族无可奈何地悲叹:城市依旧,物是人非,贵贱易位③。贵族们为失去昔日的荣耀优逸牢骚满腹,而实际上真正承受这种社会震荡之苦的还是社会下层。雅典小农的土地上插满了抵债的牌子,许多人卖身为奴,或者变成"六一汉"(佃农)。严酷的现实,一方面迫使受压迫者起来反抗;另一方面促使人们在精神世界中寻求解脱。而传统的荷马的神人思想,不能给人带来多少安慰。荷马笔下的神人同形同性,人可通过一定的手段与神交往、结合,但神能否遂人愿取决于神而不取决于人。人毕竟不是神,他们之间有一条不可逾越的鸿沟,即人会死,神却永生。人死后成为一种毫无生气、柔弱无力的幽灵。就是那些所谓神之后裔的英雄们也难免死亡的厄运。荷马肯定的现世,是英雄时代王公贵族的现世,宴饮、爱情、运动、战斗是他们的生活主题。荷马

---

① 公元前4世纪的希腊历史家爱孚卢斯(Ephorus)明确指出,奥尔弗斯是第一个把这种旨在给参加者以灵魂保证的仪式(Teletae)引进希腊的。见 I. M. Linforth, *The Arts of Orpheus*, p. 169。
② M. P. Nilsson, *A History of Greek Religion*, p. 305.
③ [苏]塞尔格叶夫:《古希腊史》,缪灵珠译,高等教育出版社1955年版,第151页。

否定的来世给人们带来的只能是忧虑恐惧。因此，当人们要求肯定现世而不可得，企求来世将无所得时，自然就会远离传统，转而寻求新的希望，一种适应这种社会心态需要的宗教观念与活动就应运而生。奥尔弗斯教的贡献之一就在于它改变了荷马传统中的神人关系，使人由被动变为主动，在某种意义上，神不再是人事的直接参与者，而成为正义的化身，人类追求的目标。人只要努力，就可成神，就能成为自己命运的主宰。

其次，希腊的宗教传统与外来的宗教影响也给新宗教的产生提供了改造利用的基础。奥尔弗斯宗教的一些观念、仪式最远可追溯到埃及[1]。然而对其产生直接影响的，从传统上看，是以荷马史诗、赫西俄德《神谱》为基础的神话传说；从崇拜仪式上看，源于色雷斯的酒神祭仪（也可能来自埃及）[2]和希腊本地的其他原始迷信、神秘活动。有关神人起源、来生、冥界、善行得救、神秘主义等观念此前都或多或少存在着。西方学者尼尔森认为，奥尔弗斯教的伟大之一就在于把所有这些合成为一个体系[3]。

但是，奥尔弗斯信仰者的贡献不是继承、总结，而是改造、创新。这里有必要简略探讨酒神崇拜与奥尔弗斯宗教的关系。一般认为，酒神崇拜大约在公元前10—前9世纪传入希腊。它对希腊文化的影响是巨大的。希腊悲剧就产生于每年一度对他的纪念活动。酒神崇拜可能源于对原始生命力的崇拜，以狂欢迷乱、如痴如醉、活动高潮时忘掉自我为特征。最初的酒神崇拜者是妇女。她们受自然生命精神的鼓舞，狂歌乱舞、撕碎活人、吞吃生肉，意味着获得狄奥尼苏斯的神性。奥尔弗斯教的信仰、教义吸收了这一点，但把他的死归于泰坦诸神的罪恶[4]，从而确立了人的善恶二性说。奥尔弗斯信徒特别吸收了酒神崇拜中沉醉以入神的体验，但他们以精神的沉醉代替了肉体的沉

---

[1] Herodotus, *Histories*, 2.81, 123；[古希腊]希罗多德：《历史》，王以铸译，商务印书馆1985年版，第144、165页。

[2] Ibid., 2.49；同上书，第132—133页。

[3] M. P. Nilsson, *A History of Greek Religion*, p. 223.

[4] 根据波桑尼阿斯所述，这是奥诺玛克利托斯所为。他说，奥诺玛克利托斯从荷马那里接受了泰坦诸神的名字，使其成为狄奥尼苏斯的加害者。Pausanias, *Description of Greece*, 8.37.5.

附录五 奥尔弗斯教及其主要影响

醉,通过参加入会式和禁欲主义的生活方式与神相遇,获得永生[1]。由于奥尔弗斯宗教与酒神崇拜的密切关系,古典时期的记述往往把二者并列或混而为一。实际上二者既有区别,又有联系,"奥尔弗斯是狄奥尼苏斯秘仪的改革者"[2],"只要是奥尔弗斯有影响的地方,就一定有某种巴库斯(即酒神——笔者注)的成份"[3]。

最后,奥尔弗斯宗教现象的出现与公元前 6 世纪的哲学思潮兴起也有一定的联系。以泰勒斯为首的米利都学派(Milesian school)和以赫拉克利特为代表的爱非斯学派(The School of Ephesus)都产生于当时希腊的政治、经济、文化繁荣之地——小亚沿岸殖民城邦。这里曾是荷马史诗的故乡。随着对东方文化的吸收,自然科学知识的进步,以荷马史诗为基础的神话解释已满足不了哲人们对世界的好奇。他们试图用理性的思考来解释物质世界的存在、解决世界的本原问题。奥尔弗斯教派虽则沿袭神话解释的老路,但它创造了新的世界起源理论。这种哲学与神话的平行绝非偶然,它是人类认知世界的能力达到一定高度的必然产物。它们都涉及"一和多"的问题,只是解释的途径不同而已。

总之,奥尔弗斯教是希腊社会传统与现实、政治与经济、宗教与哲学、内部与外部等多种因素相互撞击汇合的产物,是"古风时代所有不安定的,多种形式的宗教运动的综合与顶峰"[4]。它的出现,无疑给当时的希腊社会,特别是意识形态注入了新的因素。

二 奥尔弗斯教的主要影响

奥尔弗斯教存在于古风时期,受到社会下层的欢迎,但它浓厚的神秘性,一定的狭隘性,以及注重来世的教义,强调禁欲禁忌的生活,都使它的传播与发展受到了限制。特别是到了古典时代,由于奴隶制政

---

[1] 只要入教,这种保证就被给予。入会者得到了这样的安慰:"快乐而幸福的人啊,你已不是凡人而成了神"。见 G. Parrinder, *World Religion*, New York: Facts on File, 1985, p.155。

[2] M. Eliade, *A History of Religious Ideas*, Volume Ⅰ: *From the Stone Age to the Eleusinian Mysteries*, Chicago: University of Chicago Press, 1978, p.372.

[3] [英] 罗素:《西方哲学史》(上卷),何兆武、李约瑟译,商务印书馆 1963 年版,第 43 页。

[4] M. P. Nilsson, *A History of Greek Religion*, p.222.

治、经济、文化的繁荣发展,人们的注意力转向沸腾的现实生活。保家卫邦的内外战争,民主公开的城邦政治,丰富多彩的公众生活,都使个人融于社会之中。马拉松战役雅典人以少胜多、温泉关战斗斯巴达人慷慨捐躯,就是这种集体精神的体现。这一时期的公共建筑物都高大雄伟,富丽堂皇,而个人的住宅比较狭小,也可说明城邦公民集体生活的凝聚力。既然人们在城邦生活中找到了个人的归宿,那么宣扬个人解脱的奥尔弗斯教的衰落也就不可避免。但是一个已经存在了两三个世纪,而且还在活动的宗教,对当时及以后的唯心主义哲学和宗教神学都产生了一定的影响。

关于宗教与哲学的关系,尤其是早期宗教与萌芽中的哲学观念的关系,马克思主义经典作家有过精辟的论述。马克思指出:"哲学最初在意识宗教形式中形成,从而一方面它消灭宗教本身,另一方面从它的积极内容说来,它自己还是在这个理想化的、化为思想的宗教领域内活动。"[1] 这就是说,哲学观念最初产生于宗教观念。德国学者蔡勒尔也持同样的观点,他在谈到希腊宗教与哲学的关系时说:"哲学本身实际上已在进行纯化流行的信仰的工作,但宗教观念首先包含着那些较为纯净的哲学概念后来所由以产生的酵母"[2]。作为早期宗教的奥尔弗斯教就是这样,它包含了古希腊唯心主义哲学之所以产生的酵母。当然,这里并不否认其对唯物主义哲学的影响,奥尔弗斯"万物生于一又复归于一"的教义就很可能促使米利都学派、赫拉克利特在一元论的基础上用某种自然物质来解释世界的多样性。但其影响的印记在毕达哥拉斯、恩培多克勒、柏拉图那里最为明显。

(一) 奥尔弗斯教与毕达哥拉斯学派

奥尔弗斯教与毕达哥拉斯学派的关系比较复杂,但后者受到前者的影响是可以肯定的。第一,从时间上看,奥尔弗斯宗教出现在前,毕达哥拉斯学派形成在后。毕达哥拉斯(Pythagoras,约公元前570—前495年)在世时奥尔弗斯诗作已经问世。毕达哥拉斯然以奥尔弗斯为名发表

---

[1] 《马克思恩格斯全集》第26卷第1册,人民出版社1972年版,第26页。
[2] E. Zeller, *A History of Greek Philosophy*, p. 52.

附录五　奥尔弗斯教及其主要影响

过诗作，说明他出现于奥尔弗斯宗教萌芽之后。第二，毕达哥拉斯学派在组织形成、宗教思想、生活禁忌上与奥尔弗斯宗教大致相同。它们都有灵魂不死轮回转世的说教，都有不吃肉、不碰豆子等禁忌，其团体都具有一定的排他性。既然毕达哥拉斯派出现于后，这种相似性显然表明了它受到奥尔弗斯宗教活动与观念的影响。据记载，毕达哥拉斯年轻时就"参加了一切希腊和外国的神秘教派"①，这说明他早年就熟悉奥尔弗斯秘教的仪式、组织、教义，甚至他本人可能就是奥尔弗斯教徒。有两位新柏拉图主义者甚至谈到，毕达哥拉斯不仅经人引导参加了奥尔弗斯教入会仪式，而且在奥尔弗斯圣书里发现了他的数字神学（number theology）教义②。毕达哥拉斯还受过其他方面的影响。据说，他到过埃及，"在那里学到关于神灵的秘密"，甚至"传说还认为他是第一个发现灵魂轮回的人"③。因此，毕达哥拉斯深受奥尔弗斯宗教的影响则是可以肯定的，否则就难以解释这种同一民族中，时间先后有别，内容极其相似的宗教现象。第三，毕达哥拉斯派活动的中心在南意大利，这是希腊传统比较薄弱的地区，与希腊城邦宗教游离的奥尔弗斯教就流传于这一地区。近代在此地发现的属于公元前5—前4世纪的墓葬金片铭文上，刻写着与奥尔弗斯宗教信仰有关的诗句④，这也是奥尔弗斯教长期在此地活动的证明。在这种地理环境与宗教氛围中，先在埃及等地接触过灵魂说教与秘教的毕达哥拉斯，接受奥尔弗斯宗教信仰与活动，是不足为奇的。

但是，毕达哥拉斯学派毕竟与奥尔弗斯宗教有所不同。毕达哥拉斯"是奥尔弗斯宗教的一个改革者"⑤，其学派在某种程度上就是进行着纯化宗教信仰的工作。首先，该派不是单纯的宗教组织，而是政治、宗教、学术三位一体。他们既治理城邦，又特别崇信宗教，还研究哲学、数学、音乐。根据传说，毕达哥拉斯学派分为两种人，一种专门研究数学，称

---

① Diogenes Laertius, *Lives of Eminent Philosophers*, 8.2 - 3；译文见北京大学哲学系外国哲学史教研室编译《古希腊罗马哲学》，生活·读书·新知三联书店1957年版，第32页。
② I. M. Linforth, *The Arts of Orpheus*, pp. 251 - 253.
③ Diogenes Laertius, *Lives of Eminent Philosophers*, 8.3, 14；北京大学哲学系外国哲学史教研室编译：《古希腊罗马哲学》，生活·读书·新知三联书店1957年版，第32、33页。
④ W. K. C. Guthrie, *Orpheus and Greek Religion*, pp. 172 - 174.
⑤ ［英］罗素：《西方哲学史》（上卷），何兆武、李约瑟译，商务印书馆1963年版，第43页。

为"the Mathematikoi";另一种专门研究秘教,称为"the Akusmatikoi"。其次,毕达哥拉斯虽然强调奥尔弗斯宗教仪式的作用,扩大了禁忌的范围(涉及衣食住行的各个方面),但在他看来,灵魂解救的另一途径是哲学,即用智慧和经验达到理解。在毕达哥拉斯这里,宗教与哲学达到了统一,哲学家的追求与教徒式的生活得到了结合。从他以后,"哲学对希腊思想家就意味着一种生活方式"①。再次,在毕达哥拉斯派那里,几乎见不到酒神狄奥尼苏斯成分的存在。他们所崇拜的神是阿波罗。最后,毕达哥拉斯派与奥尔弗斯宗教在宇宙起源论上有所不同。二者都认为宇宙是神的创造,但毕达哥拉斯派寻求理性的、数学上的解释。他们从宗教目的出发来研究数学、音乐,从而得出数为万物之源与"和谐"的观念。虽然把数神秘化、绝对化,使其在唯心主义的泥淖中越陷越深,但毕达哥拉斯学派把神秘宗教改造为思辨哲学却是一大进步。通过论证超经验、超感觉之外的"数"的存在,实际也就间接证明了神、上帝、必然、灵魂的绝对存在,这对后来的唯心主义哲学与宗教神学的影响是巨大的。

(二)奥尔弗斯宗教与恩培多克勒

奥尔弗斯宗教信仰对恩培多克勒(Empedocles,约公元前490—前430年)的影响主要是通过毕达哥拉斯学派为中介而实现的。恩培多克勒是西西里人,访问过毕达哥拉斯派的活动中心克罗顿。有人说,他是毕达哥拉斯的学生(但从二者的生年看,似乎在恩培多克勒出生前毕达哥拉斯就已死去)。并指出,恩培多克勒和柏拉图一样,剽窃过毕达哥拉斯的言论,因而被禁止参加盟会讨论②。很可能,恩培多克勒是毕达哥拉斯学派的追随者和奥尔弗斯宗教的信仰者。他一生写过两部诗作,一是《论自然》;二是《净化礼》(*purifications*)。二者思想风格迥然不同。前者被人视为"完全唯物主义和无神论的"③,后者的内容和目的都是宗教性的。它描述了灵魂沦落轮回,最后重获不朽的历程,显

---

① W. G. De Burgh, *The Legacy of the Ancient World*, London: Penguin, 1963, p.131.
② Diogenes Laertius, *Lives of Eminent Philosophers*, 8.54;北京大学哲学系外国哲学史教研室编译:《古希腊罗马哲学》,生活·读书·新知三联书店1957年版,第73页。
③ W. K. C. Guthrie, *A History of Greek Philosophy*, Vol. Ⅱ, p.124.

示了人类不洁的本性及救赎的手段。这种不同当与他的南意大利之行有关，他在那里完成了向奥尔弗斯教与毕达哥拉斯学派的转变。我们从他的言论也可看出这一点。

恩培多克勒有时感到自己是个"不朽的神明"，有时又感到自己是个大罪人。他认为，如果用罪恶的血玷污了自己的手，就必然要远离幸福，遭神的冷落抛弃，受轮回之苦。他告诫人们："要完全禁绝桂叶"①，并引用奥尔弗斯的诗句，要"不幸的人们不要用手去碰豆子"②。他认为，只有通过无数次投生而得免于恶罪的人，最后才能"荣耀无比地上升为神，……不受运命的摆布"③。人具有神凡或善恶二性，禁忌、受难、轮回以成神运，这不就是奥尔弗斯宗教教义的再现吗？

恩培多克勒提出的"爱恨说"也与奥尔弗斯宗教有关。他认为，爱是结合，恨是分离。"在一个时候，万物在'爱'中结合为一体，在另一个时候，个别的事物又在冲突的'恨中分开'"④。在奥尔弗斯教的神创论里，爱神法尼斯是诸神的创造者和第一个统治者，在恩培多克勒看来，爱是万物结合形成的原始动力，二者的巧合不是偶然的。

（三）奥尔弗斯宗教与柏拉图哲学

柏拉图生活在公元前5—前4世纪之交的雅典，是苏格拉底的学生。此时，奥尔弗斯宗教受到时代的冷落，但柏拉图却以非凡的哲人目光，看到了它的价值。究竟柏拉图是通过何种途径获得了奥尔弗斯宗教观念的，尚难以肯定，但有两个途径最为可能。一是当时流行的那些所谓属于奥尔弗斯的书籍。柏拉图完全有机会阅读到这些作品，也曾对其片段加以引用。有些引述的内容与同时期南意大利等地的墓葬铭文大体一致，说明它们有共同的来源。二是毕达哥拉斯的影响和苏格拉底的教诲。当代西方哲学家罗素断言："从毕达哥拉斯那里（无论是否通过苏格拉底），柏拉图得来了他哲学中的奥尔弗斯主义成分。"⑤

---

① ［英］罗素：《西方哲学史》（上卷），何兆武、李约瑟译，商务印书馆1963年版，第88页。
② W. K. C. Guthrie, *A History of Greek Philosophy*, Vol. I, p. 185.
③ ［英］罗素：《西方哲学史》（上卷），何兆武、李约瑟译，商务印书馆1963年版，第89页。
④ 北京大学哲学系外国哲学史教研室编译：《古希腊罗马哲学》，生活·读书·新知三联书店1957年版，第82页。
⑤ ［英］罗素：《西方哲学史》（上卷），何兆武、李约瑟译，商务印书馆1963年版，第144页。

附　录

这种成分主要反映在柏拉图的《斐多篇》（*Phaedo*）、《理想国》、《美诺篇》（*Meno*）、《蒂迈欧篇》（*Timaeus*）、《克拉底鲁篇》、《法律篇》（*Laws*）等里面。在这些著作中，柏拉图引述了不少被研究者一般认为属于奥尔弗斯教的神话、教义，暗示了该教派人士的活动，其中有的地方不无嘲笑讽刺之意，但他更多的是借用这些材料支持、论证、发挥自己的观点，把理性的哲学思考与奥尔弗斯教的神秘主义结合起来，以完善、确立自己的客观唯心主义思想体系。

在《美诺篇》中，柏拉图不仅承认奥尔弗斯教的观点：灵魂不朽，它在此时死去，在彼时再生，永远不会消失，而且由此推论，既然灵魂不死，且投生多次，因此它已获得了人间、阴间一切事物的知识。所以，一切研究，一切学习都只不过是回忆罢了[①]。知识就是回忆。

在《斐多篇》及其他作品中，柏拉图吸收、利用、改造了奥尔弗斯教的灵魂囚禁于肉体、来世审判等观念。在他看来，既然肉体是灵魂的坟墓，死亡使灵魂得到解脱，既然生前已为死后做好了准备，经过多次轮回后即可成神，那么对于正义者来说，死亡并不可怕，反而是一种光荣。柏拉图笔下的苏格拉底在生命的最后时刻就泰然自若，视死如归，等待神的召唤，相信在另一个世界里，他同样会找到真正的主人与朋友。[②]

奥尔弗斯教重视精神与生活的真正入会，把它看作死后能否得到解脱的首要条件。柏拉图把入会者与哲学家联系起来，给哲学家涂上了神秘的色彩，抬高了他们的神圣地位。他在《斐多篇》中根据奥尔弗斯教的说法："许多人都执神杖，但很少有人是入会者（Mystics）"，进而指出，这很少的人就是"真正的哲学家"[③]，因为只有入会者死后才能与神同在，这实际上就是告诫人们：解脱成神不仅要通过一般的仪式，还要通过对哲学的研究。在这里，我们可以看到柏拉图正沿着毕达哥拉

[①] Plato, *Meno*, 81, with an English translation by W. R. M. Lamb, Cambridge, Mass.: Harvard University Press, 1962.

[②] Plato, *Phaedo*, 69E, with an English translation by Harold North Fowler, Cambridge, Mass.: Harvard University Press, 1960.

[③] Plato, *Phaedo*, 69C – D.

附录五　奥尔弗斯教及其主要影响

斯的路线行进。

既然灵魂先于人们的主观世界而存在，灵魂不朽，这就意味着在人们的感觉之外还有一个灵魂的世界，神的、永恒的世界。这种观念有助于柏拉图客观唯心主义的核心——理念论及理念世界的提出。

至于柏拉图之后奥尔弗斯宗教的影响，虽不在本文探讨范围之内，但它的影响依稀可见。希腊化时期的秘教流行以及宗教混合主义与一神教倾向，早期基督教的灵魂不朽说、末世论、入教礼仪的意义、耶稣的牧者形象，新柏拉图主义者对所谓奥尔弗斯诗句的大量引用，都或多或少、间接或直接与奥尔弗斯宗教有关。总之，在古希腊的古风及古典时期，以奥尔弗斯其人为核心，以神秘主义为特征，以个人救赎为目的的宗教现象确实存在。它的出现与衰落和当时希腊社会的变革相伴随。奥尔弗斯试图从人类本质出发来解决神人关系，这与当时哲学关心的是同样的问题：一和多、精神与物质、现世与未来。它的思想精髓主要在以毕达哥拉斯为始的几位唯心主义哲学家那里引起了共鸣（他们属于同一哲学范畴），从而在古希腊哲学史上第一次促成了神秘宗教与思辨哲学的结合。

（原载《历史研究》1993 年第 4 期）

附录六　希腊化研究述评[①]（下迄20世纪80年代）

"Hellenism"（汉译希腊化、希腊主义、希腊文化传播、大希腊、大希腊世界、大希腊时代）是个含义比较复杂的名词。[②] 它可以指作为整体的希腊文明或这个文明的特性，也可以指希腊本土之外受希腊文化影响产生的文明。自从19世纪上半叶德国历史学家德罗伊森出版了他的《希腊化史》（*Geschichte des Hellenismus*）一书后，"希腊化"这个词就成为历史学上的专用术语，为学界公认采用，主要用来指亚历山大东征以后希腊人控制和希腊文化影响所及地区的历史与文化。希腊人建立的国家被称为"希腊化国家"，这些国家及其文化存在的时期被称为"希腊化时代"。

对于这一段历史，国外学者做了大量的、详尽的研究。对于希腊化的性质、内容、定义、时间、空间，国外虽存在着不同的说法，但总的趋向是一致的，就是把它看作希腊文化向外传播的时期。他们在各种各样的著作中一直使用"希腊化"这个词就是很好的说明。现把他们的主要著作及观点分述如下。

[①] 这是当年在南开大学撰写硕士论文时准备的一个研究综述。所有的资料都仅限于1988年以前。这些内容可以和本书的"绪论"部分对接。虽然"绪论"中也提到了20世纪80年代以前的希腊化研究史，但并不详细，只是粗线条的，也没有包括对当时国内研究的认识。这个综述虽然也很肤浅，但反映了那个时代国内所能搜集到的资料和自己那时的一些看法。此文是在原手稿基础上整理而成，除个别调整和补充外，基本保持原文原意，仅供参照阅读。

[②] 参见［苏］塞尔格叶夫《古希腊史》，缪灵珠译，高等教育出版社1955年版，第433页译注①。

附录六　希腊化研究述评（下迄 20 世纪 80 年代）

西方史学界

西方史学界对希腊化时代研究的突破和重大成果的出现似是从 20 世纪开始的。我们现在所能见到的关于这一时期的英文著作都是 20 世纪 20 年代后渐次问世的。其中最主要的是 J. B. 布瑞等执笔的《希腊化时代》（1923 年），耶鲁大学古代史教授罗斯托夫采夫的三卷本《希腊化世界的社会与经济史》（1941 年），W. W. 塔恩的《希腊化文明》第 3 版 [1927 年第 1 版，1930 年第 2 版，1952 年第 3 版（G. T. 格里菲斯参与修订）]，M. 卡里的《希腊世界史——公元前 323—前 146 年》（1959 年），V. 爱伦伯格的《希腊国家》（1960 年），沃尔班克的《希腊化世界》（1981 年）及其领衔主编的《剑桥古代史》新版第 7 卷第 1 册（1984 年）。这些史家对"希腊化"的性质、时间与空间都有其独立的界定。

罗斯托夫采夫认为，希腊化世界就是亚历山大征服东方造成的世界。在这个世界的各个国家里，希腊人在起着主导作用。这样的国家存在，希腊化世界就存在。所以，他认为希腊化时代的时限几乎就是从亚历山大时代到奥古斯都时代，希腊化世界的地理范围就是以前的亚历山大帝国再加上博斯普鲁斯王国（Bosporan Kingdom）、小亚的某些地区、希耶罗二世（Hiero Ⅱ，公元前 270—前 215 年）统治下的西西里王国及一些希腊城邦。尽管这些地区从未成为亚历山大帝国的组成部分，但它们的文明与希腊化世界的其他地方无异。[①] 从上可以看出，罗斯托夫采夫眼中的希腊化世界是亚历山大征服之后希腊文化影响所及的世界，而不仅仅是指东方。因此，他的"希腊化"这个词就不仅仅指东方的希腊化。

塔恩在其《希腊化文明》中列举了学界对"Hellenism"的四种不同解释：（1）希腊和东方因素混合而成的新文化；（2）希腊文化向东方的扩张；（3）古典希腊文明的纯粹延续；（4）与前一样，还属于同

[①] M. I. Rostovtzeff, *The Social and Economic History of the Hellenistic World*, Volume Ⅰ, "Preface" (p. v).

一文明，只是在新的条件下得到修正。

塔恩认为，"所有这些都包含一个真理，但无一能代表全部真理"。以他之见，没有一个一般概念能包括这三个世纪的文明，"希腊化仅仅是给其加的一个便签而已。在这三个世纪中，希腊文化远远传播到希腊之外。"作者在脚注中指出，有一派学者认为应把同时代的罗马共和国的文明也包括到希腊化的范围之内，但他不采用这样的观点，也不对其表示看法。作者还认为，在某些方面，这三个世纪体现的不是一个阶段的文明，而是两个阶段。早期阶段，科学、哲学、文学、政治上国家形式和其他许多方面都具有创造性，一个独立的希腊—马其顿世界将它的文明扩大到亚洲。后期阶段，创造力消耗殆尽，东方在精神上、物质上反作用于西方。希腊—马其顿世界陷入这种反作用与罗马之间不能自拔。最后，罗马毁灭了希腊化的国家体系，取而代之，成了希腊文化的旗手。尽管有如此区分，作者仍然承认"希腊化时期确实形成了有联系的整体"，"希腊化世界是个变动的、扩大的世界"。[①]

作者勾勒出的希腊化图景似乎是这样的：希腊文化向外（主要是亚洲）扩散—受到遏制—反向于罗马。希腊化时期即希腊文化向外传播的时期。

布瑞对从亚历山大征服到罗马吞并埃及的希腊化时代推崇备至。他指出，如果就欧洲文明与古代文明的承继关系而言，在某种意义上，希腊化时期比独立的城邦时代更加重要，更有价值。因为正是通过这一时期，早期时代产生了它的影响。也正是在这个时期，罗马文化半希腊化了，正是通过罗马，希腊潜移默化地影响了西欧文明的发展。这一革命性影响的后果就是，在公元前4—前3世纪末之际，我们今日之文明与公元前5世纪文明的分道扬镳已经迈开了巨大的一步。他对那种认为希腊人在公元前3世纪就已经颓废的观点严加驳斥。他认为，伟大的城邦政治确已过去，但它们仍拥有创造力和对真理的一如既往的炽热追求，在完全改变的环境内，它们在创新，在贡献，在这些新颖而有价值的方

[①] W. W. Tarn, *Hellenistic Civilisation*, 1952, pp. 1–2.

附录六 希腊化研究述评(下迄20世纪80年代)

面表现着希腊的精神。①

《剑桥古代史》1984年版第7卷第1分册把对希腊化时代的叙述限于公元前323—前217年,因为公元前217年这一年马其顿腓力五世及其希腊同盟和埃托利亚同盟签订了瑙帕克图斯(Naupactus)和约,托勒密四世和安条克三世签订了关于叙利亚的和约。从此,用波里比乌斯的话来说,整个文明世界的事务交织在一起(Sympleke),"罗马开始在希腊事务中发挥着实质性作用"(见该书封面内容提要)。五十多年后,罗马取得了这个世界的支配地位。②

卡里在其著作的题目中已经注明,他的希腊化世界的时限是公元前323—前146年。他在"导言"中认为,"希腊人与马其顿人的合作带来了古代战争中最令人惊讶的丰功伟绩——亚历山大的东征。这是希腊史上最奇怪的悖论:马其顿征服的灾难反而将希腊人推向了他们的权力的顶峰。亚历山大死时。他们已经成了三大洲的主人,拥有了希腊化这个世界的唯一机遇。另一方面,他们的治国术遇到了帝国管理这个新的巨大问题,他们的文化被迫卷入了与深深植根于近东的文明的竞争。总而言之,希腊人被召唤着去冒更大的风险,希腊化时代就是对他们的最高考验"。③

威尔·杜兰著有多卷本《世界文明史》,在其中文译本第七卷《希腊的衰落》(台北版)中,他把亚历山大之后的历史(公元前322—前146年)称为"大希腊文明的流传"。杜兰认为:"希腊文明并未与希腊自由同归于尽,相反地,由于大帝国的形成,消除了交通、殖民及贸易上的政治障碍,而使希腊文明征服了新的地区,且向三方面蔓延"。④由此可知,作者把希腊化时代看作希腊文明的继续和扩大。

《详编新大英百科全书》(1980年第15版)对希腊化的解释:

在"Greek Civilization, Ancient"词条中,注明希腊化时期的时间

---

① J. B. Bury et al., *The Hellenistic Age*, pp. 1–5.
② F. W. Walbank et al., eds., *The Cambridge Ancient History*, Volume VII, Part I: *The Hellenistic World*, 1984, "Preface", p. xi.
③ M. Cary, *A History of the Greek World from 323–146 B.C.*, "Introductin", p. xvi.
④ [美]威尔·杜兰:《希腊的衰落》,幼狮翻译中心编译,(台北)幼狮文化事业公司1978年版,第145页。

范围是公元前323—前30年，把这三个世纪视为整个希腊史上最多产、最有影响的时期之一。认为希腊化世界在文化上是一个整体，它"从西地中海扩展到中亚"①。但在"Hellenistic Religion"词条却指出："希腊化时代从广义上说，可以确定为从亚历山大（公元前336—前323年）到第一个基督教皇帝君士坦丁（死于公元337年）"。"如果把希腊化时期（约公元前300—公元300年）作为一个整体来看待，它是宗教史上最富有创造力的时期之一，它是希腊、罗马帝国中的精神革命时代，也就是当旧的崇拜消失或被根本改造，新的宗教方兴未艾的时代。"②

《简明新不列颠百科全书》的"Hellenistic Age"词条中认为，希腊化时代地域范围包括地中海和近东地区，时间从亚历山大到罗马占领埃及，奥古斯都即位。公元前4、前3世纪以希腊—马其顿人的王国建立于东方和罗马兴起于西方为特征；公元前2世纪和前1世纪是以罗马霸权逐渐扩大于整个地中海为特征。③

新版《大英百科全书》显然提出了两个时间限定：狭义：公元前323—前30年；广义：约公元前300—公元300年，但不论哪一种限定，罗马都被纳入了希腊化的范畴。

苏联学者塞尔格叶夫的《古希腊史》中，列举了一些西方学者对希腊化的界说：

卡尔·奈曼（Karl Neymann，著《古代历史的发展与问题》）："希腊精神与东方精神的结合。"

尤里乌斯·刻尔斯特（Julius Kaerst，著《希腊主义史》）："使希腊民族成为纯粹文化成份的改造，以全世界为自己的祖国。"

德罗伊森：希腊主义的本质在于"希腊的治权和教化普及到（东

---

① *The New Encyclopaedia Britannica*: Macropaedia Vol. Ⅷ, Chicago: Encyclopaedia Britannica, Inc., 1980, pp. 376, 388. 该词条的作者是沃尔班克（F. W. Walbank）。

② *The New Encyclopaedia Britannica*: Macropaedia Vol. Ⅷ, p. 749. 该词条的作者是乔纳森·史密斯（Jonathan Smith）。

③ *The New Encyclopaedia Britannica*: Micropaedia Vol. Ⅳ, Chicago: Encyclopaedia Britannica, Inc., 1983, p. 1004. 该词条作者不详。

附录六　希腊化研究述评(下迄20世纪80年代)

方的)衰败的文明氏族中间"。①

苏联学术界

由于文字的限制,笔者对苏联学者关于希腊化的研究成果所知甚少,只能从手头可以参考的两本书(塞尔格叶夫的《古希腊史》、苏联科学院主编的《世界通史》第二卷上册)来了解苏联史学界的动态。不过,这只能代表苏联四五十年代的观点。塞尔格叶夫和苏联的《世界通史》都对西方把希腊化仅仅看作希腊文化向东方传播的观点进行批判否定。但令人遗憾的是,二者都未能给"希腊化"一词以明确的定义。苏《通史》只转述了一个传统概念,指出了它的时空范围(时间:从亚历山大远征到埃及臣服于罗马;空间:东地中海地区、西亚、黑海地区)。它在论述中有几处提到了希腊化的特征:(1)希腊化是"希腊马其顿因素和地方因素交互影响的复杂而矛盾的过程"。②(2)"从前过着比较独立生活的许多部落被纳入希腊化大国的势力范围。"③(3)希腊因素和地方因素的结合,宗教、艺术、科学的综合性。④塞尔格叶夫认为:希腊主义的特征,在政治制度上,是古典城邦和东方帝国的结合;在文化上是希腊的与东方的文化及宗教的综合,具体表现为混合主义、世界主义、个性主义以及自然科学、数学和技术学科优于人文科学。⑤

苏联史学界虽然表示反对希腊文化东传说,强调希腊文化和东方文化的融合,但仍然沿用"希腊化"一词,仍然认为"希腊化文化促进了希腊哲学和希腊艺术的最杰出成就的传播"。⑥

造成这种矛盾的局面一方面反映了希腊化时期历史的复杂性、多样

---

① [苏]塞尔格叶夫:《古希腊史》,缪灵珠译,高等教育出版社1955年版,第434页。
② [苏]苏联科学院(乌特亲科)主编:《世界通史》第二卷上册,人民出版社1962年版,第311—312页。
③ 同上书,第361页。
④ 同上书,第367页。
⑤ [苏]塞尔格叶夫:《古希腊史》,缪灵珠译,高等教育出版社1955年版,第433、491页。
⑥ [苏]苏联科学院(乌特亲科)主编:《世界通史》第二卷上册,人民出版社1962年版,第317页。

性；另一方面也反映了他们既想尊重历史，又不愿对西方观点随声附和的进退两难。而且，如果说希腊化文化促进了希腊哲学和艺术的传播，那不等于说，这种文化的主体就是希腊文化，这个时代就是希腊文化传播的时代吗？

关于希腊化时代的归属问题，西方学者、苏联学者的观点基本一致。布瑞、哈蒙德（N. G. L. Hammond）的希腊史都写到亚历山大死时为止。不过，从其专门注明时间上下限这一点，又可看出他们并没有断然把希腊化时代排除于希腊史之外。博茨福德（G. W. Botsford）的《希腊史》包括希腊化时代，所占篇幅约五分之一。爱伦伯格（Victor Ehrenberg）的《希腊国家》几乎二分之一的篇幅谈希腊化时期的国家。格罗特的《希腊史》虽未对希腊化时代做专章论述，但把希腊历史下延到公元前2世纪，《大英百科全书》"古代希腊文明"词条设专节谈希腊化时期。塞尔格叶夫把希腊化时代纳入他的《古希腊史》。格劳兹的《古希腊的劳作——古代希腊经济史（从荷马时期到罗马征服）》的上下限很显然包括了希腊化时期，其第四部分就是关于这一时期的专论。[①] 可见，国外学者普遍认为，希腊化时代属于希腊史的范畴。

综上所述，可以归纳出这么几点：

（1）西方学者总的倾向是，希腊化时代是希腊历史的延续，希腊化即希腊文化的传播，只是范围不同，有的认为局限于东方，有的认为包括整个地中海地区为中心的亚非欧地区。

（2）苏联学者虽然反对希腊文化东传说，强调希腊文化和东方文化的融合，但忽视了希腊文化在希腊化文化形成过程中的主导作用。

（3）有的西方学者，如塔恩，已经注意到了东方因素在希腊化时期政治、经济、文化方面的作用，但不可否认的是，他们更多关注的是希腊人对东方君主专制制度和宗教观念的接受，而没有对希腊本土的统一趋势和马其顿王权在希腊化时期君主制形成过程中的作用予以充分注意。苏联学者在这一方面也较为明显。

---

① G. Glotz, *Ancient Greece at Work: An Economic History of Greece from the Homeric Period to the Roman Conquest*, New York: Alfred A. Knopf Press, 1926.

附录六 希腊化研究述评（下迄20世纪80年代）

（4）一般认为，希腊化时期的上限为亚历山大之死（公元前323年），下限为奥古斯都占领埃及（公元前30年），但也有其他的看法，如卡里把下限定为公元前146年，沃尔班克定为公元前217年，《大英百科全书》"Hellenistic religions" 词条定为公元300年。

国内史学界

这里的国内，主要指1949年以后到20世纪80年代。由于资料所限，笔者对此前我国史学界对希腊化时代的研究动态几乎一无所知[①]，只是从60年代对"欧洲中心论"、对周谷城先生的批判文章中才窥知周先生对希腊化持肯定的观点，认为亚历山大"推广"、"传播"了希腊文化。据笔者所知，50年代初，有几所大学的历史系受教育部委托编写了世界古代史方面的教材。因当时未出版发行，原本一时难以找到。[②] 这些书中是否涉及希腊化问题，不得而知。不过吴于廑先生1962年在北师大的讲演，似乎暗示了此前的一般历史书都曾介绍过后期希腊的历史。

50年代和60年代初，我国翻译了苏联学者塞尔格叶夫的《古希腊史》和苏联科学院的十卷本《世界通史》以及其他一些世界古代史教材。他们的观点以《世界通史》为集中体现，前已略及，不再赘述。

在我国史学界，真正对通行的"希腊化"观点提出质疑的第一人是武汉大学历史系教授吴于廑先生。吴先生1956年在《历史教学》10月号上发表了《略论亚历山大》一文，指出亚历山大东征实为东侵；

[①] 近年来李长林先生致力于清末民初西学东渐资料的搜集整理，撰有《中国学术界对希腊化时代历史的了解与研究》（《世界历史》2007年第5期）一文，其中第一节详细介绍了1949年以前国内输入的有关希腊化研究的信息，其余部分介绍了1949年以来国内的研究概况，可资参考。

[②] 其中最有影响的是南开大学历史系教授雷海宗先生编写的世界古代史教材，近年已经由雷先生的弟子王敦书先生整理出版。据笔者所知，现在有两个版本，一个是中华书局版（雷海宗著，王敦书整理：《世界上古史讲义》，中华书局2012年版），另一个是天津人民出版社版（雷海宗：《世界古代史纲要》，天津人民出版社2016年版）。其中，雷先生在第10章使用了"希腊化时代"和"希腊化世界"这样的术语来表示亚历山大之后的一段时期（公元前322—前31年）和从东地中海到"亚洲西部"（远到中亚）的广大区域。参见中华书局2012年版，第261、277—281、302—304、306—314页。

他的混合政策可以说是东方化的政策;亚历山大由一个"马其顿式的国王"变成了"东方专制皇帝";他的活动没有"超轶波斯帝国的旧规"。吴先生在提到"希腊化"一词时加上了引号,似已对此词的适用性产生了怀疑。吴先生认为,"东西文化的交流、古代东西两方的智慧合炉而冶,形成了'希腊化'时期科学和艺术的繁荣"。

吴于廑先生1958年在《历史教学》2月号上发表了《希腊化时期的文化》,阐述了他对希腊化问题的基本观点。在此文中,他首先介绍"希腊化"一词的含义及其历史演变过程。他指出,西方史学界以此来称谓亚历山大帝国分裂之后几个国家的历史,其目的"显然是为了强调希腊的因素在这段历史时期的作用,把这段历史看作希腊历史的延续"。他认为:"希腊化时期的历史应该看作是希腊因素和东方因素多样性互相汇合的历史",不应"撤去任何一方的作用";然而,"在多数的希腊化各国,不论是在经济、政治和文化生活方面,东方的因素都起了不可估计的和具有决定意义的作用"。基于这样的观点,吴先生在论述希腊化文化及其经济政治背景时,一再强调东方因素的重要作用。他认为"如果没有东方社会所创造的巨大财富,就不会出现这一时期东地中海的经济繁荣。希腊征服者在东方国家所建立的强盛的王朝以及在这些王朝卵翼之下的诗人、学者和大规模庞大的学术机构,也就会一无所托"。在他看来,希腊化时期,东方原有的经济制度顽固存在,君主政体被希腊人王朝所承袭。文化方面,不论数学、天文学、哲学,还是宗教、王室图书馆都与东方有关,或在其基础上发展起来的。①

总之,吴先生此文肯定希腊化时代是东西方文化融合的时代,驳斥了那种仅把其看作希腊文化传播的片面观点,是我国希腊史研究的一大突破。

吴先生1962年在北师大讲演《后期希腊历史上的几个问题》时,对他的上述观点做了进一步的阐述和论证。② 他明确指出:"托勒密埃及和塞琉古王国不能说是希腊历史的继续",理由是:(1)这二者的政

---

① 吴于廑:《希腊化时期的文化》,《历史教学》1958年2月号。
② 刘家和:《吴于廑教授来我校讲演"后期希腊历史上的几个问题"》,《北京师范大学学报》1962年第2期。

附录六　希腊化研究述评（下迄20世纪80年代）

治制度是承袭东方的；（2）在社会经济上并不存在什么"希腊发达的奴隶制传到东方"的问题；（3）在文化上，不能片面夸张"希腊化"。这三条理由中举的论据与1958年文章中所提大致相同，但第二点似乎与前有所不同。在1958年文中，吴先生曾提到希腊化时期"希腊奴隶制的对外扩张"；在托勒密埃及，由于希腊殖民者的影响，奴隶制有所发展；还提到在希腊殖民者居住的城市里，"古典的奴隶制经济应该占有一定的地位"。这说明吴先生还是承认希腊奴隶制在东方的发展。不过，由于他当时主要强调东方原有的经济制度，未明确指出东方的奴隶制，所以受到编者的责难（见《历史教学》1958年2月号第27页编者注）。这一点似乎是针对那个编者注的有感而发。然而，吴先生还是承认东方奴隶制的存在，他说，"在东方主要流行的是奴隶主占有生产资料同时有权支配生产者劳动的奴隶制"。按照吴先生的解释，不论是农业生产者（劳伊，王田农夫），还是手工业作坊的生产者，都是奴隶。"这些特点都与希腊不同，而为东方所固有。"

吴先生的上述观点在我国世界古代史学界得到了普遍的认可（这与20世纪60年代批判"欧洲中心论"的政治气候可能有关）。他所主编的《世界通史·上古部分》（分册主编是齐思和先生）一反欧美、苏联的传统，摒弃了希腊化、希腊化时期、希腊化文化之类的说法，而用"后期希腊文化"代替素称的"希腊化文化"，把希腊人在东方建立的外族王朝单独列章述之，视为该地区"过去历史的延续"，因其"社会结构基本未变"。①

"文化大革命"之后，国内出版了不少世界古代史的专著、教材。在"希腊化"问题上，它们中的大部分都接受了吴先生的观点，尽量回避"希腊化"的提法，在编写体例上以周吴本《世界通史》为蓝本，把希腊化时期的文化归于后期希腊文化或略去②，只有李纯武、寿纪瑜

---

① 周一良、吴于廑主编：《世界通史》上古部分（分册主编：齐思和），人民出版社1973年第2版（1962年第1版），第247、242页。
② 崔连仲主编的《世界史·古代史》（人民出版社1983年版）将其归于"公元前4世纪末至公元前1世纪希腊的文化"（见第270—279页）。刘家和先生主编的《世界上古史》（吉林人民出版社1979年版）没有涉及这一部分内容。

的《简明世界通史》上册（人民教育出版社1982年版）中，在"古代希腊"一章中列出了"希腊化文化"这一子目。对于这一处理方法，吴先生主编的《世界通史·上古部分》有一解释："由于他们（指创造希腊化文化的文人学者、艺术家——笔者注）都是来自世界各地的属于希腊籍的人，受到托勒密王朝的特殊眷顾，因此，一般都把他们的成就归之后期希腊文化"。①

最后还有两本教材值得一提。一本是南开大学历史系编的《世界古代史》。这本书在"古代希腊"一章中的第7节专写"公元前3—前1世纪的希腊、埃及、西亚"，虽未用"希腊化时代"来冠之，但把此时的埃及、西亚列入"古代希腊"一章，②可见编写者注意到了希腊史的整体性、延续性。另一本是林志纯先生主编的《世界上古史纲》。③在"古代希腊"一章中，作者指出"马其顿腓力、亚历山大父子在出征波斯之前已经是一个希腊—马其顿的专制君主了，并非亚历山大征服波斯帝国后才是一个专制君主。希腊的专制主义是希腊奴隶制社会自己矛盾发展的结果。希腊罗马的专制主义不是从东方来的"。④这一观点与以前我国学者，尤其是和吴于廑先生的观点大相径庭。但作者看出马其顿在入侵亚洲前已实行君主制，认为专制主义并非来自东方，无疑是正确的。不过，称腓力、亚历山大为"专制君主"，称"希腊专制主义"似乎有待商榷，至少就马其顿王权而言，显然不可与埃及、西亚的君主专制同日而语。如前所述，马其顿的君主制是刚从军事民主制发展而来，是一种不成熟的、带有部落制痕迹的君主制，只是在希腊化时代，才逐步完善起来，形成具有那个时代特征的君主制。

---

① 周一良、吴于廑主编《世界通史》上古部分（分册主编：齐思和），人民出版社1973年第2版（1962年第1版），第259页。

② 未正式出版。

③ 此书初版是集体著名［《世界上古史纲》编写组：《世界上古史纲》（上册），人民出版社1979年版，（下册）1981年版］，但事实上林志纯先生是主编，2007年天津教育出版社重版时，已经做了更正，见林志纯主编《世界上古史纲》，天津教育出版社2007年版。

④ 《世界上古史纲》编写组（林志纯主编）：《世界上古史纲》（下册），人民出版社1981年版，第206—207页。

附录六 希腊化研究述评（下迄20世纪80年代）

综上所述，目前国内外学术界对希腊化问题上的主要分歧和研究的重点在于以下几个问题：

1. "希腊化"术语的适用性

用"希腊化"称谓这一时期到底恰当与否？它们的上下限及地理范围应如何确定？

2. "希腊化"的性质

是希腊文化的传播，还是东西方文化的融合或是希腊文化与当地文化的融合？如果是融合，哪一种文化占主导地位？

3. "希腊化时期"的归属

是希腊历史的继续，还是分而属之，文化（狭义）属希腊，国家政治经济制度属东方？

4. 君主制问题

是对东方君主制的因袭，还是马其顿不成熟的君主制和东方君主制的结合？

5. 关于土地制度及东方国家的性质问题

是奴隶制还是农奴制？劳伊、王田农夫、王民的身份到底是什么？

这些问题将是自己未来研究关注的对象①，但就现在而言，本人只能从宏观的角度对一些问题提出初步看法：

1. 希腊化时代是希腊文化与当地文化（主要是东方）冲突和融合的时代。军事征服是希腊文化冲击的先导，融合在冲击的过程中实现，融合的结果是希腊化文化的形成。当地因素在融合过程中起了一定的作用，但并非在各方面都是决定性的因素。就文化的创造者主体、文化中心、文化的载体与表现形式而言，希腊人、希腊式城市、希腊语、希腊文学艺术形式显然居于主导地位。就文化的各个分支而言，东方因素在天文学和宗教领域的影响清晰可见，但从哲学、史学、文学、艺术以及物理学、生物学、医学、地理学，甚至天文学等自然学科来看，绝大多数文化成果均出自希腊学者之手。当然，这些成果中都内含了不同程度

---

① 这只是当时自己的想法，事实上后来由于研究重点的转向，有许多问题自己并没有继续关注，遗憾至今。

的东方因素。希腊化文化是一个多元文化、混合文化，但并非各元均等，而是有主有从，有其内在统一性。这是由希腊化世界的多元性和统一性所决定的。

2. 希腊化时代的上限是公元前334年，下限是公元前30年。因为希腊文化与东方文化的大规模接触、融合在亚历山大东侵过程中就已经开始了。亚历山大采用东方宫廷礼仪、服饰，广建城市，接受波斯帝国行省的管理模式，与波斯人结婚，让波斯人担任军队主力，任用波斯人为官，这一切都表明，亚历山大东侵是两种文化冲突的直接根源，是希腊文化向当地文化发起冲击，并与之融合的开端，揭开了希腊化时代的序幕。公元前3世纪，是希腊化时代的辉煌时期，各王国呈鼎立竞争之势，推动了东西方文化的融合，希腊化文化的特征基本形成；公元前2—前1世纪，希腊化文化继续产生影响，被滚滚东进的罗马人所接受。到公元前1世纪末，环东地中海的所有希腊化王国都纳入了罗马帝国的版图。从这个意义上来说，希腊化时代是希腊古典时代到罗马帝国时代的中间环节。

3. 希腊化时代可以作为一个独立的历史单位来看待，也可以是古希腊历史的一个组成部分，但它不同于希腊古典时代，这不仅表现在地域的扩大，更重要的是在各方面呈现出希腊文化和当地文化融合的特征。在这个新的世界内，古老的东方文化受到了有力的冲击，但也进行了默默的顽强抵抗。广袤的原野，连绵的山脉，无垠的戈壁沙漠，众多而发展层次迥异的民族使希腊人犹如大海中的几叶扁舟，希腊人的城市犹如沙漠中的绿洲。然而，希腊人是国家的主宰，希腊语是官方通用语言，希腊人的城市分布各地。为了更好地进行统治，他们不得不与当地的文化发生融合。凡是希腊人统治所及和影响所致的地区，都汇入了这一巨大的历史融合之流。远东的中亚、印度，黑海北岸的博斯普鲁斯，非洲的努比亚、亚平宁半岛上的罗马，无一不受到希腊文化的冲击。对于这样一个时代，我们称其为希腊化时代，但对"希腊化"一词赋予新的含义，笔者认为还是比较恰当的。"后期希腊"或"公元前323—前30年的希腊与地中海世界"固然可以上接希腊古典时代，但却无法在时间和空间上全部涵盖亚历山大开创的波及欧亚非三大洲的希腊化文化（文明）与希腊化世界。

4. 希腊化时期的君主制是马其顿不成熟的、带有军事民主制残余的王权与东方已实行几千年的君主制的一拍即合，其特征是帝国与拥有自治权的城市、专制与法律、国王与王友、希腊的"人"神与东方的天神、希腊奴隶制与东方原有经济制度①等方面的浑然一体。希腊征服者建立的王朝并非当地王朝的延续和对原有统治机制的全部承袭。我们知道，亚历山大就是以马其顿国王和希腊盟主的身份进入亚洲的。马其顿本身就是一个成长中的君主制国家。马其顿不是希腊城邦，亚历山大及其后继者也不是城邦公民选举的将军或执政者，而且公元前4世纪希腊城邦制衰落，统一与王权思想开始流行，全希腊的科林斯同盟和共推腓力、亚历山大为盟主（当然这里有武力胁迫的因素）就反映了这种趋向。在这种背景之下，亚历山大及其部将在亚洲所建立的帝国或王国只能是马其顿王权、东方专制传统和希腊城邦制残余三流合一的君主制国家。

补　正

以上所述都是自己在20世纪80年代的一些想法。当时处于拨乱反正时期，对于历史研究也是如此。此前，在特定的历史环境下，学者们也难免受到"左"的干扰，在一些理论问题上无法坚持个人的学术观点，往往言不由衷，因此，他们发表的文章、出版的著作、编写的教材，都深深地打上了那个时代的印记（不如此，则绝无发表出版的可能）。对此，我们应该加以充分的理解。有些学者在后来的著述中，对以前的观点做了调整。这种求真求实、与时俱进的精神确实令人敬佩。吴于廑先生就是这么一位可敬的大家。1985年，笔者经王敦书先生推荐，参加了在内蒙古大学召开的世界古代史年会，第一次幸运地见到了吴先生。在返回途中，吴先生要顺道到山西省政协，由我和山西大学的陈文明先生陪同他到太原。路上，在吴先生的卧铺车厢，我向吴先生请教了全球史的问题和他对斯塔夫里阿诺斯观点的评价，当时惊讶地感到，中、美两

---

① 笔者对这一时期的东方奴隶制持怀疑态度。劳伊（Laoi）、王田农夫，按其身份似为佃农或农奴、隶农，不像奴隶。吴于廑先生认为，"劳伊名为自由人，实为奴隶"。（刘家和：《吴于廑教授来我校讲演"后期希腊历史上的几个问题"》，《北京师范大学学报》1962年第2期。）

附 录

位全球史（整体史）研究创始人的观点是如此相近，真是英雄所见略同（这是随行的吴夫人对笔者的随口回答）。后来在南开大学转向希腊化时代的研究，或许与这次和大师的会面很有关系。因为从此以后，笔者开始较多地关注吴先生的著作和文章，他的《古代的希腊和罗马》（中国青年出版社1957年版），他的关于亚历山大和希腊化文化的两篇文章成为笔者从事世界古代史和希腊史研究的入门书目。

当我决定以"希腊化时代"作为自己的研究方向后，我再次反复阅读吴先生的那两篇文章，深为吴先生高屋建瓴的宏大气魄和行云流水般的妙笔生花所折服，但同时也隐隐感到，在那个政治挂帅、阶级斗争为纲的年代，吴先生能够就又古又洋，且比较敏感的问题设法表明自己的观点，已属十分不易。我们有幸赶上了改革开放的新时代，有条件开始接受最新的国外研究成果，我们应该在老先生和前人的基础上将我国的希腊化研究向前推进，所以就在后来的研究中不揣冒昧提出了自己一些不成熟的想法。比如，希腊化时代与希腊古典时代不同，在亚历山大东征到最后一个希腊化王国托勒密埃及灭亡的三百年间，以军事征服为先导，以政治统治为基础，希腊文化和埃及、巴比伦、印度的文化发生了直接的、大规模的碰撞和交流，从而在这片广袤的大地上，兴起了一个希腊人为创造主体，希腊古典文化形式为载体，熔希腊文化与东方文化于一炉的新型混合文化，多元统一是其基本特征。这些年的研究证明，这样的基本定性还是可以成立的。

令人惊喜，也出乎意料的是，吴于廑先生竟然在1992年于80岁高龄之时，用了三个月的时间，把自己过去的文章梳理了一遍，选出30篇加以订正结集，其中有的篇目题目做了修改，有的做了局部改写。此书1995年以《吴于廑学术论著自选集》之名出版。① 当时看到后，首先注意到的就是其中的《东西历史汇合下的希腊化文化》一文。这篇文章事实上就是1958年在《历史教学》2月号上发表的那篇《希腊化时期的文化》，但标题改了，内容上也做了较大的调整，全文各节均有删减。第一节删除最多，但保留了对罗斯托夫采夫强调希腊人在希腊

---

① 吴于廑：《吴于廑学术论著自选集》，首都师范大学出版社1995年版。

化世界起主导作用的批评，并由此展开全文，旨在说明希腊化时代的文化是东西方历史汇合的结果，而非任何一方在起主导作用。可以看出，吴先生已经放弃了"在多数的希腊化王国，不论是在经济、政治和文化生活方面，东方的因素都起了不可估计的和具有决定意义的作用"这样的观点（这段话在正文中已经删除）。对1958年文中关于东方各希腊化王国政治经济制度的定性问题，他还是坚持东方原有社会经济体制与希腊式奴隶制并存，这就等于从1962年的观点又回到了1958年。看来，吴先生总体上是否定东方奴隶制的存在和奴隶社会的普遍性的。

吴先生的这篇新作给笔者莫大的鼓舞，在对希腊化文化的基本定性上，笔者终于在老先生这里觅得了知音。真心希望老先生的在天之灵能够感受到一个无名学子的深深谢意和思念。

王位世系表*

1. 马其顿阿基德王朝（Argead Dynasty）①

卡拉努斯	Karanus	808—778
科伊诺斯	Koinos	778—750
提利马斯	Tyrimmas	750—700
帕狄卡斯一世	Perdiccas Ⅰ	700—678
阿盖乌斯一世	Argeaus Ⅰ	678—640
腓力一世	Philip Ⅰ	640—602
埃罗普斯一世	Aeropus Ⅰ	602—576
阿尔塞塔斯一世	Alcetas Ⅰ	576—547
阿门塔斯一世	Amyntas Ⅰ	547—498/7
亚历山大一世	Alexander Ⅰ	498/7—454
帕狄卡斯二世	Perdiccas Ⅱ	454—413
阿刻劳斯一世	Archelaus Ⅰ	413—399
奥瑞斯提斯	Orestes	399—396
埃罗普斯	Aeropus Ⅱ	396—395/3
阿刻劳斯二世	Archelaus Ⅱ	395—394
波桑尼阿斯	Pausanias	394/3
阿门塔斯二世	Amyntas Ⅱ the Little	393
阿吉乌斯二世	Argaeus Ⅱ	393—392，390
阿门塔斯三世	Amyntas Ⅲ	392—370
亚历山大二世	Alexander Ⅱ	370—368

---

* 以下各表除特别注明者，国王在位年代均为公元前。

① 关于马其顿阿基德王朝的世系，存疑处较多。早期国王到阿门塔斯一世以前，前三位属于传说人物，其后的几位也缺乏准确的纪年。现在的列表主要依据 R. Maicolm Errington, *A History of Macedonia*, Berkeley: University of California Press, 1990 提供的王表（List of Kings）和维基百科资料（https://en.wikipedia.org/wiki/List_of_ancient_Macedonians#Kings，获取时间 2017-03-03）酌情排定。摄政王、在位时间极短者，[如克拉特鲁斯（Craterus）在位仅4天（公元前399年）]或仅单一材料出现者一般都略去不列；同年并列者择一作为上下衔接，在位时间有争议者，尽量注明，以便于读者判断。

王位世系表

帕狄卡斯三世	Perdiccas Ⅲ	368—359
腓力二世	Philip Ⅱ	359—336
亚历山大三世	Alexander Ⅲ	336—323
腓力三世	Philip Ⅲ	323—317
亚历山大四世	Alexander Ⅳ	323—310

2. 托勒密王朝①

托勒密一世·救主	Ptolemy Ⅰ Soter	305—283
托勒密二世·爱姐者	Ptolemy Ⅱ Philadelphus	283—246
托勒密三世·施恩者一世	Ptolemy Ⅲ Euergetes I	246—221
托勒密四世·爱父者	Ptolemy Ⅳ Philopator	221—204
托勒密五世·神显者	Ptolemy Ⅴ Epiphanes②	204—180
托勒密六世·爱母者	Ptolemy Ⅵ Philometor	180—145
—与托勒密八世·施恩者二世（"菲斯孔"）和克列奥帕特拉二世共治	—with Ptolemy Ⅷ Euergetes Ⅱ (Physcon③) and Cleopatra Ⅱ	170—164
—与克列奥帕特拉二世共治	—with Cleopatra Ⅱ	163—145
托勒密八世·施恩者二世（复位）	Ptolemy Ⅷ Euergetes Ⅱ (restored)	145—116
克列奥帕特拉三世和托勒密九世·救主二世（拉修卢斯）共治	Cleopatra Ⅲ and Ptolemy Ⅸ Soter Ⅱ (Lathyrus)④	116—107
克列奥帕特拉三世和托勒密十世·亚历山大一世共治	Cleopatra Ⅲ and Ptolemy Ⅹ Alexander Ⅰ	107—101
托勒密十世·亚历山大一世和克列奥帕特拉·贝蕾妮斯共治	Ptolemy Ⅹ Alexander Ⅰ and Cleopatra Berenice	101—88
托勒密九世·救主二世（复位）	Ptolemy Ⅸ Soter Ⅱ (restored)	88—81
克列奥帕特拉·贝蕾妮斯和托勒密十一世·亚历山大二世共治	Cleopatra Berenice and Ptolemy Ⅺ Alexander Ⅱ	80
托勒密十二世·新酒神（吹笛者）	Ptolemy Ⅻ Neos Dionysos (Auletes)	80—58
贝蕾妮斯四世（先与克列奥帕特拉·特里菲娜共治）	Berenice Ⅳ (at first with Cleopatra Tryphaena)	58—56
贝蕾妮斯四世与阿凯劳斯共治	Berenice Ⅳ and Archelaus	56—55
托勒密十二世·新酒神（复位）	Ptolemy Ⅻ Neos Dionysos (restored)	55—51

---

① 以下托勒密王朝、塞琉古王朝、马其顿地区统治者（贡那特之前）、安提柯王朝、帕加马阿塔利王朝王位世系表，译自 F. W. Walbank, A. E. Astin, Frederiksen M. W. & Ogilvie R. M., eds., *The Cambridge Ancient History*, Volume Ⅶ, Part Ⅰ: *The Hellenistic World*, second edition, Cambridge: Cambridge University Press, 1984, pp. 482 - 483。

② Epiphanes 希腊语为"ἐπιφανής"，意译为"神的显现者"，简译为"神显者"，也可音译为"埃皮法尼斯"。

③ Physcon 希腊文为"φύσκον"，是小香肠的意思，具体寓意不详，此处音译为"菲斯孔"。

④ Lathyrus 希腊文为"Λάθυρος"，有野豌豆或豆类的意思，具体寓意不详，此处音译为"拉修卢斯"。

| 克列奥帕特拉七世·爱父者 | Cleopatra Ⅶ Philopator | 51—30 |

3. 塞琉古王朝

塞琉古一世·征服者	Seleucus Ⅰ Nicator	305—281
安条克一世·救主	Antiochus Ⅰ Soter	281—261
安条克二世·神	Antiochus Ⅱ Theos	261—246
塞琉古二世·凯旋者	Seleucus Ⅱ Callinicus	246—226/5
塞琉古三世·救主	Seleucus Ⅲ Soter	226/5—223
安条克三世·大帝	Antiochus Ⅲ Megas	223—187
塞琉古四世·爱父者	Seleucus Ⅳ Philopator	187—175
安条克四世·神显者	Antiochus Ⅳ Epiphanes	175—164
安条克五世·好父亲	Antiochus Ⅴ Eupator	164—162
德米特里一世·救主	Demetrius Ⅰ Soter	162—150
亚历山大·霸主	Alexander Balas①	150—145
德米特里二世·征服者	Demetrius Ⅱ Nicator	145—140
安条克六世·神显者·狄奥尼苏斯	Antiochus Ⅵ Epiphanes Dionysus	145—142/1 或 139/8
安条克七世·施恩者（西戴人）	Antiochus Ⅶ Euergetes (Sidetes)	138—129
德米特里二世·征服者（复位）	Demetrius Ⅱ Nicator (restored)	129—126/5
克列奥帕特拉·女神	Cleopatra Thea	126/5—123
安条克八世·爱母者（"鹰钩鼻"）	Antiochus Ⅷ Philometor (Grypus)	126/5—96
塞琉古五世	Seleucus Ⅴ	126
安条克九世·爱父者（基齐库斯人）	Antiochus Ⅸ Philopator (Cyzicenus)	114/3—95
塞琉古六世·神显者·征服者	Seleucus Ⅵ Epiphanes Nicator	95
安条克十世·真诚的爱父者	Antiochus Ⅹ Eusebes Philopator	95
德米特里三世·爱父者·救主（驻跸大马士革）	Demetrius Ⅲ Philopator Soter (at Damascus)	95—88
孪生兄弟 { 安条克十一世·神显者·爱兄弟者	Antiochus Ⅺ Epiphanes Philadelphus	95
孪生兄弟 { 腓力一世·神显者·爱兄弟者（二者均驻跸西里西亚）	Philip Ⅰ Epiphanes Philadelphus	95—84/3
安条克十二世·酒神（驻跸大马士革）	Antiochus Ⅻ Dionysus (at Damascus)	87
腓力二世	Philip Ⅱ	84/3

---

① Balas 来自塞姆语 Bel，有"霸主"、"君主"、"主人"（lord）之意，也可音译为"巴拉斯"。

王位世系表

4. 安提柯·贡那特（Antigonus Gonatas①）之前马其顿地区的统治者

腓力三世·阿里戴乌斯	Philip Ⅲ Arrhidaeus	323—317
奥林匹娅斯	Olympias	317—316
卡桑德（305年称王）	Cassander (king from 305)	316—297
腓力四世	Philip Ⅳ	297
安提帕特	Antipater	297—294
亚历山大五世	Alexander Ⅴ	297—294
"围城者"德米特里一世	Demetrius Ⅰ Poliorcetes	294—288
吕西马库斯	Lysimachus	288—281
托勒密·克劳努斯（"雷电"）	Ptolemy Ceraunus	281—279

5. 安提柯王朝

安提柯一世（"独眼"）	Antigonus Ⅰ (Monophthalmus)	306—301
德米特里一世（"围城者"）	Demetrius Ⅰ (Poliorcetes)	307②—283
安提柯二世·贡那特	Antigonus Ⅱ (Gonatas)	283—239
德米特里二世	Demetrius Ⅱ	239—229
安提柯三世·施予者	Antigonus Ⅲ (Doson③)	229—221
腓力五世	Philip Ⅴ	221—179
柏修斯	Perseus	179—168

6. 阿塔利王朝

菲勒泰洛斯	Philetaerus	283—263
攸麦尼斯一世	Eumenes Ⅰ	263—241
阿塔卢斯一世·救主	Attalus Ⅰ Soter	241—197
攸麦尼斯二世·救主	Eumenes Ⅱ Soter	197—159/8
阿塔卢斯二世	Attalus Ⅱ	159/8—139/8
阿塔卢斯三世	Attalus Ⅲ	139/8—133
攸麦尼斯三世（阿里斯托尼库斯）	Eumenes Ⅲ (Aristonicus)	133—129

---

① Gonatas 希腊语（Γονατας）本意不详，较为流行的一种解释是"膝内弯的，八字脚的"（knock-kneed）。此处采用音译"贡那特"。

② 这年他夺取了雅典。次年（公元前306年）与其父一起称王。此处似应为"公元前301年"，此年他父亲安提柯一世兵败身亡，他成为该王朝的唯一继承者。

③ Doson 希腊语为 δωσων，意思是施予者（the man who is always going to give），也可音译为"多松"。

7. 巴克特里亚王国和印度—希腊人国王在位年代及其统治区域分布①

国主	在位年代	统治区域②
狄奥多托斯一世和狄奥多托斯二世 Diodotus I and Diodotus II	250—230	①—②
欧泰德姆斯一世 Euthydemus I	230—200	①—②
德米特里一世 Demetrius I	200—190	①—④
欧泰德姆斯二世 Euthydemus II	190—185	①—②
阿伽托克勒斯 Agathocles	190—180	①—③
潘塔勒翁 Pantaleon	190—185	④—⑥
安提马库斯一世 Antimachus I	185—170	①—④
阿波罗多托斯一世 Apollodotus I	180—160	③—⑥
德米特里二世 Demetrius II	175—170	①—④
安提马库斯二世 Antimachus II	160—155	③—⑥
欧克拉提德一世 Eucratides I	170—145	①—⑥
欧克拉提德二世 Eucratides II	145—140	②
米南德一世 Menander I	155—130	③—⑦
柏拉图 Plato	145—140	②
赫利俄克勒斯一世 Heliocles I	145—130	②
佐伊鲁斯一世 Zoilus I	130—120	③—④
阿伽托克里娅 Agathocleia	130—125	⑤—⑥
吕西亚斯 Lysias	120—110	③—④
斯特拉托一世 Strato I	125—110	⑤—⑥
安提亚尔西达斯一世 Antialcidas I	115—95	③—④
赫利俄克勒斯二世 Heliocles II	110—100	⑤—⑥
波利克塞诺斯 Polyxenos	100	③—④
德米特里三世 Demetrius III	100	⑤

---

① 此表依据 O. Bopearachchi, *Monnaies gréco-bactriennes et indo-grecques, Catalogue Raisonné*, Paris: Bibliothèque Nationale, 1991, p. 453 整理列出。其中印度—斯基泰人国王毛伊斯（Maues）、阿泽斯一世（Azes I）、拉竺乌拉（Rajuvula）的在位年代，原作没有标出，是笔者参考其他资料添加的，用圆括号标注。关于这些巴克特里亚和印度—希腊人国王在位年代以及取他们而代之的其他民族的统治者，还可参阅 https://en.wikipedia.org/wiki/Diodotus_II: "Greco-Bactrian and Indo-Greek kings, territories and chronology"。

② 以下巴克特里亚王国和印度—希腊人国王统治区域用序号标识：①巴克特里亚西部（West Bactria）；②巴克特里亚东部（East Bactria）；③帕拉帕米萨代（Paropamisadae）；④阿拉科西亚（Arachosia）；⑤犍陀罗（Gandhara）；⑥西旁遮普（Western Punjab）；⑦东旁遮普（Eastern Punjab）。具体位置也可参见后面图示。

王位世系表

续表

国主	在位年代	统治区域
菲罗克塞诺斯 Philoxenus	100—95	③—⑥
狄奥米德斯 Diomedes	95—90	③
阿门塔斯 Amyntas	95—90	④—⑤
埃潘德 Epander	95—90	⑥
泰奥斐鲁斯 Theophilos	90	③
佩乌克拉乌斯 Peucolaus	90	④—⑤
特拉索 Thraso	90	⑥
尼西阿斯 Nicias	90—85	③
米南德二世 Menander Ⅱ	90—85	④—⑤
阿尔泰米多罗斯 Artemidoros	85	⑥
赫尔迈欧斯 Hermaeus	90—70	③
阿尔凯比乌斯 Archebius	90—80	④—⑥
毛伊斯（印度—斯基泰人）Maues（Indo-Scythian）	(c. 85—60)	⑤—⑥
泰勒夫斯 Telephos	75—70	⑤
阿波罗多托斯二世 Apollodotus Ⅱ	80—65	⑥—⑦
希波斯特拉图斯 Hippostratos	65—60	⑥
狄奥尼修斯 Dionysius	65—55	⑦
阿泽斯一世（印度—斯基泰人）Azes I（Indo-Scythian）	(c. 48/47—25)	⑥
佐伊鲁斯二世 Zoilus Ⅱ	55—35	⑦
阿波罗菲尼斯 Apollophanes	35—25	⑦
斯特拉托二世 Strato Ⅱ	25BC—10AD	⑦
拉竺乌拉（印度—斯基泰人）Rajuvula（Indo-Scythian）	(c. 10AD—25AD)	⑦

大事年表[①]

公元前359年,腓力二世即马其顿王位。

公元前356年,亚历山大出生。

公元前352年,腓力二世开始向南扩张。

公元前348年,腓力二世摧毁奥林图斯,居民被卖为奴。

公元前346年,腓力二世与雅典缔结和约。

公元前340年,腓力二世围攻派佩林托斯(Perinthus)和拜占庭。雅典向腓力二世宣战。

公元前339年,腓力二世参加第四次神圣战争。

公元前338年,腓力二世在喀罗尼亚战役中击败雅典和底比斯联军。

公元前337年,腓力二世在科林斯召开全希腊大会,组建"希腊联盟"或"科林斯同盟",向波斯宣战。

公元前336年,腓力二世在女儿的婚礼上遇刺身亡,亚历山大继位。

公元前335年,亚历山大摧毁底比斯城。

公元前334年,亚历山大东征开始,在格拉尼库斯河战役中首战获胜。

[①] 主要依据 F. W. Walbank, A. E. Astin, Frederiksen M. W. & Ogilvie R. M., eds., *The Cambridge Ancient History*, Volume Ⅶ, Part Ⅰ: *The Hellenistic World*, second edition, Cambridge: Cambridge University Press, 1984, pp. 481 – 511 编定。其次还参考了 F. W. Walbank, *The Hellenistic World*, Glasgow: William Collins Sons & Co. Ltd., 1981, pp. 253 – 258; Osmund Bopearachchi, *Monnaies gréco-bactriennes et indo-grecques*, *Catalogue raisonné*, Paris: Bibliothèque Nationale, 1991, p. 453; M. M. Austin, *The Hellenistic World from Alexander to the Roman Conquest*, *A Selection of Ancient Sources in Translation*, Second augmented edition, Cambridge University Press, 2006, pp. 462 – 466; A. E. Astin et al., eds. *Cambridge Ancient History*, Vol. Ⅷ: *Rome and the Mediterranean to 130 B. C.*, second edition, Cambridge: Cambridge University Press, 1989, pp. 388 – 421 等资料。

大事年表

公元前 333 年，伊苏斯战役，亚历山大打败大流士三世。

公元前 332 年，亚历山大围困并占领推罗和加沙，进入埃及。

公元前 331 年，亚历山大前往西瓦绿洲拜谒宙斯—阿蒙神庙。10 月 1 日，高加米拉战役。10 月 21 日，亚历山大进入巴比伦。

公元前 330 年，大流士三世在巴克特里亚被当地总督比索斯弑杀。

公元前 330—前 328 年，亚历山大征服巴克特里亚和索格狄亚纳。

公元前 327 年，亚历山大娶中亚贵族女子罗克珊娜（Roxana）。从中亚进入印度。

公元前 326 年，亚历山大征服犍陀罗地区，但军队在抵达希发西斯河（Hyphasis）后拒绝继续东进。

公元前 325 年，亚历山大率军顺印度河南下，然后分海陆两路回返。

公元前 324 年，亚历山大返回苏萨。举行集体婚礼。

公元前 323 年 6 月 11 日，亚历山大在巴比伦突然病逝。同年，名义上的腓力三世和亚历山大四世即位（亚历山大死后出生），帕狄卡斯担任摄政。

公元前 323/2 年，巴克特里亚的希腊人驻军发生叛乱。

公元前 322 年，春天，帕狄卡斯征服卡帕多西亚，攸麦尼斯成为该地总督。

公元前 322/1 年，托勒密征服昔兰尼加（Cyrenaica）。

公元前 321 年，波吕珀尔孔（Polyperchon）统治希腊。

公元前 321 年，帕狄卡斯出征埃及，被谋杀。特里帕剌狄苏斯（Triparadisus）会议召开，安提帕特被宣布为帝国摄政。

公元前 319 年，安提帕特去世。托勒密第一次入侵叙利亚—腓尼基。

公元前 319 年，波吕珀尔孔成为帝国摄政。波吕珀尔孔与卡桑德之间爆发战争。

公元前 318 年，卡桑德与安提柯联合反对波吕珀尔孔。

公元前 317 年，卡桑德担任马其顿摄政，秋天，刺杀腓力三世。

公元前 316 年，卡桑德攻占皮德纳（Pydna）并处死亚历山大之母奥林匹娅斯。

公元前 316 年，攸麦尼斯被安提柯战败、俘获并处死。

公元前 315 年，塞琉古被安提柯驱逐出巴比伦，逃到托勒密处避难。

大事年表

公元前315/4年，安提柯建立爱琴海诸岛同盟（Koinon of the Nesiotes）。

公元前312年，塞琉古返回巴比伦，"塞琉古纪年"（the Seleucid Era）开始。

公元前311年，安提柯、托勒密、吕西马库斯和卡桑德和好。

公元前311—前301年，塞琉古王国定都底格里斯河畔的塞琉西亚。

公元前310年，卡桑德弑杀罗克珊娜与亚历山大四世。

公元前309年（或前308年），卡桑德和波吕珀尔孔重新结盟。

公元前309/8（？）年，安提柯被塞琉古一世驱逐出伊朗。

公元前308（或前305年）—前303年，塞琉古一世远征印度，与孔雀帝国国王旃陀罗笈多（Chandragupta）言和联姻。

公元前307年，"围城者"德米特里从卡桑德手中夺取雅典。

公元前306年，安提柯与德米特里从托勒密手中夺得塞浦路斯。父子二人称王，安提柯王朝建立。

公元前305/4年，托勒密、吕西马库斯、塞琉古和卡桑德称王。

公元前303年，德米特里将卡桑德赶出科林斯。

公元前302年，安提柯和德米特里组建新的"科林斯联盟"。庇洛士被驱逐出伊庇鲁斯。

公元前301年，反安提柯联盟形成，安提柯在伊浦索斯之战中败亡。其王国被瓜分，托勒密占领科伊勒—叙利亚。

约公元前300年，托勒密与吕西马库斯结盟，德米特里与塞琉古结盟。马伽斯（Magas）控制昔列尼。

公元前297年，卡桑德病逝。

公元前300/299年，皮埃里亚的塞琉西亚和安条克建立。塞琉古王国移都安条克。

约公元前297年，亚历山大里亚博物馆和图书馆建立。

公元前294年，安条克一世作为"共治者"掌管伊朗及其以东的行省。

公元前294—前287年，"围城者"德米特里在马其顿称王。

公元前288/7年，吕西马库斯和庇洛士入侵并瓜分马其顿。

公元前288/7年，托勒密从德米特里手中夺取推罗和西顿。

公元前286/5年，德米特里在亚洲向塞琉古一世投降。

公元前 285 年，吕西马库斯占有庇洛士在马其顿的领土。

公元前 285 年 3/4 月，托勒密二世与托勒密一世共治。

公元前 283 年，"围城者"德米特里在囚禁中去世。托勒密一世去世。

公元前 281 年，1 月或 2 月，吕西马库斯在科鲁派底翁（Corupedium）战役中阵亡。8 月或 9 月，塞琉古一世被托勒密·克劳努斯（Ceraunus）谋杀。克劳努斯在一场海战中打败安提柯·贡那特，成为马其顿国王（公元前 281—前 279 年）。米特里达提一世（Mithridates Ⅰ）在本都称王。安条克一世正式继位。

公元前 280 年，高卢人入侵色雷斯和马其顿，克劳努斯失败被杀。阿凯亚同盟重建。

公元前 280/79 年，高卢人入侵马其顿和希腊，在希腊中部被击退。

公元前 280/79 年，安条克一世与托勒密二世之间爆发叙利亚战争。

公元前 278 年，安条克一世与安提柯·贡那特重新结盟。

公元前 278/7 年，高卢人入侵小亚。

公元前 277 年，安提柯·贡那特在吕西马科亚（Lysimacheia）打败高卢人，成为马其顿国王。

公元前 277 年，埃托利亚人掌控近邻同盟（Amphictony）。

公元前 274—前 271 年，托勒密二世和安条克一世之间爆发第一次叙利亚战争。

公元前 274 年，庇洛士征服马其顿。

公元前 273 年，庇洛士之子托勒密打败贡那特。

公元前 272 年，春季，庇洛士入侵伯罗奔尼撒。秋，死于阿尔戈斯。贡那特恢复对马其顿的统治。

约公元前 270 年，安条克一世打败高卢人。

公元前 267—前 261 年，克瑞摩尼德斯战争（Chremonidean War）。

公元前 263 年，帕加马的攸麦尼斯一世继承菲勒泰洛斯之位（未采用国王称号）。

公元前 262/1 年，以弗所被托勒密王朝占领。

公元前 261 年，安条克一世去世，安条克二世继位。

公元前 261 年，贡那特和雅典和好。

大事年表

公元前260—前253年，第二次叙利亚战争。

约公元前260年，阿育王在坎大哈发布希腊语和阿拉米亚语双语敕令。

约公元前256年或前246年，巴克特里亚总督狄奥多托斯宣告独立。

公元前251/0年，阿拉图斯到访埃及。托勒密王朝向阿凯亚同盟提供资助。

公元前250年，昔兰尼加落入托勒密王朝之手。

公元前248/7年，阿尔萨息王朝建立，帕提亚纪年（Parthian era）开始。

公元前246—前241年，第三次叙利亚（劳狄克）战争。

公元前246年，托勒密三世攻占以弗所，抵达幼发拉底河和美索不达米亚。

公元前242/1年，安条克·希拉克斯（Antiochus Hierax）与塞琉古二世共治。

公元前241年，第三次叙利亚战争结束。

公元前240/39—约前237年，塞琉古二世与安条克·希拉克斯兄弟之战。

公元前240年（或前239年），塞琉古二世被其弟希拉克斯打败，撤退到西里西亚。

公元前240/39年，安提柯·贡那特去世，德米特里二世继位。

公元前239年，阿塔卢斯打败安条克·希拉克斯，称王。

约公元前230年，巴克特里亚王国欧泰德姆斯王朝建立。

公元前227/6年，罗德岛因地震遭到严重破坏。

公元前226—前223年，阿塔卢斯控制小亚西部。

公元前224年，阿凯亚与马其顿结盟。

公元前224/3年，希腊同盟建立。

公元前222—前221年，摩隆（Molon）叛乱，失败自杀。

公元前220—前217年，社会战争（Social War）：马其顿腓力五世发动希腊同盟向斯巴达、埃托利亚和爱利斯开战。

公元前219—前217年，第四次叙利亚战争。

公元前218年，腓力五世入侵埃托利亚。

公元前217年，拉菲亚之战。马其顿腓力五世及其希腊同盟和埃托利亚同盟在瑙帕克图斯签订和约，社会战争结束。

公元前215年，腓力五世和汉尼拔结盟。

公元前212—前205年，安条克三世东征巴克特里亚和印度。

大事年表

公元前 211 年，埃托利亚和罗马之间结盟，引发第一次马其顿战争。

公元前 208 年，安条克三世与欧泰德姆斯达成协议，承认他在巴克特里亚的合法统治地位。

公元前 206 年，埃托利亚及其同盟与腓力五世单独媾和。

公元前 203—前 202 年，腓力五世与安条克三世订立反埃及条约。

公元前 202—前 200 年，第五次叙利亚战争。

公元前 200—前 197 年，第二次马其顿战争。

公元前 200 年，欧泰德姆斯之子德米特里继位，入侵印度，成为第一位印度—希腊人国王。

公元前 197 年，攸麦尼斯二世继承阿塔卢斯一世王位。

公元前 196 年，罗马将军在科林斯赛会上宣布尊重希腊人的自由。

公元前 194 年，罗马人撤离希腊。

公元前 192—前 188 年，罗马与安条克三世之间的叙利亚战争。

公元前 189 年，安条克在马格尼西亚（Magnesia）被罗马人击败。

公元前 188 年，阿帕米亚和约（Peace of Apamea）签订。

公元前 173—前 164 年，犹太马加比起义。

公元前 171—前 168 年，第三次马其顿战争。

公元前 171 年，帕提亚密特里达提一世即位。欧克拉提德（Eucratides）在巴克特里亚称王。

公元前 170—前 168 年，安条克四世和托勒密六世进行第六次叙利亚战争。

公元前 168 年，皮德纳战役，安提柯王国灭亡。

公元前 160 年，阿塔卢斯二世继承攸麦尼斯二世王位。

约公元前 155—前 130 年，印度—希腊人国王米南德在位。

公元前 146 年，阿凯亚战争，科林斯陷落。

约公元前 145—前 130 年，欧克拉提德被儿子弑杀，巴克特里亚王国被北方游牧民族（塞人、大月氏）征服，余众退入巴克特里亚东部和印度西北部。

公元前 133 年，阿塔卢斯三世去世，帕加马成为罗马行省。

公元前 129 年，安条克七世与帕提亚人交战时阵亡。

约公元前 110—前 80 年，斯基泰人（萨迦人）从塞斯坦地区（Seistan,

Sakastan）进入印度。

公元前88—前84年，第一次米特里达提战争。

公元前83—前82年，第二次米特里达提战争。

约公元前80年，印度—斯基泰人国王毛伊斯（Maues）征服犍陀罗和塔克西拉。

公元前74—前63年，第三次米特里达提战争。

公元前64年，庞培征服叙利亚，塞琉古王国灭亡。

公元前59年，托勒密十二世割让塞浦路斯给罗马。

公元前51年，托勒密十三世和克列奥帕特拉七世双双成为托勒密王国的国王。

公元前31年，亚克兴海战。

公元前30年，克列奥帕特拉七世自杀，托勒密埃及王国灭亡。

约公元前20—前10年，帕提亚人进入印度，史称"印度—帕提亚人"。

公元10年，最后一个印度—希腊人王国在印度消失。

译名表

A

Abisares 阿比萨瑞斯

Achaean League 阿卡亚同盟

Achaemenid Dynasty 阿黑门尼德王朝

Achaeans 阿卡亚人

Achaea 阿卡亚

Achilles 阿喀琉斯

Aegean Sea 爱琴海

Aegina 厄基那

Aegium 爱吉昂

Aelius Galenus 盖仑

Aeschines 埃斯奇尼斯

Aeschylus 爱斯奇里斯

Aetolia 埃托利亚

Aetolian League 埃托利亚同盟

Agathocleia 阿伽托克里娅

Agathocles Dikaios 阿伽托克勒斯

Agis Ⅳ 阿吉斯四世

Ahura-Mazda 阿胡拉·马兹达

Aegae 埃盖

Ai-Khanum 阿伊·哈努姆

Alexander 亚历山大

译名表

Alexandria 亚历山大里亚城

Alexis 亚历克西斯

Altai Mountains 阿尔泰山

Ammon 阿蒙

Amphictyony 安菲替温尼同盟

Amu Darya 阿姆河

Amyntas 阿门塔斯

Anaximander 阿那克西曼德

Anaximenes 阿那克西美尼

Andronicus 安德罗尼库斯

Antialcidas Ⅰ 安提亚尔西达斯一世

Antigonus Ⅰ 安提柯一世

Antigonus Ⅱ Gonatas 安提柯二世·贡那特

Antigonus Ⅲ Doson 安提柯三世·多松

Antimachus Ⅰ 安提马库斯一世

Antioch – Margiana 安条克—马尔基亚纳

Antioch-Orontes 奥伦特河畔的安条克

Antioch – Persis 安条克—波西斯

Antiochus Hierax 安条克·希拉克斯

Antiochus Ⅰ Soter 安条克一世·"救主"

Antiochus Ⅲ 安条克三世

Antiochus Ⅳ Epiphanes 安条克四世·"神显者"

Antipater 安提帕特

Antisthenes 安提斯梯尼

Antonius 安东尼

Apamea – Silhu 阿帕米亚—希尔胡

Apamea 阿帕米亚

Aphrodite 阿芙洛狄特

Apis 阿皮斯

Apollodorus 阿波罗多鲁斯

Apollodotus 阿波罗多托斯

Apollonius 阿波罗尼乌斯

Apollophanes 阿波罗菲尼斯

Apuleius 阿普利斯

译名表

Arachosia 阿拉科西亚
Aratus 阿拉图斯
Araxes 阿拉克赛斯河
Arcadia 阿卡狄亚
Arcesilaus 阿塞西劳斯
Archebius 阿尔凯比乌斯
Archelaus Ⅰ 阿刻劳斯一世
Archimedes 阿基米德
Arethusa 阿瑞图萨
Argippeans 阿尔吉帕人
Argos 阿尔戈斯
Argo 阿尔戈号船
Aria 阿里亚
Arimaspians 阿里马斯普人
Aristarchus 阿里斯塔克
Aristonicus 阿里斯托尼库斯
Aristophanes 阿里斯托芬
Aristotle 亚里士多德
Armenia 亚美尼亚
Arrian 阿里安
Arrhidaeus 阿里戴乌斯
Arsinoe Ⅰ 阿尔西诺一世
Artemidoros 阿尔泰米多罗斯
Artemis 阿特弥斯
Artemita 阿特米塔城
Asoka 阿育王时期
Assyria 亚述
Aswan 阿斯旺
Atargatis 阿塔耳伽提斯
Athena Alcis 雅典娜·阿尔希斯
Athens 雅典
Attalid Dynasty 阿塔利王朝
Attalus Ⅰ 阿塔卢斯一世
Attalus Ⅲ 阿塔卢斯三世

译名表

Attica 阿提卡

Axius 阿克西乌斯河

Azes Ⅰ 阿泽斯一世

B

Babylon 巴比伦

Bactra 巴克特拉

Bactria 巴克特里亚

Balkash Lake 巴尔喀什湖

Bardylis 巴底利斯

Barygaza，巴利加沙，一译"婆卢羯车"

Battle of Raphia 拉菲亚之战

Behistun Inscription 贝希斯顿铭文

Belus 柏拉斯

Berenice 贝蕾妮斯

Bernard，Paul 保罗·贝尔纳

Beroea 贝罗伊亚

Berossus 贝罗苏斯

Besnagar 比斯那伽尔

Bessus 比索斯

Bindusara 宾头沙罗（希腊语译名：Amitrochates）

Bithynia 俾提尼亚

Boeotia 彼奥提亚

Bosporus 博斯普鲁斯

Brontinus 布隆提努斯

Bulgars 保加尔人

Byzantium 拜占庭

C

Caesar 凯撒

Callimachus 卡利马库斯

Calliope 卡利俄珀

Callisthenes 卡利斯梯尼

译名表

Calycadnus River 卡吕卡德努斯河

Calynda 卡林达

Cambay 坎贝

Cappadocia 卡帕多西亚

Cardia 卡尔狄亚

Caria 卡瑞亚

Carthage 迦太基

Caspian Sea 里海

Cassander 卡桑德

Cassandreia 卡桑德雷亚

Cato the Elder 老加图

Celts 克尔特人

Ceos 西奥斯

Cephallenia 科法伦尼亚

Cercops 科尔考普斯

Chaeronea 喀罗尼亚

Chalcedon 卡尔西顿

Chalcidian League 卡尔西狄斯同盟

Chalcidic Peninsula 卡尔西狄斯半岛

Chios 开俄斯

Chrysippus 克吕西普

Cilicia 西里西亚

Cineas 基尼亚斯

Citium 西提昂姆

Claudius Ptolemy 克劳狄乌斯·托勒密

Clearchus 克利尔库斯

Cleomenes 克利奥米尼

Cleopatra Ⅶ 克列奥帕特拉七世

Cleopatra Tryphaena 克列奥帕特拉·特里菲娜

Coele-Syria 科伊勒—叙利亚

Colophon 科洛丰

Columbus 哥伦布

Constantinople 君士坦丁堡

Corinthian League 科林斯同盟

译名表

Corinth 科林斯

Corupedium 科鲁派底翁

Craterus 克拉特鲁斯

Crates 克拉底

Crete 克里特

Cronos 克罗诺斯

Ctesias 克泰西亚斯

Ctesibius 克泰西比乌斯

Cybele 库柏勒

Cynicism, the School of 犬儒学派

Cyprus 塞浦路斯

Cyrene 昔列尼（城）

Cyrenaica 昔兰尼加（地区）

Cyrus 居鲁士

Cyzicus 基齐库斯

D

Daae（Dahae）达海人

Damascus 大马士革

Dante 但丁

Danube 多瑙河

Dardanelles 达达尼尔海峡

Darius III 大流士三世

Delhi 德里

Delphi 德尔斐

Demetrias 德米特里亚斯

Demetrius 德米特里

Deme 德莫

Democritus 德谟克利特

Demosthenes 德谟斯提尼

Denarius 第纳里

Delacroix 德拉克罗瓦

Dicaearchus 第凯尔库斯

译名表

Didymus 狄戴姆斯

Diodotus Ⅰ Soter 狄奥多托斯一世·"救主"

Diodotus Ⅱ 狄奥多托斯二世

Diogenes 第欧根尼

Diomedes 狄奥米德斯

Dionysus 狄奥尼苏斯

Dionysius 狄奥尼修斯

Dion 狄昂

Donatello 多纳泰罗

Dura-Europus 杜拉—欧罗普

E

Ecbatana 埃克巴坦那

Edessa 埃德萨

Egypt 埃及

Elatea 埃拉提亚

Eleusinian Mysteries 埃琉西斯秘仪

Elis 埃利斯

Elysium 福地

Empedocles 恩培多克勒

Epaminondas 伊帕米浓达

Epander 埃潘德

Ephesus 以弗所

Ephesus, the School of 爱非斯学派

Ephorus 爱孚卢斯

Epictetus 爱比克泰德

Epicureanism, the School of 伊壁鸠鲁学派

Epicurus 伊壁鸠鲁

Epirus 伊庇鲁斯

Er 厄尔（厄洛斯）

Erasistratus 厄拉西斯托拉图

Eratosthenes 埃拉托斯特尼

Eros 爱洛斯

译名表

Erythrae 厄立特里亚城

Euboea 优卑亚

Euclid 欧几里德

Eucratides 欧克拉提德

Eucratidia 欧克拉提底亚

Euhemerus 优赫莫鲁斯

Eumenes 攸麦尼斯

Euphrates 幼发拉底河

Euripides 幼里披底斯

Euthydemus 欧泰德姆斯

F

Fabius Pictor 弗边·毕克多

Fayyûm 法雍

Finley 芬利

Flamininus 弗拉米尼努斯

G

Gadara 加德拉

Galatians 加拉太人

Gandhara Art 犍陀罗艺术

Ganges River 恒河

Gaugamela 高加米拉

Gaul 高卢

Gaza 加沙

Gedrosians 格德罗西亚人

Getae 盖特人

Granicus River 格拉尼库斯河

Griffins 格立芬

H

Hades 哈得斯

Haliacmon 哈利阿克蒙河

译名表

Harvey 哈维

Hecataeus 赫卡泰欧斯

Hekale《赫卡勒》

Helen 海伦

Heliocles Ⅰ 赫利俄克勒斯一世

Hellespont 赫勒斯滂

Heraclea 赫拉克里亚

Heracles 赫拉克勒斯

Heraclitus 赫拉克利特

Hera 赫拉

Hermaeus 赫尔迈欧斯

Hermes 赫尔墨斯

Herodotus 希罗多德

Herophilus 希罗菲勒

Hero 希罗

Hesiod 赫西俄德

Hiero Ⅱ 希耶罗二世

Hieronymos 海厄罗尼莫斯

Hindu Kush Mountains 兴都库什山

Hipparchus 希帕库斯

Hippostratos 希波斯特拉图斯

Homer 荷马

Hyperboreans 叙佩尔波列亚人

Hyphasis 希发西斯河

I

Iambulus 亚姆布鲁斯

Iberia 伊比利亚

Ibycus 伊比科斯

Illyrians 伊利里亚人

Illyria 伊利里亚

India 印度

Indo‑Parthians 印度-帕提亚人

译名表

Indo-Scythians 印度-斯基泰人
Ion 爱昂
Ipsus 伊浦索斯
Isis 伊西斯
Isocrates 伊索克拉底
Issedones 伊塞顿人
Issus 伊苏斯城
Isthmia 地峡

J

Jews 犹太人
Judea 犹太

K

Kandahar 坎大哈
Karnak 卡纳克
Kazakhstan 哈萨克斯坦
Khyber Pass 开伯尔山口
Kokcha 科克查河
Kos 科斯
Kuban 库班

L

Lamian War 拉米亚战争
Lampsacus 兰普萨古
Laocoon 拉奥孔
Laodice 劳狄西
Laodicea-on-the-Sea 滨海的劳狄西亚
Laodicea 劳狄西亚
Larissa 拉利萨
Lathyrus 拉修卢斯
Lebedus 勒比都斯
Leonidas 李奥尼达

译 名 表

Lesbos 列斯堡

Livy 李维

Lucian 琉善

Lucretius 卢克莱修

Lycurgus 莱库古

Lydias 吕底阿斯河

Lydia 吕底亚

Lykeion, Lyceum 吕克昂

Lysander 吕山德

Lysias 吕西亚斯

Lysimacheia 吕西马科亚

Lysimachus 吕西马库斯

M

Maccabean Revolt 马卡比起义

Macedonia, Macedon 马其顿

Magas 马伽斯

Magnesia 马革尼西亚

Manetho 曼涅托

Marcus Aurelius 马尔库斯·奥勒留

Marduk 马尔都克

Marmara 马尔马拉

Marseilles 马赛

Massagetae 马萨吉太人

Maues 毛伊斯

Mauryan Empire 孔雀帝国

Mazaeus 马扎亚斯

Mediterranean Sea 地中海

Megara 麦加拉

Megasthenes 麦伽斯梯尼

Meleager 米利格

Menander 米南德

Menelaos 莫涅拉俄斯

译名表

Menippus 美尼普斯

Mesopotamia 美索不达米亚

Messana 麦散那

Michelangelo 米开朗基罗

Milesian School 米利都学派

Miletus 米利都

Mithridates Ⅳ 米特里达提四世

Moliere 莫里哀

Molon 摩隆

Molossian royal house 摩洛斯王室

Montaigne, Michel Eyquem de 蒙田

Musaeus 穆赛欧斯

Museum 缪斯神宫

Musicanus 穆西卡那斯

Mycenae 迈锡尼

Mytilene 密提林

N

Nabis 那比斯

Naucratis 瑙克拉替斯

Nemea 尼米亚

Newton, Isaac 牛顿 Nicaea 尼开亚

Nicander 尼坎德

Nicanor 尼卡诺

Nicias 尼西阿斯

Nile 尼罗河

Nineveh 尼尼微

Nome 诺姆(州)

O

Obol 奥波尔

Odysseus 俄底修斯

Oeagrus 奥伊亚格罗斯

译 名 表

Olympia 奥林匹亚

Olympian Games 奥林匹克运动会

Olympias 奥林匹娅斯

Olympus 奥林帕斯

Olynthus 奥林图斯

Onomacritus 奥诺玛克利托斯

Onomarchus 奥诺马科斯

Opis 欧皮斯

Orontes 奥伦特河

Orpheus 奥尔弗斯

Orphism 奥尔弗斯教

Osiris 奥西里斯

Osroene 奥斯洛尼

Ovid 奥维德

Oxus 奥克苏斯河（阿姆河古称）

Oxyartes 欧克西亚提斯

P

Paeonia 派奥尼亚

Palestine 巴勒斯坦

Panaetius 巴内修

Pangaeum 潘革翁

Pantaleon 潘塔勒翁

Parmenio 帕门尼奥

Paropamisadae, Parapamisadae 帕拉帕米萨代

Paropamisus, Parapamisus 帕拉帕米苏斯

Parthenon 帕德嫩神庙

Parthia 帕提亚

Pasargadae 帕萨尔加德

Pātaliputra 华氏城

Pattala 帕塔拉

Pausanias 波桑尼阿斯

Pazyryk 巴泽雷克

译名表

Peithon 培松

Pella 培拉

Pelopidas 伯罗庇达斯

Peloponnese 伯罗奔尼撒

Perdiccas 帕狄卡斯

Pergamum 帕加马

Perinthus 佩林托斯

Pericles 伯里克利

Persephone 柏塞芬（珀耳塞福涅）

Persepolis 波斯波里斯

Perseus 柏修斯

Persians 波斯人

Persia 波斯

Petra 培特拉

Peucelaotis 朴西劳提斯

Peucolaus 佩乌克拉乌斯

Phaeacians 法伊阿基亚人

Phaeacia 法伊阿基亚

Phalerum 法勒隆

Pharos 法罗斯灯塔

Philemon 菲力门

Philetaerus 菲勒泰洛斯

Philinus 菲力努斯

Philip II 腓力二世

Philip 菲利普

Philochorus 菲洛克鲁斯

Philomelus 菲罗麦鲁斯

Philoxenus 菲罗克塞诺斯

Philo 斐洛

Phocians 佛西斯人

Phoenicia 腓尼基

Phrygia 弗吕吉亚

Phryni 弗里尼

Phylarchus 菲拉库斯

译名表

Pindar 品达

Piraeus 庇里优斯港

Pisistratus 庇西斯特拉图

Plataea 普拉提亚

Plautus 普劳图斯

Plemon 波莱蒙

Plotinus 普罗提诺

Polybius 波里比乌斯

Polyperchon 波吕珀尔孔

Polyxenos 波利克塞诺斯

Pompeii 庞贝

Pompey 庞培

Pontus 本都

Porus 波拉斯

Posidonius 波昔东尼斯

Preaux 普雷奥

Priene 普里尼

Propontis 普洛彭提斯海

Proskynesis 匍匐礼

Proteus 普罗透斯

Psammon 萨孟

Ptolemais 托勒迈斯城

Ptolemy V Epiphanes 托勒密五世"神显者"

Ptolemy Ⅵ Philometor 托勒密六世"爱母亲者"

Ptolemy 托勒密

Ptolemy Ceraunus 托勒密·克劳努斯("雷电")

Pydna 皮德纳

Pyrrho 皮浪

Pyrrhus 庇洛士

Pythagoras 毕达哥拉斯

Pytheas 彼提亚斯

Pythian Festival 皮提亚大节

Q

Quintus Ennius 恩尼斯

译名表

Quintus Horatius Flaccus 贺拉西

R

Rajuvula 拉竺乌拉

Rhadamanthus 剌达曼堤斯

Rhagae 拉盖

Rhodes 罗德斯

Rhoetea 罗埃提亚

Roxana 罗克珊娜

Russians 俄罗斯人

S

Sacae，Sakas 萨迦人

Sagala 萨加拉

Samos 萨摩斯

Samothrace 萨摩色雷斯

Sangacus 散伽库斯

Sappho 萨福

Sarapis 萨拉皮斯

Sardis 撒尔狄斯

Scylax 斯库拉克斯

Seistan（Sakastan）塞斯坦（萨迦斯坦）

Seleucia 塞琉西亚

Seleucia–Eulaeus 塞琉西亚—欧莱乌斯

Seleucia–Hedyphon 塞琉西亚—赫底封

Seleucia-on-the Red Sea 红海的塞琉西亚

Seleucia-Pieria 皮埃里亚的塞琉西亚

Seleucia-Tigris 底格里斯河畔的塞琉西亚

Seleucia–Zeugma 塞琉西亚—宙格玛

Seleucus 塞琉古

Seleucus Ⅰ Nicator 塞琉古一世·征服者

Sellasia 塞拉西亚

Seneca 塞尼卡

译名表

Seres 赛里斯

Shakespeare 莎士比亚

Sicily 西西里

Sicyon 西息温

Siddhārtha Gautama 乔达摩·悉达多

Side 西戴

Sidon 西顿

Sindh 信德地区

Sinope 西诺普

Siwa Oasis 西瓦绿州

Skepticism, the School of 怀疑主义学派

Slavs 斯拉夫人

Socrates 苏格拉底

Sogdiana 索格底亚那

Soli 索里

Solon 梭伦

Somalia 索马里

Sophocles 索福克里斯

Soteira 索特拉

Sparta 斯巴达

Spencer 斯宾塞

Stade 斯达地(长度单位名称)

Stilpo 斯提尔波

Stoicism, the School of 斯多亚(斯多葛)学派

Stratonicea 斯特拉东尼西亚

Strato 斯特拉托

Suria 苏里亚

Surya 苏利耶

Susa 苏萨

Susianian 苏西亚那人

Syene 西恩内

Syr Darya 锡尔河

Syracuse 叙拉古

Syrians 叙利亚人

译名表

Syria 叙利亚

T

Tauromenium 塔罗明尼昂

Taurus Mountains 陶鲁斯山脉

Taxila 塔克西拉

Telephos 泰勒夫斯

Teos 泰俄斯

Thales 泰勒斯

Thebes 底比斯

Theocritus 提奥克里图斯

Theophilos 泰奥斐鲁斯

Theophrastus 提奥弗拉斯图

Thera 铁拉

Thermaic Gulf 塞尔迈湾

Thessalonica 帖撒罗尼卡

Thessaly 帖撒利

Thrace 色雷斯

Thraso 特拉索

Thucydides 修昔底德

Tigris River 底格里斯河

Timaeus 蒂迈欧斯

Timon 蒂孟

Tiriaspes 提瑞亚匹斯（Turiaspes）

Titanes 泰坦诸神

Triballians 特里巴利人

Troy 特洛伊

Tyre 推罗

V

Varro 瓦罗

Vikings 维京人

Virgil 维吉尔

X

Xenocrates 色诺克拉底

Xenophon 色诺芬

Xerxes 薛西斯

Z

Zenodotus 泽诺多托斯

Zeno 芝诺

Zeus 宙斯

Zoilus Ⅰ 佐伊鲁斯一世

Zoroastrianism 琐罗亚斯德教

征引文献与参考书目

一 基本史料

(一) 外文古典文献①

[1] Aeschines, *The Speeches of Aeschines: Against Ctesiphon, On the Embassy*, with an English translation by Charles Darwin Adams, Cambridge, Mass.: Harvard University Press, 1988.

[2] Aeschylus, *Persians. Agamemnon*, with an English translation by Herbert Weir Smyth, Cambridge, Mass.: Harvard University Press, 1995.

[3] Ammianus Marcellinus, *The Surviving Books of the History of Ammianus Marcellinus*, with an English translation by John C. Rolfe, Cambridge, Mass.: Harvard University Press, 1956 – 1958.

[4] Appian, *Roman History*, with an English translation by Horace White, Cambridge, Mass.: Harvard University Press, 1999.

[5] Aristophanes, *Frogs, Assemblywomen, Wealth*, edited & translated by Jeffrey Henderson, Cambridge, Mass.: Harvard University Press, 2002.

---

① 西方古典文献主要依据 Loeb Classical Library 版本。该丛书各册是陆续推出,不论初版,还是修订版、重印本,时间跨度都较大。此处的年代均为作者写作时或本次定稿时参考版本的年代,且多为重印年,特此说明。

[6] Aristotle, *On the Heavens*, with an English translation by W. K. C. Guthrie, Cambridge, Mass.: Harvard University Press, 1953.

[7] Aristotle, *Politics*, with an English translation by H. Rackham, Cambridge, Mass.: Harvard University Press, 1959.

[8] Arrian, *Anabasis of Alexander*, with an English translation by P. A. Brunt, Cambridge, Mass.: Harvard University Press, 1996.

[9] Athenaeus, *The Deipnosophists*, with an English translation by Charles Burton Gulick, Cambridge, Mass.: Harvard University Press, 1987 – 1999.

[10] Ptolemy, Claudius, *The Geography*, Translated and Edited by Edward Luther Stevenson, New York: New York Public Library, 1932 (Dover, 1991).

[11] Davids, T. W. Rhys, trans., *The Questions of King Milinda*, Oxford: The Clarendon Press, 1890.

[12] Demosthenes, *Philippics, Olynthiacs*, with an English translation by J. M. Vince, Cambridge, Mass.: Harvard University Press, 1989.

[13] Diodorus Siculus, *Library of History*, with an English translation by C. H. Oldfather et al., Cambridge, Mass.: Harvard University Press, 1984 – 1999.

[14] Diogenes Laertius, *Lives of Eminent Philosophers*, with an English translation by R. D. Hicks, Cambridge, Mass.: Harvard University Press, 1958.

[15] Euripides, *Hippolytus*, edited and translated by David Kovacs, Cambridge, Mass.: Harvard University Press, 1995.

[16] Herodotus, *The Histories*, with an English translation by A. D. Godley, Cambridge, Mass.: Harvard University Press, 1995 – 1999.

[17] Hesiod, *Works and Days*, with an English translation by Hugh G. Evelyn-White, Cambridge, Mass.: Harvard University Press, 1998.

[18] Homer, *Iliad*, with an English translation by A. T. Murray, Revised by William F. Wyatt, Cambridge, Mass.: Harvard University Press,

1999.

[19] Homer, *Odyssey*, with an English translation by A. T. Murray, Revised by George E. Dimock, Cambridge, Mass.: Harvard University Press, 1998.

[20] Horner, I. B. trans., *Milinda's Questions*, Vol. I, London: Luzac & Company, 1964.

[21] Horace, *Odes and Epodes*, with an English translation by C. E. Bennett, Cambridge, Mass.: Harvard University Press, 1960.

[22] Horace, *Satires, Epistles and Ars Poetica*, with an English translation by H. Rushton Fairclough, Cambridge, Mass.: Harvard University Press, 1999.

[23] Isocrates, *Isocrates*, with an English translation by George Norlin, Cambridge, Mass.: Harvard University Press, 1991–1998.

[24] Josephus Flavius, *Jewish Antiquities*, with an English translation by Ralph Marcus, Cambridge, Mass.: Harvard University Press, 1998.

[25] Justin, *Epitome of the Philippic History of Pompeius Trogus*, translated by J. C. Yardley, Atlanta Ga: Scholar's Press, 1994.

[26] Lucan, *The Civil War*, with an English translation by J. D. Duff, Cambridge, Mass.: Harvard University Press, 1997.

[27] Lucan, *The Runaways*, with an English translation by A. M. Harmon, Cambridge, Mass.: Harvard University Press, 1961.

[28] Lysias, *Against Agoratus, Against Philon, On the Property of A Ristophanes*, with an English translated by W. R. M. Lamb, Cambridge, Mass.: Harvard University Press, 1988–1998.

[29] Marcus Junianus Justinus, *Epitome of Pompeius Trogus' "Philippic Histories"*, translated, with notes, by the Rev. J. S. Watson, London: Henry G. Bohn, 1853.

[30] Pausanias, *Description of Greece*, with an English Translation by W. H. S. Jones, Cambridge, Mass.: Harvard University Press, 1988–1998.

[31] Philostratus, *The Life of Apollonius*, with an English translation by Ar-

thur Fairbanks, Cambridge, Mass.: Harvard University Press, 1961.

[32] Pindar, *Fragments*, *Dirges*, *Elysium*, edited and translated by William H. Race, Cambridge, Mass.: Harvard University Press, 1961.

[33] Plato, *The Laws*, with an English translation by R. G. Bury, Cambridge, Mass.: Harvard University Press, 1952.

[34] Plato, *The Republic*, with an English translation by Paul Shorey, Cambridge, Mass.: Harvard University Press, 1953 – 1956.

[35] Plato, *Phaedo*, with an English translation by Harold North Fowler, Cambridge, Mass.: Harvard University Press, 1960.

[36] Plato, *Meno*, with an English translation by W. R. M. Lamb, Cambridge, Mass.: Harvard University Press, 1962.

[37] Plato, *Gorgias*, with an English translation by W. R. M. Lamb, Cambridge, Mass.: Harvard University Press, 1961.

[38] Plato, *Cratylus*, with an English translation by Harold N. Fowler, Cambridge, Mass.: Harvard University Press, 1963.

[39] Plato, *Phaedrus*, with an English translation by Harold N. Fowler, Cambridge, Mass.: Harvard University Press, 1960.

[40] Pliny, *Natural History*, with an English translation by H. Rackham, Cambridge, Mass.: Harvard University Press, 1991.

[41] Plutarch, *Lives*, with an English translation by Bernadotte Perrin, Cambridge, Mass.: Harvard University Press, 1986 – 1999.

[42] Plutarch, *Moralia*, with an English translation by Frank Cole Babbitt et al., Cambridge, Mass.: Harvard University Press, 1986 – 1999.

[43] Polybius, *The Histories*, with an English translation by W. R. Paton, Cambridge, Mass.: Harvard University Press, 1993.

[44] Quintus Curtius Rufus, *The History of Alexander*, with an English translation by John C. Rolfe, Cambridge, Mass.: Harvard University Press, 1998 – 1999.

[45] Strabo, *Geography*, with an English translation by Leonard Jones Horace, Cambridge, Mass.: Harvard University Press, 1988.

[46] Tacitus, *The Annals*, with an English translation by John Jackson, Cambridge, Mass.: Harvard University Press, 1998 – 1999.

[47] Xenophon, *Hellenica*, with an English Translation by Carleton L. Brownson, Cambridge, Mass.: Harvard University Press, 1961.

(二) 汉文史籍与汉译古典文献

[1] (西汉) 司马迁:《史记》, 中华书局 1982 年版。

[2] (西汉) 刘歆:《山海经》, 北京燕山出版社 2001 年版。

[3] (东汉) 班固:《汉书》, 中华书局 1962 年版。

[4] (南朝) 范晔:《后汉书》, 中华书局 1965 年版。

[5] (西晋) 陈寿:《三国志》, 中华书局 1982 年版。

[6] (北齐) 魏收:《魏书·释老志》, 中华书局 1974 年版。

[7] (唐) 玄奘、辩机:《大唐西域记》, 季羡林等校注, 中华书局 1985 年版。

[8] (唐) 杨倞注, (清) 王先谦集解:《荀子集解》(《诸子集成》), 上海书店 1996 年版。

[9] (北宋) 司马光:《资治通鉴》, 中华书局 1956 年版。

[10] (古印度) 蚁垤 (跋弥):《罗摩衍那》, 季羡林译,《季羡林文集》, 江西教育出版社 1995 年版。

[11] [古罗马] 阿庇安:《罗马史》, 谢德风译, 商务印书馆 1979 年版 (上卷)、1976 年版 (下卷)。

[12] [古希腊] 阿里安:《亚历山大远征记》, 李活译, 商务印书馆 1985 年版。

[13] [古希腊] 阿里斯托芬:《古希腊戏剧选》, 杨宪益译, 人民文学出版社 1998 年版。

[14] [古希腊] 柏拉图:《理想国》, 郭斌和、张竹明译, 商务印书馆 1996 年版。

[15] [古希腊] 柏拉图:《柏拉图全集》, 王晓朝译, 人民出版社 2002 年版。

[16] 北京大学哲学系编译:《古希腊罗马哲学》, 生活·读书·新知三联书店 1957 年版。

[17] 《大正新修大藏经》第32卷《论集部》,《那先比丘经》,台北:佛陀教育基金会1990年版。

[18] [古希腊] 荷马:《伊里亚特 奥德赛》,陈中梅译,上海译文出版社1998年版。

[19] [古希腊] 赫西俄德:《工作与时日 神谱》,张竹明、蒋平中译,商务印书馆1996年版。

[20] [古罗马] 凯撒:《高卢战记》,任炳湘译,商务印书馆2002年版。

[21] [古希腊] 普鲁塔克著,黄宏煦主编:《希腊罗马名人传》(上册),商务印书馆1999年版。

[22] [古罗马] 苏埃托尼乌斯:《罗马十二帝王传》,张竹明等译,商务印书馆1996年版。

[23] [古罗马] 塔西佗:《阿古利可拉传 日耳曼尼亚志》,马雍、傅正元译,商务印书馆1997年版。

[24] [古罗马] 塔西佗:《编年史》,王以铸、崔妙因译,商务印书馆1997年版。

[25] 王先谦注:《庄子集解》(《诸子集成》),上海书店1996年版。

[26] [古罗马] 西塞罗:《论演说家》,王焕生译,中国政法大学出版社2003年版。

[27] [古希腊] 希罗多德:《历史》,王以铸译,商务印书馆1985年版。

[28] [古希腊] 修昔底德:《伯罗奔尼撒战争史》,谢德风译,商务印书馆1985年版。

[29] [古希腊] 亚里士多德著,苗力田主编:《亚里士多德全集》,中国人民大学出版社1990—1998年版。

[30] 张星烺编注:《中西交通史料汇编》,中华书局1977年版。

[31] 中国基督教协会、中国基督教三自爱国运动委员会:《新旧约全书》,南京爱德印刷厂1987年版。

[32] 周一良、吴于廑主编:《世界通史资料选辑》(上古部分),商务印书馆1962年版。

二 今人论著（含资料集）

（一）外文论著

[1] Adams, W. Lindsay and Eugene N. Borza, *Philip II, Alexander the Great, and the Macedonian Heritage*, Washington, D. C.: University Press of America, 1982.

[2] Ainalov, D. V. and C. A. Mango, *The Hellenistic Origins of Byzantine Art*, New Brunswick, N. J.: Rutgers University Press, 1961.

[3] Astin, A. E. et al., eds., *Cambridge Ancient History*, Vol. VIII: *Rome and the Mediterranean to 130 B. C.*, second edition, Cambridge: Cambridge University Press, 1989.

[4] Austin, M. M., *The Hellenistic world from Alexander to the Roman Conquest: a selection of ancient sources in translation*, Cambridge/New York: Cambridge University Press, 1981, 2006 (Second augmented edition).

[5] Azarpay, G., *Sogdian Painting: The Pictorial Epic in Oriental Art*, Berkeley: University of California Press, 1981.

[6] Bagnall, R. S. and P. Derow, *The Hellenistic Period: Historical Sources in Translation*, Oxford: Blackwell Publishing, 2004.

[7] Bagnall, R. S., *Greek historical documents: the Hellenistic period*, Chico/California: Scholar's Press, 1981.

[8] Banerjee, G. N., *Hellenism in Ancient India*, Oxford University Press, 1920.

[9] Banerjee, G. N., *India as Known to the Ancient World*, London: Oxford University Press, 1921.

[10] Barker, E., *From Alexander to Constantine: Passages and Documents Illustrating the History of Social and Political Ideas, 336 B. C. – A. D. 337*, Lanham, MD: University Press of America, 1985.

[11] Basham, A. L., *A Cultural History of India*, Delhi: Oxford University Press, 1984.

[12] Beloch, K. J., *Griechische Geschichte*, Strassburg: K. J. Trübner, 1912 –

1927.

[13] Bennett, B., *The Wars of Alexander's Successors, 323 – 281 B. C.*, 2 Vols., Barnsley: Pen & Sword Military, 2008 – 2009.

[14] Bentley, J. H. and H. F. Ziegler, *Traditions and Encounters, A Global Perspective on the Past*, New York, 2006.

[15] Bernal, M., *Black Athena: The Afroasiatic Roots of Classical Civilization*, Volume I: *The Fabrication of Ancient Greece 1785 – 1985*, London: Free Association Books, 1987.

[16] Bevan, E. R., *The House of Seleucus*, 2 Vols., London: Oxford University Press, 1902.

[17] Boardman, John, Jasper Griffin, Oswyn Murray, eds., *The Oxford History of Classical World*, Oxford University Press, 1986.

[18] Bongard-Levin, G. M., *Ancient Indian Civilization*, New Delhi: Arnold-Heinemann Publishers, 1985.

[19] O. Bopearachchi, *Indo-Greek, Indo-Scythian and Indo-Parthian Coins in the Smithsonian Institution*, Washington: National Numismatic Collection, Smithsonian Institution, 1993.

[20] O. Bopearachchi, *Monnaies gréco-bactriennes et indo-grecques, Catalogue Raisonné*, Paris: Bibliothèque Nationale, 1991.

[21] Bosworth, A. B., *The Legacy of Alexander*, Oxford: Oxford University Press, 2002.

[22] Bosworth, A. B., *Conquest and Empire: The Reign of Alexander the Great*, Cambridge University Press, 1988.

[23] Botsford, G. W. and Robinson, C. A., *Hellenic History*, New York: The Macmillan Company, Revised Edition, 1939, Fourth Printing, 1947; Fourth Edition, 1956.

[24] Bouche-Leclercq, A., *Histoire des Seleucides (323 – 364 avant J. -C.)*, Paris: E. Leroux, 1913.

[25] Bouche-Leclercq, A., *Histoire des Lagides*, Paris: E. Leroux, 1903.

[26] Bugh, G. R. ed., *The Cambridge Companion to the Hellenistic World*,

New York: Cambridge University Press, 2007.

[27] Burkert, W., *The Orientation Revolution: Near Eastern Influence on Greek Culture in the Early Archaic Age*, Cambridge Massachusetts: Harvard University Press, 1992.

[28] Burns, E. M., *World Civilization from Ancient to Contemporary*, New York: W. W. Norton & Co., 1982.

[29] Burstein, S. M., *The Hellenistic Age from the Battle of Ipsos to the Death of Kleopatra Ⅶ*, New York: Cambridge University Press, 1985.

[30] Bury, J. B. et al., *The Hellenistic Age*, Cambridge University Press, 1923.

[31] Cantor, N. F. & Dee Ranieri, *Alexander the Great: Journey to the End of the Earth*, Toronto: Harper Collins Publishers Ltd., 2007.

[32] Carradice, I. M., Prince, *Coinage in the Greek World*, London: B. A. Seaby Ltd., 1988.

[33] Cartledge, P., Peter Garnsey & E. Gruen, eds., *Hellenistic Constructs: Essays in Culture, History, and Historiography*, Berkeley: University of California Press, 1997.

[34] Cary, M., *A History of the Greek World from 323 – 146 B. C.* (second edition), London: Methuen & Co. Ltd., 1959.

[35] Casson, L., *Periplus Maris Erythraei: Text with Introduction*, Translation and Commentary, Princeton: Princeton University Press, 1989.

[36] Chamoux, F., *Hellenistic Civilization*, translated by Michel Roussel, Malden: Blackwell Publishers Ltd., 2003.

[37] Chaniotis, A., *War in the Hellenistic World*, Malden/Oxford: Blackwell Publishing, 2005.

[38] Chatuvedi, S., *Foreign Influx and Interaction with Indian Culture*, New Delhi: Agam Kala Prakashan, 1985.

[39] Cohen, G. M., *The Hellenistic Settlements in Europe, the Islands and Asia Minor*, Berkeley: University of California Press, 1995.

[40] Cohen, G. M., *The Hellenistic Settlements in Syria, the Red Sea Basin, and North Africa*, Berkeley: University of California Press, 2006.

[41] Cohen, G. M., *The Hellenistic Settlements in the East from Armenia and Mesopotamia to Bactria and India*, Berkeley and Los Angeles: University of California Press, 2013.

[42] Cohen, G. M., *The Seleucid Colonies: Studies in Founding, Administration and Organization*, Wiesbaden: Steiner, 1978.

[43] Colledge, M. A. R., *The Parthians*, London: Thames and Hudson, 1967.

[44] Cook, R. M., *The Greeks till Alexander*, London: Thames and Hudson, 1961.

[45] Cribb, Joe & Herrmann, Georgina eds., *After Alexander: Central Asia before Islam*, Oxford/New York: Oxford University Press, 2007.

[46] Curtis, V. S. and Sarah Stewart, eds., *The Age of the Parthians*, New York: I. B. Tauris & Co. Ltd., 2007.

[47] Dabrowa, E., *Studia Graeco-Parthica: Political and Cultural Relations between Greeks and Parthians*, Wiesbaden: Harrassowitz, 2011.

[48] Dawson, D., *Cities of the God: Communist Utopias in Greek Thought*, Oxford University Press, 1992.

[49] De Burgh, W. G., *The Legacy of the Ancient World*, 3d ed., New York: Barnes & Noble, 1960.

[50] Debevoise, N. C., *A Political History of Parthia*, Chicago: The University of Chicago Press, 1938.

[51] Dhammika, V. S., *The Edicts of King Ashoka*, Kandy, Sri Lanka: Buddhist Publication Society, 1993.

[52] Droysen, J. G., *Geschichte des Hellenismus*, Basel: B. Schwabe, 1952 – 1953.

[53] Droysen, J. G., *History of Alexander the Great*, translated from the German by Flora Kimmich, Philadelphia: American Philosophical So-

ciety, 2012

[54] Dudley, D. R., *A History of Cynicism*, London: Methuen, 1937.

[55] Edwards, M., *East-West Passage*, London: Allen & Unwin, 1954.

[56] Eggermont, P. H. L., *Alexander's Campaign in Southern Punjab*, Leuven: Peeters Press & Departement Orientalistiek, 1993.

[57] Ehrenberg, V., *The Greek State*, Oxford: Blackwell, 1960.

[58] Eliade, M., *A History of Religious Ideas*, Volume I: *From the Stone Age to the Eleusinian Mysteries*, Chicago: University of Chicago Press, 1978.

[59] English, S., *The Army of Alexander the Great*, Barnsley: Pen & Sword Military, 2009.

[60] Errington, E. and J. Cribb, *The Crossroads of Asia: Transformation of Image and Symbol in the Art of Ancient Afghanistan and Pakistan*, Cambridge: The Ancient India and Iran Trust, 1992.

[61] Errington, E. and Vesta S. Curtis, eds., *From Persepolis to the Punjab: Exploring Ancient Iran, Afghanistan and Pakistan*, London: British Museum Press, 2007.

[62] Erskine, A., ed., *A Companion to the Hellenistic World*, Malden, Oxford, Carlton: Blackwell Publishing Ltd., 2005.

[63] Erskine, A., *The Hellenistic Stoa*, New York: Cornell University Press, 1990.

[64] Finley, M. I., *The Legacy of Greece*, Oxford: Clarendon Press, 1981.

[65] Fox, R. L., *Alexander the Great*, London: Futura Publications Limited, 1975.

[66] Fox, R. L., *The Search for Alexander*, Boston: Little, Brown, 1980.

[67] Fraser, P. M., *Cities of Alexander the Great*, Oxford: Clarendon Press, 1972.

[68] Frye, R. N., *The History of Ancient Iran*, München: Beck, 1984.

[69] Glotz, G., *Ancient Greece at Work: An Economic History of Greece from the Homeric Period to the Roman Conquest*, New York: Alfred A. Knopf Press, 1926.

[70] Grant, M. and R. Kitzinger, *Civilization of Ancient Mediterranean: Greece and Rome*, New York.

[71] Green, P., *Alexander to Actium: The Historical Evolution of the Hellenistic Age*, Berkeley: University of California Press, 1990.

[72] Green, P., eds., *Hellenistic History and Culture*, Berkeley: California University Press, 1993.

[73] Green, P., *Alexander to Actium: The Historical Evolution of the Hellenistic Age*, Berkeley: University of California Press, 1990.

[74] Grote, G., *A History of Greece*, London: J. Murray, 1851–1856.

[75] Guthrie, W. K. C., *A History of Greek Philosophy*, Cambridge: Cambridge University Press, 1962–1981.

[76] Guthrie, W. K. C., *The Greeks and Their Gods*, London: Methuen, 1954.

[77] Guthrie, W. K. C., *Orpheus and Greek Religion*, London: Methuen, 1952.

[78] Hadas, M., *Hellenistic Culture*, New York: Columbia University Press, 1959.

[79] Hammond, N. G. L., *Alexander the Great: King, Commander, and Statesman*, Bristol Press, 1989.

[80] Hammond, N. G. L., *A History of Greece to 322 BC*, Oxford: Oxford University Press, 1984.

[81] Hansen, M. H., *The Athenian Democracy in the Age of Demosthenes*, Oxford: B. Blackwell, 1991.

[82] Heckel, W., *The Conquests of Alexander the Great*, Cambridge/New York: Cambridge University Press, 2008.

[83] Hill, J. E., *Through the Jade Gate to Rome: A Study of the Later Han Dynasty 1st to 2nd Centuries CE*, Charleston, South Carolina: Book Surge Publishing, 2009, the revised edition (San Bernardino), 2015.

[84] Holt, F. L., *Alexander the Great and Bactria: The Formation of a Greek Frontier in Central Asia*, Leiden: Brill, 1988.

[85] Holt, F. L., *Alexander the Great and the Mystery of the Elephant Me-*

dallions, Berkeley: University of California Press, 2003.

[86] Holt, F. L., *Into the Land of Bones, Alexander the Great in Afghanistan*, Berkeley: University of California Press, 2005.

[87] Holt, F. L., *Thundering Zeus: The Making of Hellenistic Bactria*, Berkley: University of California Press, 1999.

[88] Holt, F. L., *Lost World of the Golden King*, Berkeley: University of California Press, 2012.

[89] Holt, F. L., *The Treasures of Alexander the Great*, New York: Oxford University Press, 2016.

[90] S. Hornblower and A. Spawforth (eds.), *The Oxford Classical Dictionary*, third edition, Oxford: Oxford University Press, 2003.

[91] Hudson, G. F., *Europe and China*, Boston: Beacon Press, 1931.

[92] Jairazbhoy, R. A., *Foreign Influence in Ancient India*, Bombay/New York: Asia Pub. House, 1963.

[93] Jaspers, K., *The Origin and Goal of History*, New Haven and London: Yale University Press, 1965.

[94] Jones, A. H. M., *The Greek City from Alexander to Justinian*, Oxford: Clarendon Press, 1940.

[95] Kaerst, J., *Geschichie des Hellenistischen Zeitalters*, Leipzig: B. G. Teubner, 1901.

[96] Kuhrt, A. & Susan Sherwin-White, *Hellenism in the East: The Interaction of Greek and Non-Greek Civilizations from Syria to Central Asia after Alexander*, London: Duckworth, 1987.

[97] Laufer, B., *Sino-Iranica*, Chicago: Field Museum of Natural History, 1919.

[98] Lemprière, J., *Lemprière's Classical Dictionary of Proper Names Mentioned in Ancient Authors*, London: Routledge, 1949.

[99] Lerner, J. D., *The Impact of Seleucid Decline on the Eastern Iranian Plateau*, Stuttgart: Steiner, 1999.

[100] Liddell, H. G. and Robert Scott, *A Greek-English Lexicon*, with a re-

vised supplement, Oxford: Clarendon Press, 1996.

[101] Linforth, I. M., *The Arts of Orpheus*, Berkeley and Los Angeles: University of California Press, 1941.

[102] Livingstone, R. W., *The Legacy of Greece*, Oxford: The Clarendon Press, 1942.

[103] Mahaffy, J. P., *Greek Life and Thought*, New York: Arno Press, 1976.

[104] Manuel, F. E. and F. P. Manuel, *Utopian Thought in the Western World*, Cambridge, Mass.: Harvard University Press, 1979.

[105] Marshall, J., *A Guide to Taxila*, 4th ed., Cambridge: The University Press, 1960.

[106] Marshall, J., *Taxila*, Vol. 1 - 3, Cambridge: The University Press, 1951.

[107] Marshall, J., *The Buddhist Art of Gandhara*, Cambridge: Published for the Dept. of Archaeology in Pakistan at the University Press, 1960.

[108] Mikalson, J. D., *Religion in Hellenistic Athens*, Berkeley: University of California Press, 1998.

[109] Narain, A. K., *The Coin Types of the Indo-Greek Kings*, Chicago: Ares Publishers Inc., 1976.

[110] Narain, A. K., *The Indo-Greeks*, Oxford: The Clarendon Press, 1957.

[111] Narain, A. K., *The Indo-Greeks: Revisited and Supplemented*, New Delhi: B. R. Publishing Corporation, 2003.

[112] Navia, L. E., *Classical Cynicism*, Westport, Conn.: Greenwood Press, 1996.

[113] Neelis, J., *Long-distance Trade and the Transmission of Buddhism through Northern Pakistan, Primarily Based on Kharoṣṭhī and Brāhmī Inscriptions*, Ph. D. Dissertation, University of Washington, 2001.

[114] Nikam, N. A. and R. Mckeon, *The Edicts of Asoka*, Chicago: The University of Chicago Press, 1959.

[115] Nilsson, M. P., *A History of Greek Religion*, Oxford: Clarendon Press, 1956.

[116] Nobel, J., *Central Asia: The Connecting Link between East and West*, Nagpur: International Academy of Indian Culture, 1952.

[117] Ogden, D. ed., *The Hellenistic World: New Perspectives*, London: Gerald Duckworth & Co. Ltd. and the Classical Press of Wales, 2002.

[118] Paul, E. editor in chief, *The Encyclopedia of Philosophy*, New York: Macmillan, 1967.

[119] Parrinder, G., *World Religion*, New York: Facts on File, 1985.

[120] Pollitt, J. J., *Art in the Hellenistic Age*, Cambridge: Cambridge University Press, 1986.

[121] Préaux, C., *Le monde hellénistique. La Grèce et l'Orient (323 – 146 avant J. - C.)*, 2vols., Paris: Presses Universitaires de France, 1978.

[122] Rankin, H. D., *Sophists, Socratics and Cynics*, Totowa, New Jersey: Barnes & Noble Books, 1983.

[123] Rapson, E. J., *Cambridge History of India*, Cambridge University Press, 1922.

[124] Rawlinson, G., *Parthia*, New York: G. P. Putnam's Sons, 1903.

[125] Rawlinson, H. G., *Bactria: The History of a Forgotten Empire*, London: Probsthain & Co., 1912.

[126] Rawlinson, H. G., *Intercourse between India and the Western World from the Earliest Times to the Fall of Rome*, Cambridge: Cambridge University Press, 1916.

[127] Rhodes, P. J. & Osborne, R. eds., *Greek Historical Inscriptions 404 – 323 B. C.*, Oxford: Oxford University Press, 2003.

[128] Rostovtzeff, M. I., *The Social and Economic History of the Hellenistic World*, Oxford: Clarendon Press, 1941.

[129] Rostovtzeff, M. I. and J. D. Duff, *A History of Ancient World*, 2 Vols., Oxford: The Clarendon Press, 1926.

[130] Sachs, A. J. and H. Hunger, *Astronomical Diaries and Related Texts from Babylonia*, 7 Vols., Vienna, 1988 – 2014.

[131] Schoff, W. H., *Parthian Stations by Isidore of Charax: The Greek Text, with a Translation and Commentary*, Philadelphia: Commercial Museum, 1914.

[132] Schoff, W. H., *The Periplus of the Erythraean Sea: Travel and Trade in the Indian Ocean by a Merchant of the First Century*, New York: Longmans, Green, and Co., 1912.

[133] Sherwin-White, S. & A. Kuhrt, *From Samarkand to Sardis: A New Approach to the Seleucid Empire*, Berkeley: University of California Press, 1993.

[134] Shipley, G., *The Greek World after Alexander 323 – 30 B.C.*, New York and London: Routledge, 2000.

[135] Sidky, H., *The Greek Kingdom of Bactria*, Lanham: University Press of America, 2000.

[136] Sinor, D., *The Cambridge History of Early Inner Asia*, Cambridge: Cambridge University Press, 1990.

[137] Smith, S., *Babylonian Historical Texts*, London: Methuen, 1924.

[138] Srinivasan, D. M., *On the Cusp of an Era: Art in the Pre-Kusana World*, Leiden: Brill, 2007.

[139] Stein, M. A., *On Ancient Central Asian Tracks: Brief Narrative of Three Expeditions in Innermost Asia and Northwestern China*, London: Macmillan & Co. Ltd., 1933.

[140] Stein, M. A., *Ancient Khotan*, New Delhi: Cosmo Publishing, 1981.

[141] Tada, R., *Apollodorus of Artemita and the Rise of the Parthian Empire*, Ph. D., University of Washington, 2008.

[142] Talbert, R. J. A., *Atlas of Classical History*, London: Routledge, 1985.

[143] Tarn, W. W., *Antigonos Gonatas*, Oxford: Clarendon Press, 1913.

[144] Tarn, W. W., *Alexander the Great*, 2 Vols., Cambridge: Cam-

bridge University Press, 1948.

[145] Tarn, W. W., *Hellenistic Civilisation* (Third Edition, revised by the Author and G. T. Griffith), London: Edward Arnold, 1959.

[146] Tarn, W. W., *The Greeks in Bactria and India*, Cambridge: The Cambridge University Press, 1951; The Third Edition, Edited by Frank Lee Holt, Chicago: Ares Publishers Inc., 1984.

[147] Thakur, M. K., *India in the Age of Kanishka*, Delhi: World View Publication, 1999.

[148] Thapar, R., *A History of India*, Volume One, London: Hazell & Viney Limited, 1966.

[149] *The New Encyclopaedia Britannica*, Chicago: Encyclopaedia Britannica, Inc., 1980.

[150] *The Questions of King Milinda*, Translated from Pali by T. W. Rhys Davids, Part II of II, Oxford: The Clarendon Press, 1894.

[151] Tolman, H. C., *Ancient Persian Lexicon and Texts*, New York: Cincinnati America Book Company, 1908.

[152] Toynbee, A. J., *Hellenism*, London: Oxford University Press, 1959.

[153] Tucker, J., *The Silk Road: Art and History*, London: Philip Wilson Publishers, 2003.

[154] Walbank, F. W. and A. E. Astin, *The Cambridge Ancient History*, second edition, Vol. VII, Cambridge: Cambridge University Press, 1984.

[155] Walbank, F. W., *The Hellenistic World*, Glasgow: William Collins Sons & Co. Ltd., 1981; revised edition, Cambridge, MA: Harvard University Press, 1993.

[156] Walbank, F. W., Astin, A. E., Frederiksen M. W. & Ogilvie R. M., eds., *The Cambridge Ancient History*, Volume VII, Part I: *The Hellenistic World*, second edition, Cambridge: Cambridge University Press, 1984.

[157] Welles, C. B., *Alexander and the Hellenistic World*, Toronto: A. M.

Hakkert, 1970.

[158] Welles, C. B. , *Royal Correspondence in the Hellenistic Period*, New Haven: Yale University Press, 1934.

[159] Wheeler, M. , *Flames over Persepolis*, New York: Reynal & Company, 1968.

[160] Wiesehofer, J. , *Ancient Persia from 550 B. C. to 650 A. D.* , London: I. B. Tauris Publishers, 1996.

[161] Will, E. , *Histoire politique du monde hellénistique: 323 – 30 av. J. – C.* , 2 Vols. , 2d ed. , Nancy: Presses universitaires de Nancy, 1979 – 1982.

[162] Woodcock, G. , *The Greeks in India*, London: Faber and Faber Limited, 1966.

[163] Yarshater, E. , edited, *The Cambridge History of Iran: The Seleucid, Parthian and Sasanian Periods*, Cambridge: Cambridge University Press, 2000.

[164] Zeller, E. , *A History of Greek Philosophy*, London: Longmans, Green, 1881.

(二) 外文论文

[1] Assar, G. R. F. , "Parthian Calendars at Babylon and Seleucia on the Tigris", *Iran*, Vol. 41 (2003).

[2] Austin, M. M. , "Hellenistic Kings, War, and the Economy", *The Classical Quarterly*, Vol. 36, No. 1 (1986).

[3] Bernard, P. , "Ai Khanum on the Oxus: A Hellenistic City in Central Asia", *Proceedings of the British Academy*, 53 (1967).

[4] Bernard, P. , "An Ancient Greek City in Central Asia", *Scientific American*, Vol. 246 (Jan. , 1982).

[5] Bieber, M. , "The Portraits of Alexander", *Greece & Rome*, Vol. 12, No. 2, Alexander the Great (Oct. , 1965).

[6] Biel, J. , "Treasure from a Celtic Tomb", *National Geographic*, Vol. 157, No. 3 (1980).

[7] Bopearachchi, O., "Some Observations on the Chronology of the Early Kushans", *Res Orientales*, Vol. XVII (2007).

[8] Chêng Tê-k'un, "Reviewed Work: The Beginnings of Chinese Civilization by Li Chi", *Journal of the American Oriental Society*, Vol. 79, No. 1 (Jan. -Mar., 1959).

[9] Cribb, J., "The Sino-Kharosthi Coins of Khotan. Their attribution and relevance to Kushan Chronology (Part one)", *The Numismatic Chronicle*, Vol. 144 (1984).

[10] Grierson, G. A., "The Birthplace of Bhakti", *Journal of the Royal Asiatic Society of Great Britain and Ireland* (Jul., 1911).

[11] Gruen, E. S., "Into the Limelight," *The Classical Review*, Vol. 51, No. 1 (2001).

[12] Guterbock, H. G., "The Hittites and the Aegean World: The Ahhiyawa Problems Reconsidered", *American Journal of Archaeology*, Vol. 87, No. 2 (Apr., 1983).

[13] Hammond, N. G. L., "The Branchidae at Didyma and in Sogdiana", *The Classical Quarterly*, New Series, Vol. 48, No. 2 (1998).

[14] Johnston, E. H., "Demetrius in Sind?" *Journal of Royal Asiatic Society of Great Britain and Ireland*, No. 2 (Apr., 1939).

[15] Mairs, R., "Hellenistic India", *New Voices in Classical Reception Studies*, (1) 2006.

[16] McDowell, R. H., "The Indo-Parthian Frontier", *The American Historical Review*, Vol. 44, No. 4 (July, 1939).

[17] Mitsopoulou, T., "The Civilization of Dragon: The Dragon-Snake in East and West", 载南开大学编《中国首届世界古代史国际学术研讨会论文摘要集》。

[18] Mitsopoulou, T., "The Common Origin of the Greek and the Chinese Languages",《中国第二届世界古代史国际研讨会会议手册》。

[19] Potter, D. S., "The Inscriptions on the Bronze Herakles from Mesene: Vologeses IV's war with Rome and the Date of Tacitus' 'Annales'",

Zeitschrift für Papyrologie und Epigraphik, Bd. 88 (1991).

[20] Ray, H. P. , "The Yavana Presence in Ancient India", *Journal of the Economic and Social History of the Orient*, Vol. 31, No. 3 (1988).

[21] Reade, J. E. , "Greco-Parthian Nineveh", *Iraq*, Vol. 60 (1998).

[22] Rowland, B. Jr. , "The Hellenistic Tradition in the Northwest India", *The Art Bulletin*, Vol. 31, No. 1 (Mar. , 1949).

[23] Seldeslachts, E. , "The End of the Road for the Indo-Greeks?" *Iranica Antiqua*, Vol. 39 (2004).

[24] Seyrig, H. , "Palmyra and East", *The Journal of Roman Studies*, Vol. 40, part 1 and 2 (1950).

[25] Sircar, D. C. , "The Account of Yavanas in the *Yuga-Purana*", *Journal of the Royal Asiatic Society of Great Britain and Ireland*, No. 1/2 (Apr. , 1963).

[26] Tarn, W. W. , "Notes on Hellenism in Bactria and India", *The Journal of Hellenic Studies*, Vol. 22 (1902).

[27] Yetts, W. P. , "Links between Ancient China and the West", *Geographical Review*, Vol. 16, No. 4 (Oct. , 1926).

(三) 中文译著

[1] [埃及] 艾哈迈德·爱敏:《阿拉伯—伊斯兰文化史》第一册,纳忠译,商务印书馆1982年版。

[2] [巴基斯坦] 穆罕默德·瓦利乌拉·汗:《犍陀罗艺术》,陆水林译,商务印书馆1997年版。

[3] [德] 施瓦布:《希腊神话故事》,刘超志、艾英译,宗教文化出版社1996年版。

[4] [法] R. 格鲁塞:《从希腊到中国》,常书鸿译,浙江人民美术出版社1985年版。

[5] [法] R. 格鲁塞:《东方的文明》,常任侠、袁音译,中华书局1998年版。

[6] [法] 保罗·佩迪什:《古代希腊人的地理学》,蔡宗夏译,商务印书馆1983年版。

[7]［法］伯希和：《中亚史地丛考》，载冯承钧译《西域南海史地考证译丛》，商务印书馆1962年版。

[8]［美］劳费尔：《中国伊朗编》，林筠因译，商务印书馆2001年版。

[9]［美］J. W. 汤普森：《历史著作史》，孙秉莹、谢德风译，商务印书馆1992年版。

[10]［美］W. W. 麦高文：《中亚古国史》，章巽译，中华书局2004年版。

[11]［美］路易斯·穆尔·霍普夫：《世界宗教》，张云钢等译，知识出版社1991年版。

[12]［美］乔治·萨顿：《希腊化时代的科学与文化》，鲁旭东译，大象出版社2012年版。

[13]［美］威尔·杜兰：《世界文明史》，《希腊的衰落》，幼狮翻译中心编译，（台北）幼狮文化事业公司1978年版。

[14]［美］威尔·杜兰：《世界文明史》，《希腊的生活》，幼狮文化公司译，东方出版社1998年版。

[15]［苏］M. H. 鲍特文尼克等编著：《神话词典》，黄鸿森、温乃铮译，商务印书馆1985年版。

[16]［苏］波德纳尔斯基：《古代的地理学》，梁昭锡译，商务印书馆1986年版。

[17]［苏］科尔宾斯基：《希腊罗马美术》，严摩罕译，人民美术出版社1983年版。

[18]［苏］列·谢·瓦西里耶夫：《中国文明的起源问题》，郝镇华等译，文物出版社1989年版。

[19]［苏］塞尔格叶夫：《古希腊史》，缪灵珠译，高等教育出版社1955年版。

[20]［苏］苏联科学院（乌特亲科）主编：《世界通史》第二卷，北京翻译社译，生活·读书·新知三联书店1960年版。

[21]［匈］雅诺什·哈尔马塔主编：《中亚文明史》第2卷，徐文堪、芮传明译，中国对外翻译出版公司2010年版。

[22]［英］A. 休特利：《希腊简史》，中国科学院世界历史研究所翻译小组译，商务印书馆1974年版。

[23] [英] 杰弗里·巴勒克拉夫：《当代史学主要趋势》，杨豫译，北京大学出版社2006年版。

[24] [英] 李约瑟：《中国科学技术史》第1卷，袁翰青、王冰、于佳译，科学出版社、上海古籍出版社1990年版。

[25] [英] 罗素：《西方哲学史》，何兆武、李约瑟译，商务印书馆1963年版。

[26] [英] 斯坦因：《斯坦因西域考古记》，向达译，中华书局1987年版。

[27] [英] 托马斯·莫尔：《乌托邦》，戴镏龄译，商务印书馆1996年版。

[28] [英] 休·昂纳、约翰·弗莱明：《世界美术史》，毛君炎等译，国际文化出版公司1989年版。

[29] [英] 约翰·马歇尔：《塔克西拉》，秦立彦译，云南人民出版社2002年版。

[30] 崔连仲等译：《古印度帝国时代史料选辑》，商务印书馆1989年版。

[31] 叶秀山、傅东安主编：《西方著名哲学家评传》第二卷，山东人民出版社1984年版。

[32] 中共中央马克思恩格斯列宁斯大林著作编译局：《马克思恩格斯选集》第3卷，人民出版社1972年版。

(四) 中文著作

[1] 常任侠：《东方艺术丛谈》，上海文艺出版社1984年版。

[2] 常任侠：《印度与东南亚美术发展史》，上海人民出版社1980年版。

[3] 陈致宏：《德国史家朵伊森（J. G. Droysen）的历史思想与现实意识》，台湾大学出版委员会2002年版。

[4] 崔连仲主编：《世界史·古代史》，人民出版社1983年版。

[5] 顾实：《穆天子传西征讲疏》，中国书店1990年版。

[6] 郭沫若：《中国史稿地图集》（上册），中国地图出版社1979年版。

[7] 季羡林：《中印文化关系史论文集》，生活·读书·新知三联书店1982年版。

[8] 雷海宗：《伯伦史学集》，中华书局2002年版。

[9] 雷海宗著,王敦书整理:《世界古代史讲义》,中华书局2012年版。

[10] 林干:《匈奴史论文选集》,中华书局1983年版。

[11] 林志纯主编:《世界上古史纲》,天津教育出版社2007年版。

[12] 刘家和:《古代中国与世界》,武汉出版社1995年版。

[13] 沈福伟:《中西文化交流史》,上海人民出版社1985年版。

[14] 《世界上古史纲》编写组(林志纯主编):《世界上古史纲》(上、下册),人民出版社1979年、1981年版。

[15] 汤用彤:《汉魏两晋南北朝佛教史》,北京大学出版社1991年版。

[16] 汪子嵩等:《希腊哲学史》第二卷,人民出版社1988年版。

[17] 王敦书:《贻书堂史集》,中华书局2003年版。

[18] 王治来:《中亚史纲》,湖南教育出版社1986年版。

[19] 吴于廑:《外国史学名著选》,商务印书馆1987年版。

[20] 吴于廑:《吴于廑学术论著自选集》,首都师范大学出版社1995年版。

[21] 夏鼐:《中国文明的起源》,文物出版社1985年版。

[22] 余太山:《两汉魏晋南北朝正史西域传要注》,中华书局2005年版。

[23] 余太山:《塞种史研究》,中国社会科学出版社1992年版。

[24] 中国科学院考古研究所编著:《殷墟妇好墓》,文物出版社1980年版。

[25] 《中国历史地图集》编辑组:《中国历史地图集》,中华地图学社出版社1975年版。

[26] 周一良、吴于廑主编:《世界通史》(上古部分)(分册主编:齐思和),人民出版社1962年版。

[27] 朱庭光主编:《外国历史大事集》(古代部分第一分册),重庆出版社1986年版。

(五)中文论文(含译文)

[1] [苏] C. H. 鲁金科:《论中国与阿尔泰部落的古代关系》,《考古学报》1957年第2期。

[2] [英] 克力勃撰,姚朔民编译:《和田汉佉二体钱》,《中国钱币》1987年第2期。

[3] 李长林:《中国学术界对希腊化时代历史的了解与研究》,《世界历史》2007年第5期。

[4] 刘家和:《吴于廑教授来我校讲演"后期希腊历史上的几个问题"》,《北京师范大学学报》1962年第2期。

[5] 马雍、王炳华:《公元前七至二世纪的中国新疆地区》,《中亚学刊》第3辑,中华书局1990年版。

[6] 齐思和:《上古时期中国与世界各国的文化交流》,《历史教学》1964年第4期。

[7] 宋新潮:《商与周边地区文化的交流及其主要形式》,《中国社科研究生院学报》1992年第2期。

[8] 孙培良:《斯基泰贸易之路和古代中亚的传说》,《中外关系史论丛》第一辑,世界知识出版社1985年版。

[9] 孙毓棠:《安息与乌弋山离》,《文史》第5辑,中华书局1978年版。

[10] 吴焯:《克孜尔石窟壁画裸体问题初探》,《中亚学刊》第一辑,中华书局1983年版。

[11] 吴于廑:《略论亚历山大》,《历史教学》1956年10月号。

[12] 吴于廑:《希腊化时期的文化》,《历史教学》1958年2月号。

[13] 于可:《初论原始基督教的演变及其必然性》,《世界宗教研究》1986年第2期。

[14] 月氏:《汉佉二体钱(和田马钱)研究概况》,《中国钱币》1987年第2期。

[15] 郑鹤声:《大月氏与东西文化》,《东方杂志》1926年第10期。

(六) 作者相关论文目录(以发表时间为序)

[1] 《试析"希腊化"时期君主制的形成及特点》,《山西大学学报》1991年第1期。

[2] 《论希腊化文化的多元与统一》,《世界历史》1992年第3期。

[3] 《"希腊化文化"是人类历史上第一次文化大交流大汇合》,《山西大学学报》1992年第4期。

[4] 《论"希腊化"时期的城市化运动》,《城市史研究》1992年第7辑。

[5] 《希腊化文化对西欧的影响》,《晋阳学刊》1992年第5期。

[6] 《奥尔弗斯教及其主要影响》,《历史研究》1993年第4期。

[7] 《公元前希印文化关系初探》,《南亚研究》1993年第3期。

[8] 《希腊化时期的君主制统治》,《古代王权与专制主义》(论文集),中国社会科学出版社1993年版。

[9] 《他山之石,可以攻玉——来自中国首届世界古代史国际学术会议的启示》,《世界历史》1994年第2期。

[10] 《论希腊化文化的几个发展阶段》,《山西师范大学学报》1994年第2期。

[11] 《古代希中文明的接触与交汇》,《世界史研究年刊》1996年总第2辑。

[12] 《公元前四世纪以前希中文明有联系吗?》,《中国第二届世界古代史国际研讨会论文选》,《世界古典文明杂志》1998年增刊。

[13] 《希腊化文明的形成、影响与古代诸文明的交叉渗透》,《陕西师范大学学报》1998年第3期。

[14] 《希腊化时期城邦和城邦联盟的民主制残存》,施治生、郭方主编《古代民主与共和制度》,中国社会科学出版社1998年版。

[15] 《古希腊乌托邦思想的起源与演变》,《世界历史》2003年第6期。

[16] 《楚狂接舆其人——兼与古希腊犬儒第欧根尼比较》,载南开大学历史学院编《雷海宗与二十世纪中国史学——雷海宗先生百年诞辰纪念文集》,中华书局2005年版。

[17] 《犬儒派与庄子学派处世观辨析》,《南开大学学报》2006年第3期。

[18] 《西方现代化的古典渊源刍议》,《世界近现代史研究》2006年第3辑。

[19] 《试论演说家与雅典民主政治的互动》(第一作者),《世界历史》2007年第4期。

[20] 《亚历山大东征与丝绸之路开通》,《历史研究》2007年第4期。

[21] 《阿伊·哈努姆遗址与希腊化时期东西方诸文明的互动》,《西域研究》2007年第1期。

[22] 《希腊式钱币的变迁与古代东西方文化交融》,《北京师范大学学

报》2007 年第 6 期。

[23]《日韩中三国世界古代史研究之比较》,《历史教学》2008 年第 3 期;《中国社会科学报》2009 年 11 月 12 日。

[24]《欧洲文化及其起源漫谈》,《世界近现代史研究》2008 年第 5 辑。

[25] "Alexander and the Emergence of the Silk Road", *The Silk Road*, Vol. 6, No.2, Winter/Spring, 2009 (the abridged edition).

[26]《"Soter Megas"考辨》,《历史研究》2009 年第 4 期。

[27]《全球史概念的历史演进》,《世界历史》2009 年第 5 期。

[28]《娜娜女神的传播与演变》,《世界历史》2010 年第 5 期。

[29]《希腊化还是印度化——"Yavanas"考》,《历史研究》2011 年第 6 期。

[30]《近年国外希腊化研究略论》,《世界历史》2011 年第 6 期。

[31]《丝绸之路上的希腊式钱币》,载上海博物馆编《丝绸之路古国钱币暨丝路文化国际学术研讨会论文集》,上海书画出版社 2011 年版。

[32]《古代文明的碰撞、交流与比较》(第一作者),《世界历史》2013 年第 2 期。

[33]《帕提亚王朝的"爱希腊"情结》,《中国社会科学》2013 年第 11 期。

[34]《两汉中印关系考——兼论丝路南道的开通》,《西域研究》2013 年第 4 期。

[35]《文明的流动:从希腊到中国》,《光明日报》(史学版)2013 年 7 月 4 日。

[36] "The Relations between China and India and the Opening of the Southern Silk Road during the Han Dynasty", *The Silk Road*, 11 (2013) (the revised version).

[37] "Hellenistic World and the Silk Road", *Anabasis*: *Studia Classica et Orientalia*, 4 (2013) (the revised version).

[38] "Hellenistic Information in China", *CHS Research Bulletin*, 2 (2014). http://www.chs-fellows.org/2014/10/03/hellenistic-information-in-china/.

[39] "Some Clues of the Hellenistic World and the Roman East Hidden in China's *Early Four Historical Books*", *Talanta. Proceedings of the Dutch Archaeological and Historical Society*, 46/47 (2014/2015).

[40]《中希古典研究刍议》,《古典学评论》第 1 辑,上海三联书店 2015 年版。

[41]《希腊化文明、丝绸之路与文明互动》,《中国社会科学报》2016 年 6 月 21 日。

[42]《〈那先比丘经〉中的希腊化文化因素》,《世界历史》2016 年第 5 期。

[43]《远东希腊化文明的文化遗产及其历史定位》,《历史研究》2016 年第 5 期。

[44]《希腊化文明与丝绸之路关系研究的回顾与展望》,《北京师范大学学报》2016 年第 6 期。

[45] "Some Notes on Dayuezhi, Daxia, Guishuang, and Dumi in Chinese Sources", *The Silk Road*, 14 (2016).

[46] "Hellenization or Indianization: A Research on Yavanas", *Ancient West & East*, 16 (2017) (the revised version).

补　　记

　　本书的出版得到中国社会科学出版社主编郭沂汶女士的大力支持，谨此致谢。责任编辑张湉女士工作认真，一丝不苟，为本书的定稿增色不少；邵大路博士和其他几位同学协助我做了最后的校订，也一并致谢。

2018 年元旦